Julius Albert Gruchot

Die Lehre von der Zahlung der Geldschuld nach heutigem

deutschen Rechte

Julius Albert Gruchot

Die Lehre von der Zahlung der Geldschuld nach heutigem deutschen Rechte

ISBN/EAN: 9783742898920

Hergestellt in Europa, USA, Kanada, Australien, Japan

Cover: Foto ©Suzi / pixelio.de

Manufactured and distributed by brebook publishing software
(www.brebook.com)

Julius Albert Gruchot

Die Lehre von der Zahlung der Geldschuld nach heutigem deutschen Rechte

Die Lehre

von der

Zahlung der Geldschuld

nach heutigem deutschen Rechte

Dargestellt

von

Dr. J. A. Gruchot,
Appellationsgerichts-Rath in Hamm.

Berlin,

Verlag von Franz Vahlen.

1871.

Vorwort.

Die Auswahl der für den Rechtsverkehr so wichtigen Lehre von der Zahlung der Geldschuld als Gegenstand einer monographischen Bearbeitung wird einer Rechtfertigung um so weniger bedürfen, als die neuere Literatur auf diesem Gebiete nur wenige Schriften aufzuweisen hat.

Ob freilich das vorliegende Buch irgendwie geeignet ist, die vorhandene Lücke auszufüllen, muß der nachsichtsvollen Beurtheilung der Leser anheimgegeben werden.

Der Verfasser hat in dieser Hinsicht nur zu bevorworten, daß, wie schon der Titel andeutet, seine Aufgabe nicht dahin ging, in dieser Materie das rein römische Recht, wie es uns durch die Rechtsquellen überliefert ist, zu entwickeln, sondern allein dahin: das Recht der Gegenwart, wie es sich in Deutschland auf der Grundlage des römischen Rechts durch deutsche Praxis und Gesetzgebung gebildet hat, darzustellen.

Derselbe hofft zugleich, hierdurch einige Bausteine zu dem von der Gesetzgebung des deutschen Reiches wohl bald in Angriff zu nehmenden Werke eines allgemeinen deutschen Obligationenrechts geliefert zu haben.

Hamm, im December 1870.

Dr. J. A. Gruchot.

Inhaltsverzeichniß.

Einleitung.

Das Wesen der Obligation besteht in dem juristischen Bande, welches zwei oder mehrere Personen mit einander in der Art verknüpft, daß die eine — der Gläubiger — ein Recht auf eine bestimmte Willensbethätigung der andern — des Schuldners — erlangt, und zwar regelmäßig auf eine, einen Vermögenswerth enthaltende Leistung.

pr. J. de oblig. (3, 13): Obligatio est juris vinculum, quo necessitate adstringimur alicujus solvendae rei secundum nostrae civitatis jura.

Paul. l. 3 pr. D. de O. et A. (44, 7): Obligationum substantia non in eo consistit, ut aliquod corpus nostrum, aut servitutem nostram faciat, sed ut alium nobis obstringat ad dandum aliquid vel faciendum vel praestandum.

Ulp. l. 25 pr. eod.: In personam actio est, qua cum eo agimus, qui obligatus est nobis ad faciendum aliquid vel dandum; et semper adversus eundem locum habet.

Ulp. l. 9 § 2 D. de statulib. (40, 7); — ea enim in obligatione consistere, quae pecunia lui praestarique possunt.

Preuß. A. L. R. Th. I Tit. 2 § 123: „Ein persönliches Recht enthält die Befugniß, von dem Verpflichteten zu fordern, daß er etwas geben, leisten, verstatten oder unterlassen solle."

Oesterreich. b. G. B. § 307. „— Rechte, welche zu einer Sache nur gegen gewisse Personen unmittelbar aus einem Gesetze, oder aus einer verbindlichen Handlung entstehen, heißen persönliche Sachenrechte."[1]

---

[1] Unger, System des österr. allg. Privatrechts I S. 540: Der Ausdruck: Recht zu einer Sache, persönliches Sachenrecht, ist zu eng, da er nur solche Leistungen umfaßt, welche dem Berechtigten eine (körperliche) Sache verschaffen, also Sachleistungen im weiteren Sinn (Geben im weiteren

Gruchot, Zahlung der Geldschuld.　　　　　　　1

Bürgerl. Gesetzb. für das K. Sachsen § 662. „Forderungen sind Rechtsverhältnisse, vermöge deren eine Person, der Gläubiger, auf eine einen Vermögenswerth in sich schießende Leistung, Handlung oder Unterlassung, einer anderen Person, des Schuldners, berechtigt ist."

Entwurf eines bürg. Gesetzb. für das K. Bayern (München, 1861) Th. I Art. 1. „Ein Schuldverhältniß (Forderung, Verbindlichkeit) ist das Rechtsverhältniß zwischen zwei Personen, vermöge dessen die eine (der Gläubiger) von der anderen (dem Schuldner) eine bestimmte Leistung zu fordern berechtigt ist."

Den Inhalt der Obligation — des Schuldverhältnisses — bildet sonach die Leistung der verpflichteten Person als der eigentliche Kern eines jeden Schuldverhältnisses.[2]

Die Römer bezeichnen diesen Inhalt allgemein als: id quod ex obligatione nobis debetur[3], oder quicquid reum dare facere oportet.[4]

Durch die dem Schuldner obliegende Leistung, zu deren Verwirklichung dem Gläubiger ein Anspruch — die actio[5] — gegeben ist, soll dem Letzteren ein Vermögenswerth zu Theil werden, also durch die Vermittelung einer Person sein Vermögen eine Erweiterung erhalten.

Hierin tritt von selbst der wesentliche Unterschied der Obligation von dem Sachenrecht hervor.

Das dingliche Recht verleiht dem Berechtigten eine unmittelbare rechtliche Herrschaft über eine Sache und ist daher in seiner Ausübung von der Willensthätigkeit einer andern Person durchaus unabhängig. Die Obligation dagegen ist, wie v. Keller, Pandekten § 219, treffend

---

Sinn), somit nur die eine Hälfte der Leistungen bezeichnet, während die ganze andere Hälfte des Leistungsgebiets, welche im Thun (facere) besteht, durch jenen Ausdruck nicht getroffen wird. Vgl. Wächter, Handb. II § 47 Note 15, Erörter. Heft I S. 122, 123. Vangerow I S. 189. Heimbach im Rechtslex. VII S. 402 f.

Eine solche zu enge Begriffsbestimmung enthält auch das Baierische Landrecht (Cod. Max. Bav. civ.) Th. II Kap. 1 § 10. „Man hat das Recht zu einer Sache, entweder mit oder ohne Absicht auf eine gewisse andere Person. Erstenfalls heißt es Jus personale, andernfalls reale —."

[2] Unterholzner, die Lehre des röm. Rechts von den Schuldverh. I S. 2
[3] § 2. J. de reb. incorp. (2, 2).
[4] Gajus Com. IV § 60.
[5] Celsus l. 51 D. de O. et A. (44, 7): Nihil aliud est actio, quam jus, quod sibi debeatur, judicio persequendi.
Vgl. Windscheid, Lehrb. des Pandektenrechts (2. Aufl.) I § 44.

sagt, „eine partielle Dienstbarkeit der Person gegen Person. Ein Theil der Macht und Freiheit des Einen wird der Macht und Willkür des Andern unterworfen.[6]) Dieser kann fordern, daß jener etwas thue oder unterlasse, und diese Forderung macht einen Theil seines Ver= mögens aus. So stehen sich hier immer ein bestimmter Berechtigter und ein bestimmter Verpflichteter gegenüber, und ohne dieses Verhält= niß gibt es keine Obligation. Sehr häufig ist die Obligation auf das Geben einer körperlichen Sache gerichtet. Aber deswegen enthält sie doch keine rechtliche Herrschaft über diese. Eine solche kann durch die Obligation vorbereitet und angebahnt werden, aber die Obligation selbst enthält nur eine indirecte Beziehung zu der fraglichen Sache, vermittelt und bedingt durch die Persönlichkeit des Schuldners und durch die Er= füllung von seiner Seite . . ."

In gleichem Sinne hat sich schon Donell ausgesprochen. Er sagt in seinem comment. de jure civili Lib. II. cap. VIII. § 1:

> Id quod nostrum cujusque est, duplex est. Est enim quod vere et proprie nostrum sit; est etiam, quod nobis debeatur. Proprie nostrum voco, quod ita nostrum factum est, ut nulla ex parte sit alterius, et ut nostrum amplius fiat, alterius factum aut traditionem ullam non desiderat. Cujusmodi sunt, e. gr., quae dominii nostri sunt, item jura praediorum ipsis praediis jam imposita et quaesita. Debetur nobis id, ad quod praestandum nobis alius obligatus est. Id priusquam nobis a debitore praestetur, si quidem dare oportet, nondum re vera nostrum est; sed debitor est dominus, et ut in nos transferat, petimus. Verumtamen effectu juris quodammodo nostrum videtur, quia ad consequendum actionem habemus.[7]) Et quidem hoc quoque a probatis auctoribus et nostris nostrum dicitur. Unde illa: *ad suum pervenire*[8]); *suum consequi*[9]), *suum*

---

[6]) So sagt auch Löher, System des Preuß. Landrechts S. 38: Die obligatio ist ein genau abgegrenztes Herrschaftsverhältniß, aber nicht über eine körperliche Sache, sondern über den Willen eines Anderen, gleichsam ein Dominium über eine bestimmte Person in einer bestimmten Beziehung.

Vgl. Unger, Syst. des österr. Privatr. I S. 543 f. Förster, Theorie und Praxis (2. Aufl.) I § 61.

[7]) Paulus l. 7 D. de R. J: Is, qui actionem habet ad rem recipiendam, ipsam rem habere videtur.

[8]) Gaj. l. 1 D. de eo quod certo loco (13, 4) — non posse stipulatorem ad suum pervenire.

[9]) Ulp. l. 51 § 10 D. pro socio (17, 2): — socius, qui cessantis cessanti- umve portiones insulae restituerit . . . potest tamen pro socio agere

1 *

recipere [10]) de eo, quod nobis debetur: insteque ex parte haec eadem significatio in hoc praecepto juris: *suum cuique tribuere.* Neque enim id solum jubet restituere domino, quod ejus est, sed etiam tribuere cuique, quod illi debetur. Ita jus nostrum cujusque, seu quod nostrum est, duabus his rebus continetur: eo, quod proprie nostrum est, et obligatione nobis recte quaesita . . .

Mit der bisherigen Darstellung steht es nun im Zusammenhange, „daß die Schuldverhältnisse ihrer Natur nach etwas Vorübergehendes sind und ihr natürliches Ende finden, wenn die Leistung, die ihren Zweck ausmacht, erreicht ist." [11]

„Das persönliche Recht — wie Kierulff, Theorie des Gemeinen Civilrechts. I. S. 164 bemerkt — vermittelt die Bewegung des Vermögens. Es ist seiner Natur nach temporär, hat den Zweck, aufgehoben zu werden. Denn es geht auf bestimmte Leistung, und ist diese geschehen, so ist das Recht vernichtet. Hier sind die Aufhebungsgründe des Rechts, die Gründe der Lösung des juristischen Bandes, nicht äußerlich und zufällig, sondern bezweckt."

Treffend hebt Unger, System des österreich. allgemeinen Privatrechts I. S. 545, 546 diesen Gegensatz zwischen dinglichem und persönlichem Recht mit den Worten hervor:

„Während das dingliche Recht seiner Natur nach auf die Dauer berechnet ist und seinen Untergang von außen her erhält, trägt das persönliche Recht dagegen den Keim seines Untergangs in sich. Indem die Obligatio erfüllt wird, und daß sie erfüllt werde ist ihr Zweck, geht sie unter. Die wirkliche Leistung ist Tod der Obligation: die solutio ist Erfüllung und zugleich Lösung. Die Obligation ist daher ihrer Natur nach etwas Vergängliches und es wird hieran auch durch den Umstand nichts geändert, daß manches Obligationsverhältniß auf eine längere Dauer angelegt ist und eine ausgedehntere Reihe von Leistungen in sich enthält, wie z. B. die Societät, die Geschäftsführung u. s. w.; denn mit der Erreichung des Societätszweckes, mit der Vollführung des Geschäfts erreicht früher oder später das obligatorische Verhältniß sein Ende." [12])   .

---

ad hoc, ut consequatur quod sua intererat; fuge enim malle eum magis suum consequi, quam dominium insulae . . .

[10]) Paulus l. 44 D. de cond. ind. (12, 6): Repetitio nulla est ab eo qui suum recepit, tametsi ab alio quam vero debitore solutum est.

[11]) Unterholzner, Lehre von den Schuldverhältnissen I S. 2.

[12]) Pagenstecher, Pandekten-Praktikum (Heidelberg, 1860) S. 324 f.: — Das dingliche Recht ist ein absolutes, das Forderungsrecht ein relatives:

Dieser Gesichtspunkt — die dem Zwecke der Obligation entsprechende Lösung derselben durch Befriedigung des Gläubigers — ist
es allein, mit dem sich unsere Abhandlung zu beschäftigen hat. Wir
haben daher die ökonomische Seite des Schuldverhältnisses, welche
dem Forderungsrecht einen sachlichen Charakter verleiht, indem sie dieses
vermöge des dasselbe umkleidenden rechtlichen Schutzes als ein der Verfügungsgewalt des Gläubigers unterworfenes Verkehrsobject — als
ein wirkliches Haben, nicht als ein bloßes Habensollen — erscheinen läßt, [13] hier ganz außer Betracht zu lassen.

niemals also kann die Obligation den Stoff zum unmittelbaren Dasein
eines dinglichen Rechts enthalten. Hieran knüpft sich der ökonomische
Unterschied, daß das dingliche Recht werthvoll ist in seinem ruhigen Genusse,
während das Forderungsrecht erst in der Lösung des Bandes (solutio)
durch Erfüllung der Schuldnerpflicht dem Gläubiger die Befriedigung verschafft. Durch verschiedene rechtliche Einrichtungen indessen, wie besonders durch
Verzinsung und Cession ist das Forderungsrecht in dieser Hinsicht voll-
kommener gestaltet und dem dinglichen Rechte genähert worden; seine eigentliche
Natur jedoch blieb die alte. Das Forderungsrecht ist Mittel zum Zweck
(der Tilgung); erst durch die Tilgung kann der bisherige Gläubiger in ein
dingliches Recht eintreten; die dinglichen Rechte sind auf die Dauer, als
Zustandsrechte, angelegt: die Forderungsrechte sind Brücken, welche unmittelbar zum Erwerbe dinglicher Rechte führen. Das Forderungsrecht
erlischt in der Befriedigung, das dingliche Recht konservirt sich im Genusse.
Neuner, Wesen und Arten der Privatrechtsverhältnisse (Kiel, 1866)
S. 69: Das Obligationsverhältniß stellt sich als Verpflichtung zur Vornahme einer Leistung seinem Ziele nach als etwas Werdendes dar, es
hat aus diesem Gesichtspunkte nicht den Zweck in sich selbst, sondern ist
Mittel und Vorstufe für einen anderen Zweck, es strebt nach Erfüllung
und nach dem durch die Erfüllung bezweckten ökonomischen Resultate.
Dieß unterscheidet die Obligationsverhältnisse zugleich von allen andern
Privatrechtsverhältnissen, von Persönlichkeit, Familienverhältnissen und
Sachenrechten als bereits fertig gewordenen Zuständen, welche ihr Ziel in
sich selbst haben, und in welchen der Berechtigte sein Dasein juristisch ge-
sichert genießen soll. Daher sind denn die Obligationen schon ihrer
Tendenz nach dazu bestimmt, wieder aufgelöst zu werden, sie verbrauchen
sich durch ihre Ausübung, die Erfüllung der Obligation ist ihre Lösung
(solutio). Vgl. auch Förster, Theorie und Praxis (2. Aufl.) I S. 309, S. 460,
S. 546.

[13] Brinz, Lehrb. der Pandekten § 89. Neuner a. a O. S. 52, S. 69 f.

§ 1. Begriff und Wesen der Zahlung. [1]

Das römische Recht bezeichnet bekanntlich mit dem Ausdrucke solutio im weiteren Sinne jede Auflösung der Schuldverhältnisse überhaupt (liberatio), sie möge durch Befriedigung des Gläubigers oder ohne dieselbe erfolgt sein. Der obligatio als Bindung entspricht die solutio als Lösung.

Paulus l. 54 D. h. t. (46, 3): Solutionis verbum pertinet ad omnem liberationem quoquo modo factam, magisque ad substantiam obligationis refertur, quam ad nummorum solutionem.

Id. l. 47 D. de V. S.: Liberationis verbum eandem vim habet, quam solutionis.

Ulp. l. 176 eod.: Solutionis verbo satisfactionem quoque omnem accipiendam placet . . .

Id. l. 4 § 7 D. de re jud. (42, 1): Solvisse accipere debemus non tantum eum qui solvit, verum omnem omnino, qui . . . obligatione liberatus est —.

Im engern und eigentlichen Sinne bedeutet solutio die Erfüllung der Obligation, die Schuldabtragung.

pr. J. quib. mod. obl. toll. (3, 28): Tollitur autem omnis obligatio solutione ejus quod debetur . . .

Ulp. l. 176 D. de V. S.: — solvere dicimus eum, qui fecit, quod facere promisit.

Es ist dies die bestimmungsgemäße und darum natürlichste und häufigste Art der Aufhebung der Schuldverhältnisse.

---

[1] Dig. 46, 3. Cod. 8, 43 de solutionibus et liberationibus. — C. F. Koch, Recht der Forderungen (2. Ausgabe) S. 610—661 (woselbst die ältere Literatur angegeben ist). Unterholzner, die Lehre des röm. Rechts von den Schuldverhältnissen I S. 460—478. Sintenis, praktisches gemeines Civilrecht (3. Aufl.) S. 394—415. Heimbach sen. in Weiske's Rechtslexicon X S. 354—389. Windscheid, Lehrbuch des Pandektenrechts (2. Aufl.) II §§ 341—344. Förster, Theorie und Praxis (2. Aufl.) I § 83. § 91.

Marcian. l. 49 D. h. t. (46, 3): Solutam pecuniam intelligimus utique naturaliter, si numerata sit creditori . . . Pompon. l. 107 eod.: Verborum obligatio aut naturaliter resolvitur, aut civiliter; naturaliter veluti solutione . . . Vinnii com. in pr. J. 3, 30 Nr. 1: — Specialiter autem accepta vox solutionis unum tantum tollendae obligationis modum denotat, naturalem scilicet, sive realem, ut nunc loquuntur, praestationem ejus, quod debetur. Itaque contra in hac significatione solutio ad rem debitam refertur, quae cum praestatur, solvitur, id est, liberatur ex nexu, quo cum ipso debitore quodammodo tenebatur. Atque hoc modo accepta sejungitur solutio a satisfactione et omnibus iis modis, quibus citra numerationem aliamve naturalem rei debitae praestationem liberatio contingit. Salkowski, Zur Lehre von der Novation (Leipzig, 1866) S. 28 f.: Die Erfüllung, die Leistung dessen, wozu der Schuldner verpflichtet ist, ist der regelmäßige und ordentliche Weg der Auflösung, welcher mit dem Zwecke der Obligation zusammenfällt. Die solutio ejus quod debetur erscheint ge= wissermaßen als der natürliche Tod der Obligation; denn der ursprüngliche und einzige juristische Zweck jeder Obligation ist kein anderer, als der, die in Rede stehende Leistung herbei= zuführen, sie trägt von Anfang an die Bestimmung in sich, durch ihre Erfüllung aufgehoben zu werden — — — Als natürliche, dem Begriffe der obligatio adäquate Aufhebungsart ist die solutio anwendbar auf alle Obligationen. Jede Obli= gation oder präciser jede obligatorische Verbindlichkeit wird dadurch getilgt, daß der Schuldner sie erfüllt.

In diesem engeren Sinne entspricht solutio unserem Worte Zahlung, dieses Wort in einer weiteren Bedeutung genommen.

Baierisches Landrecht (Cod. Max. Bav. civ.) Th. IV Kap. 14 § 1. „Zahlung bedeutet eine Entrichtung dessen, was man schuldig ist, sofern solche in dem Maße, wie es die Obligation mit sich bringt, und in der Absicht sich derselben zu entledigen, geschieht." [2])

---

[2]) v. Kreittmayr, Anmerkungen über den Cod. Max. Bav. civ. a. a. O.: — Der erste von dem Modis tollendi Obligationem ist die Bezahlung, welche . . . in sensu stricto aber nur jenen allein bedeutet, da man eine Schuld in Naturâ entrichtet. Durch die Natural-Praestation und Entrichtung distinguirt sich selbe von den übrigen Modis tollendi Obli- gationem, durch die Absicht aber, daß man der Schuld und Obligation entbunden seyn wolle, differirt sie von den andern Praestationibus, welche etwann nur Depositi, Pignoris, vel aliâ Causâ et Intentione geschehen.

Oesterreich. b. G. B. § 1412. „Die Verbindlichkeit wird vorzüglich durch die Zahlung, das ist, durch Leistung dessen, was man zu leisten schuldig ist, aufgelöset."

Entwurf eines b. G. B. für das Großh. Hessen (von 1853) Buch I Art. 277. „Die Zahlung ist die Erfüllung einer Verbindlichkeit in der Absicht, solche zu tilgen."[3]

Auf diesen allgemeinen Begriff der Zahlung weisen auch die deutschen Rechts-Sprichwörter hin:

„Zahlen macht Friede." — „Zahlen macht ledig." — „Wer gelobt, muß zahlen." — „Wer schuldig ist, muß bezahlen." — „Alle Schulden muß man bezahlen."[4]

wenngleich es bei der sinnlich konkreten Ausdrucksweise der deutschen Rechtssprache immerhin zweifelhaft bleibt, ob hier nicht bloß der engere Begriff (Erfüllung einer Geldschuld) gemeint und die pars pro toto gebraucht ist.[5]

In der Sprache des bürgerlichen Lebens, die auch in die Rechtssprache übergegangen ist, bedeutet jedoch das Wort Zahlung die Erfüllung einer Geldschuld. Zahlung heißt hier: Erfüllung eines Geldgeschäftes durch die entsprechenden Tilgungsmittel, Uebertragung des Geldwerthes einer Obligation in der Absicht ihrer Tilgung.[6]

Preuß. A. L. R. I. 16 § 28. „Geschieht die Erfüllung der Verbindlichkeit des Schuldners durch Geld, oder geldgleiche auf jeden Inhaber lautende Papiere, so wird solches eine Zahlung genannt."

---

[3] Motive S. 146: Einer der wichtigsten Erlöschungsgründe der Verbindlichkeiten ist die Zahlung, worunter der Entwurf keineswegs bloß die Entrichtung einer Geldschuld, sondern überhaupt die Leistung des Geschuldeten, mithin die Erfüllung einer Verbindlichkeit begreift.

[4] Graf und Dietherr, deutsche Rechtssprichwörter (1863) Nr. 82. 83. 86. 88. 90.

[5] Voigtel in der Zeitschrift f. Gesetzgebung und Rechtspflege in Preußen I S. 450.

Derselbe bemerkt zugleich, daß wir von einem Kaufmann, der seine Verbindlichkeiten nicht erfüllen kann, heut zu Tage auch in der Volks- und Rechtssprache sagen: „er hat seine Zahlungen eingestellt" (§ 113 Preuß. Konk. Ordr. vom 8. Mai 1855, Art. 314 des allg. deutsch. H. G. B.) und damit alle Verbindlichkeiten umfassen, auch die zur Uebergabe einer gekauften, gepachteten, gemietheten, geliehenen Sache, zur Leistung einer Handlung u. s. w.

[6] Voigtel a. a. O. S. 451.

§ 29. „Der, welcher eine Zahlung für seine eigene Rechnung zu fordern befugt ist, heißt der Gläubiger." [7]

Dieser beschränktere Sinn wird auch dem Ausdrucke solutio von den gemeinrechtlichen Juristen beigelegt.

Jac. Menochius, de Praesumtionibus Lib. III Praes. 151 n. 1: — Est liberatio naturalis illa, quae fit solutione numerata pecuniā.

Carpzov, Jurispr. for. P. II const. 28 defin. 23 n. 1: Stricte equidem et proprie loquendo, solutio dicitur praestatio realis pecuniae ejus, quae debetur.

Sim. van Leeuwen, Censura for. Lib. IV cap. 32 n. 1: Solutio generaliter sumitur pro omni satisfactione aut liberatione quoquo modo facta. Quasi eandem cum nummorum solutione et ceterae ·liberationes potestatem habeant. Proprie tamen ad nummorum numerationem pertinet, definiturque naturalis et actualis praestatio ejus, quod debetur.

Titius, Obser. ad Lauterb. obs. 1176: Pertinet solutio ad impletionem obligationis, quae ex contractu vel delicto resultat, et poterunt quidem quaevis res debitae solvi, praecipue tamen ad pecuniam numeratam solutio pertinet.

Hellfeld, Jurispr. for. § 1927.: Ad modos tollendi obligationem communes refertur quoque *solutio*. Quae in triplici sumitur significatu, 1 in generali, quo est liberatio ab obligatione quomodocumque facta, 2) in speciali, quo est praestatio ejus, quod est in obligatione, et 3) in specialissimo, quo est praestatio pecuniaria facta pro liberatione ab obligatione.

Höpfner, Comment. über die Instit. (8. Aufl. von Weber) § 972: — Zuweilen wird unter Zahlung nur die Abtragung einer Geldschuld verstanden, und so nimmt man es gewöhnlich im gemeinen Leben.

Unterholzner, Lehre von den Schuldverh. I. § 216: — Die Tilgung der Schuld durch wirkliches Leisten (re) nennt man die Abtragung (Entrichtung) der Schuld (solutio im engern Sinne): insbesondere nennt man sie Zahlung, wenn von der Entrichtung schuldiger Geldsummen die Rede ist.

---

[7] Vgl. Gajus l. 11 D. de V. S: Creditorum appellatione non hi tantum accipiuntur, qui pecuniam crediderunt, sed omnes, quibus ex qualibet causa debetur.

Ulp. l. 12 pr. eod.: ut si cui ex empto, vel ex locato, vel ex alio ullo debetur. Sed etsi ex delicto debeatur, mihi videtur posse creditoris loco accipi . . .

Id. l. 42 § 1 D. de O. et A. (41, 7): Creditores eos accipere debemus, qui aliquam actionem vel civilem habent, sic tamen ne exceptione submoveantur, vel honorariam actionem, vel in factum,

Bluntschli, Erläut. des privatrechtl. Gesetzb. für den K.
Zürich III S. 97: — Ist die Forderung auf eine Geldleistung
gerichtet, so liegt in der Zahlung die Erfüllung.

Windscheid, Lehrbuch des Pandektenrechts (2. Aufl.) II.
§ 342 Note 1: Die Bezeichnung der Quellen für Erfüllung ist
solutio. In einem noch engern Sinn wird aber solutio nur
auf die Erfüllung von Geldobligationen bezogen. Daraus er=
klärt sich, daß die heutige Rechtssprache ganz gewöhnlich statt
„Erfüllung" „Zahlung" sagt. [8])

Durch die bisherige Darstellung ist der Begriff der Zahlung ge=
geben.

Zahlung — mag in Beziehung auf den Gegenstand dieser Aus=
druck im weiteren oder engeren Sinne genommen werden — ist Hin=
gabe des Geschuldeten, die in der Absicht erfolgt, die Obligation zu
tilgen.

Donelli com. de jure civ. Lib. XIV cap. XI: — —
Soluti verbum duo continet . ., ut quid detur scilicet re
ipsa, et ut detur tanquam debitum. Dationem hoc verbum
exigit, quoniam solvere est naturaliter, re ipsa et vere,
dare, facere quod debetur . . . non est satis quid datum
esse, ut solutum dicatur, dari oportet tanquam debitum, cum
non solvatur quid, nisi quod debetur, vel vere vel opinione
dantis.

Unterholzner a. a. O. § 218: Damit die Leistung die
Wirkung einer Schuldabtragung habe, ist erstes Erforderniß,
daß sie in der Absicht erfolgt sei, dadurch eine Schuld abzu=
tragen.

Es scheidet damit von selbst die Zahlung aus, die nicht zum Zwecke
der Lösung, sondern umgekehrt zum Zwecke der Begründung eines
Schuldverhältnisses erfolgt — die Zahlung, die nicht solvendi sondern
credendi animo geleistet wird. [9]) Auch hier liegt eine datio vor, und
zwar eine solche, die zum Zwecke der Eigenthumsübertragung geschieht.
Aber das Hingegebene nimmt die Eigenschaft des aes alienum [10]) an.

---

8) Vgl. auch Thöl, Handelsrecht §§ 112, 113. Endemann, das Deutsche
Handelsrecht §§ 80, 124, 125. Voigtel a. a. O. S. 451 f.

9) Vgl. G. E. Heimbach, die Lehre vom Creditum S. 131 ff. Brinck=
mann, Handelsrecht § 135. IV. Endemann, das Deutsche Handelsrecht
§ 80. Note 9.

10) Ulp. l. 113 § 1 D. de V. S.: Aes alienum est, quod nos aliis
debemus. Aes suum est, quod alii nobis debent.

Köppen, die Erbschaft (Berlin, 1856) § 2. S. 15 f.: Wenn der,
welcher eine Schuld contrahirt, in das Vermögen des Gläubigers ein Recht
an einen Geldwerth bringt, so bewirkt er dadurch nothwendig für sein

Wer eine Geldsumme darlehnsweise hingibt, leistet keine Zahlung in unserem Sinne; denn seine Absicht ist nicht auf die Auflösung, sondern auf die Begründung eines Schuldverhältnisses gerichtet, man müßte denn, der neueren Auffassung entgegen, [11]) das pactum de mutuo dando als ein von dem Darlehne selbst getrenntes Geschäft behandeln und somit in der Hingabe des Geldes eine Erfüllung des Darlehns= versprechens finden.

Aber auch die schenkungsweise erfolgte sofortige Hingabe einer Geldsumme — im Gegensatze von der Erfüllung eines vorausgegangenen Schenkungsversprechens — läßt sich nicht als eine eigentliche Zahlung auffassen. Denn es ist dies eine Vermögenszuwendung, die so wenig credendi causa (ob causam futuram) als solvendi causa (ob praestationem ab altero jam factam) geleistet wird [12]). Die Schenkung ist überhaupt kein negotium, wenigstens nicht im materiellen Sinne dieses Wortes, sie ist es nur in der Voraussetzung, daß sie durch eine promissio stipulanti facta geschieht. [13]) „Man kann dem= nach sagen: donare sei ein dare, das weder solvere, noch credere sein solle, quo nec contrahatur obligatio, nec distrahatur s. dissolvatur, oder, bestimmter zu reden, wozu der Geber nicht juristisch verbunden ist, und wodurch der Empfänger es nicht wird." [14])

---

eigenes Vermögen, daß er in diesem **frembes** Geld (aes alienum) hat... Eine Schuld ist hiernach ein im Vermögen des Schuldners befindlicher fremder Geldwerth.

[11]) Vgl. meine Glossen in den „Beiträgen zur Erläut. des Preuß. Rechtes" XII. S. 645 f.

[12]) Christiansen, Zur Lehre von der obligatio naturalis und der condictio indebiti (Kiel, 1814) S. 37, 38: Im Gegensatze zu einer praestatio ex causa praeterita oder ob causam futuram im juristischen Sinne geschieht die Schenkung weder animo obligandi, noch solvendi; denn wenn auch der reinste animus donandi selten ohne einen Beweggrund und corre= spondirenden Zweck vorhanden sein wird, so ist doch die Absicht weder auf Aufhebung noch Begründung eines juristischen Zusammenhanges gerichtet.

[13]) v. Meyerfeld, die Lehre von den Schenkungen nach Röm. Rechte I (Marburg, 1835) S. 17.

[14]) v. Meyerfeld, a. a. O. S. 29.
So sagt Duaren. tit. D. pro donato: Qui dicit: eam rem tibi dono, non obligat se ad tradendam rem, nam rem tradit. Donell. com. de jure civ. Lib. XII cap. X: donatio est, cum re ipsa do, i. e. trado, donandi animo.
Liebe, die Stipulation und das einfache Versprechen S. 77: Schenkung ist eine völlig abgeschlossene, weder aus einem Grunde geschehene, noch eine Folge hinterlassende Uebertragung.

Die bisherigen Erörterungen über den Begriff der Zahlung liefern von selbst den Beweis, daß Zahlung nicht eine bloße Thatsache, sondern ein durch rechtliche Voraussetzungen bedingter, besondere Rechtswirkungen erzeugender Akt, mit einem Worte ein Rechtsgeschäft ist,[15] und zwar ein zweiseitiges Rechtsgeschäft, indem sie durch die zusammen= treffende Willensthätigkeit des Gebers und des Empfängers zu Stande kommt.

> Endemann, das Deutsche Handelsrecht § 124. II. III: Der Zweck der Zahlung ist erst erreicht, wenn die Annahme von der andern Seite hinzukommt. Erst dadurch wird die Zahlung zum Schuldauflösungsgeschäft. Verschiedenheit der Willens= richtung über den Sinn des Zahlungsaktes hindert das Zu= standekommen des Geschäfts; ebenso Mangel der Uebereine= stimmung in anderen wesentlichen Punkten . . . Daraus erhellt, daß die Zahlung als ein zweiseitiges Rechtsgeschäft, gerichtet auf Geld= oder Werthübertragung, aufgefaßt werden muß. Der Akt der Numeration ist zunächst nur Offerte der Werthüber= tragung von Seiten des Zahlenden, während erst durch deren Annahme das Zahlungsgeschäft definitiv abgemacht erscheint. Das Wesen des letzteren liegt folglich nicht im Akt des Zu= zählens, sondern in dem auf Geben und Nehmen des Geldes gerichteten übereinstimmenden Vertragswillen beider Theile.

Gleichwohl muß ich Anstand nehmen, die Zahlung, sowie die Tradition überhaupt, von welcher jene ja bloß eine besondere Art bildet, als einen (liberatorischen) Vertrag zu bezeichnen, so allgemein auch seit Savigny[16] diese Auffassung in der Theorie Geltung ge= wonnen hat.[17]

---

[15] Koch, das Recht der Ford. (2. Ausg.) II. S. 611. Förster, Theorie u. Praxis (2. Aufl.) I S. 516.

[16] System des Röm. Rechts III. S. 312 f.

[17] Unger, System des österreich. allgemeinen Privatrechts II S. 170 Note 5: — Unter den Begriff des liberatorischen Vertrags im weitern Sinn fällt jedes zweiseitige die Aufhebung der Obligatio bewirkende Rechtsgeschäft und insbesondere die Zahlung.

Kniep, Einfluß der bedingten Novation auf die ursprüngliche Obligatio. (Wismar, 1860) S. 102: — Die Zahlung ist eine Art der Tradition. Die Tradition ist ein Vertrag, aber kein obligatorischer. Zur Zahlung als einem Vertrage gehört mithin Anerbieten auf der einen, Annahme auf der andern Seite. Wird das Anerbieten angenommen, so ist der Zahlungsvertrag perfect, wird es zurückgewiesen, so ist eine Oblation im technischen Sinne vorhanden.

v. Daniels, Allgem. Preuß. Privatrecht (2. Bearbeitung) S. 132 Note 4: Jede Erfüllungshandlung hat die Eigenschaft eines Vertrages,

Ich habe mich über diesen Punkt bereits in der Lehre von der Tradition ("Beiträge zur Erläuterung des Preuß. Rechts" VIII. (1864.) S. 407 ff.) ausführlich ausgesprochen und in besonderer Beziehung auf die Zahlung nur noch Folgendes hinzuzufügen.

So wenig der Verkäufer, indem er die verkaufte Sache dem Käufer übergibt, damit einen zweiten Vertrag mit dem Letzteren abschließt, so wenig geschieht dies Seitens des Käufers durch die Zahlung des Kaufpreises. Es liegt hier immer nur ein einziger, durch den vereinigten Willen zweier Personen geschaffener Vertrag vor und die hinzutretende Tradition so wie die Zahlung ist nur der Akt, durch welchen jener schon vorhandene Vertragswille sich äußerlich bethätigt und die beabsichtigten Wirkungen hervorbringt, mit einem Worte den Vertrag zur Erfüllung bringt. Die verschiedenen Leistungen, die in Folge des Vertrags dem einen Kontrahenten gegen den andern obliegen — man denke nur an Verträge, die in einer Reihe sich wiederholender Natural= oder Geldleistungen bestehen — lassen sich doch unmöglich in ihrer Erfüllung als eben so viele, sich stets wieder erneuende Verträge auffassen. Es hieße dies einen Vertrag in endlose Theile zerspalten, von denen jeder immer wieder einen neuen Vertrag darstellte. So müßte jeder einfache Darlehnsvertrag — ganz abgesehen von den Zinszahlungen — in drei verschiedene Verträge zerfallen — den Vertrag über ein zu gebendes Darlehn — die Hingabe des Darlehns selbst — die Rückzahlung; ebenso der Cessionsvertrag in das pactum de cedendo, die Cession selbst und die Zahlung des verabredeten Preises.

Das römische Recht gewährt dieser Vertragstheorie keine Stütze. Im Gegentheil stellt dasselbe sogar die solutio indebiti, also diejenige Zahlung, die sich nicht an eine Obligation anschließt und als solche eine selbstständige Wirkung erzeugt, unter den Gesichtspunkt des Quasi=Contracts.

§ 1 J. quib. mod. re contr. (3, 14): Is quoque, qui non debitum accepit ab eo, qui per errorem solvit, re obligatur, daturque agenti contra eum propter repetitionem condicticia actio. nam proinde ei condici potest si paret eum dare oportere ac si mutuum accepisset: ... . Sed haec species obligationis non videtur ex contractu consistere, cum is,

und zwar eines gegenseitigen, indem sie von Seiten des Erfüllenden die Uebertragung des Gegenstandes der Leistung in das Vermögen des Empfängers, von Seiten des Empfängers die Befreiung des Erfüllenden von seiner Schuld zum Gegenstande hat.

qui solvendi animo dat, magis distrahere voluit negotium quam contrahere.

§ 6 J. de obl. quasi ex· contr. (3, 27): Item is, cui quis per errorem non debitum solvit, quasi ex contractu debere videtur. Adeo enim non intelligitur proprie ex contractu obligatus, ut, si certiorem rationem sequamur, magis, ut supra diximus, ex distractu, quam ex contractu possit dici obligatus esse: nam qui solvendi animo pecuniam dat, in hoc dare videtur, ut distrahat potius negotium quam contrahat; sed tamen perinde is qui accepit, obligatur, ac si mutuum illi daretur, et ideo condictione tenetur. [18])

Wenn Julian in l. 33 D. de condict. ind. (12, 6) sagt:

— is, qui non debitam pecuniam solverit, hoc ipso aliquid negotii gerit —

so gilt dies eben nur für die Zahlung einer Nichtschuld. Denn eine Zahlung, die in der irrigen Voraussetzung eines Schuldverhältnisses geleistet worden, erscheint als ein für sich bestehender, einem Vertrage vergleichbarer Rechtsakt, der mit selbständigen Wirkungen bekleidet ist, indem er eine Obligation auf Rückforderung begründet. [19])

Fragen wir schließlich, was die Theorie mit diesem künstlich geschaffenen Zahlungsvertrage gewonnen hat, so weiß ich keine andere

---

[18]) Vgl. Gajus l. 5 § 3 D. de O. et A. (44, 7): Is quoque, qui non debitum accepit per errorem solventis, obligatur quidem quasi ex mutui datione, et eadem actione tenetur, qua debitores creditoribus, sed non potest intelligi is qui ex ea causa tenetur ex contractu obligatus esse. Qui enim solvit per errorem magis distrahendae obligationis animo quam contrahendae dare videtur.

[19]) Hermann Witte, die Bereicherungsklagen des gemeinen Rechts (Halle, 1859) S. 53: Wenn ein dispositionsfähiger Mensch einen Bestandtheil seines Vermögens auf einen Anderen überträgt, so muß er nothwendiger Weise einen bestimmten Zweck dabei verfolgen . . . Eine jede Zuwendung ist deshalb nur als mit einem bestimmten Charakter behaftet gewollt. Verhindern die Umstände, daß sie denselben bei dem Empfänger habe, oder geht er ihr nachträglich verloren, so entspricht es der Absicht des Zuwendenden nicht, wenn ihm trotzdem das Fortgegebene entzogen wird. In der Eigenschaft, in der er es zu übertragen beabsichtigte, hat es der Empfänger nicht, und in einer andern hat er es nicht gewähren wollen. ·Lassalle, das System der erworbenen Rechte. I (Leipzig, 1861) S. 127: Dieselbe Natur wie die negotiorum gestio hat auch die condictio indebiti auf Seiten des Empfängers. Das Gesetz kann bei ihm den normalen Willen unterstellen, für den eventuellen Fall, daß eine Schuld nicht vorhanden sei, zurückzuzahlen. Die Unterstellung eines entgegengesetzten eventuellen Willens würde einen dolus in sich schließen, der nicht präsumirt werden kann . . .

Antwort zu geben als: Gar nichts. Den beſten Beweis dafür liefert der Umſtand, daß wir uns in der ganzen Praxis vergebens nach einem Falle umſehen, wo irgend eine Anwendung von dieſem Geſichtspunkte gemacht worden iſt. Denn der Rechtsſatz, daß die Zahlung ein Rechtsgeſchäft darſtelle, iſt auch vordem nie bezweifelt worden.

§ 2. Erforderniſſe der Zahlung.

1. in Anſehung der Perſonen.

a. des Zahlenden.

Bei der Beantwortung der Frage: wer gültig zahlen könne, kommt vor Allem die Natur des Zahlungsgeſchäftes als eines Willensaktes überhaupt und insbeſondere als eines Veräußerungsaktes in Betracht. Die Zahlung, die zunächſt als äußerer Akt der ſinnlichen Hingabe erſcheint, empfängt ihre Bedeutung erſt durch die erkennbare Willensabſicht, welche dieſer Handlung zu Grunde liegt.[1] Sie ſetzt alſo Willensfähigkeit voraus, um überhaupt als Rechtsgeſchäft zu gelten, zugleich aber auch Veräußerungsfähigkeit, um die beabſichtigte Wirkung hervorzubringen.

§ 2 i. f. J. quib. alien. lic. (2, 8): — — pupilli vel pupillae solvere sine tutore auctore non possunt, quia id quod solvunt non fit accipientis, cum scilicet nullius rei alienatio eis sine tutoris auctoritate concessa est.

Ulp. l. 29 D. de condict. ind. (12, 6): Interdum persona locum facit repetitioni, ut puta si pupillus sine tutoris auctoritate vel furiosus vel is cui bonis interdictum est solverit: nam in his personis generaliter repetitioni locum esse non ambigitur. Et si quidem exstant nummi, vindicabuntur, consumptis vero condictio locum habebit.

Gaj. l. 9 § 2 D. auct. et cons. tut. (26, 8): Pupillus ex omnibus causis solvendo sine tutoris auctoritate nihil agit, quia nullum dominium transferre potest; si tamen creditor bona fide pecuniam pupilli consumpserit, liberabitur pupillus.

Ulp. l. 14 § 8 D. h. t. (46, 3): Pupillum sine tutoris auctoritate nec solvere posse palam est; sed et si dederit nummos, non fient accipientis, vindicarique possunt. Plane si fuerint consumpti, liberabitur.

Baieriſches Landrecht (Cod. Max. Bav. civ.) Th. IV Kap. 14 § 2. „1mo Kann jeder Debitor für ſich ſelbſt ſoweit bezahlen,

---

[1] Endemann, das deutſche Handelsrecht § 124 I.

als ihm die Rechte mit dem Seinigen frei zu walten und zu
schalten gestatten, derwegen 2 do keine Zahlung, welche z. E.
nur von minderjährigen oder anderen curatelmäßigen Perfonen
ohne vormundschaftlicher Authorität geschiehet, von Kraft und
Wirkung feyn kann."[2]

Sofern jedoch der Unfähige dasjenige gezahlt hat, was er in der
That civiliter fchuldig ift, worauf er alfo wirkfam belangt werden
konnte, fteht fchon nach römifchem Rechte feiner an fich begründeten
Rückforderungsklage die exceptio doli entgegen, fo daß die Zahlung
vermöge diefes Einwandes aufrecht erhalten wird.[3]

Es ftimmt daher dem praktifchen Refultate nach mit dem gemeinen
Rechte überein, wenn die neueren Gefetzbücher im vorausgefetzten Falle
der von einem Unfähigen geleifteten Zahlung fchon von vornherein
rechtliche Wirkung beilegen.

Preuß. A. L. R. Th. I Tit. 16 § 40. „Aus der Unfähig=
keit, gültige Zahlungen anzunehmen, folgt noch nicht die Un=
fähigkeit, dergleichen zu leiften."

§ 41. „Vielmehr ift jede, auch von einem Unfähigen ge=
leiftete Zahlung zum Vortheile des Zahlenden in fo weit gültig,
als er fich dadurch von einer Verbindlichkeit befreit hat."[4]

---

[2] Höpfner, Com. über die Inftit. (8. Aufl. von Weber) § 975: Ein Blöd=
finniger, ein Pupill, ein Minderjähriger können nicht zahlen ohne des
Vormundes oder Pflegers Einwilligung. Denn wer bezahlt, veräußert; er
verliert das Eigenthum deffen, was er bezahlt; die eben gedachten Perfonen
find aber nicht befugt, etwas von ihrem Vermögen zu veräußern.

[3] Paul. l. 173 § 3 D. de R. J.: Dolo facit, qui petit quod redditurus est.
v. Bangerow, Pandekten I § 87 S. 594, 595. Unger, Syftem
des öfterr. Privatr. II S. 29 Note 25.
Hermann Witte, die Bereicherungsklagen des gemeinen Rechts (Halle,
1859) S. 291 bemerkt in diefer Hinficht: Bei der Abzahlung einer Schuld,
welche der Gläubiger für begründet hält, wird nicht ohne Weiteres ein
dolus fchon dann angenommen werden können, wenn der Gläubiger die
Eigenfchaft des Zahlenden als Pupill u. f. w. kannte. Der Minorenne,
welcher von einer fälligen Schuld befreit wird, leidet ja dadurch keinen
Schaden. Es kann im Gegentheil unter Umftänden für ihn nur vortheil=
haft fein, eine drückende Schuld abzuftoßen, und ift dann das Verfahren
des Gläubigers kein betrügliches, wenn er ohne Zuziehung des Vor=
mundes Zahlung annimmt. Nur wenn er durch die Zahlung befondere,
nicht zu beanfpruchende Vortheile zu erlangen ftrebt, wird von einer dolofen
Handlungsweife gefprochen werden können.

[4] Ganz richtig fagt Klein, Einer der Redaktoren unferes Preuß. Rechts,
in feinen „Grundfätzen der natürlichen Rechtswiffenfchaft" (Halle, 1797)
§. 337: „Infofern die Zahlung die Befreiung des Schuldners wirkt,
kann fie von einem Schuldner, welcher Rechte zu erwerben vermag, gültig

Deſterreich). b. G. B. § 1421. „Auch eine Perſon, die ſonſt unfähig iſt, ihr Vermögen zu verwalten, kann eine richtige und verfallene Schuld rechtmäßig abtragen und ſich ihrer Verbindlichkeit entledigen . . ." Bürg. Geſetzb. für das K. Sachſen § 689. „Erfüllt eine Perſon, welche über ihr Vermögen nicht frei verfügen darf, eine Verbindlichkeit, ſo kann deren geſetzlicher Vertreter das Geleiſtete zurückfordern, ſoweit der Gläubiger der Zeit oder dem Gegenſtande nach mehr erhalten hat, als er zu fordern berechtigt war."[5] Großherzogl. Heſſiſcher Entwurf eines b. G. B. Buch 1 Art. 280. „— Der Mangel der erforderlichen Veräußerungs= befugniß berechtigt den zahlenden Schuldner, beziehungsweiſe deſſen nothwendigen Stellvertreter nicht zur Zurückforderung, wenn durch dieſe Zahlung nur eine anerkannte und fällige Verbindlichkeit erfüllt worden iſt."[6]

Wie jedes Rechtsgeſchäft, ſo kann auch die Zahlung durch einen geeigneten **Stellvertreter** vorgenommen werden.

Paulus l. 56 D. h. t. (46, 3): Qui mandat solvi, ipse videtur solvere.

Id. l. 64 eod.: Cum jussu meo id, quod mihi debes, solvis creditori meo, et tu a me, et ego a creditore meo liberor.

Celsus l. 87 eod.: Quodlibet debitum solutum a procuratore meo non repeto, quoniam cum quis procuratorem omnium rerum suarum constituit, id quoque mandare videtur,

---

geſchehen." Wenn er aber hinzufügt: „Ob aber auch der Gläubiger auf die gegebene Sache Rechte erlangen könne, muß nach der Veräußerungsfähig= keit des Schuldners beurtheilt werden," ſo hat das keinen Sinn. Denn die Befreiung des Schuldners ſetzt nothwendig voraus, daß das Gezahlte in das Vermögen des Gläubigers übergeht.

[5] Der revidirte Entwurf § 708 enthielt den letzteren Satz noch nicht und wurde deshalb von Unger in ſeiner krit. Beſprechung des gedachten Ent= wurfes (Leipzig, 1861) S. 57 f. mit Recht angegriffen. Ihm ſtimmte auch J. J. Lang in ſeiner krit. Beleuchtung des Bayerſchen Entwurfs eines b. G. B. Heft II (München, 1862) S. 114 bei. Demgemäß iſt in den Kammerverhandlungen die Beifügung des Schlußſatzes beſchloſſen worden.

[6] Es ſtimmen damit überein der Bayeriſche Entwurf eines b. G. B. Th. II. Art. 166 Abſ. 2 ſo wie der Entwurf eines gemeinſamen deutſchen Geſetzes über Schuldverhältniſſe Th. I Art 359.

Beſchränkter lautet die Vorſchrift des Code civil und des Badiſchen Landrechts Art. 1238, indem darin die Wirkſamkeit der von einem Ver= äußerungsunfähigen geleiſteten Zahlung an die redlicher Weiſe erfolgte Konſumption des Gezahlten geknüpft iſt.

ut creditoribus suis pecuniam solvat, neque postea exspectandum est, ut ratum habeat.

Revidirtes Land-Recht des Hertzogth. Preußen von 1685 (verbeff. L.-R. des K. Preußen v. 1721) Buch IV. Tit. XXI Art. I §. 7. „Wenn auch jemand das, so er einem andern schuldig, durch sich selbst oder einen andern von seinentwegen bezahlet; so ist er, der Schuldner, damit erlediget . . .“

Großherzogl. Hessischer Entwurf eines b. G. B. Buch I Art. 278 Abs. 2. — Der Schuldner kann auch durch einen freiwilligen oder nothwendigen Stellvertreter Zahlung leisten.“[7]

Die Stellvertretung ist nur dann ausgeschlossen, wenn die Erfüllung einen streng persönlichen Charakter hat, also in einer Handlung besteht, bei deren Leistung es auf die Person des Schuldners ankommt.[8]

Bürgerl. G. B. für das K. Sachsen § 690. „Ist eine Forderung auf eine Leistung des Verpflichteten in Person beschränkt, so muß dieser selbst erfüllen . . .“

Code civ. und Badisches Landrecht Art. 1237. „Eine Verbindlichkeit etwas zu verrichten, kann nicht wider den Willen des Gläubigers durch einen Dritten erfüllt werden, so oft dem Gläubiger daran gelegen ist, daß sie der Schuldner selbst erfülle.“

Großherz. Hessischer Entw. a. a. O. Abs. 1: „Die Zahlung liegt dem Schuldner ob, und er muß solche selbst ausführen, wenn es bei Erfüllung der Verbindlichkeit auf eine persönliche Eigenschaft desselben ankommt.“

Entwurf eines gemeinsamen deutschen Gesetzes über Schuldverh. Th. I Art. 234. „Der Schuldner muß in Person erfüllen, wenn es bei der Erfüllung auf seine Person ankommt . . .“

Außer diesem Falle kann die Zahlung mit rechtlicher Wirksamkeit auch durch einen unberufenen Stellvertreter erfolgen, ohne daß es auf die eigene Willensthätigkeit des Schuldners dabei ankommt. Der Schuldner wird, selbst ohne sein Wissen und Wollen, durch jede von einem Dritten in der Absicht, ihn zu befreien (solvendi causa) geleistete Zahlung von seiner Verbindlichkeit liberirt.

———

[7] Höpfner, Com. über die Instit. (8. Aufl. von Weber) § 974: — Auch ein Anderer kann Namens des Schuldners zahlen. Dahin gehört 1. der Vormund; er kann Namens des Pupillen bezahlen; 2. der Bevollmächtigte. Dieser kann für den Principal zahlen, wenn ihm der Principal die Verwaltung aller seiner Geschäfte übertragen, oder wenn er eine Specialvollmacht, zu zahlen, hat.

[8] Endemann, das Deutsche Handelsrecht § 97 II A.

pr. J. quib. mod. obl. toll. (3, 29): — nec tamen interest, quis solvat, utrum ipse qui debet an alius pro eo: liberatur enim et alio solvente, sive sciente debitore sive ignorante vel invito solutio fiat . . .

Pompon. l. 23 D. h. t. (46, 3): Solutione vel judicium pro nobis accipiendo et inviti et ignorantes liberari possumus.

Marcian. l. 40 D. cod.: Si pro me quis solverit creditori meo, licet ignorante me, acquiritur mihi actio pignoraticia. Item si quis solverit legata debent discedere legatarii de possessione; alioquin nascitur heredi interdictum, ut eos dejicere possit.

Gajus l. 53 D. cod.: Solvere pro ignorante et invito cuique licet, cum sit jure civili constitutum, licere etiam ignorantis invitique meliorem conditionem facere.

Id. l. 39 D. de neg. gest. (3, 5): Solvendo quis pro alio licet invito et ignorante liberat eum: quod autem alicui debetur, alius sine voluntate ejus non potest jure exigere. Naturalis enim simul et civilis ratio suasit alienam conditionem meliorem quidem etiam ignorantis et inviti nos facere posse, deteriorem non posse.

l. 17 C. h. t. (8, 43): Manifesti juris est, tam alio pro debitore solvente, quam rebus pro numerata pecunia consentiente creditore datis, tolli paratam obligationem.

Baieriſches Landrecht (Cod. Max. Bav. civ.) Th. IV Kap. 14 § 3. „Nachdem man der bekannten Rechtsregel nach eines Andern Condition zwar niemals ſchlechter, wohl aber beſſer machen kann, ſo mag auch 1mo ein Dritter, ſowohl mit als ohne oder gegen den Willen des Schuldners bezahlen, ſofern er es 2do nur aus eigenen Mitteln und ſtatt des Debitors thut, denn ſonſt kann er das Bezahlte per Condictionem indebiti wiederum zurückfordern. Uebrigens hat 3tio die durch einen Dritten geſchehene Zahlung — ſo viele Wirkung, daß der Schuldner in Anſehen des Gläubigers ebenſo, als wäre er Selbſt-Zahler geweſen, dadurch entbunden wird.“

Preuß. A. L. R. Th. I Tit. 16 § 43. „Wer die Schuld eines Andern mit oder ohne Auftrag bezahlt, befreit — denſelben von ſeiner Verbindlichkeit.“

Bürg. G. B. für das K. Sachſen § 690. „— Die Erfüllung kann für den Verpflichteten, ſelbſt ohne deſſen Einwilligung, von einem Andern geſchehen, und es iſt der Berechtigte durch den Andern anzunehmen verbunden.“

Privatr. G. B. für den K. Zürich § 1042. „Auch wenn ein Anderer als der Schuldner ſelbſt die Zahlung in der Abſicht leiſtet, die Schuld zu tilgen, wirkt dieſelbe auflöſend.“[9])

---

9) Großh. Heſſiſcher Entwurf eines b. G. B. Buch 1 Art. 279: „Selbſt jeder dritte bei der Schuld nicht Betheiligte kann da, wo die Zahlung nicht

Code civil und Badisches Landrecht Art. 1236. „Einer Verbindlichkeit kann der Schuldner durch Jeden, der dabei betheiligt ist, z. B. durch einen Mitschuldner oder einen Bürgen entladen werden. — Selbst ein Dritter Nichtbetheiligter befreit ihn, wenn er im Namen des Schuldners und für dessen Rechnung zahlt, oder für das im eigenen Namen Gezahlte nicht in die Rechte des Gläubigers eintritt."

Ueber diesen Grundsatz spricht sich Jhering in seiner Abhandlung: „Mitwirkung für fremde Rechtsgeschäfte" (Jahrbücher für die Dogmatik des heutigen röm. und deutsch. Privatrechts II S. 93—96) dahin aus:

Für die Zahlung gilt das Princip: alium pro alio solvere posse vel invito debitore. Man hat sich gewöhnt, in demselben nichts Auffälliges zu erblicken, und die römischen Juristen haben uns dazu das Vorbild gegeben. Es fragt sich: enthält dasselbe in der That nicht eine Ausnahme von der Regel des römischen Rechts über die Unzulässigkeit der Stellvertretung? Man erwiedert: nein, denn die Zahlung ist ein Geschäft, das von vornherein keineswegs auf den Schuldner beschränkt ist. Der Dritte, der sie leistet, „bringt zwar eine Wirkung für den Schuldner hervor, aber ohne daß er darum das Rechtsgeschäft für ihn abgeschlossen hätte, ohne daß letzterer, insofern er nicht den Auftrag gegeben, als Zahlender angesehen würde."

(Puchta, Vorlesungen § 52.) Allein es ist in dieser Beziehung kein Unterschied zwischen Zahlung und Abschluß eines Contracts. Gehört das erstere Rechtsgeschäft weniger zu meinem Geschäftskreis, als das letztere, ist die Ausschließlichkeit seiner Beziehung zu mir und seiner Wirkung auf mich bei ihm eine geringere, als bei jenem? Das Charakteristische der Zahlung liegt darin, daß sie erzwungen werden kann und den Schuldner liberirt; nach beiden Seiten hin erscheint Letzterer als dominus negotii. Der Dritte, der für ihn zahlt, nimmt ein negotium alienum vor, das ihn selbst gar nichts angeht, zu dem weder der Gläubiger ihn zwingen kann, noch das für ihn Wirkungen äußert, und zwar lediglich in der Absicht, daß der Schuldner liberirt werden soll. Es fehlt ihm daher nichts zum Stellvertreter. Die Befreiung des Schuldners stützt sich nicht darauf, daß der Gläubiger das, was er vom Schuldner zu fordern, erhalten hat, nicht auf den Gesichtspunkt des bloßen Habens.

---

durch den Schuldner persönlich geschehen muß, statt des letzteren zahlen, um ihn von der Schuld zu befreien."

Bayer. Entwurf eines b. G. B. Th. II Art. 165. „Die von einem Dritten an den Gläubiger bewirkte und von diesem angenommene Leistung steht der durch den Schuldner selbst bewirkten Leistung gleich, auch wenn dieselbe nicht im Auftrage oder mit Genehmigung des Schuldners geschehen ist."

Unter diefer Vorausfetzung müßte der Schuldner auch dann frei werden, wenn der Dritte in der Meinung, felbft Schuldner zu fein, Zahlung geleiftet hätte. Dies ift aber bekanntlich nicht der Fall. Nicht alfo der Erfolg der Zahlung für den Gläubiger, daß fie ihm nämlich das verfchafft hat, was er haben foll, liberirt den Schuldner, nicht eine fubjectiv beziehungs= lofe Zahlung, fondern der Umftand, daß diefer Erfolg von ihm felbft hervorgebracht wird, daß nicht ein beliebiger Dritte, fondern daß, wenn auch durch deffen Vermittelung, immer der Schuldner es ift, der zahlt. Es ift alfo durchaus falfch, wenn Puchta behauptet, der Schuldner gilt nicht als ein felbft Zahlender. Der fchlagendfte Gegenbeweis liegt darin, daß bei der Zahlung einer Nichtfchuld nicht dem Dritten, fondern dem angeblichen Schuldner, auf deffen Namen diefelbe geleiftet ift, die condictio indebiti zugeftanden wird; denn da diefe Klage demjenigen gewährt wird, der gezahlt hat, fo folgt daraus, daß der Schuldner als Zahlender gilt. — Der Zahlende zahlt auf den Namen des Schuldners, er handelt als Stellver= treter. So wenigftens der Sache nach. Der juriftifchen Form nach könnte man den Stellvertreter auch hier unter den Gefichtspunkt des Boten bringen.

Da durch die auch von einem unberufenen Stellvertreter geleiftete Zahlung der Gläubiger ebenfo feine Befriedigung erhält, als wenn der Schuldner felbft gezahlt hätte, fo ift der Gläubiger auch ver= pflichtet, eine folche Zahlung anzunehmen.[10] Es wäre Chikane von Seiten des Gläubigers, wenn er eine Leiftung zurückweifen wollte, welche ihm ganz daffelbe, was er durch die Leiftung des Schuldners haben würde, gewährt.[11]

Mit Recht wird aber von Sintenis (praktifches gemeines Civil= recht II § 103 Anm. 37) die Befchränkung beigefügt: der Gläubiger brauche fich nicht die Zahlung durch einen beliebigen Dritten ohne Weiteres gefallen zu laffen, noch werde er durch ein Anerbieten fchlechthin in Verzug gefetzt, fondern es müffe ihm auf Verlangen vor allen Dingen Gewähr dafür geleiftet werden, daß die Zahlung unter

---

[10] Marcell. l. 72 § 2 D. h. t. (46, 3): Sed quid, fi ignorante debitore ab alio creditor eum (Stichum) ftipulatus eft: hic quoque exiftimandus eft periculo debitor liberatus: quemadmodum fi, quolibet nomine ejus fervum offerente, ftipulator accipere noluiffet.

Endemann, das Deutfche Handelsrecht § 97 II A.

[11] Paulus l. 61 D. h. t. (46, 3): In perpetuum quoties id, quod tibi debeam, ad te pervenit, et tibi nihil abfit, nec quod folutum eft repeti poffit: competit liberatio.

Windfcheid, Lehrbuch des Pandektenrechts (2. Aufl.) S. 269 Note 24.

solchen Umständen geschehe, daß er das Gezahlte sicher behalten könne; auch dürfe der Gläubiger eine bestimmte Erklärung darüber verlangen, ob der Dritte als Mandatar oder als negotiorum gestor zahle, oder nicht, und im Falle der Verweigerung einer bestimmten Erklärung die Annahme ablehnen. Auch sei dem Schuldner in einem solchen Falle nicht gestattet, später sich zu seinem Vortheile auf ein derartiges Anerbieten gegen den Gläubiger zu berufen. Er dürfe dies nur dann thun, wenn der Dritte sich als Vertreter des Schuldners gerirt und daß er als solcher handle, dem Gläubiger zu erkennen gegeben hat.

Aber auch unter dieser Voraussetzung kann in besonderen Fällen der Gläubiger ein rechtliches Interesse haben, daß die Zahlung durch den Schuldner selbst oder durch einen legitimirten Stellvertreter desselben erfolge. Es ist dies der Fall, wenn es für den Gläubiger von Wichtigkeit ist, in der Zahlung eine Anerkennungshandlung des Schuldners zu finden.[12])

Abgesehen von den erwähnten Beschränkungen muß sich der Gläubiger auch die von einem unberufenen Stellvertreter geleistete Zahlung gefallen lassen.

Dieser Grundsatz hat auch im Preuß. A. L. R. Anerkennung gefunden, indem dasselbe Th. I Tit. 16 § 49 bestimmt:

> „Unter eben den Umständen, wo der Gläubiger von seinem Schuldner selbst Zahlung anzunehmen verbunden sein würde, kann er die Annahme derselben von einem Dritten, welcher statt des Schuldners zahlen will, und in der Verwaltung seines Vermögens nicht eingeschränkt ist, nicht verweigern."

In der revisio monitorum zum gedruckten Entwurfe bemerkt Suarez:

> — Endlich ist noch die Frage übrig: Ist der creditor schuldig, von einem tertio Zahlung für seinen debitorem an-

---

[12]) Hierher gehört der Fall, dessen Vinnius, com. in pr. J. 3, 30 nr. 10 gedenkt: — Plane si creditoris intersit solutionem ab alio oblatam non recipere puto recusantem audiendum esse: et ideo, quod quidam existimaverunt, etiam emphyteutae ad evitandam poenam commissi prodesse solutionem ab alio etiam proprio nomine, quamvis nullo jure obstricto, factam, si forte solvens jus pignoris in re emphyteutica sibi constitutum conservare velit, simpliciter probandum non est: sed tunc demum, ubi dominus ultro eam solutionem admisit; nam si recuset accipere, non dubito, quin id jure faciat, quoniam per solutionem non ex voluntate emphyteutae factam non recognoscitur dominus, ut oportet, ab ipso emphyteuta, neque potest quisquam conditionem alterius deteriorem facere.

zunehmen? Diese Frage würde ich unbedenklich affirmative beantworten; denn wenn der tertius alles das prästirt, wozu der debitor selbst verpflichtet war, so kann der creditor keinen vernünftigen Grund haben, die Annahme zu verweigern. (Gesetz-Revision. Pensum XIV. Entwurf. Allg. Landrecht Th. I Tit. 14 u. 16 Motive S. 81).

So verordnet auch das bürgerl. G. B. für das K. Sachsen § 690:

„— Die Erfüllung kann für den Verpflichteten, selbst ohne dessen Einwilligung, von einem Andern geschehen, und es ist der Berechtigte die Erfüllung durch einen Andern anzunehmen verbunden."[13])

In wesentlicher Abweichung hiervon erklärt dagegen das Oesterreichische b. G. B. den Gläubiger nur im Falle der Einwilligung des Schuldners für verpflichtet, die von einem Dritten anstatt des Schuldners angebotene Zahlung anzunehmen, indem es vorschreibt:

§ 1422. „Kann und will ein Dritter anstatt des Schuldners mit dessen Einverständniß nach Maß der eingegangenen Verbindlichkeit bezahlen, so muß der Gläubiger die Bezahlung annehmen . . ."

§ 1423. „Ohne Einwilligung des Schuldners kann dem Gläubiger die Zahlung von einem Dritten nicht aufgedrungen werden . . ."

Hiermit stimmt auch der Entwurf eines b. G. B. für das K. Bayern Th. II Art. 165 überein:

„Die von einem Dritten an den Gläubiger bewirkte und von diesem angenommene Zahlung steht der durch den Schuldner selbst bewirkten Leistung gleich, auch wenn dieselbe nicht im Auftrage oder mit Genehmigung des Schuldners geschehen ist."

Denn in den Motiven S. 104 wird dazu bemerkt:

Die Zahlung liegt zunächst dem Schuldner ob, kann aber mit obiger Wirkung auch durch irgend einen berechtigten Stellvertreter und selbst durch einen Dritten geschehen, wenn der

---

[13]) In Siebenhaar's Com. Bd. II (bearbeitet von Pöschmann) S. 28 wird dazu bemerkt: Die Worte „und es ist ꝛc." haben allerdings den Sinn, daß der Gläubiger die Erfüllung annehmen muß und nur das kann hierbei als selbstverständlich gelten, daß der Gläubiger durch Zahlung Seiten des Dritten nicht in eine schlechtere Lage kommen darf, als wenn sie der Schuldner leistete, also z. B. der Dritte zur Forderung der Schuldverschreibung, des Faustpfandes ꝛc. legitimirt sein muß. Dies vorausgesetzt, wird aber nicht einmal aus dem Verbote der Geschäftsführung, so weit es zwischen dem Schuldner und dem Geschäftsführer von Wirksamkeit ist, dem Gläubiger eine Einrede erwachsen. —

Schuldner einwilligt, und die Leistung nach ihrer Beschaffenheit durch den Stellvertreter oder den Dritten gehörig geschehen kann. Unter diesen Voraussetzungen muß der Gläubiger die Zahlung von diesen anderen Personen annehmen, weil sie als Beauftragte des Schuldners erscheinen. Willigt der Schuldner in eine Zahlung durch einen Dritten, welcher kein Stellvertreter desselben ist, nicht ein, so braucht er diese Zahlung nicht anzunehmen, weil er mit dem Dritten in keinem Obligationsverhältnisse steht.

Dieser Gesichtspunkt, den auch J. J. Lang in seiner kritischen Beleuchtung des Bayerischen Entwurfes Heft II S. 113 vertheidigt, verliert jedoch seine Stütze durch die oben mitgetheilten Ausführungen Jhering's, wonach auch der unberufene Dritte, der für den Schuldner Zahlung leistet, um denselben zu liberiren, als Stellvertreter zu betrachten ist. Er besorgt ein fremdes Geschäft und zwar nicht in seinem, sondern in des Schuldners Interesse, da es für ihn selbst gar keine rechtlichen Wirkungen äußert. Was er thut, geschieht um des Schuldners Willen, dem er insofern eine Liberalität erweist, als er in uneigennütziger Absicht in dessen Interesse thätig ist, wenn er auch nicht zu wirklichen Vermögensopfern sich verpflichten will, also nicht animo donandi handelt.[14] Dieser wohlwollenden Absicht, welche der Dritte in Beziehung auf den Schuldner durch seine freiwillige Geschäftsführung zu erkennen gibt, darf der Gläubiger nicht entgegentreten. Er hat kein Recht, die ihm Namens des Schuldners angebotene Zahlung als eine unbefugte Einmischung in fremde Rechtsangelegenheiten zurückzuweisen, da ein Eingriff in seine Rechtssphäre gar nicht vorliegt.

Treffend spricht sich hierüber Donellus, com. de jure civili Lib. XVI cap. X aus:

— De alio, qui debitor non sit, potuit dubitari, num et hic possit pro debitore solvere . . . Dubitatur de eo, qui ignorante debitore id faciat aut etiam invito. Qui enim, si hoc casu neget creditor se accipere? nonne videatur audiendus, si dicat extraneo pecuniam offerenti: noli me urgere ut accipiam: nolo a te: et cur me cogas, cum obligatio et actio mea nihil ad te pertineat: et praesertim repugnante debitore id facias? An non in re mea, quae ad

---

[14] Auch von der negotiorum gestio gilt, was Paulus l. 1 § 4 D. mand. (17, 1) vom Mandat sagt: originem ex officio atque amicitia trahit. Vgl. Paul. l. 35 D. de neg. gest. (3, 5): — quasi amici negotia gessit.

te nihil pertinet, iniquum est te mihi praescribere, quo modo
ego meo jure utar? Sed placuit licere cuique pro debitore
solvere, non solum ignorante, sed etiam invito. Quod cum
ita dicitur, intelligamus hoc dici, licere etiam creditore
invito. Non enim jure liceret, si non liceret nisi voluntate
debitoris facere . . . Neque vero iniquum est ita cogi
creditorem. Esset iniquum, si in pecunia solvenda illius
solum causa ageretur. Nunc autem agitur causa etiam
debitoris, cui liberatio ea solutione quaeritur. Non debet
creditor recusare id, in quo ejus recusatio, ipsi inutilis, non
alio spectet, quam ut debitori officiat. At enim extranei
istius nihil interest pro debitore solvere: nec quisquam
audiendus est id fieri petens, quod fieri ejus nihil interest.
Imo vero ejus interest. Non interest quidem pecuniariter:
quam ob rem neque hic ullius pecuniae petitio est; sed
interest ex affectione eo modo, quo l'apin. dixit beneficio
affici hominem interesse hominis (l. 7 i. f. D. de serv. export.).
Hujus vero affectionis et utilitatis ratio satis est, ut audiri
debeat quivis extraneus de debitore liberando sine alterius
injuria sollicitus. Sed an ista solutione liberatur etiam
debitor ignorans, aut invitus? Plane isto modo, alioquin
non esset solutio pro debitore, si adhuc debitor obligatus
maneret.

Ist diesen Ausführungen zuzustimmen, so ist auch als eine Con-
sequenz derselben anzuerkennen, daß der Dritte, der Namens des
Schuldners die Zahlung dem Gläubiger anbietet, im Falle der
Annahmeverweigerung des Letzteren zur gerichtlichen Niederlegung des
Angebotenen berechtigt ist.

Die gemeinrechtliche Doctrin und Praxis hat dies auch von jeher
angenommen.

Donellus l. c.: — Non cogetur quidem praecise accipere creditor invitus; nam nec cogeretur debitore ipso
offerente: sed ut creditore recusante possit debitor obsignare
pecuniam et deponere, eaque obsignatio pro solutione cederet:
ita et extraneo offerenti, si creditor accipere recuset, non
minus idem facere licebit, ut id cedat pro solutione. Ita
quod rectâ accipere non cogitur creditor, dum a creditore,
aut extraneo quovis pro debitore offertur, id obliqua ista
via accipere cogitur, dum recusare non potest, nisi velit
rem amittere.[15]

Sichard ad l. 9 C. de solut. nr. 12: Creditori a tertio nomine
debitoris, eodem ignorante aut invito, fieri potest solutio ad effectum liberationis, adeo ut, si creditor pecuniam recipere recuset,
tertius ille eandem deponere et ita debitorem liberare possit,

---

[15] Vinnii com. in pr. J. 3, 30. nr. 10.

Fratr. Beckmannorum consilia Tom. I. resp. I nr. 47.

Es hat ſeine ohnſtreitige Richtigkeit, daß ein Tertius pro debitore obligato valide bezahlen und per hanc solutionem den debitorem ab obligatione liberiren kann, nicht allein, wenn dieſe Bezahlung ad mandatum debitoris geſchieht —, ſondern auch wenn ſie sine consensu debitoris vel pro ignorante vel etiam pro invito et prohibente geſchehen, ſogar daß wenn der Creditor die Bezahlung vom Tertio anzunehmen ſich weigern ſollte, dieſer die offerirte summam rite deponiren und dadurch den debitorem liberiren kann. Sam. Stryk, Caut. Contract. Sect. 4 Cap. 1 § 4.

Dies gilt auch nach dem heutigen Sächſiſchen Rechte.

Pöſchmann in Siebenhaar's Com. II S. 62 bemerkt zu 756 des Sächſ. b. G. B.: „Iſt der Berechtigte im Verzuge und eignet ſich der Gegenſtand der Leiſtung zur gerichtlichen Niederlegung, ſo hat der Verpflichtete das Recht, den Gegenſtand der Leiſtung bei dem Gerichte des Erfüllungsortes niederzulegen —": die Wortfaſſung „ſo hat der Verpflichtete das Recht" ſchließe nicht aus, daß auch ein Mandatar oder negotiorum gestor für ihn deponiren könne, da der Berechtigte nach § 690 von ihnen Erfüllung annehmen muß und nach § 746 in Verzug — die Vorausſetzung der Depoſition — geſetzt werden kann.

Ebenſo lehrt in Betreff des Franzöſiſchen Rechts Zachariä v. Lingenthal, Handbuch des Franz. Civilrechts (5. Aufl. bearbeitet von Anſchütz) § 316:

Der Gläubiger kann ſich nicht der Annahme der von einem Dritten ihm angebotenen Zahlung, vorausgeſetzt, daß die Zahlung im Uebrigen auf eine rechtsbeſtändige Weiſe geſchieht, weigern, ausgenommen wenn er ein Intereſſe hat, daß die Zahlung von dem Schuldner ſelbſt geſchehe . . . Bei einer unbegründeten Weigerung iſt der Dritte ad deponendam solutionem zuzulaſſen. Jedoch wird vorausgeſetzt, debitoris interesse solutionem fieri. [16])

Das Gleiche iſt auch nach dem Preußiſchen Landrechte anzunehmen als Konſequenz des oben angeführten § 49 d. T., wiewohl die ſogleich zu beſprechende Vorſchrift des § 51 daſelbſt nothwendig dahin führt, daß jenes Recht des Dritten, bei verweigerter Annahme der Zahlung

---

[16]) Vgl. Art. 1258 Nr. 2, worin zur Gültigkeit der Darlegung der Schuldſumme rückſichtlich der Perſon des Zahlungsofferenten nur erfordert iſt:
„daß ſie durch eine Perſon geſchehe, welche fähig iſt, Zahlungen zu leiſten."
Goldſchmidt in ſeiner Zeitſchrift für das geſammte Handelsrecht XIV S. 415.

zur gerichtlichen Niederlegung zu schreiten, ausgeschlossen wird, sobald der Gläubiger den entgegengesetzten Willen des Schuldners beweist.

Der eben gedachte § 51 verordnet nämlich:

"Wenn aber Beide, der Gläubiger und der Schuldner, der von einem Dritten angebotenen Zahlung widersprechen, so kann dieselbe dem Ersteren nicht aufgedrängt werden."

Es läßt sich darüber streiten, ob diese Vorschrift dem von den römischen Juristen so bestimmt ausgesprochenen Satze entgegenstehe:

solvere pro ignorante et invito debitore cuique licet.

Jedenfalls ist soviel zuzugeben, daß sie kein erfundenes Recht enthält, vielmehr eine in der gemeinrechtlichen Doctrin verbreitete Ansicht für sich hat.

Brunnemann (com. in C. l. 5 et 17 h. t. 8, 43 nr. 7) stellt zwar den allgemeinen Satz auf:

Colligitur ex his textibus: alium pro alio solvere posse invito creditore et debitore.

An einer andern Stelle (com. in C. ad l. ult. de neg. gest. 2, 19 nr. 4 sq.) macht derselbe jedoch seine Bedenken hiergegen geltend, indem er sagt:

Illud vero non est contra regulam, quod pro alio invito solvi possit, quia hoc beneficium solutionis non operatur aliquid in persona debitoris, qui id respuit, contra quem etiam solventi nulla datur actio per h. l.; sed tantum in persona creditoris, qui id jure suo accipit. Ex h. l. colligitur: Eum, qui pro alio, quem invitum credit, solvit, non habere spem repetitionis; certo enim scit ille, qui pro alio solvit, debitorem, si sciret, reluctaturum et prohibiturum, ex ratione hujus legis. nam quomodo dici potest, illum alterius negotium gerere, qui scit altero invito id fieri et contra ejus voluntatem? . . . Cogitandum hoc lectori relinquo . . . Interim conscientiae cujusque illud relinquo, an hoc beneficium solutionis sibi invito ab alio conferri velit. Sed quaeritur etiam, an non in foro conscientiae interiori, ille, cujus inviti et reluctantis quidem negotia sunt gesta, quippe ob id locupletior redditus, sumptus teneatur restituere, quamvis in foro exteriori non teneatur, cum nemo locupletior fieri debeat cum alterius damno, et alter suis sumptibus rem familiarem auxerit, quod quidem negat Molina: sed id ulterius cogitandum relinquimus.

Von den neueren Juristen hat sich Puchta sehr bestimmt darüber ausgesprochen, daß das von einem Dritten dem Gläubiger gemachte Zahlungsanerbieten zu seiner rechtlichen Wirksamkeit erfordere, daß es nicht den Willen des Schuldners gegen sich hat. In seinen Vorlesungen Bd. II S. 134 sagt derselbe:

Es fragt sich: kann der Gläubiger durch Anbieten der Zahlung von Seiten eines Dritten in mora accipiendi versetzt werden?

Diese Frage ist zu bejahen unter folgenden drei Voraussetzungen:

1) wenn kein rechtliches Interesse des Gläubigers durch die Interposition des Dritten verletzt wird,

2) wenn das Anerbieten nicht wider den Willen des Schuldners geschehen ist und

3) wenn dieser es ratihabirt.

Koch, Recht der Ford. (2. Ausg.) S. 624 hält dieses Erforderniß für selbstverständlich, da er sich auf den Satz beschränkt:

Wo es nicht auf die Person des Schuldners ankommt, kann auch ein Dritter ohne und selbst gegen den Willen des Schuldners, mit Zustimmung des Gläubigers, erfüllen.

Jene Vorschrift des Preußischen Rechts ist nun auch in die neuere deutsche Gesetzgebung übergegangen.

Das Oesterreichische bürg. Gesetzbuch geht, wie bereits oben angeführt, in sofern noch weiter, als es im § 1423 bestimmt:

„Ohne Einwilligung des Schuldners kann dem Gläubiger die Zahlung von einem Dritten in der Regel nicht aufgedrungen werden."

Denn hiernach gibt schon der Mangel der Einwilligung des Schuldners dem Gläubiger das Recht, die von einem Dritten angebotene Zahlung zurückzuweisen. Es hat daher der gegen den Gläubiger auf Annahme der Zahlung dringende Dritte zur Begründung seines Verlangens die Zustimmung des Schuldners zu behaupten und zu beweisen, während er nach Preußischem Recht Seitens des Gläubigers die Behauptung und den Beweis des Widerspruches des Schuldners als einen Einwand abzuwarten hat.

Daß der Entwurf eines bürgerl. Gesetzb. für das K. Bayern mit dem Oesterreichischen Gesetzbuche übereinstimmt, ist ebenfalls bereits oben angeführt worden.

Eine gleiche Vorschrift wie das Preußische Landrecht enthält der Entwurf eines bürgerl. Gesetzb. für das Großherz. Hessen Buch I Art. 279 Absatz 2:

„— Gegen den Willen des Schuldners kann jedoch der Gläubiger zur Annahme der Zahlung von einem unbetheiligten Dritten nicht genöthigt werden."[17])

---

[17]) In den Motiven S. 146 wird hierüber gesagt: — Es steht an sich nichts entgegen, daß auch ein Dritter, welcher bei der zu tilgenden Ver-

Desgleichen der Entwurf eines gemeinsamen deutschen Gesetzes über Schuldverhältnisse Th. I Art. 234.

> „— ein Dritter kann für den Schuldner auch ohne dessen Einwilligung erfüllen und der Gläubiger ist verpflichtet, die Erfüllung des Dritten anzunehmen, ausgenommen wenn der Schuldner Widerspruch dagegen erhoben hat."

§ 3. Fortsetzung.

Wir kommen jetzt zu der Frage:

welche Rechte dem Dritten aus der für den Schuldner geleisteten Zahlung erwachsen.

Hierbei haben wir es aber immer nur mit der eigentlichen Zahlung zu thun, also derjenigen Zahlung, welche von einem Dritten im Namen des Schuldners zum Zwecke der Tilgung der Obligation (animo solvendi) geleistet wird.

Es scheidet daher der Fall aus, wo der Dritte zahlt, nicht um den Schuldner zu befreien, sondern um die Forderung des Gläubigers zu erwerben (animo emendi). Denn in einem solchen Falle liegt dem Schuldner gegenüber gar keine Zahlung vor. Das Schuldverhältniß wird nicht gelöst; es tritt nur ein Wechsel in der Person des Gläubigers ein.

> Paulus l. 36 D. de fidej. (46, 1): Cum is, qui reum et fidejussores habens ab uno ex fidejussoribus accepta pecunia praestat actiones: poterit quidem dici nullas jam esse, cum suum perceperit, et perceptione omnes liberati sunt. Sed non ita est. Non enim in solutum accipit, sed quodam modo nomen debitoris vendidit; et ideo habet actiones, quia tenetur ad id ipsum, ut praestet actiones. [1])

---

bindlichkeit gar nicht betheiligt ist, solche für den Schuldner erfülle und dadurch dessen Verhältnisse verbessere. Nur darf dies nicht wider den Willen des Schuldners und Gläubigers geschehen oder dem Interesse des Letzteren widersprechen. Denn es liegt nicht in der Macht eines Dritten, das Obligationsverhältniß, dessen Fortdauer Gläubiger und Schuldner wünschen, wider deren Willen aufzuheben.

[1]) Vgl. Julian. l. 17 D. eod. Fidejussoribus succurri solet, ut stipulator compellatur ei, qui solidum solvere paratus est, vendere ceterorum nomina.

Erk. d. O. A. G. zu Rostock vom 4. April 1863: Nach dem in l. 36 D. de fidej. anerkannten Princip des spätern röm. Rechts ist dem Bürgen auch dann, wenn er ohne allen Vorbehalt zahlt, eine Klage gegen den Hauptschuldner zu gewähren, indem es auch beim Mangel einer ausdrück-

Modestin. l. 76 D. h. t. (46, 3): Modestinus respondit: si post solutum sine ullo pacto omne, quod ex causa tutelae debeatur, actiones post aliquod intervallum cessae sint: nihil ea cessione actum, cum nulla actio superfuerit. Quod si ante solutionem hoc factum est, vel cum convenisset, ut mandarentur actiones, tunc solutio facta esset, mandatum subsecutum est, salvas esse mandatas actiones: cum novissimo quoque casu pretium magis mandatarum actionum solutum, quam actio, quae fuit, perempta videatur.

Papin. l. 95 § 10 eod.: si mandatu meo Titio pecuniam credidisses — — mandatore convento et damnato, quamquam pecunia soluta sit, non liberari debitorem ratio suadet; sed et praestare debet creditor actiones mandatori adversus debitorem, ut ei satisfiat.

Ulp. l. 21 D. de tutelae act. (27, 3): Cum pupillus tutelae actione contra tutorem alterum tutori, quem judex in solidum condemnavit, cessit: quamvis postea judicatum fiat: tamen actio data non intercidit, quia pro parte condemnati tutoris non tutela reddita, sed nominis pretium solutum videtur. [2])

Alle diese Stellen, wie wohl zu beachten ist, betreffen Fälle, in denen ein bei der Obligation betheiligter Dritter, um sich zu liberiren, für den eigentlichen Schuldner (oder für den Mitschuldner) Zahlung leistet. Wenn aber ein Anderer als der Schuldner im eigenen Namen leistet, d. h. um seine Schuld zu tilgen, so wird das Forderungsrecht nicht aufgehoben.[3]) Der Dritte erlangt durch die Zahlung das Recht, nunmehr selbst an die Stelle des befriedigten Gläubigers in das Schuldverhältniß einzutreten.

Das Preußische Landrecht hat eine solche Sonderung der verschiedenen Fälle nicht vorgenommen und eben deshalb in seine Be-

---

lichen Erklärung als sein Wille angenommen werden muß, daß er nur unter Festhaltung des ihm gesetzlich zustehenden Rechts auf Klagencession Zahlung leisten will (Seuffert, Archiv XVII Nr. 40).

[2]) Vgl. l. 1 C. de contr. jud. tut. (5, 58): Si pro contutore judicato pecuniam solvisti: nullum judicium tibi contra pupillum competit, ut delegetur tibi adversus liberatum actio. Quodsi nomen emisti: in rem suam procurator datus, heredes judicati poteris convenire.

Im Allgemeinen ist in Betreff dieses Punktes zu verweisen auf die Abhandlung Zaun's, Zur Lehre der sogen. fingirten Cession (im Archiv für praktische Rechtswiss. N. F. I. S. 131—141).

[3]) Ulp. l. 31 pr. D. de her. pet. (5, 3): — nam quod quis suo nomine solvit, non debitoris, debitorem non liberat.

Windscheid, Lehrbuch des Pandektenrechts (2. Aufl.) II. S. 269 Note 22.

stimmungen über die rechtlichen Folgen der von einem Dritten für den Schuldner geleisteten Zahlung Unklarheit und Verwirrung gebracht.

Dasselbe stellt (§ 45. I. 16) den ganz richtigen Satz an die Spitze:

„Die Rechte des Zahlenden gegen den Schuldner sind, je nachdem er die Zahlung mit oder ohne Auftrag, oder wider Willen desselben geleistet hat, nach den Vorschriften des ersten und zweiten Abschnitts im dreizehnten Titel zu beurtheilen,"

knüpft aber unmittelbar daran die ganz allgemeine Vorschrift:

§ 46. „Ueberhaupt tritt in der Regel der Zahlende gegen den Schuldner, auch ohne ausdrückliche Cession, in die Rechte des bezahlten Gläubigers"

und verordnet weiterhin, unter Hinweisung auf die Grundsätze von nothwendigen Cessionen,

§ 50. „Soweit der Gläubiger dergleichen Zahlung von einem Dritten anzunehmen schuldig ist, so weit ist er auch demselben seine Rechte an den Schuldner abzutreten verpflichtet (Tit. 11 §§ 442. 443)[4]."

Es wird eben nichts als die Nebeneinanderstellung dieser Sätze in Verbindung mit dem bereits oben angeführten § 43

„Wer die Schuld eines Andern mit oder ohne Auftrag bezahlt, befreit denselben von seiner Verbindlichkeit,"

bedürfen, um das Unklare und Widersprechende dieser Vorschriften in die Augen fallen zu lassen.

Der § 43 stellt die Wirkung der für den Schuldner geleisteten eigentlichen Zahlung — die Befreiung des Schuldners von seiner Verbindlichkeit fest.

Der § 45 knüpft daran die Bestimmung über die Rechte des Zahlenden gegen den befreiten Schuldner, während die damit in unmittelbarer Verbindung stehenden §§ 46 und 50 das eben Gesagte wieder über den Haufen stoßen und dem Zahlenden in allen Fällen ohne Unterschied ein Recht darauf verleihen, in das noch fortbestehend gedachte Schuldverhältniß an Stelle des Gläubigers im Wege der nothwendigen Cession einzutreten. Aber selbst in Betreff des letzteren Gesichtspunktes sind die

---

[1] § 442. „In allen Fällen, wo Jemand durch die für oder statt eines Andern geleistete Zahlung, nach Vorschrift der Gesetze, in die Stelle des bezahlten Gläubigers tritt, ist er von diesem auch eine ausdrückliche Cession seiner Rechte an den Schuldner zu fordern befugt."

§ 443. „Bei beharrlicher Weigerung des bezahlten Gläubigers muß der Richter denselben, auf Anrufen des Zahlenden, zur Ausstellung der Cession durch executivische Zwangsmittel anhalten."

Vorschriften des Landrechts nicht im Einklange mit einander; denn
während der § 46 vermöge des Gesetzes (ohne ausdrückliche Cession)
den Zahlenden in die Rechte des befriedigten Gläubigers eintreten läßt
und nur ausnahmsweise in den §§ 47 und 48 rücksichtlich der der
bezahlten Forderung beiwohnenden Vorrechte so wie der damit ver=
bundenen Pfand= und Bürgschaftsrechte eine solche Cession erfordert
ist, erklärt der § 50 allgemein den Gläubiger zu der, nöthigenfalls im
Wege der Zwangsvollstreckung zu bewirkenden, Cession für verpflichtet.

Ein solches ganz allgemein jedem Zahler einer fremden Schuld er=
theiltes beneficium cedendarum actionum war dem bisherigen
Rechte völlig fremd.

l. 5 C. h. t. (8, 43): Nulla tibi adversus creditorem
alienum actio superest, eo quod ei debitam quantitatem
offerens, jus obligationis in te transferri desideras: cum
ab eo te nomen comparasse non suggeras: licet solutione
ab alio facta nomine debitoris evanescere soleat obligatio.

Brunnemann, com. in C. ad l. 5 et 17 de solut. nr. 4 sq.:
Quaeritur in l. 5: annon extraneus pro debitore solvens
possit compellere creditorem, ut ille cedat actione contra
debitorem. Videtur quod sic, exemplo fidejussorum. Sed
negatur hic, quia fidejussor solvit ex necessitate, ergo ipsi
succurrendum. Sed hic solvit ex spontanea voluntate,
ideoque nullam habet actionem contra debitorem, neque
exceptionem, quas tamen habet fidejussor. Colligitur ex his
duobus textibus: . . . extraneum non posse petere, ut in
eum pro soluta pecunia transferat omne jus suum, quod
habet, per h. l. 5, quae ad id solet quotidie allegari. Et
sic si mihi dedit pignus debitor et ejusdem debitoris alius
creditor chirographarius mihi offerat meum creditum, non
teneor ipsi cedere pignus, nisi ipse sit hypothecarius posterior,
nam tunc habet jus offerendi.

Sande, com. de actionum cessione cap. V § 66 sq.
(Opera omnia jurid. P. I. p. 19): Quoties is, qui solvit, vel
ipse debet, vel in re, qua de agitur, jus aliquod habet,
recte petitor ad cedendum ei jus suum compellitur, ut in
fidejussoribus, correis, tutoribus, hypothecariis debitoribus
et justis rerum possessoribus. At si quis alius, qui nulla
ratione creditori obligatus est, nec quicquam juris habet in
re, qua de agitur, solvat vel pro debitore solutionem offerat,
ei creditor invitus actionibus cedere non est cogendus. —
Quamvis enim quivis extraneus solvere pro debitore, et cum
etiam ab invito creditore, ipso jure liberare possit, creditorem tamen ad cessionem jurium compellere nequit. Sed
sufficit eum paratum esse obligationis instrumentum debitori
reposcenti aliive ab eo mandatum habenti restituere.

O. Stobbe in der Zeitschrift für das gesammte Handels-recht XI (1868) S. 406: So wie der Gläubiger seine Forderung einem Andern abtreten konnte, so war es andererseits auch dritten Personen, welche ein Interesse in dieser Beziehung nach-weisen konnten, gestattet, die Forderung des Gläubigers dadurch zu erwerben, daß sie ihm — ohne den Schuldner zu fragen — bezahlten. Sie konnten dann von dem befriedigten Gläubiger verlangen, daß er ihnen zugleich die Sicherungsmittel der Forderung abtrete . . . Es ist also unter Umständen der Gläubiger genöthigt, seine Forderung einem Andern abzu-treten.[5])

Mit Recht bemerkt daher Koch in seinem Kom. des A. L. R. zu § 46 a. a. O.: Die Regel des § 46 sei in dieser Allgemeinheit eine Anomalie.[6]) Das römische und gemeine Recht kenne die Regel nur für solche Verhältnisse, vermöge welcher ein Dritter zur Zahlung ver-pflichtet ist, unter dem Namen beneficium cedendarum actionum. Die Satzung des § 46 gebe dieses beneficium einem Jeden, welcher Lust und Belieben habe, die Schuld irgend einer Person zu bezahlen. Dadurch werde der Gläubiger in seinem Rechte verletzt, indem er, der doch nur Zahlung zu empfangen und darüber Quittung zu ertheilen habe, kraft jenes beneficii zu einer Rechtshandlung, nämlich zur Cession, gezwungen werden könne. Jeder Zahlende sei dadurch dem Bürgen gleichgestellt.[7])

In der That aber lag den Redaktoren des allgemeinen Landrechts die Absicht fern, mit jenen verfehlten Bestimmungen eine Neuerung zu schaffen. Sie haben damit nur das geltende Recht, unter Beseitigung einiger Controversen, fixiren wollen.

Es ergibt sich dies klar aus der Bemerkung Suarez's in der revisio monitorum zum gedruckten Entwurf:

— Es ist wohl außer Streit, daß der, welcher für einen Andern gezahlt hat, gegen den debitorem nach den Regeln eines mandatarii oder negotiorum gestoris zu beurtheilen sei. Wie

---

[5]) Vgl. z. B. Purgolt VII. 27. Ortloff S. 366 c. 46. v. Meibom Pfandrecht S. 165.

[6]) Erkenntniß des Ob. Trib. zu Berlin v. 21. März 1854: Der § 46 I 16. A. L. R. enthält eine anomale und singuläre Vorschrift, welche auf eigent-liche Zahlungen (§ 28) beschränkt werden muß, nicht aber auf Zahlungen im weiteren Sinne, worunter der Appellationsrichter den Gebrauch sonstiger Mittel der Tilgung von Verbindlichkeiten verstanden hat, ausgedehnt werden darf. (Striethorst, Archiv Bd. 12 S. 268 f.) Vgl. auch Erl. desselben Gerichtshofes v. 13. März 1865. (Ebendas. Bd. 57 S. 251 f.)

[7]) Vgl. Koch, Recht der Forb. B. II S. 626 f.

weit tritt er aber zugleich ohne Cession in die Rechte des von ihm bezahlten creditoris? Diese Frage ist sehr zweifelhaft. In Ansehung des debitoris könnte man sie wohl unbedenklich bejahen. Allein der Zweifel betrifft eigentlich die Fragen: a. ob der Zahlende die privilegia der bezahlten Post auch ohne ausdrückliche Cession erwerbe; z. B. ob der, welcher der Frau ihre Illata pro marito bezahlt, auch ohne Cession das Privilegium der vierten Klasse erlange; b. ob derjenige, welcher eine mit Bürgschaft oder Realsicherheit bedeckte Schuld bezahlt, auch gegen den Bürgen, oder auf die verpfändete Sache in die Rechte des creditoris absque cessione succedire. Beide Fragen würde ich negative beantworten. Die Ordnung und Sicherheit des bürgerlichen Verkehrs scheint es zu erfordern, daß man hier bei der alten Theorie bleibe, und ausdrücklich cessiones verlange. Es können sonst häufig Betrügereien und Unordnungen vorfallen, und ein tertius kann ohne sein Verschulden gefährdet werden. [8])

Das Oesterreichische bürg. Gesetzbuch hat sich dem Preußischen Landrechte angeschlossen, indem es die Bestimmungen des Letzteren zusammengedrängt im § 1358 dahin wiedergibt:

> „Wer die Schuld eines Anderen bezahlt, tritt in die Rechte des Gläubigers, und ist befugt, von dem Schuldner den Ersatz der bezahlten Schuld zu fordern. Zu diesem Ende ist der befriedigte Gläubiger verbunden, dem Zahler alle vorhandenen Rechtsbehelfe und Sicherstellungsmittel auszuliefern."[9])

In einem Erkenntniß des obersten Gerichtshofes zu Wien vom 27. Juni 1859 wird jedoch gesagt: Es sei zur Geltendmachung der Ersatzansprüche des zahlenden Dritten keineswegs unumgänglich nothwendig, daß die befriedigten Gläubiger ihre Forderungen dem Zahler förmlich abtreten; denn die §§ 1358 und 1423 berechtigten bloß denjenigen, welcher für einen Andern Zahlung geleistet hat, auf die Abtretung der

---

[8]) Gesetz-Revision. Pensum XIV. Entwurf. Allg. Landrecht Th. I Tit. 14 u. 16. Motive S. 81.

[9]) Vgl. § 1423. „Ohne Einwilligung des Schuldners kann dem Gläubiger die Zahlung von einem Dritten in der Regel nicht aufgedrungen werden. Nimmt er sie aber an, so ist der Zahler berechtiget, selbst noch nach der geleisteten Zahlung, die Abtretung des dem Gläubiger zustehenden Rechtes zu verlangen."

In einem Erkenntnisse des obersten Gerichtshofes zu Wien vom 28. Juni 1865 wird jedoch in Bezug auf den § 1423 bemerkt: diese Bestimmung könne nicht so verstanden werden, daß dem Zahler die gedachte Befugniß zu jeder beliebigen Zeit nach der Zahlung und unter allen Umständen zustehe. (Allgem. österreich. Gerichts-Zeitung 1865 S. 257 f.)

Forderung gegen den befriedigten Gläubiger zu bringen, ohne jedoch
eine solche Cession zur Bedingung des Ersatzanspruches zu machen. [10]

Der oben Note 9 angeführte § 1423 scheint übrigens durch die
im gemeinen Rechte bestehende Controverse veranlaßt zu sein:

ob auch nach der von einem Dritten geleisteten Zahlung von
einer Abtretung der Rechte des befriedigten Gläubigers die
Rede sein könne.

Es bemerken hierüber:

Carpzov, jurispr. for. P. II const. XVII def. 16: —
Neutiquam ita restringenda est cessio jurium, ut vel ante
solutionem, vel in ipsa solutione, vel postea in continenti
eam peti, vel protestationem subjici necesse sit. Sufficit
enim ex intervallo quoque cessionem fieri, adeo, ut nulla
permissa reservatione cessionis, fidejussor etiam post solutionem compellere possit creditorem ad cedendum sibi
actionem, intentata videlicet contra ipsum actione ex empto
ad tradendum sua jura. Videtur si quidem per solutionem
a fidejussore factam et receptam a creditore emptio et
venditio quaedam nominis contracta. cf. l. 76 D. de solut.

Codex Fabrianus Lib. VIII tit. XXX def. 19: Actionis,
quae per solutionem extincta ipso jure non est, licet elidi
potuerit per oppositam doli exceptionem, fieri cessio etiam
ex intervallo potest, utputa per creditorem, cui solutum est
debitum a tertio possessore pignoris luendi causa. Ita
Senatus Sabaudiae.

Sande, com. de actionum cessione Cap. VII § 1
(Opera omn. jurid. P. I p. 19): Hic generalis et verissima
regula tenenda est, actiones eo tempore cedendas esse,
quo adhuc competunt: sublatae enim et extinctae per rerum
naturam cedi nequeunt ... Hinc quando in disputationem
vocatur, an actionum cessio non tantum ante solutionem,
sed ipso solutionis tempore, sed et post solutionem ex
intervallo recte fiat? Ex superiori regula et verissima juris
ratione respondendum est: quotiescunque solutionem pactum
expressum de cedendis actionibus praecessit, vel hoc tacite
actum est, ut creditor acceptâ pecuniâ praestaret actiones,
tum sine dubio etiam post solutionem recte eas cedi posse:
post acceptam enim pecuniam adhuc suae creditori salvae
manserunt actiones et pretium magis mandandarum actionum
solutum, quam actio, quae fuit, peremta videtur l. 76 D.
de solut. Posset quidem dici eas jam nullas esse, cum
creditor jam suum perceperit et perceptione omnes liberati

---

[10] Glaser's und Unger's Sammlung von civilrechtl. Entscheidungen des
k. k. obersten Gerichtshofes II Nr. 822.

sint. Sed non ita est, inquit Paulus in l. 36 D. de fidej. Non enim in solutum accepit, sed quodammodo nomen debitoris vendidit.

Pufendorf, observ. jur. univ. I. obs. 130: — — Plane an actiones fidejussori ex intervallo post solutionem cedi possint, nisi pactum de cedendo ab initio intervenerit, diu multumque inter juris interpretes veteres ac recentiores disceptatum est. Nam etsi verum est, actiones per solutionem peremtas semel exstinctasque frustra cedi, tamen per numerationem pecuniae vel solutionem peremta actio non intelligitur, si non eo fine solutio facta, ut obligatio rei tollatur, sed ut in eum, qui solvit, transferatur, adeoque nomen debitoris quodammodo vendatur et redimatur. In fidejussore autem, nisi ex solutione ipsa omnino aliter appareat, in dubio certe commode dici possit, voluisse eum nomen debitoris redimere potius, quam perimere; propterea quod beneficium cedendarum actionum jure proditum ei est.

Immer aber wird hier nur von solchen Fällen gehandelt, wo der zahlende Dritte eine bei der Obligation betheiligte Person ist, also eine solche, welche für den eigentlichen Schuldner zahlen muß und deßhalb zu ihrer Schadloshaltung das beneficium cedendarum actionum genießt.

Dies ist auch im Oesterreichischen Rechte völlig unbeachtet geblieben.

Viel beschränkter lautet die Vorschrift des Sächsischen Rechts

§ 955. „Wird ein Gläubiger von einem Dritten an der Stelle des Schuldners befriedigt, und hat der Dritte sich vor oder bei der Befriedigung die Abtretung der Forderung ausbedungen, so ist die Forderung mit der Befriedigung ohne Weiteres als dem Dritten abgetreten anzusehen."

In Siebenhaar's Commentar Bd. II (bearbeitet von Pöschmann) wird dazu bemerkt:

Zahlt im Falle des zweiten Satzes des § 690 (s. oben S. 19) ein Dritter, so erlischt an sich nach § 976 [11]) die Forderung. Es kann solchenfalls von einem Uebergang der letzteren auf den Zahlenden nur die Rede sein, wenn er sich solchen bei der Zahlung „ausbedingt." Das „Ausbedingen" setzt aber Einverständniß des Gläubigers voraus. Letzteres kann ein ausdrücklich erklärtes, aber auch ein aus concludenten Handlungen zu folgerndes sein, z. B. wenn er die Zahlung, welche ihm der Dritte unter der Erklärung, daß er sich Abtretung ausbedinge, anbietet, ohne Widerspruch annimmt. Hat aber der Gläubiger

---

[11]) „Forderungen erlöschen durch ihre Erfüllung und durch Handlungen, welche der Erfüllung gleichstehen."

auf eine solche Offerte ausdrücklich erklärt, daß er von Ab=
tretung etwas nicht wissen wolle, und zahlt demungeachtet der
Dritte, so wird dieser nicht Cessionar, sondern hat nur die
Klage als auftragloser Geschäftsführer, Mandatar 2c., insofern
seine Zahlung nicht etwa als Schenkung aufzufassen wäre.

Das Sächsische Recht geht hier ohne Noth weiter als das gemeine
Recht, welches das beneficium cedendarum actionum in den Fällen,
wo dieses überhaupt statt findet, nicht von einem besonderen, bei der
Zahlung gemachten und vom Gläubiger angenommenen Vorbehalt ab=
hängig macht, sondern dieses beneficium vermöge der Verhältnisse,
unter welchen die Zahlung geschieht, ohne weiteres eintreten läßt. [12])

Am meisten entspricht den Grundsätzen des gemeinen Rechts der
Code civil und mit ihm das Badische Landrecht.

Es findet sich hier die bereits oben angeführte Vorschrift

Art. 1236. „ — Selbst ein dritter Nichtbetheiligter befreit
den Schuldner, wenn er im Namen des Schuldners und für
dessen Rechnung zahlt oder für das in eigenem Namen Ge=
zahlte nicht in die Rechte des Gläubigers eintritt.“

Es ist damit der Grundsatz des römischen Rechts festgehalten, daß
die von einem Dritten geleistete Zahlung nur dann den Schuldner
befreit, wenn jener für den Schuldner in der Absicht zahlt, die Obli=
gation dadurch zu tilgen.

Ueber den gedachten Artikel sprechen sich aus:

Brauer, Erläuterungen über den Code Napoléon etc. III
S. 172, 173: Daß die Zahlung eines Dritten, wann dieser in
eigenem Namen sie leistet, nicht als Erlöschung gelte, sobald er
in die Rechte des Gezahlten eintritt, und mithin die Aufrecht
erhaltung der Schuld nur mit Veränderung des Empfängers
(Gläubigers) die Vertragsursache der Zahlung wird, dieses ist
zu klar, als daß man es allein für den Zweck dieser Gesetz=
verfügung ansehen dürfte. Die gehörige Zergliederung derselben
lehrt uns folgende Wahrheiten: a. Jeder Dritte, der will,
kann so gut als ein Mitbetheiligter den Schuldner durch
Zahlung frey machen; folglich b. braucht er dazu eine Einwilligung
des Schuldners nicht, und das darum, weil diese Befreyung
solchem nichts schaden, sondern bloß nützen kann, vorausgesetzt,
was vorausgesetzt werden muß, daß die Befreyung unbedingt
geschieht; auch braucht er c. die Einwilligung des Gläubigers
nicht, außer in dem durch den folgenden Satz 1237 ausge=
nommenen Fall einer Verbindlichkeit zu persönlichen Verrichtungen,
und kann ihn also zur Annahme des Ganzen, nicht aber eines

---

[12]) Arndts Lehrbuch der Pandekten § 356.

bloß einzelnen Theils, wie der Gegensatz im Satz 1244 an=
zeigt, zwingen; d. eine solche Zahlung eines Dritten hat nur
statt und wirkt nur Befreyung, wo sie entweder im Namen
des Schuldners, oder im eigenen Namen des Zahlenden, aber
unbedingt geschieht; e. sie wirkt nicht Befreyung, gilt also nicht
für Zahlung, kann als solche dem Gläubiger und dem
Schuldner ohne ihren Willen nicht aufgedrungen werden, wenn
der Zahlende den Eintritt in die Rechte des bezahlten Gläubigers
sich einbedingt, also nicht die Absicht hat, Letzteren zu befreyen.

Zachariä v. Lingenthal, Handbuch des Französischen
Civilrechts (5. Aufl. besorgt von Anschütz) § 316: Die Zahlung
kann nicht nur von dem Schuldner, sondern auch von einem
Dritten für den Schuldner geschehen, es mag übrigens dieser
Dritte Mitschuldner sein oder nicht. Jedoch ist, was die
Zahlung durch einen Dritten betrifft, folgender Unterschied zu
machen:

1) Durch die Zahlung, welche ein Dritter für den Schuldner
leistet, wird die Schuld in Beziehung auf den bisherigen
Gläubiger schlechthin getilgt.

2) In Beziehung auf den Schuldner aber wird die Schuld
durch die Zahlung, die ein Dritter leistet, nur insofern getilgt,
als dieser nicht an die Stelle des Gläubigers tritt. (So wird
der etwas dunkel gefaßte Art. 1236 auszulegen sein. Durch
die Zahlung, die ein Dritter leistet, wird der Schuldner be=
freit, der Dritte mag auf seine Rechnung oder auf Rechnung
des Schuldners gezahlt haben, wenn anders nicht der Dritte
an die Stelle des Gläubigers tritt, d. i. ausgenommen in den
Fällen der Art. 1250, 1251. Denn es hat der Dritte, abge=
sehen von dieser Ausnahme, nur die actio negotiorum gestorum).[13]

Weiterhin verordnet nun der Code civil und das Badische Landrecht

Art. 1259. „Der Eintritt in die Rechte des Gläubigers
kommt einem dritten Zahler nur zu gut, wenn ein Vertrag
oder Gesetz ihn begründet."

Art. 1251. „Kraft Gesetzes tritt in die Rechte des
Gläubigers . . .

3) Derjenige, dem, weil er mit Andern oder für Andere die
    Schuld zu zahlen hatte, daran gelegen war, daß sie ge=
    tilgt wurde . . ."

Art. 1242. „Der in den vorhergehenden Sätzen zugelassene
Rechtseintritt wirkt wider die Bürgen sowohl als wider die
Schuldner; er bringt dem Gläubiger, der nur zum Theil be=
friedigt worden ist, keinen Nachtheil, ja dieser geht mit dem Rest
seiner Forderung demjenigen, der ihm zum Theil bezahlt hatte,

---

[13] Vgl. auch Malleville, Delvincourt und Marcadé zu Art. 1236.

wenn dieser auf den Schuldner zurückgreift, in der Zahlung vor."[14])

Auch diese Vorschriften sind den betreffenden, ganz principlosen Bestimmungen des Preuß. Landrechts bei Weitem vorzuziehen, da sie einerseits den Eintritt in die Rechte des befriedigten Gläubigers an bestimmte Voraussetzungen knüpfen, anderseits aber diesen Eintritt ohne Weiteres auch in Ansehung der accessorischen Sicherheitsrechte stattfinden lassen.

Nach Ausscheidung des eben besprochenen Falles, wo der zahlende Dritte in die Rechte des befriedigten Gläubigers eintritt,[15]) haben wir nunmehr auf die oben aufgestellte Frage näher einzugehen:

welche Rechte dem Dritten aus der für den Schuldner geleisteten Zahlung erwachsen.

Das Baierische Landrecht (Cod. Max. Bav. civ.) Th. IV Kap. 14 § 3 bestimmt hierüber, den Grundsätzen des gemeinen Rechts folgend:

„— Uebrigens hat 3tio die durch einen Dritten geschehene Zahlung zwar so viele Wirkung, daß der Schuldner in Ansehen des Gläubigers ebenso, als wäre er Selbst-Zahler gewesen, dadurch entbunden wird. So viel hingegen 4to den Regreß des Dritten an gedachten Schuldner belangt, sind drey Fälle zu distinguiren: Erstens ob er gegen den Willen des Schuldners, oder zweytens nur ohne sein Vorwissen, oder drittens wo nicht aus Befehl, doch wenigst mit Vorwissen desselben ohne Widerrede bezahlt habe. Erstenfalls gebühret ihm gar kein Regreß mehr an ihm, sondern die Zahlung wird vielmehr für eine Schankung erachtet. Zweitenfalls aber kann er ihn Actione Negotiorum gestorum, und drittenfalls ex Mandato um die Schadloshaltung belangen."

a. Der einfachste Fall ist, wenn der Dritte im Auftrage des Schuldners Zahlung leistet.

---

[14]) Vgl. Zachariä v. Lingenthal a. a. O. § 321. Marcadé, Abriß des des Französ. Civilrechts (ins Deutsche übertragen von A. Pfaff) II S. 64 f.

Goldschmidt in seiner Zeitschrift für das gesammte Handelsrecht XIV S. 411 f.

[15]) In dieser Hinsicht sei nur noch angeführt, daß der Eintritt des Zahlenden in die Rechte des befriedigten Gläubigers auch bei Wechselforderungen stattfindet.

Erk. des A. G. zu Hamm vom 9. Decbr. 1864 (in meinen „Beiträgen zur Erläut. des Preuß. Rechts" IX. S. 595 f.

Ulp. l. 6 § 2 D. mand. 17, 1`: Si passus sim aliquem pro me fidejubere vel alias intervenire, mandati teneor et . . . erit mandati actio.

Id. l. 12 § 3 eod.: Plane si servus fidejussor solverit, dominum mandati acturum idem Marcellus ibidem ait. § 5. Si filio familias mandavi, ut pro me solveret, patrem, sive ipse solverit sive filius ex peculio, mandati acturum Neratius ait, quod habet rationem: nihil enim mea interest, quis solvat. § 9. Si mihi mandaveris, ut rem tibi aliquam emam, egoque emero meo pretio, habebo mandati actionem de pretio reciperando . . .

Paul. l. 26 § 5 eod.: Mandatu tuo fidejussi decem et procuratori creditoris solvi: si verus procurator fuit, statim mandati agam . . .

l. 16 C. de neg. gest. (2, 19): Si negotium sororis tuae gerens, pro ea tributa solvisti, vel mandante ea, vel rogante id fecisti: negotiorum gestorum actione vel mandati id quod solvisse te constiterit repetere poteris.

Hat der vom Schuldner mit der Zahlung Beauftragte den Gläubiger mit einer Theilzahlung vollständig abgefunden, so ist er selbst dann, wenn er sich vom Gläubiger in Betreff der ganzen Forderung seine Rechte cediren läßt, nur den gezahlten Betrag vom Schuldner zu fordern berechtigt, weil er das ihm anvertraute Geschäft nicht dazu benutzen darf, um einen eigenen Vortheil daraus zu erlangen.

Paul. l. 26 § 4 l. c.: Praeterea sciendum est non plus fidejussorem consequi debere mandati judicio, quam quod solverit. [16])

---

[16]) Liebe in Weiske's Rechtslexicon V S. 524: „Der Regreß des Bürgen gegen den Hauptschuldner beschränkt sich jedenfalls auf das wirklich vom Bürgen Gezahlte, namentlich auch in dem Falle, wenn ihm vom Gläubiger die Klage gegen den Schuldner abgetreten ist. Gesetzt, er hätte nicht voll gezahlt, ihm wäre aber die Klage auf das Volle abgetreten, so würde er, wenn er hierauf klagte, mit einer exceptio doli zurückzuweisen sein.

Vgl. auch v. Buchholtz in Schneider's krit. Jahrbüchern 1848 S. 974 f.

Die entgegengesetzte Ansicht vertheidigen: Wernher, sel. obs. for. Tom. I P. I obs. 297. Gebr. Overbeck, Medit. VII Nr. 386. Brauer Erläut. des Code Napol. VI S. 580 f.

Auch das Preuß. A. L. R. Th. I Tit. 14 § 340 legt im gedachten Falle der freiwilligen Cession des Gläubigers die Wirkung bei, daß der Bürge den Hauptschuldner auf das Ganze in Anspruch nehmen kann, ohne die am häufigsten dem Bürgen beiwohnende Eigenschaft als eines beauftragten Stellvertreters des Hauptschuldners zu beachten.

b. Hat der Dritte bei der Zahlung als unbeauftragter Geschäfts=
führer des Schuldners gehandelt, so steht ihm unter den Voraussetzungen
der negotiorum gestio die einem solchen Geschäftsführer gegebene Klage zu.

Labeo l. 42 (43) D. de neg. gest. (3, 5): Cum pecuniam
ejus nomine solveres, qui tibi nihil mandaverat, negotiorum
gestorum actio tibi competit, cum ea solutione debitor a
creditore liberatus sit: nisi si quid debitoris interfuit eam
pecuniam non solvi.

l. 12 C. de neg. gest. (2, 19): — — Si· pater tuus sui
juris constitutus, pro patre suo negotia gerens, non praecedente mandato debitum ejus solvit, negotiorum gestorum
agere cum patruis tuis potes.

l. 16 C. cod.: Si negotium sororis tuae gerens, pro ea
tributa solvisti . . .: negotiorum actione . . . id quod solvisse te constiterit repetere potes.

Erkenntniß des (vormaligen) D. A. G. zu Cassel: Negotiorum
gestio liegt in der Zahlung der Schuld eines Andern ohne
dessen Auftrag, und berechtigt den Zahlenden zur Liquidation
im Concurse des Schuldners, ohne daß es einer Cession des
Gläubigers bedarf. (Heuser, Annalen Bd. 2 S. 163).

Erkenntniß des D. A. G. zu Jena vom 14. Decbr. 1837:
Wer eines Andern Schuld nicht gegen dessen ausdrückliches
Verbot zahlt und nicht erweislich die Absicht zu schenken hat, ist
als negotiorum gestor anzusehen und hat die actio neg. gest.
auf Entschädigung. Selbst verwandtschaftliche Verhältnisse machen
hierin keine Ausnahme. l. 12 C. de neg. gest. (Seuffert,
Archiv III. Nr. 52).

Dieser Anspruch des unbeauftragten Geschäftsführers auf Erstattung
des gezahlten Betrages der Schuld kann durch die Erklärung des be=
freiten Schuldners nicht abgewendet werden: er wolle sich den Vor=
theil aus der ohne sein Wissen und Wollen geleisteten Zahlung nicht
zueignen.

Siebenhaar in den Annalen des D. A. G. zu Dresden
N. F. III S. 31 Note 1 bemerkt hierüber:

— Einige Schwierigkeit bietet der Fall, in welchem Jemand,
gleichviel ob er in der Meinung steht, selbst Schuldner zu sein,
oder nicht, eine fremde Schuld bezahlt, indem, wenn er die
Wiedererstattung des Gezahlten mittels der actio negotiorum
gestorum contraria fordert, der Einwand sehr nahe zu liegen
scheint, daß der Schuldner sich des Rechtes aus der Geschäfts=
führung begeben könne. Die juristische Construction ist aber
die, der Schuldner benutzt die Zahlung des Dritten, weil er
die Erfüllung seiner Verbindlichkeit unterläßt; es bleibt ihm un=
benommen, seine Schuld selbst zu bezahlen und dadurch für den
Dritten die Repetition des Gezahlten zu begründen; was hier

durch mehrfaches Hin= und Herzahlen geschieht, vollzieht sich einfacher durch die Rückerstattung des Gezahlten an den Dritten.

Abgesehen von dem Falle, wo der Dritte in der irrigen Meinung zahlt, daß er selbst der Schuldner sei, trifft das hier Bemerkte nicht zu. Der juristische Grund, weshalb der gedachte Einwand nicht Stich hält, ist einfach der, daß der gewesene Schuldner die durch die Zahlung des Dritten bewirkte Befreiung von seiner Schuld, als eine ohne sein Wissen und Wollen sich vollziehende Thatsache, gar nicht ungeschehen machen kann.

Wie bereits oben erörtert worden, ist die rechtliche Wirksamkeit der von einem unberufenen Stellvertreter geleisteten Zahlung durch die eigene Willensthätigkeit des Schuldners nicht bedingt. Eine solche kann daher auch hinterher der Zahlung ihre Rechtswirksamkeit nicht entziehen. Der frühere Schuldner ist und bleibt von der Obligation befreit, er mag dies wollen oder nicht.[17] Derselbe befindet sich daher gar nicht in der rechtlichen Lage, den ihm aus der Zahlung entstandenen Vortheil abzuweisen.

Dies ist denn auch der Grund, weßhalb nach unserem Rechte selbst das ausdrückliche Verbot des Schuldners, für ihn zu zahlen, den Er= satzanspruch des zahlenden Dritten nicht ausschließt.

Bekanntlich wird nach römischem Rechte Demjenigen, welcher Ge= schäfte gegen das Verbot des Geschäftsherrn (prohibentis negotia) besorgt hat, die actio neg. gest. contraria abgesprochen,[18] weil in einem solchen Falle der Wille, den Geschäftsherrn verbindlich zu machen, nicht anzunehmen sei.[19]

---

[17] Unger, die Verträge zu Gunsten Dritter (Jena, 1869) S. 52 Note 61: Daß man die Schuld eines Dritten durch Zahlung oder Expromission tilgen, daß man also re einen Dritten befreien kann, erklärt sich daraus, daß man der Obligation hiermit den Lebensstoff entzieht: sie stirbt an Blutleere.

[18] l. ult. C. de neg. gest. (2, 19).

[19] Heimbach sen. in Weiske's Rechtslexicon X S. 381: Zur Herstellung eines Rechtsverhältnisses zwischen dem Dritten, welcher eine fremde Schuld bezahlt, und dem Schuldner, welchen Ersterer auf Entschädigung belangen will, ist es allerdings nothwendig, daß der Dritte nicht gegen den aus= drücklich ausgesprochenen Willen des Schuldners gezahlt habe; denn nur wenn der Dritte ohne Auftrag und nicht gegen das ausdrückliche Verbot des Schuldners gezahlt hat, liegt in dem Zahlen für den Andern eine negotiorum gestio, welche den Letzteren zum Ersatze verpflichtet (l. 43 D. 3, 5), während im entgegengesetzten Falle der Dritte auf eigene Gefahr

Das Preuß. Landrecht, das überall den Grundsätzen der Billigkeit möglichst Rechnung zu tragen gesucht, und namentlich dem Moral=principe: es solle sich Niemand mit dem Schaden eines Andern be=reichern, eine sehr weitgehende Berücksichtigung hat zu Theil werden lassen, macht auch hier im § 251 Tit. 13 Th. I die Ausnahme:

> „Will aber der Eigenthümer den Vortheil, welcher aus dem gegen sein Verbot besorgten Geschäfte entstanden ist, sich zu=eignen, so findet auch in diesem Falle die Vorschrift des § 241 [20]) Anwendung."

Da nun, wie oben ausgeführt, in dem hier fraglichen Falle der be=freite Schuldner sich des durch die verbotwidrige Handlung des Dritten ihm erwachsenen Vortheils gar nicht entschlagen kann, so muß er auch den Letzteren schadlos halten.

Abgesehen von einer verbotwidrigen Einmischung in fremde Ange=legenheiten, steht dem unberufenen Zahler einer fremden Schuld, wie oben bemerkt, überhaupt nur unter den Voraussetzungen der negotiorum gestio eine Entschädigungsklage gegen den befreiten Schuldner zu. Wenn also der Letztere gegen die Klage des Gläubigers durch den Einwand der Verjährung geschützt war,[21]) oder durch Kompensation mittelst einer klaglosen oder einer inzwischen verjährten Gegenforderung,[22]) so gebricht es der Geschäftsführung des Dritten an der Eigenschaft des „utiliter gestum."[23]) Der Schuldner hat in der That durch die Zahlung keinen Vortheil erlangt. Dasselbe ist aber auch in dem Falle anzunehmen, wenn der Dritte ohne Wissen und Willen des Schuldners eine der kurzen Verjährung unterworfene Schuld vor Ablauf der Ver=

---

handelt und keinen Anspruch auf Ersatz hat (l. 8 § 3 eod.). Es hängt dies mit der allgemeinen Vorschrift zusammen, daß eine neg. gestio nicht anzunehmen ist, wenn gegen das Verbot des Geschäftsherrn gehandelt worden. Eine gegen das Verbot des Schuldners von einem Dritten ge=leistete Zahlung fällt, wenn sie in der Absicht, den Schuldner zu bereichern geschieht, unter den Begriff der Schenkung. v. Savigny, System IV S. 131.

[20]) § 241 lautet: „Hat er sich den Vortheil einmal zugeeignet, ungeachtet er weiß, daß derselbe aus der ohne seinen Auftrag geschehenen Besorgung entstanden sei, so muß er dem Besorger, jedoch nur soweit, als der Vor=theil hinreicht, wegen Schadens und Kosten gerecht werden."

[21]) Siebenhaar a. a. O.

[22]) v. Diepenbroick=Grüter in meinen „Beiträgen zur Erläut. des Preuß. Rechts" III S. 5.

[23]) Labeo l. 42 (43) D. de neg. gest. (3, 5): — nisi si quid debitoris inter=fuit eam pecuniam non solvi.

jährung bezahlt und späterhin, vielleicht nach 29 Jahren, mit der nur der gewöhnlichen Verjährung unterliegenden Geschäftsführungsklage gegen den Schuldner auftritt. Auch hier liegt eine „nützliche" Geschäftsbesorgung nicht vor. Der Schuldner hatte vermöge des Ablaufs der kurzen Verjährungsfrist die gesetzliche Vermuthung der Tilgung der Forderung für sich. Er hatte daher auch keine Veranlassung, sich den Beweis der möglicher Weise durch ihn selbst erfolgten Befriedigung des Gläubigers zu sichern. Dieser rechtliche Vortheil seiner Stellung darf ihm durch die unberufene Einmischung des Dritten nicht entzogen werden.[24]

Ueber die Frage nach der Beweislast rücksichtlich der Behauptung des Geschäftsführers, daß er die Zahlung aus eigenen Mitteln geleistet habe, wird in einem Erkenntnisse des (vormaligen) O. A. G. zu Cassel vom 25. August 1865 gesagt:

> Der vom Kläger vertretene Satz, es müsse ein Jeder, welcher für eine fremde Schuld Zahlung geleistet, so lange aus eigenen Mitteln gezahlt habend und demzufolge als auf Ersatz aus der Geschäftsführung berechtigt gelten, als ihm nicht bewiesen werde, daß er Deckung bereits in Händen gehabt, kann keineswegs so unbedingt und allgemein auf Geltung Anspruch machen, daß nicht unter Umständen auch die gegentheilige Annahme gerechtfertigt wäre. Diese gegentheilige Annahme erscheint aber unter den vorliegenden Verhältnissen, wo unbestritten feststeht, daß der Kläger zu der betreffenden Zeit Buchführer und Cassirer in dem klägerischen Geschäfte gewesen ist, vollkommen gerechtfertigt, zumal der Kläger auch nicht einmal den Versuch gemacht hat, darzulegen, wie er dazu gekommen sei, mittelst Zahlung des Wechsels aus eigenen Mitteln für den Verklagten unberufen Geschäfte zu führen. (Seuffert, Archiv XX Nr. 31).

Dagegen ist in einem Erkenntnisse des obersten Gerichtshofes zu Wien vom 27. Juni 1859 in einem Falle, wo Jemand von seiner Gattin die Erstattung eines für sie bezahlten Schuldbetrages forderte, die Behauptung der Verklagten, ihr Gatte habe die Zahlung nicht aus seinem, sondern aus ihrem Vermögen bestritten, als Einwand aufgefaßt und deshalb auf den der Verklagten darüber angetragenen Haupteid erkannt worden.[25]

Es läßt sich diese Frage nicht nach einem allgemein geltenden Rechtssatze entscheiden. Es wird immer auf die besonderen Verhält-

---

[24] Vgl. die in der Note 22 angeführte Abhandlung S. 1—9, worin die entgegengesetzte Ansicht des Ob. Trib. zu Berlin, wie auch Förster, Theorie und Praxis I § 91 Note 34 anerkennt, überzeugend widerlegt ist.

[25] Glaser's u. Unger's Sammlung von civilrechtl. Entsch. des k. k. obersten Gerichtshofes II Nr. 822.

nisse ankommen, unter denen die Zahlung geleistet worden ist. Wer
z. B. für einen abwesenden Freund, dessen Vermögen er nicht zu verwalten hat, eine dringende Schuld berichtigt, kann unmöglich mit dem
Beweise belastet werden, daß er die Zahlung aus dem Seinigen geleistet habe, während bei Demjenigen, welcher dem Geschäftsherrn gehörige Zahlungsmittel in Händen hat, die Vermuthung sehr nahe liegt,
daß er davon zum Zwecke der Zahlung Gebrauch gemacht haben wird.

c. Als dritte Klage des Zahlers einer fremden Schuld wird
häufig die Klage aus der Bereicherung (actio de in rem verso) genannt.

So sagt Dernburg, das Pfandrecht Bd. II (Leipzig, 1864)
S. 192:

> — — Eine durchgreifende Anwendung erhielt der Satz
> (daß sich Niemand aus fremdem Vermögen ohne gehörigen Grund
> bereichern darf) vor Allem dann, wenn ein Schuldner durch fremde
> Zahlung von einer ihm obliegenden Schuld befreit wurde. Aus
> guten Gründen. Bei mancher Art der Bereicherung mag es
> für den Gewinnenden hart sein, einen Vermögensvortheil be-
> zahlen zu müssen, den er sonst nicht beabsichtigt oder gemacht
> hätte. War Jemand aber Schuldner und wird zufälligerweise
> aus dem Geld eines Andern befreit, dann wird er, da es sich
> um Erfüllung einer Pflicht handelt, nichts dagegen einwenden
> können, wenn er nun diesem auf den gleichen Betrag verhaftet
> ist. So gelangten die römischen Juristen zur Regel: wenn
> Jemand in der Meinung, die eigene Schuld zu tilgen, einen
> Andern befreit hat, dann erhält er eine actio negotiorum
> gestorum contraria gegen den Befreiten (Chambon, Nego-
> tiorum Gestio S. 145. Vangerow III § 661 S. 520).
> Obgleich die Absicht, fremde Geschäfte zu führen, regelmäßig
> Bedingung und Voraussetzung der actio neg. gest. ist, so setzte
> man sich hier über jenes Requisit hinweg, damit nicht auf dem
> Wege Rechtens der befreite Schuldner ungerechtfertigten Ge-
> winn mache.

Allein, wie Dernburg selbst bemerkt, wurde in dem gedachten
Falle dem Zahler einer vermeintlich eigenen, in Wahrheit aber fremden
Schuld zum Zwecke seiner Schadloshaltung nicht eine Klage aus der
Bereicherung (ex versione in rem), sondern eine Klage aus der
Geschäftsführung (ex negotiorum gestione) gegeben. [26]

---

[26] African. l. 48 (49) D. de neg. gest. (3, 5): — ut dari deberet
(negotiorum gestorum actio), si negotium, quod tuum esse existimares,
cum esset meum, gessisses: sicut ex contrario in me tibi daretur,

Man brachte also gegen das strenge Recht die Grundsätze der Billigkeit nicht dadurch zur Geltung, daß man die ungerechtfertigte Bereicherung aus fremdem Vermögen als einen selbständigen Klage= grund aufstellte, sondern dadurch, daß man, von den strengen Er= fordernissen der negotiorum gestio etwas nachlassend, den animus obligandi (sofern nur nicht der entgegengesetzte animus donandi vor= lag) nicht mehr als unbedingte Voraussetzung der actio neg. gest. contraria ansah, sondern sich mit der bloßen Thatsache begnügte, daß in Wirklichkeit ein fremdes Geschäft zum Vortheil des Geschäftsherrn geführt worden. [27]

So bestimmt auch das bürgerl. Gesetzbuch für das K. Sachsen

§ 1342. „Besorgt Jemand in der Meinung, daß er seine eigenen Geschäfte führt, fremde Geschäfte, so erlangt Derjenige, dessen Geschäfte besorgt werden, zwar die Rechte eines Ge= schäftsherrn, haftet aber Demjenigen, welcher die Geschäfte be= sorgt hat, blos soweit er bereichert ist."

---

si, cum hereditatem, quae ad me pertinet, tuam putares, res tuas proprias legatas solvisses, quandoque de ea solutione liberarer. Vgl. Ulp. l. 14 § 11 D. de relig. (11, 7): Si quis, dum se heredem putat, patrem familias funeraverit, funeraria actione uti non poterit, quia non hoc animo fecit quasi alienum negotium gerens: et ita Trebatius et Proculus putat. Puto tamen et ei ex causa dandam actionem funerariam.

Erk. des O. A. G. zu Jena vom 21. Septbr. 1866: Es ist eine bekannte Streitfrage, ob die actio neg. gest. contraria begründet sei, wenn Jemand in der Meinung, daß er seine eigenen Geschäfte führe, fremde besorgt. Man muß aber die Klage gegen den Geschäftsherrn solchenfalls dann allerdings zulassen, wenn und soweit derselbe durch die Geschäftsführung bereichert worden ist. (Seuffert, Archiv XXI Nr. 51).

[27] Vgl. J. Maxen, Ueber Beweislast, Einreden und Exceptionen (Göttingen, 1861) S. 154 f.: Man sagt gewöhnlich, es sei eine wesentliche Voraus= setzung der neg. gest. contraria actio, daß die gestio in der Absicht ge= schehen sei, um dadurch einen Andern zu obligiren — animo obligandi; und zieht daraus die Folgerung, daß die Klage nicht begründet sei:

a. wenn der Gestor die fremden Geschäfte irrig als die seinigen ge= führt habe;

b. wenn er sie in der erkennbaren Absicht geführt, dadurch einen Akt der Pietät oder Liberalität auszuüben.

M. E. ist der animus obligandi keine positive Voraussetzung der Klage. Die bezeichneten Umstände können nur den Charakter rechtshindernder Thatsachen haben, während dann als rechtserzeugende Thatsache nur die zu betrachten ist, daß der Gestor ein fremdes Geschäft besorgt hat.

Die Bereicherung des Geschäftsherrn bestimmt nur den Umfang des Ersatzanspruches des Geschäftsführers, bildet aber nicht den Klagegrund selbst. Dieser besteht immer nur in der Führung des fremden Geschäftes (negotiorum gestio).

Gilt dies aber selbst dann, wenn der Zahler einer fremden Schuld — denn mit einem solchen haben wir es hier allein zu thun — in der irrigen Meinung stand, eine eigene Schuld zu tilgen, so muß es ohne allen Zweifel in dem Falle gelten, wenn Jemand mit Bewußtsein eine fremde Schuld bezahlt, also in der Absicht, den Schuldner sich zu verpflichten.

Mit Recht sagt daher Dr. Jacobi, die Lehre von der nützlichen Verwendung (Jena, 1861) S. 179 Note 31:

— — Hervorzuheben ist, daß der gestor sich im Wege der Geschäftsführung für eine fremde Schuld verbürgen, aber auch dieselbe unmittelbar bezahlen kann. Im letzteren Falle können noch andere Wirkungen eintreten, nämlich Befreiung des Schuldners animo donandi, oder Eintritt des Zahlenden in die Rechte des Gläubigers, nicht aber ein Anspruch *ex versione in rem*, weil es einen solchen als selbständiges Klagerecht nicht gibt. Das Gegentheil ist vom Ober-Tribunal (zu Berlin) mehrfach angenommen worden, wiewohl im § 45 Tit. 16 Th. 1 des Allgem. Landrechts nur Abschnitt I und II, nicht Abschnitt III Tit. 13 allegirt sind.[25])

Das Preuß. Allgemeine Landrecht bestimmt im § 277 Tit. 13 Th. 1 ausdrücklich:

„Alles, was vorstehend von nützlichen Verwendungen verordnet ist, gilt nur in dem Falle, wenn kein rechtlicher Vertrag unter den Parteien vorhanden ist."

---

[25]) In einem Erkenntnisse des Ober-Tribunals vom 2. Juni 1848 wird in dieser Hinsicht ausgeführt: Wenngleich in § 45 I. 16 A. L. R., in Betreff der Rechte des Zahlenden gegen den Schuldner, nur auf Abschnitt 1 u. 2 Tit. 13, nicht auf den Abschnitt 3 von der nützlichen Verwendung Bezug genommen werde, so liege doch das im § 230 Tit. 13 ausgesprochene allgemeine Prinzip, daß sich Niemand die Vortheile fremder Sachen oder Handlungen ohne besonderes Recht zueignen, und sich also mit dem Schaden eines Andern bereichern dürfe, ebensowohl bei dem Anspruche aus der Uebernahme fremder Geschäfte ohne vorherigen Auftrag, als bei der nützlichen Verwendung zu Grunde. Der § 45 schließe mithin die nützliche Verwendung nicht aus, wenn sonst ihre Erfordernisse vorhanden seien. (Rechtsfälle aus der Praxis des K. Ob. Trib. IV S. 118 f.) Förster, Theorie u. Praxis I § 91 Note 33 erklärt diese Entscheidung für um so unrichtiger, als das A. L. R. grundsätzlich streng gegen unbefugtes Eindringen ist § 228, 229. I. 13.

Diese Vorschrift ist aber allgemeiner dahin zu verstehen, daß die Grundsätze von der Bereicherung ausgeschlossen bleiben, sobald überhaupt ein Rechtsgeschäft vorliegt.

Wilh. Sell, Versuche im Gebiete des Civilrechts Th. I S. 14: Der Grundsatz: Niemand darf sich mit dem Schaden eines Andern bereichern, kann nicht bei Rechtsgeschäften zur Anwendung kommen, weil dann immer ein besonderer Grund für die Rechtserwerbung und Verpflichtung vorhanden ist. Er läßt sich vielmehr nur dann anwenden, wenn entweder gar kein Rechtsgeschäft stattgefunden hat, oder dieses wegen irgend eines Mangels ungültig, oder wenn von einer Verpflichtung jenseits der Gränzen eines Rechtsgeschäfts (über dieselben hinaus) die Rede ist.[29])

Die Geschäftsführung ohne Auftrag, die sogar von beiden Seiten (quasi ex contractu) Verbindlichkeiten begründet, ist aber unzweifelhaft als ein Rechtsgeschäft aufzufassen.

Wer also als Geschäftsführer wissentlich ein solches Rechtsverhältniß anknüpft, der kann keinen andern Anspruch erwerben, als einen solchen, den das Gesetz mit der Besorgung fremder Geschäfte verbunden hat. Er hat immer nur aus dem Obligationsverhältnisse eine Klage, welches er wissentlich eingegangen ist, weil er nur hieraus den Andern sich verbindlich machen wollte.

§ 4. Erfordernisse der Zahlung.

b. in Ansehung der Person des Zahlungsempfängers.

Die Frage:

Wem kann gültig gezahlt werden?

ist einfach dahin zu beantworten:

dem Gläubiger oder seinem befugten Stellvertreter.

Marcian. l. 49 D. h. t. (46, 3): Solutam pecuniam intelligimus utique naturaliter, si numerata sit creditori. Sed et si jussu ejus alii solvitur, vel creditori ejus, vel futuro debitori, vel etiam ei, cui donaturus erat, absolvi debet...

Ulp. l. 12 pr. cod. „Vero procuratori recte solvitur. Verum autem accipere debemus eum, cui mandatum est vel specialiter, vel cui omnium negotiorum administratio mandata est.

Paul. l. 180 D. de R. J.: Quod jussu alterius solvitur, pro eo est, quasi ipsi solutum esset.

---

[29]) Vgl. auch Dr. Jacobi a. a. O. S. 113 f.

l. 12 C. h. t. (8, 43): Invito vel ignorante creditore qui solvit alii, se non liberat obligatione.[1] Quodsi hoc vel mandante, vel ratum habente eo fecerit, non minus liberationem consequitur, quam si eidem creditori solvisset.

Baierisches Landrecht (Cod. Max. Bav. civ.) Th. IV Kap. 14 § 4: „Derjenige, welcher bezahlt wird, muß 1mo entweder Creditor selbst, oder wenigst an der Stelle des Creditor seyn... Ein gleiches mag 3tio auch an einen Bevollmächtigten, sofern er anders entweder mit specieller Vollmacht hierzu versehen oder ihm die Verwaltung eines ganzen Vermögens anvertraut ist, geschehen . . .“[2]

Der Empfänger muß jedoch, gleich dem Zahlenden, handlungsfähig sein, weil die Annahme des Gezahlten das die Befreiung des Schuldners wirkende Rechtsgeschäft, die Zahlung, zur Vollendung bringt.[3]

---

[1] Gaj. l. 39 D. de neg. gest. (3, 5): — quod autem alicui debetur, alius sine voluntate ejus non potest jure exigere . . .

[2] Von den neueren Gesetzbüchern bestimmen:

das Preuß. A. L. R. Th. I Tit. 16 § 30. „Nur dem Gläubiger, oder demjenigen, welchem das Recht desselben oder dessen Ausübung übertragen ist, kann gültig gezahlt werden.“

das Oesterreich. b. G. B. § 1424. „Der Schuldbetrag muß dem Gläubiger oder dessen zum Empfange geeigneten Machthaber, oder demjenigen geleistet werden, den das Gericht als Eigenthümer der Forderung erkannt hat . . .“

das Sächs. b. G. B. § 691. „Die Erfüllung muß an den Berechtigten oder dessen Stellvertreter geschehen . . .“

das privatr. G. B. für den K. Zürich § 1043. „Die Zahlung muß aber dem Gläubiger selbst oder dessen befugten Stellvertreter geleistet worden sein.“

der Code civ. und das Badische Landr. Art. 1239. „Die Zahlung muß an den Gläubiger geschehen, oder an einen Gewalthaber desselben, oder an den, der von dem Gesetz oder Gericht zum Empfange ermächtigt ist . . .“

Vgl. Großh. Hessischer Entwurf eines b. G. B. Buch I Art. 281. Bayerischer Entw. Th. II. Art. 167. Entw. eines gemeinsamen Deutsch. Ges. über Schuldverh. Th. I Art. 236.

[3] Endemann, das Deutsche Handelsrecht § 124. III: Die Zahlung muß als zweiseitiges Rechtsgeschäft, gerichtet auf Geld- oder Werthübertragung aufgefaßt werden. Der Akt der Numeration ist zunächst nur Offerte der Werthübertragung von Seiten des Zahlenden, während erst durch deren Annahme das Zahlungsgeschäft definitiv abgemacht erscheint. Das Wesen des letztern liegt folglich nicht im Akt des Zuzählens, sondern in dem auf Geben und Nehmen des Geldes gerichteten übereinstimmenden Vertragswillen beider Theile.

§ 2 J. quib. alien. lic. (2, 8): — — si debitor pupillo solvat, necessaria est tutoris auctoritas: alioquin non liberabitur . . .

Paul. l. 15 D. h. t. (46, 3): Pupillo solvi sine tutoris auctoritate non potest . . .

Ulp. l. 7 § 2 D. de minor. (4, 4): Sed et si ei (minori XXV annis) pecunia a debitore paterno soluta sit vel proprio et hanc perdidit, dicendum est ei subveniri, quasi gestum sit cum eo. Et ideo si minor conveniat debitorem, adhibere debet curatores, ut ei solvatur pecunia: ceterum non ei compelletur solvere . . .

Carpzov, Jurispr. for. P. II const. 11 def. 45: Expediti juris est, debitorem sine tutoris auctoritate solventem non consequi liberationem, quia pupillus solus alienandi potestatem non habet. Alienaret autem sive diminueret obligationem, qua debitor ei obstrictus est, si illa, soluta pupillo pecunia, dissolveretur.

Erneuerte Reformation der Stadt Frankfurt von 1611 Th. II Tit. I § 3. „— ein Schuldtmann kann solchen Minderjährigen kein Bezahlung deßjenigen, so er ihnen schuldig, beständiglich thun, ohne Vorwissen und Bewilligen ihrer Vormünder und Pflegere."

Baierisches Landrecht (Cod. Max. Bav. civ.) Th. IV Kap. 14 § 5. „Wer nicht freye Administration seiner Güter hat, dem kann auch ohne Wissen und Willen derjenigen, worunter er stehet, mit Bestand und Sicherheit keine Schuld heimgezahlt werden. Was demnach 1mo an minderjährige oder in väterlicher Gewalt stehende Personen auf solche Weise kömmt, das wird für keine Zahlung geachtet, und hebt mithin die Obligation nicht auf . . ." [4])

---

[4]) Preuß. A. L. R. Th. I Tit. 16 § 36. „So weit Jemand in der Verwaltung seines Vermögens durch Gesetze oder richterliches Erkenntniß eingeschränkt ist, kann ihm keine gültige Zahlung geleistet werden."

Oesterreich. b. G. B. § 1424. „— Was Jemand an eine Person gezahlt hat, die ihr Vermögen nicht selbst verwalten darf, ist er insoweit wieder zu zahlen verbunden, als das Bezahlte nicht wirklich vorhanden, oder zum Nutzen des Empfängers verwendet worden ist."

Sächsisches b. G. B. § 693. „Geschieht die Erfüllung an einen Berechtigten, welcher über sein Vermögen nicht frei verfügen darf, so ist sie unwirksam, ausgenommen soweit das Geleistete an den gesetzlichen Vertreter gelangt, oder der Berechtigte bereichert, oder das Geleistete bei ihm noch vorhanden ist."

Code civ. und Badisches Landr. Art. 1241. „Eine Zahlung an einen unfähigen Empfänger ist ungültig, so lang nicht der Schuldner beweist, daß die gezahlte Sache zum Nutzen des Gläubigers verwendet worden."

Die an einen Handlungsunfähigen geleistete Zahlung ist insoweit rechts-wirksam als das Bezahlte noch vorhanden oder der Empfänger dadurch bereichert ist.

§ 2 J. quib. alien. lic. (2, 8): — — Sin autem aliter quam disposuimus solutio facta fuerit et pecuniam salvam habeat pupillus aut ex ea locupletior sit et adhuc eandem summam pecuniae petat, per exceptionem doli mali summo-veri poterit . . .[5]

Paul. l. 15 D. h. t. (46, 3): — Si tamen solverit ei (pupillo) debitor et nummi salvi sint, petentem pupillum doli mali exceptione debitor summovebit.

Ulp. l. 4 § 4 D. de doli mali exc. (44, 4): Si quis pupillo solverit sine tutoris auctoritate id quod debuit, ex quo ea solutione locupletior factus sit pupillus, rectissime dicitur, exceptionen petentibus nocere . . . Idemque et in ceteris erit dicendum, quibus non recte solvitur, nam si facti sint locupletiores, exceptio locum habebit.

Baierisches Landrecht a. a. O. § 5 a. E.: — „auch kann das Bezahlte oder Erlegte von ermeldten Personen nur so weit wiederum zurückgefordert werden, als sie etwa reicher dadurch geworden, oder die Sache gar noch in Natur bei ihnen vor-handen ist."[6]

Mit der Zahlung an eine handlungsunfähige Person steht die Zahlung an einen Unberechtigten auf gleicher Linie.

Abgesehen von einer nachfolgenden Genehmigung des Empfangsbe-

---

Großh. Hessischer Entw. Buch I Art. 283. Bayer. Entw. Th. II Art. 168. Entw. eines gemeins. deutsch. Ges. über Schuldverh. Art. 361.

[5] Marcian. l. 47 pr. D. h. t. (46, 3): In pupillo, cui sine tutoris auctoritate solutum est, si quaeratur, quo tempore sit locupletior, tempus, quo agitur, inspicitur, et ut exceptio doli mali posita ei noceat, tempus, quo agitur spectatur. Ebenso Paul. l. 4 D. de excep. (44, 1).

[6] Den Sinn dieser sehr übel gefaßten Vorschrift gibt v. Kreittmayr in seinen Anmerkungen a. a. O. Nr. 3 dahin wieder: „Die Obligation hört da-durch nicht auf, und sofern das Erlegte noch in Natura vorhanden ist, mag solches wiederum zurückgefordert werden. Bei dem consumirten aber ist zu distinguiren, ob der Minderjährige reicher dadurch worden ist oder nicht, erstenfalls steht ihm Exceptio Doli im Weg, wann derselbe noch-mal, mithin doppelt bezahlt sein will, andernfalls hingegen kann sich Debitor der nochmaligen Bezahlung nicht entschlagen . . ."

In Betreff der neueren Gesetzbücher ist auf die in Note 4 angeführten Bestimmungen des Oesterreichischen, Sächsischen und Badischen Gesetzbuches zu verweisen.

4 *

rechtigten, erlangt auch hier die Zahlung nur ſoweit rechtliche Wirkſamkeit, als das Gezahlte in das Vermögen des Gläubigers gekommen iſt.

Julian. l. 34 § 4 D. h. t. (46, 3): Si nullo mandato
intercedente debitor falso existimaverit, voluntate mea pecuniam se numerare, non liberabitur, et ideo procuratori, qui
de ultro alienis negotiis offert, solvendo nemo liberabitur.
Paul. l. 28 eod.: Debitores solvendo ei, qui pro tutore
negotia gerit, liberantur, si pecunia in rem pupilli pervenit.
Id. l. 61 eod.: In perpetuum, quoties id, quod tibi debeam,
ad te pervenit, et tibi nihil absit, nec quod solutum est
repeti possit, competit liberatio.
Jul. l. 34 § 9 eod.: Si praedo id, quod a debitoribus
hereditariis exegerat, petenti hereditatem restituerit, debitores
liberabuntur.
Ulp. l. 31 § 5 D. de her. pet. (5, 3): Quod autem
possessori solutum est an restituere debeat, videamus: et si
bonae fidei possessor fuit sive non, debere restituere placet,
et quidem si restituerit, ut Cassius scribit et Julianus libro
sexto, liberari ipso jure debitores.[7]
Bürgl. Geſetzb. für das K. Sachſen § 691. „ — Die
Leiſtung an einen Andern (als den Berechtigten) ſteht der Erfüllung gleich, . . . wenn der Empfänger das Empfangene ihm
(dem Berechtigten) zukommen läßt."
Code civ. und Badiſches Landrecht Art. 1239 Abſ. 2: „—
Gültig iſt auch jene Zahlung, welche an einen unberechtigten
Empfänger geſchah, ſobald ſie vom Gläubiger genehmigt ward,
oder ſein Beſtes beförderte."[8]

Hierher gehört auch der in der gemeinrechtlichen Doctrin vielfach
beſprochene Fall der Zahlung an den Gläubiger des Gläubigers.[9]

---

[7] In gleicher Weiſe wird die Zahlung rechtsgültig, wenn der unberechtigte
Empfänger hinterher den Schuldanſpruch erwirbt. Papin. l. 96 § ult. D.
h. t. (46, 3): Cum institutus deliberaret, substituto pecunia per
errorem soluta est. Ad eum hereditate postea devoluta, causa
condictionis evanescit. Quae ratio facit, ut obligatio debiti solvatur.
Ulp. l. 11 § 5 D. de pign. act. (13, 7): Solutam autem pecuniam
accipiendum non solum, si ipsi, cui obligata res est, sed et si alii
sit soluta voluntate ejus, vel ei cui heres exstitit . . .

[8] Vgl. Endemann, das Deutſche Handelsrecht § 97 Note 19.

[9] Müller im Archiv für die civil. Praxis Bd. 15 S. 263—277. F. B.
Buſch, ebendaſ. Bd. 31 S. 12—20. Fritz, Erläuter. II S. 383.
v. Vangerow, Pandekten III § 582. Anm. 1. Sinteniß, prakt. gemeines Civilrecht II § 103 Anm. 75. Windſcheid, Lehrbuch des
Pandektenrechts II § 342 Note 42.

Eine solche Zahlung kann nur dann ipso jure den Schuldner befreien, wenn sie mit dem Willen seines Gläubigers geschieht.

> Paul. l. 64 D. h. t. (46, 3): Cum jussu meo id, quod
> mihi debes, solvis creditori meo, et tu a me et ego a
> creditore meo liberor.

Außer diesem Falle ist der Schuldner durch exceptio doli geschützt, wenn dem Gläubiger die Zahlung vollständig so zu gute gekommen ist, als ob er sie selbst empfangen hätte. [10]

> Gaj. l. 6 D. de doli mali exc. (44, 4 : — exceptione
> doli mali creditor removebitur . . . si creditori ejus nume-
> ratam pecuniam ratam creditor non habeat.

> Ulp. l. 11 § 5 D. de pign. act. (13, 7): — — si domum
> conduxeris et ejus partem mihi locaveris, egoque locatori
> tuo pensionem solvero, pigneraticia adversus te potero ex-
> periri (nam Julianus scribit solvi ei posse) . . . [11]

Dieser Gesichtspunkt ist auch in der Praxis herrschend.

Ober-Appell. Erkenntniß des Schöppenstuhls zu Jena vom
15. Septbr. 1839: Trägt ein Schuldner eine Schuld seines
Gläubigers, auch ohne Auftrag dazu erhalten zu haben, ab, so
muß dieser die Zahlung, wenn sie ihm nützlich war, gleich als
ob sie an ihn selbst geleistet worden wäre, anerkennen, und der
zahlende Schuldner wird dadurch für den Werth der Zahlung
von seiner Schuld befreit, oder erhält jedenfalls eine Gegenforderung an seinen Gläubiger, welche ihn zur Compensation
oder zum Ersatzanspruche berechtigt. — Mit Unrecht bezweifelt dies
Müller im Archiv für die civil. Praxis Bd. 15 S. 263 f.
Für die obige Behauptung sprechen deutlich: l. 11 § 5 de
de pign. act. (13, 7) und l. 6 de exc. doli mali (44, 4 .
Vgl. Leyser spec. 528 m. 3. Thibaut System § 648.
Nur ein ausdrückliches Verbot des Gläubigers, gerade diese
specielle Schuld an seinen eigenen Gläubiger zu zahlen, würde
dabei eine Ausnahme machen, weil dann der Schuldner kein
Recht hätte, aus einer wider den Willen des Gläubigers, obwohl für ihn vorgenommenen Zahlung den Ersatz des Ver-
wendeten von ihm zu fordern. l. 24 C. de neg. gest.

---

[10] v. Keller, Pandekten § 268.

[11] Busch a. a. O. will diese Stelle von dem Falle verstehen, wo der After-
miether mit Vorwissen seines Vermiethers dem ersten Vermiether den
Miethzins gezahlt hat, während Windscheid a. a. O. diese Voraussetzung für willkürlich erklärt und die Stelle dahin auffaßt: Der After-
miether nimmt dem ersten Miether gleichsam einen Theil der Miethe ab, und
zahlt daher, indem er an den ersten Vermiether zahlt, an den rechten Mann.
Er sieht daher hierin einen ganz einzelnen Fall, wo der Schuldner auch
durch die dem Gläubiger seines Gläubigers gemachte Leistung frei wird.

(2, 19), Glück, Bd. 5 S. 338 f., Marezoll im Archiv für die civ. Praxis Bd. 8 S. 288 f. (Seuffert, Archiv VII Nr. 15.)

Auf diesen Gesichtspunkt deutet auch

das Baierische Landrecht (Cod. Max. Bav. civ.) Th. IV Kap. 14 § 5 a. E.: — eben sowenig kann dem Gläubiger des Gläubigers ohne obrigkeitlichen Befehl, außer soweit etwa die Schuld=Forderung des ersten gegen den anderen ganz richtig und liquid ist, mit Gültigkeit bezahlt werden."[12]

Bestimmter spricht denselben aus

das bürg. Gesetzb. für das K. Sachsen § 691: — „die Leistung an einen Andern (als den Berechtigten) steht der Er= füllung gleich, wenn der Berechtigte die Leistung … nach den Vorschriften über die Geschäftsführung ohne Auftrag gegen sich gelten lassen muß . . ."[13]

Diese Vorschrift ist auch in den Entwurf eines gemeinsamen deutschen Gesetzes über Schuldverhältnisse Th. I Art. 360 über= gegangen.

Ein besonderer Fall der gültigen Zahlung an einen Unberechtigten wird im Code civil hervorgehoben:

art. 1240. „Le paiement fait de bonne foi à celui qui est en possession de la créance, est valable, encore que le possesseur en soit par la suite évincé."

Im Badischen Landrecht ist dieser Artikel dahin wiedergegeben:

„Eine Zahlung an den redlichen Besitzer einer Forderung ist gültig, auch wenn die Forderung nachher diesem abgesprochen wird."

Es soll jedoch heißen, wie Brauer, Erläut. über den Code Na= pol. etc. V S. 631 bemerkt:

„Eine redliche Zahlung an den Besitzer einer Forderung 2c."

Denn nicht auf die Redlichkeit des Besitzers, sondern auf jene des Zahlers soll es nach den Worten des Grundtextes und nach der Natur der Sache ankommen.

Als Beispiel wird von Pothier nr. 467 zu jenem Artikel ange= führt: die Zahlung von Renten, die an den Besitzer eines Gutes

---

[12] Wernher, sel. obs. for. T. II P. X obs. 400. Creditoris creditori solvi non aliter potest, quam si debitum ejus sit liquidum.

[13] Motive: — Die Leistung an einen Dritten steht der Erfüllung an den Berechtigten lediglich dann gleich, wenn der Letztere liberirt wird; hat der Berechtigte gegen die Forderung des Dritten Einreden, so läßt sich nicht sagen, daß eine Liberation erfolgt sei, es kann daher in diesem Falle von einer negotiorum gestio keine Rede sein.

geschieht und die Zahlung erbschaftlicher Forderungen, die an denjenigen erfolgt, der als Erbe im Genuß der Erbschaft war.[14]) Hierher gehört auch die an den Inhaber einer auf jeden Briefinhaber gestellten Schuldverschreibung in gutem Glauben geleistete Zahlung,[15]) niemals aber die Zahlung an denjenigen, „der eine Schuldurkunde auf benannte Inhaber inne hat und sich zu dem Forderungsrecht als solchem gar nicht, oder doch nur mit einer in Rechten sichtbar mangelhaften, oder sonst nach eigenem Wissen des Zahlers unrichtigen Urkunde rechtfertigt, mag er übrigens noch so manche Vermuthungen für die Richtigkeit seines Uebertrags anführen."[16])

Eine solche Vorschrift, vor deren Ausdehnung auf andere Fälle auch die Französischen Juristen warnen,[17]) erscheint in ihrer Allgemeinheit, zumal bei der Unklarheit des Begriffes „Besitz einer Forderung," sehr bedenklich und ist daher mit Recht in neuere Gesetzbücher nicht aufgenommen worden.

Abgesehen von den bisher erörterten Ausnahmefällen, in denen die Zahlung an einen Andern als den Gläubiger als gültig anzusehen ist, hat eine solche nur dann rechtliche Wirksamkeit, wenn sie sich als dem Willen des Gläubigers entsprechend ausweist, mag dieser Wille vorher erklärt worden sein,[18]) oder nachher. In ersterer Beziehung sind folgende Fälle zu unterscheiden.

1. Den Hauptfall bildet im römischen Recht die Zahlung an den solutionis causa adjectus.[19]) Allein dieses von den römischen Juristen

---

[14]) Maleville, Com. zu Art. 1240. So nimmt die Französische Jurisprudenz an: le paiement fait de bonne foi à l'héritier apparent est liberatoire, bien que l'héritier, lors du paiement, n'ait justifié sa parenté et sa qualité que par un simple acte de notoriété. (Gilbert, Les Codes annotés de Sirey zu Art. 1240 Nr. 2).

[15]) Zachariä v. Lingenthal, Handb. des Franz. Civilr. (5. Aufl. von Anschütz) § 317.

[16]) Brauer, Erläut. III S. 177, 178.

[17]) Der gedachte Artikel soll nicht ultra casum suum ausgedehnt werden. Toullier IV, 289. VII, 31 sq.

[18]) Auf die Form dieser Willenserklärung kommt es nicht an. So wird auch nach Preuß. Recht die Forderung des Gläubigers durch eine, wenn auch nur mit mündlich ertheilter Einwilligung desselben, anstatt an ihn an einen Dritten geleistete Zahlung ebenso getilgt, als wenn sie ihm unmittelbar geleistet wäre. Erk. des Ob.-Trib. zu Berlin v. 11. Febr. 1869 (Striethorst, Archiv Bd. 74 S. 24 f.)

Vgl. auch den in meinen „Beiträgen zur Erläut. des Preuß. Rechts" XII S. 867 f. mitgetheilten Rechtsfall.

[19]) Es ist in dieser Hinsicht auf die sehr gründliche Abhandlung von Brandis,

mit so großer Feinheit ausgebildete Institut ist unserem heutigen Rechts=
verkehr fremd geblieben.

Mit Recht sagt Bähr in v. Gerber's und Ihering's Jahrbüchern
für die Dogmatik des heutigen röm. und deutsch. Privatrechts VI
S. 150 Note 17:

> Eine Geschäftsform, welche der römischen Bestellung eines
> adjectus entspräche, kommt heut zu Tage nicht mehr vor. Ich
> wenigstens erinnere mich nicht, jemals eine solche erlebt zu
> haben, und kann mir auch kein naturwüchsiches Rechtsgeschäft
> denken, welches eine solche enthielte. Der solutionis causa
> adjectus dürfte ein unpraktisches Institut geworden sein.

Allerdings figurirt im Bairischen Landrecht (Cod. Max. Bav. civ.)
Th. IV. Kap. 14 § 4) unter den Personen, welchen an der Stelle des
Creditors die Schuld bezahlt werden darf, auch der solutionis causa
adjectus, „das ist ein solcher, welcher in der Obligation nur der Be=
zahlungs=Einnahme halber mit benannt ist." Allein v. Kreittmayr
weiß in seinen Anmerkungen a. a. O. Nr. 4 von ihm nichts weiter
zu sagen als:

> wann ich die Bezahlung Creditori selbst oder statt seiner
> Maevio zu thun verspreche, da ist Maevius kein Mitgläubiger,
> sondern nur Solutioni adjectus. Dergleichen Adjecti werden
> quoad solutionem instar Mandatariorum geachtet, mögen
> also die Bezahlung zwar nicht für sich behalten, wohl aber ad
> Effectum Liberationis annehmen.

Auch das bürg. Gesetzbuch für das K. Sachsen hat die Bestimmung
aufgenommen:

> § 692. „Läßt sich Jemand eine Leistung mit der Nebenbe=
> stimmung versprechen, daß die Erfüllung an einen Dritten als Zah=
> lungsempfänger geschehe, so kann der Dritte an der Stelle des Be=
> rechtigten die Erfüllung in Empfang nehmen und der Verpflichtete
> kann selbst wider den Willen des Berechtigten an den Dritten
> erfüllen. Ist vom Berechtigten auf Erfüllung geklagt und der
> Verpflichtete von der Klage durch das Gericht benachrichtigt
> worden, oder ist der zur Annahme der Erfüllung bestellte
> Dritte gestorben, so erledigt sich die Bestellung des Zahlungs=
> empfängers." [20])

Ueber den solutionis causa adjectus (im Rheinischen Museum, Göttingen
1833, Bd. V S. 257—318 zu verweisen. Vgl. Fritz, Erläut. II
S. 384—390. v. Vangerow, Pandekten III § 582 Anm. 2. Sintenis,
prakt. gem. Civilr. II S. 407—411. Heimbach in Weiske's Rechtslexicon
I S. 132 f. Förster, Theorie und Praxis (2. Aufl.) I S. 547, 548.

[20]) Motive: „Der § handelt von dem sog. solutionis causa adjectus. Als
Regel hat man angenommen, daß die adjectio im Interesse beider Theile

Es wird jedoch von Pöſchmann in Siebenhaar's Commentar II
S. 29 dazu bemerkt:

> Man würde den an ſich klaren Worten des § Zwang anthun,
> wenn man mit Sintenis (Civilr. § 103 Not. 51 fg. S. 407 zu e)
> annehmen wollte, daß der „ſogenannte" s. c. a. des § 692 derſelbe,
> wie der s. c. a. des gemeinen Rechts ſei, und daß ſogar alles
> hierunter im gemeinen Rechte Geltende für ſtillſchweigend in das
> B. G.-B. aufgenommen zu betrachten ſei. Denn die Lehre des
> röm. Rechts beruht im Weſentlichen auf dem hier zum Theil,
> namentlich auch nach dem B. G.-B. ganz unpraktiſchen Satze:
> Si quis alii, quam cujus juri subjectus sit, stipuletur, nihil
> agit (§ 4 J. de inut. stip. 3, 19). Daraus folgte nun: Plane
> solutio etiam in extranei personam conferri potest (veluti
> si quis ita stipuletur: mihi aut Sejo dare spondes?) ut
> obligatio quidem stipulatori adquiratur, solvi tamen Sejo,
> etiam invito eo, recte possit, ut liberatio ipso jure contingat,
> sed ille adversus Sejum habeat mandati actionem. Das im
> § 692 gedachte Rechtsverhältniß iſt aber dem Weſen nach ein
> ganz anderes. Die Nebenbeſtimmung, daß an einen Dritten
> als Zahlungsempfänger gezahlt werden ſolle, modificirt den
> Vertrag gerade etwa ſo, wie die Beſtimmung eines andern, als
> des regelmäßigen Zahlungsortes. Wie nun hierbei weder der
> Gläubiger noch der Schuldner einſeitig Erfüllung an einem
> anderen als dem regelmäßigen oder dem bedungenen Zahlungs-
> orte verlangen, beziehentlich leiſten kann, ſo iſt das Recht des

---

geſchehe und der Berechtigte dieſelbe nicht willkürlich revociren könne. Nur
inſofern hat man dem Intereſſe des Berechtigten eine vorwiegende Bedeutung beigelegt, als man demſelben das Recht gegeben hat, durch Erhebung der Klage wider den Verpflichteten den solutionis causa adjectus
auszuſchließen. Uebrigens kann ein Diſpoſitionsunfähiger solutionis causa
adjicirt werden. Eine Klage hat der solutionis causa adjectus wider
den Verpflichteten nicht und dadurch namentlich unterſcheidet ſich die
solutionis causa adjectio von dem pactum in favorem tertii initum."

Zu vergleichen iſt der Entwurf eines gemeinſamen deutſchen Geſetzes
über Schuldverh. Art. 238. „Hat ſich Jemand Etwas mit der Nebenbe-
ſtimmung verſprechen laſſen, daß die Erfüllung des ihm Verſprochenen an
einen Dritten als Zahlungsempfänger geſchehen könne, ſo hat dieſer Dritte
kein Klagerecht; der Schuldner kann aber, ſelbſt wider den Willen des
Gläubigers, an den Dritten mit rechtlicher Wirkung leiſten. Die Beſtellung des Zahlungsempfängers endigt mit deſſen Tode, mit dem Ablaufe der Zeit, für welche die Beſtellung erfolgt iſt und im Falle des
Eintrittes ſolcher Umſtände in der Perſon des Zahlungsempfängers,
welche die Sicherheit des Gläubigers gefährden, mit dem Zeitpunkte, zu
welchem der Gläubiger den Schuldner davon in Kenntniß ſetzt und dem
Letzteren die Leiſtung an die Zahlungsempfänger verbietet."

Schuldners an den Dritten zu zahlen ausdrücklich — „selbst wider den Willen des Berechtigten" — gewahrt, wogegen das Recht des Gläubigers aus der Natur der Nebenbestimmung folgt . : .

Das Oesterreichische bürg. Gesetzb., gleich dem Code civil, hat das fragliche Institut mit Stillschweigen übergangen.

Dagegen verordnet das Preuß. A. L. R. Th. I Tit. 16

§ 31. „Ist in dem Vertrage oder Instrument, aus welchem die durch Zahlung zu tilgende Verbindlichkeit entspringt, Jemand außer dem Gläubiger benannt, welchem die Zahlung gültig solle geleistet werden können, so hat der Schuldner die Wahl, an wen er zahlen wolle."

§ 32. „Diese Wahl kann ihm von dem Gläubiger nicht anders, als gegen vollständige Entschädigung, beschränkt werden."

§ 33. „In eben den Fällen aber, wo wegen veränderter Umstände der Rücktritt von einem Vertrage überhaupt Statt findet, kann auch der Gläubiger diese dem Schuldner gelassene Wahl widerrufen. (Tit. 5 § 377 ff)."

Schon der Umstand, daß die Redaktoren unseres Landrechts, ihrem gewohnten Streben entgegen, durch Häufung casuistischen Details für alle denkbaren Fälle die schon fertige Entscheidung an die Hand zu geben, sich hier auf diese dürftigen Sätze beschränkt haben, spricht sehr bestimmt dafür, daß es ihnen nicht darum zu thun war, das Institut des solutionis causa adjectus in der Gestalt, wie es sich im römischen Rechte entwickelt hatte, in unser Gesetzbuch einzuführen. Man glaubte, diesen Fall, um im Vergleich zu dem überall als Vorbild dienenden gemeinen Recht keine Lücke zu lassen, nicht ganz übergehen zu dürfen, gab aber, wenn auch vielleicht unbewußt, durch die ihm zu Theil ge= wordene stiefmütterliche Behandlung zu erkennen, welches geringe praktische Interesse man demselben beilegte.

Und in der That sind die oben angeführten Vorschriften, die kaum als eine schwache Reminiscenz an das römische Recht gelten können, ohne allen praktischen Werth.

Den römischen Juristen kam es darauf an, für die Stipulations= formel: mihi aut illi dare spondes? eine Auslegungsregel zu finden, welche im Einklange mit dem bis in die späteste Zeit geltenden Axiom des römischen Rechts stand, daß freie Personen durch freie eigenberech= tigte Personen nicht erwerben können.[21] Es führte dies dazu, die

[21] Paul. R. S. V, 2, § 2: Per liberas personas, quae in potestate nostra non sunt, acquiri nobis nihil potest … Paul. l. 126 § 2 D. de V. O. (45, 1): — per liberam personam, quae neque juri nostro

Beiziehung des Dritten in der Stipulation dahin aufzufaſſen, daß damit
dem Schuldner ein contractliches und daher einſeitig nicht mehr entzieh=
bares Wahlrecht eingeräumt wird, an den Gläubiger ſelbſt oder an
den Dritten zu zahlen. Es iſt dadurch das Verhältniß einer im Ver=
trage genannten dritten Perſon geſchaffen, die zwar ganz außer dem
urſprünglichen Obligationsnexus ſteht, an die aber wirkſam Zahlung
geleiſtet werden kann und die nach Empfang der Zahlung als Mandatar
des Gläubigers behandelt wird.

Für unſeren heutigen Rechtsverkehr, welcher die freieſte Bewegung
geſtattet und gerade darin ſein Lebenselement findet, iſt ein ſo künſt=
liches Verhältniß, wie das eines solutionis causa adjectus, durchaus
kein Bedürfniß. Das Inſtitut kann auf deutſchem Boden keine
Wurzeln ſchlagen. Wir haben uns daher über die Dürftigkeit jener
Vorſchriften unſeres Rechts nicht zu beklagen. Sie würden, auch
wenn alle civiliſtiſchen Feinheiten der römiſchen Juriſten darin ihren
Ausdruck gefunden hätten, für uns ein todter Buchſtabe ſein und
bleiben.

2. Zahlung an den Aſſignatar.

Dieſer erſcheint als ein zur Empfangnahme der Zahlung
Beauftragter. Der Schuldner kann daher an ihn wirkſam
zahlen, vorausgeſetzt, daß der Auftrag nicht widerrufen wird.

Ulp. l. 12 § 2 D. h. t. (46, 3): Sed et si quis manda-
verit, ut Titio solvam, deinde vetuerit eum accipere, si
ignorans prohibitum eum accipere solvam, liberabor; sed si
sciero, non liberabor.

Gaj. l. 106 cod.: Aliud est jure stipulationis solvi posse:
aliud postea permissu meo id contingere. Nam cui jure
stipulationis recte solvitur, ei etiam prohibente me recte
solvi potest; cui vero alias permisero solvi, ei non recte
solvitur, si prius quam solveretur denuntiaverim promissori,
ne ei solveretur. [22])

---

subjecta est neque bona fide nobis servit, obligationem nullam
acquirere possumus. l. 1 C. per quas pers. (4, 27): — per liberam
personam, quae alterius juri non est subdita, nihil acquiri posse,
indubitati juris est . . . Unger, die Verträge zu Gunſten Dritter
(Jena, 1869) S. 1 ff.

[22]) Pagenſtecher, Pandekten = Praktikum (Heidelb. 1860) S. 370: Die
Zahlungsanweiſung (assignatio) enthält durchaus kein verpflichtendes
Moment; indem der Anweiſende als ein doppelter Mandant, des Aſſignatars
ſo wie des Aſſignaten, es in ſeiner Hand behält, die noch nicht honorirte
Aſſignation zu widerrufen.

Preuß. A. L. R. Th. I Tit. 16 § 274. „So lange der Assignat die Anweisung noch nicht angenommen hat, kann derselbe noch dem Anweisenden Zahlung leisten."

§ 275. „Wird die Anweisung vor erfolgter Annahme widerrufen, so ist der Assignat zu dieser Annahme und zur Zahlung an den Angewiesenen nicht mehr befugt. [23])

3. Zahlung an den Cessionar.

Dieser ist nach heutigem Recht Singularnachfolger des Gläubigers und daher vermöge eigenen Rechts befugt, an Stelle des ursprünglichen, durch die Cession aus dem Obligationsverhältnisse ausgeschiedenen Gläubigers das Geschuldete in Empfang zu nehmen.

Die Entstehung des Rechtsverhältnisses zwischen dem Cessionar und dem Schuldner des Cedenten habe ich bereits in meinen „Beiträgen zur Erläuterung des Preuß. Rechts" VI S. 151—173 und XI S. 612—619 näher erörtert und kann daher hierauf Bezug nehmen.

4. Die Zahlung an den gesetzlichen Stellvertreter des Gläubigers steht der mit dem vorauserklärten Willen des Letzteren erfolgten ganz gleich.

Die Befugnisse solcher Stellvertreter sind nach den betreffenden Bestimmungen des Personen-Rechts zu beurtheilen. [24])

Wir haben uns jetzt mit dem Falle zu beschäftigen, wo die an einen Dritten geleistete Zahlung durch die nachfolgende Genehmigung des Gläubigers rechtliche Wirksamkeit erlangt.

Es kommt hier der Grundsatz zur Anwendung, daß die Ratihabition dem Mandate gleichsteht.

Ulp. l. 12 § 4 D. h. t. (46, 3): Sed etsi non vero procuratori solvam, ratum autem habeat dominus, quod solutum est, liberatio contingit; rati enim habitio mandato comparatur.

Marcian. l. 49 eod.: Solutam pecuniam intelligimus utique naturaliter, si numerata sit creditori. Sed et si jussu ejus alii solvitur — — absolvi debet. Ratam quoque solutionem si creditor habuerit, idem erit . . .

Ulp. l. 58 pr. eod.: Si quis offerenti se negotiis alienis bona fide solverit, quando liberetur? et ait Julianus, cum dominus ratum habuerit, tunc liberari . . .

l. 12 C. eod. (8, 43): Invito vel ignorante creditore qui solvit alii, se non liberat obligatione. Quod si hoc vel mandante vel *ratum habente* eo fecerit: non minus liberationem consequitur, quam si eidem creditori solvisset.

---

[23]) Vgl. Oesterreich. b. G. B. § 1404. Sächsisches b. G. B. § 1330, 1331.
[24]) Vgl. Preuß. A. L. R. Th. I Tit. 16 § 37.

Bürg. Geſetzb. für das K. Sachſen § 691. „Die Erfüllung muß an den Berechtigten oder deſſen Stellvertreter geſchehen. Die Leiſtung an einen Andern ſteht der Erfüllung gleich, wenn der Berechtigte die Leiſtung genehmigt . . .“

Code civ. und Badiſches Landrecht Art. 1239 Abſ. 2. „— Gültig iſt auch jene Zahlung, welche an einen unberechtigten Empfänger geſchah, ſobald ſie von dem Gläubiger genehmigt ward . . .“[25]

Dieſe nachfolgende Genehmigung des Gläubigers hat ſonach eine doppelte Wirkung: im Verhältniſſe zum zahlenden Schuldner wirkt ſie deſſen Befreiung von der Schuldverbindlichkeit; im Verhältniß zum Zahlungsempfänger begründet ſie die Verpflichtung des Letzteren, gleich einem Mandatar, das Empfangene dem Gläubiger herauszugeben.

l. 9 C. de neg. gest. (2. 19): Si pecuniam tuam a debitore tuo Julianus exegit, eamque solutionem ratam habuisti: habes adversus eum negotiorum gestorum actionem.

Scaevola l. 9 D. eod. (3, 5): — — quid fiet, si a debitore meo exegerit et probaverim? quemadmodum recipiam? . . . nam utique mandatum non est. Erit igitur et post ratihabitionem negotiorum gestorum actio.

Es fragt ſich aber:

ob das Letztere auch dann gilt, wenn der Dritte gar nicht den Willen hatte, das Geſchäft der Einziehung im Intereſſe des Gläubigers zu beſorgen, vielmehr es in der unredlichen Abſicht vornahm, das Eingezogene für ſich zu behalten.

Man denke an den Fall: der Dritte gibt ſich dem Schuldner gegenüber fälſchlicher Weiſe für den Bevollmächtigten des Gläubigers aus. Der Schuldner läßt ſich täuſchen und zahlt an ihn. Steht nun dem Gläubiger eine Klage gegen den Dritten auf Herausgabe des Empfangenen zu?

Einen Fall dieſer Art behandelt Papinian

l. 80 § 5 D. de furt. (47, 2): Si Titius, cujus nomine pecuniam perperam falsus procuratur accepit, ratum habeat: ipse quidem Titius negotiorum gestorum aget, ei vero, qui pecuniam indebitam dedit, adversus Titium erit indebiti condictio, adversus falsum procuratorem furtiva durabit. Electo Titio non inique per doli exceptionem, uti praestetur ei furtiva conditio, desiderabitur. Quod si pecunia fuit debita: ratum habente Titio, furti actio evanescit, quia debitor liberatur.

---

[25] Großh. Heſſiſcher Entw. Buch I Art. 281 a. E.

Entw. eines gemeinſ. deutſch. Geſ. über Schuldverh. Art. 360.

§ 6. Falsus autem procuratur ita demum furtum pecuniae faciet, si nomine quoque veri procuratoris, quem creditor habuit adsumpto, debitorem alienum circumvenerit. Quod aeque probatur in eo, qui sibi deberi pecuniam, ut heredi Sempronii creditoris adseveravit, cum esset alius.

Schon der Pandektentitel (de furtis), in welchem dieser Ausspruch Papinian's sich befindet, mehr aber noch der Inhalt selbst (furtum pecuniae facere — circumvenire debitorem — furtiva condictio) lassen es unzweifelhaft, daß wir es hier mit einer Person zu thun haben, die sich nur den Schein gibt, als fremder Geschäftsführer auf= zutreten, in der That aber bloß den eigenen Vortheil bezweckt. Gleichwohl wird dem Gläubiger die rechtliche Möglichkeit gegeben, durch Ratihabition das an sich ihn gar nicht berührende Geschäft zu dem seinigen zu machen und eben dadurch die *negotiorum gestorum actio* gegen den Dritten zu erwerben. [26])

Dies steht auch mit den Grundsätzen über negotiorum gestio in vollem Einklange.

Ulp. l. 6 § 3 D. de neg. gest. (3, 5): Sed et si quis negotia mea gessit non mei contemplatione, sed sui lucri causa, Labeo scripsit suum eum potius quam meum negotium gessisse (qui enim depraedandi causa accedit, suo lucro, non meo commodo studet): sed nihilo minus, immo magis et is tenebitur negotiorum gestorum actione. Ipse tamen si circa res meas aliquid impenderit, non in id quod ei ab- est, quia improbe ad negotia mea accessit, sed in quod ego locupletior factus sum, habet contra me actionem.

Aber auch schon nach den allgemeinen Grundsätzen über die Tradi= tion läßt sich das Gesagte rechtfertigen.

Der Schuldner zahlt (tradirt) an den vermeintlichen Bevollmächtigten des Gläubigers, der ihm gegenüber auch als Stellvertreter des Letzteren auftritt. Er hat daher die Absicht, den Gläubiger zum Eigenthümer des Gezahlten zu machen. Es ist aber ein feststehender

---

[26]) Vgl. Paulus l. 24 D. de neg. gest. (3, 5): Si ego hac mente pecuniam procuratori dem, ut ea ipsa creditoris fieret, proprietas quidem per procuratorem non adquiritur, potest tamen creditor etiam invito me *ratum habendo pecuniam suam facere*, quia procurator in accipiendo creditoris dumtaxat negotium gessit: et ideo creditoris ratihabitione liberor.

Der Procurator ist hier, wie so häufig, nicht als „Beauftragter" auf= zufassen, sondern als „Geschäftsführer," indem andernfalls dem Mandanten sofort Eigenthum erworben würde. Dernburg, das Pfandrecht I S. 208 Note 19.

Rechtssatz, daß die Treulosigkeit des Stellvertreters den Eigenthumserwerb für den Prinzipal nicht hindert.

> Julian. l. 37 § 6 D. de acq. r. d. 41. 1 : . . . Si pro-
> curatori meo rem tradideris, ut meam faceres: is hac mente
> acceperit, ut suam faceret. nihil agetur . . .

> Ulp. l. 13 D. de donat. 39. 5 : . . . etsi procuratori
> meo hoc animo rem tradiderit, ut mihi acquirat, ille quasi
> sibi acquisiturus acceperit: nihil agit in sua persona, sed
> mihi acquirit.

> v. Scheurl, Beiträge zur Bearbeit. des röm. Rechts
> S. 212: „Hat der Tradent den festbestimmten Willen durch
> den Procurator dessen Mandanten zum Besitzer und Eigen-
> thümer zu machen, so ist selbst der widerstrebende Wille des
> Procurators kein Hinderniß für den vom Tradenten beabsichtigten
> Erfolg der Tradition.

> Pagenstecher, Pandekten-Praktik. S. 145, 146: Ist der
> Punkt, daß der Empfänger ein bloßer Vertreter, dem Tradenten
> bekannt: so vermag auch der Wille des Empfängers für sich
> selbst zu erwerben, keinen Erfolg davonzutragen, da vielmehr
> der Tradent dem Vertretenen gibt, und gerade Letzteres auch zu
> Stande bringt, indem der Vertreter ja in der That die körper-
> liche Funktion ausübt, als Erwerbs-Instrument dem Vertretenen
> zu dienen, und sein abweichender Wille, wie ein jeder bloß
> subjectiver Thatbestand, gar keine rechtliche Folge haben kann.'

Was hier vom wahren Procurator gesagt ist, muß aber auch
vom falschen gelten. Es besteht der einzige Unterschied, daß der
Gläubiger durch die Seitens des unberechtigten Dritten erfolgte
Empfangnahme des vom Schuldner für Jenen Gezahlten nicht unmittelbar das Eigenthum daran erwerben konnte, weil der Dritte eben
nicht sein Stellvertreter war. Dieses Hinderniß wird aber durch die
nachfolgende Zustimmung des Gläubigers gänzlich gehoben. Es trifft
nunmehr der Veräußerungswille des Schuldners mit dem Erwerbungs-
willen des Gläubigers vollständig zusammen, so daß es ebenso angesehen werden muß, als ob die Zahlung einem wirklichen Stellvertreter
des Gläubigers geleistet worden wäre. Die in der Hand des Dritten
befindliche Geldsumme ist, ungeachtet des entgegengesetzten Willens des
Empfängers, ein Eigenthum des Gläubigers geworden, und muß daher
diesem herausgegeben werden.

Das Ober-Tribunal zu Berlin geht sogar noch weiter, indem es
in einem Erkenntnisse vom 7. Juni 1859 ausspricht:

> Die Verbindlichkeit des unberechtigten Zahlungsempfängers
> zur Restitution der ohne Titel erhobenen Zahlungen an den
> eigentlichen Gläubiger wird durch die bloße Thatsache der un-

berechtigten Einziehung nach den allgemeinen Grundſätzen von
der Geſchäftsübernehmung ohne Auftrag reſp. von der nützlichen
Verwendung begründet und zwar neben dem Schuldverhältniſſe
des Zahlenden zu dem eigentlichen Empfangsberechtigten und
ganz unabhängig davon, ob die angemaßte Einziehung den
Zahlenden im Verhältniſſe zu Letzterem liberirte oder nicht.
Auch im letzteren Falle wäre dem Gläubiger unbenommen, ſeinen
nach jenen Vorſchriften begründeten Anſpruch auf Herausgabe
reſp. Erſtattung des Gezahlten wider den illegitimirten Empfänger
zu verfolgen (Striethorſt, Archiv Bd. 34 S. 150 f.).

Dieſer Anſicht ganz entgegen, hat derſelbe Gerichtshof in einem ſpäteren
Erkenntniſſe vom 25. Juni 1868 angenommen:

Dem Eigenthümer einer Forderung ſteht gegen Denjenigen,
der ſie ohne Recht von dem Schuldner eingezogen hat, ein
Anſpruch auf Erſatz des erhobenen Betrages nicht zu.

In den Gründen wird ausgeführt:

Darin allein, daß der Verklagte die dem Kläger gebührenden
Zahlungen aus der Kaſſe der Jduna widerrechtlich erhoben hat,
iſt eine negotiorum gestio nicht anzutreffen, da das Vorhanden=
ſein der dazu nothwendigen Vorausſetzungen der §§ 230—248
Tit. 13 Th. I des Allg. Landrechts nicht feſtgeſtellt worden.
Es erhellt ſo wenig, daß durch jene Zahlungserhebungen der
Nutzen des Klägers in irgend einer Weiſe wirklich befördert
worden, als feſtſteht, daß dieſelben Seitens des Verklagten ſtatt=
gefunden haben, entweder um einen dem Kläger bevorſtehenden
Schaden abzuwenden oder um deſſen Vortheil zu befördern.
Es läßt ſich daher dem Appellationsrichter nicht vorwerfen, daß
derſelbe dadurch, daß von ihm eine Geſchäftsführung ohne Auf=
trag nicht als vorliegend angenommen worden, die Natur und
den weſentlichen Charakter des zur Beurtheilung vorliegenden
Rechtsgeſchäftes verkannt habe. — Mag auch der Verklagte
ſich nach den §§ 228, 229 a. a. O. durch die fraglichen
Zahlungserhebungen dem Kläger verantwortlich gemacht haben,
ſo folgt daraus noch nicht ſo ohne Weiteres, daß er die
Herauszahlung der von dem Verklagten erhobenen Beträge
von dieſem zu fordern berechtigt iſt. Der vom Kläger be=
hauptete Rechtsgrundſatz:

daß dem Eigenthümer einer Forderung gegen Denjenigen,
der ſie ohne Recht vom Schuldner eingezogen hat, ein An=
ſpruch auf Erſatz zuſteht,

findet ſich in dem von ihm bezogenen Erkenntniſſe des
Ober=Tribunals nicht ausgeſprochen . . . (Ebendaſ. Bd. 70
S. 343 f.).[27]

---

[27] Vgl. den in meinen „Beiträgen zur Erläut. des Preuß. Rechts" XIII
S. 561 f. mitgetheilten Rechtsfall, betreffend die rechtliche Begründung des

Zum Schluſſe iſt noch die Frage zu berühren:

> wie ſich das Rechtsverhältniß des Schuldners zu dem unbe=
> rechtigten Zahlungsempfänger geſtaltet, wenn es an der Rati=
> habition des Gläubigers fehlt.

Dieſe Frage iſt von Erxleben, die Rückforderung erfolgloſer
Leiſtungen oder die obligatio ob rem dati re non secuta (Göttingen
1853) §. 11 S. 190 ff. gründlich erörtert worden.

Seine Ausführungen ſind im Weſentlichen folgende:

> Die Zahlung an einen Geſchäftsführer des Gläubigers ge=
> ſchieht immer unter der Vorausſetzung, daß der Gläubiger ihn
> zur Entgegennahme der Zahlung entweder gehörig bevollmächtigt
> habe, oder doch die ohne ſolche Vollmacht entgegengenommene
> Zahlung nachträglich gutheißen werde. Immer liegt alſo in
> einer ſolchen Zahlung eine datio ob causam enthalten, indem
> die Leiſtung an den Geſchäftsführer als ſolchen durch dieſe
> Vorausſetzung urſächlich bedingt und äußerlich hervorgerufen iſt.
> Im Uebrigen zeigt die hier vorliegende datio ob causam eine
> weſentlich verſchiedene Geſtalt, jenachdem der Zahlende in der
> Meinung ſteht, der Geſchäftsführer ſei zur Empfangnahme der
> Zahlung wirklich bevollmächtigt, oder weiß, daß dies nicht der
> Fall iſt. — Geſchieht die Zahlung an einen wirklich hiezu be=
> auftragten Geſchäftsführer des Gläubigers, ſo tritt die Be=
> freiung des Schuldners ſofort im Augenblicke ihrer Vornahme
> ein, oder es ſteht ihm doch, wenn er in Wahrheit nichts
> ſchuldig war, ſogleich die condictio indebiti gegen den ver=
> meintlichen Gläubiger ſelbſt zu. In der Vorausſetzung, daß
> der Stellvertreter zur Annahme der Zahlung gehörig bevoll=
> mächtigt ſei, liegt daher auch noch die weitere Vorausſetzung
> enthalten, daß dieſelbe ſich dem Gläubiger ſelbſt gegenüber un=
> mittelbar wirkſam erweiſen, alſo entweder die ſofortige Be=
> freiung von der Schuld oder einen directen Anſpruch auf
> Rückgabe des Geleiſteten wider denſelben zur Folge haben
> werde. Hat ſich der Schuldner daher in dieſer Hinſicht ge=
> irrt, ſo hat er in jeder Beziehung ex falsa causa geleiſtet,
> ſeine Leiſtung iſt alſo von vornherein grundlos, und es ſteht
> ihm in dieſem Sinne eine condictio sine causa gegen den
> vermeintlichen Stellvertreter zu. — [28]) Weiß dagegen der

Anſpruches gegen Denjenigen, der ein dem Kläger zuſtehendes Sparkaſſen=
kapital unbefugter Weiſe eingezogen hat.

[28]) Ulp. l. 58 pr. D. h. t. (46, 3): Si quis offerenti se negotiis alienis
bona fide solverit, quando liberetur? et ait Julianus, cum dominus
ratum habuerit, tunc liberari. Idem ait, antequam dominus haberet
ratum, an condici ex ea causa possit? et ait, interesse qua mente
solutio facta esset: utrum ut statim debitor liberetur, an vero cum

zahlende Schuldner, daß der Geschäftsführer seines Gläubigers von diesem keine Vollmacht zur Entgegennahme der Zahlung hat, so liegt eine wahre und eigentliche ob rem datio vor. Die Zahlung hat hier dem Gläubiger selbst gegenüber zunächst durchaus keinen weiteren Erfolg: weder wird der Schuldner dadurch, wenn er wirklich schuldig war, sogleich von seiner Verbindlichkeit befreit, noch auch wird dadurch der Gläubiger der condictio indebiti für den Fall ausgesetzt, da das Dasein der Schuld bloß irrthümlich angenommen war. Nach der einen wie nach der andern Seite hin hängt der Erfolg der Zahlungsleistung davon ab, ob der Gläubiger nach erlangter Kenntniß des Vorgefallenen das Geschehene gutheiße, oder nicht. Thut er das Erstere, so ist es in beiderlei Beziehung so gut, als ob die Zahlung seinem Auftrage gemäß dem Stellvertreter geleistet worden ist; thut er dagegen das Letztere, so äußert die geschehene Zahlung nur im Verhältniß des Schuldners zu dem Geschäftsführer selbst, als dem unmittelbaren Empfänger des Geleisteten, rechtliche Wirksamkeit. Daher macht hier der Schuldner den Erfolg seiner Leistung mit Bewußtsein und Absicht von der zu erwartenden Entscheidung des Gläubigers abhängig; und insofern erscheint die Genehmhaltung der dem Geschäftsführer geleisteten Zahlung von Seiten des Gläubigers ebenso sehr als Voraussetzung und Grund der Leistung, wie die dadurch bezweckte Befreiung von der Schuld selbst, welche das Endziel derselben bildet. Die Zahlung an einen unbeauftragten Geschäftsführer geschieht daher auch von Seiten des Schuldners, welcher ihn als solchen kennt, stets in der bewußten Absicht, das Gegebene zurückzufordern, sobald die erwartete Genehmigung derselben von Seiten des Gläubigers nicht erfolgt,[29] und so liegt es dem Schuldner denn auch nahe, sich für diesen Fall die im Verkehr mit einem nicht gehörig bevollmächtigten Stellvertreter übliche Caution „ratam rem dominum habiturum" wegen Schadloshaltung bestellen zu lassen. — Es entsteht nun aber noch die weitere Frage, wann diese Condiction gegen den Geschäftsführer angestellt werden kann? Mit der Entscheidung dieser Frage beschäftigt sich speciell l. 58 pr.[30] Diese Entscheidung entspricht der l. 19 pr. D. de reb. cred. (12, 1). — Es fragt sich noch, wie lange auf die Entscheidung des Gläubigers ge-

---

dominus ratum habuisset. Priore casu confestim posse condici procuratori: et tunc demum extingui condictionem, cum dominus ratum habuisset: posteriore tunc demum nasci condictionem, cum dominus ratum non habuisset.

[29] Ulp. l. 14 pr. D. h. t. (46, 3): Quod si forte quis ita solvat, ut nisi ratum habeatur condicat: si dominus solutionem ratam non habuerit, condictio ei qui solvit competit.

[30] f. oben Note 26.

wartet werden muß? Jedenfalls ſteht es dem Schuldner frei, den Gläubiger von der geleiſteten Zahlung zu benachrichtigen und ihn zu einer Erklärung über dieſelbe zu drängen. Außer= dem hat er es aber auch in ſeiner Macht, die Vorausſetzung der Leiſtung ſo zu beſtimmen, daß der Geſchäftsführer ſelbſt durch die ihr gegebene Faſſung genöthigt iſt, die Genehmigung des Gläubigers zu beſchaffen, entweder innerhalb einer ihm hiezu anberaumten Friſt, oder doch ſobald es die Umſtände er= lauben. Der Principal ſelbſt ſoll aber nach l. 13 D. de solut.[31] ſogleich nach erfolgter Benachrichtigung ſich entſcheiden, ob er die für ihn geleiſtete Zahlung genehmigen will oder nicht. Doch wird ihm zugleich eine nach billigem Ermeſſen zu begrenzende Friſt zur Ueberlegung vergönnt. Iſt aber die hiezu erforder= liche Zeit verſtrichen, ohne daß er ſich erklärt hat, ſo darf der Schuldner es unzweifelhaft ſo anſehen, als habe er dieſelbe ver= weigert, und demgemäß Rückgabe des Gezahlten von dem Ge= ſchäftsführer verlangen. Und außerdem muß in ſolchen Fällen, in welchen der Schuldner durch Zeitablauf von ſeiner Verbind= lichkeit frei wird, die Genehmigung vor eingetretener Befreiung des Schuldners erfolgt ſein, indem hier im Intereſſe des Schuldners angenommen werden darf und muß, daß er die Zahlung nur unter dieſer Vorausſetzung geleiſtet hat.[32]

§ 5. Erforderniſſe der Zahlung.

2. in Anſehung ihres Gegenſtandes.

Die in der Zahlung liegende Erfüllung muß den richtigen Gegen= ſtand und dieſen vollſtändig begreifen.

In erſterer Hinſicht gilt der Grundſatz:

der Gläubiger braucht ſich, ſtatt der geſchuldeten Leiſtung eine andere nicht aufdringen zu laſſen.

---

[31] (Julianus) Ratum autem habere dominus debet, cum primum certior factus est, sed hoc ἐν πλάτει id est, cum laxamento et amplitudine, et cum quodam spatio temporis accipi debet... quod magis intelle-ctu percipi, quam ex locutione exprimi posset.

[32] Africanus l. 25 § 1 D. ratam rem hab. (46, 8): Procurator, cum ab eo aes alienum exegerat, qui tempore liberaretur, ratam rem dominum habiturum cavit. Deinde post tempus liberato jam debitore, dominus ratam rem habet. Posse debitorem agere cum procuratore existimavit, cum jam debitor liberatus sit. Argumentum rei, quod, si nulla stipulatio interposita sit, condictio locum adversus procura-torem habitura sit: in locum autem condictionis interponi stipula-tionem.

Paulus l. 2 § 1 D. de reb. cred. (12, 1): — — aliud
pro alio invito creditori solvi non potest.
Id. l. 98 § 6 D. h. t. (46, 3): — — nemo enim dixit,
facto pro facto soluto liberationem contingere . . .
pr. J. quib. mod. toll. obl. (3, 29): Tollitur autem omnis
obligatio solutione ejus quod debetur, vel si quis *consentiente*
creditore aliud pro alio solverit.[1)]
Donell. com. de jure civ. Lib. XVI cap. IX: — —
Non quaevis praestatio debitoris solutionem habet. Tunc
solutio esse incipit, cum praestetur id quod debetur. In
quae verba et superior illa definitio concepta est, quae
efficit solutione ejus quod debetur tolli obligationem. Et hoc
est, quidquid praestatur, quod non debetur, non solvitur,
nec tanquam solutum parit liberationem. Idque obligationis
natura facit . . . Ideo aliud praestando debitor neque intelligitur solvere, nec si forte ignoranti praestiterit, ea
praestatione liberatur. Hinc nata definitio juris certi, aliud
pro alio invito creditori solvi non posse . . .

Ordnung und Statuta der Churf. Sächſ. Stadt Langenſalza
von 1556 Art. 17 („Von Bezahlung"). „Würde einer um
Geld Schuld beklaget, der macht ſich damit nicht entlediget, daß
er mit Waare oder andern ſeinen Gute zu bezahlen, oder aber
das gekauffte nach Wertherung des Richters oder anderer Bieder
Leuthe weiber zu geben erböttig. Denn der Gläubiger ſoll
unbancks mit nichte gezwungen werden eines vor das andere
Bezahlungs weiſe anzunehmen, ſondern mag ſich ſolches er-
biethens ungeachtet, wie ihm die verſprochene Bezahlung nicht
geſchähe, Pfandes verhelffen laſſen und die ſelbigen nach zuvor-
ergangenen Gerichtlichen Aufgebothe verſetzen, oder verkauffen,
damit er Schuld und Schadens bekomme."[2)]

Naſſau - Catzenelnbogiſche Landordnung von 1616 Th. I
Cap. XVI § 12. („Von böſen Bezahlern"). „Sonſten aber hat
ſich auch zun zeiten zugetragen, daß der Schuldner ein anders,
als ihm gelehnt, oder er ſchuldig worden, zu bezahlen ſich hat
unberfangen wöllen. Nachdem aber ein jeder, was er an geldt
oder anderm entlehnt und geborgt hat, daſſelbig hinwiderumb an
geldt, und an demjenigem, wie er es entlehnet hat, zu gebürender
abgeredter zeit zu bezahlen, kein Gläubiger aber ſchuldig iſt,
wider ſeinen willen etwas anders, als was er außgeliehen hat,

---

[1)] l. 16 C. h. t. (8, 43): Eum, a quo mutuam sumpsisti pecuniam, in
solutum nolentem suscipere nomen debitoris tui compelli juris ratio
non permittit.
Brauer, Erläut. über den Code Napoléon ꝛc. V S. 468 Nr. 199:
Das Gleichgeltende findet der Zahlende nicht bei dem Richter, ſondern nur
bei dem Freund.
[2)] Walch, vermiſchte Beiträge zu dem deutſchen Recht Th. VII S. 234 f.

anzunemen: Als wollen Wir Unſere Underthane hiermit erinnert und vermahnet haben, ſich ins künfftig mit ihrer Bezahlung darnach zu richten, und gar nicht, wie biß anhero vermeintlich beſchehen, jnen die gedanken zu machen, als daß ſie etwan mit einem alten, nichtsgültigen Gaul, oder einer alten, ohnannehm= lichen Kuhe ſich würden löſen, und den Gläubiger, wider ſeinen willen, damit bezahlen können: Sondern ſollen ſchuldig ſeyn, dasjenige, was ſie einem andern an Bezahlung uffdringen wöllen, ſelbſten zu geldt zu machen, und innerhalb der zeit, ſo ihnen von Unſern Schuldtheiſſen, oder von dem Gläubiger auß miltigkeit verſtattet werden würd, dankbarlichen zu bezahlen."

Revidirtes Land=Recht des Hertzogth. Preußen von 1685 (verbeſſ. L.=R. des K. Preußen v. 1721) Buch IV Tit. XXI Art. I § 1. „Es iſt eine gemeine Rechts=Regul, daß einer dasjenige, was er ſchuldig iſt, bezahlen ſolle. Und mag der Gläubiger nicht gedrungen werden, ein anders an der Bezahlung anzunehmen, als man ihm ſchuldig iſt. Dann, in was Form und Geſtalt einem etwas geliehen, alſo ſoll er auch ſeinem Schuldherrn in gleichem Werth und Form Bezahlung zu thun ſchuldig ſeyn . . ."

Baieriſches Landrecht (Cod. Max. Bav. civ.) von 1756 Th. IV Kap. 14 § 6: „Regulariter muß 1mo das nämliche, was man ſchuldig iſt . . . bezahlt werden. Daraus folgt ad 1mum, daß der Gläubiger eines für das andere . . . an= zunehmen nicht verbunden ſei . . ."[3])

Die neueren Geſetzbücher anlangend, ſo gehören hierher die Be= ſtimmungen

des Preuß. A. L. R. Th. I Tit. 16 § 11.

des Oeſterreich. b. G. B. § 1413.

des Sächſiſchen b. G. B. § 694.

des privatr. G. B. für den K. Zürich § 980.

des Code civ. und Badiſchen Landrechtes Art. 1243.

des Großh. Heſſiſchen Entw. eines b. G. B. Buch I Art. 220.

des Bayeriſchen Entw. eines b. G. B. Th. II Art. 82.

des Entw. eines gemeinſamen deutſch. Geſ. über Schuldverh. Th. I Art. 239.

Es hängt alſo von dem freien Willen des Gläubigers ab, ob er Etwas, was nicht Erfüllung iſt, als Erfüllung annehmen will.[4])

Nach römiſchem Recht galt jedoch bei Geldſchulden die Ausnahme, daß der Gläubiger in dem Falle, wenn der Schuldner ſich durch Ver=

---

[3]) Vgl. Cod. Jur. Bav. judiciarii von 1753 Kap. 18 § 11.

[4]) Windſcheid, Lehrb. des Pandektenrechts (2. Aufl.) II S. 265.

lauf ſeiner Sachen Geld zu verſchaffen nicht im Stande iſt, ſich gefallen laſſen muß, Immobilien des Schuldners nach ſeiner Auswahl zum Schätzungswerthe anzunehmen.

Es iſt dies das ſ. g. beneficium dationis in solutum, beruhend auf der Nov. 4 Cap. 3 (Auth. Hoc nisi C. h. t.) [5]); daſſelbe fand im Jüngſten Reichsabſchied von 1654 eine Anwendung auf die durch den dreißigjährigen Krieg in Vermögensverfall gerathenen Schuldner, indem der § 172 (freilich nur als tranſitoriſches Geſetz) verordnete:

> „So viel nun die Capitalia anlangt ſollen … von den Creditoribus die ſonſten auffkündlichen Capitalia von drey Jahren a dato dieſes Reichsabſchieds nicht auffgekündigt werden. Falls aber ein Creditor, nach Verfließung erſtgemeldten drey Jahren, ſolche Auffkündigung thäte, ſoll dem Debitori in den nächſt darauff folgenden ſieben Jahren freyſtehen und zugelaſſen ſeyn … auf den Fall er bei dieſen Geldklemmen Zeiten keine baaren Mittel hätte, noch erlangen könnte, durch Dargebung anderer beweg= und unbeweglichen Güther,[6]) an ſtatt baarer Bezahlung (jedoch daß dem Creditori die Wahl nach beſag gemeinen Rechten frey ſtehe) auff derſelben vorhergehende, zwiſchen den vorigen und gegenwärtigen Zeiten auff das Mittel geſtellte billige Schätzung, abzulegen, der Creditor aber ſolche anzunehmen ſchuldig ſeyn.“

Es kann nicht bezweifelt werden, daß mit der Reception des römiſchen Rechts das ebengedachte beneficium auch in das gemeine Recht übergegangen iſt.[7])

---

[5]) Marezoll im Magazin für R. W. u. Geſetzgeb. IV S. 230—246. Unterholzner, Lehre von den Schuldverh. I § 175. Heimbach in Weiske's Rechtslexicon I S. 884 f. N. Römer, die Leiſtung an Zahlungsſtatt (Tübingen, 1866) S. 162—177.

[6]) Durch dieſe Beſtimmung erhält der immerhin bedenkliche deutſche Gerichtsgebrauch eine Stütze, daß der Gläubiger auch bewegliche Sachen zum Taxwerthe annehmen und ſich auf dieſe Weiſe abfinden laſſen müſſe. Vgl. Unterholzner a. a. O.

[7]) Leyser, med. ad. Pand. spec. 531 m. 1: Inter beneficia, quibus jura nostra debitores obaeratos sublevant, non ultimum est datio in solutum, qua, qui pecuniam non habet, creditori urgenti bona alia offert. Beneficium illud non commentum saltem juris romani, sed in ipsa aequitate fundatum est, et recentioribus quoque et Saxonicis juribus convenit. Vide Recessum imperii de anno 1654 § 172 et Ordinat. proc. sax. elect. tit. 39 § 18.
Sam. Stryk diss. de beneficio dationis in solutum, in oper. Tom. I nr. 9. Mevius, Decis. P. IV. dec. 370. De modo et jure dationis in solutum rei immobilis pro credito pecuniae. Höpfner, Com. über die Inſtit. § 976. Römer a. a. O. S. 177.

So bestimmt auch das revidirte Land=Recht des Hertzogth. Preußen von 1685 (verbeß. L.=R. des K. Preußen von 1721) im Anschlusse an die oben angeführte Regel:

„— Jedoch, so der arme unvermögliche Schuldener, dem baar Geld geliehen, mit Gelde je nicht zu bezahlen hätte, und ihme, dem Creditorn, kein Schaden dahero entstehen möchte: Sol von ihm der Werth in einem andern Dinge in gebühr= licher Schätzung angenommen werden."

Diese Ausnahmevorschrift, die dem Schuldner doch immer nur ein flebile beneficium gewährt, indem sie ihn nöthigt, seine werthvollste Habe nach der Wahl des Gläubigers demselben zu seiner Befriedigung zu überlassen, entspricht so wenig den Bedürfnissen unseres heutigen Rechtsverkehrs, daß sie unmöglich bis auf die Gegenwart sich in Uebung erhalten konnte. Sitte und Gewohnheit haben das Machwerk kaiser= licher Willkür längst über den Haufen gestoßen, so daß die deutschen Landesrechte des vorigen und des jetzigen Jahrhunderts jene Satzung als ein im Volke lebendes Recht gar nicht mehr vorfanden und daher von ihrer Reception nicht mehr die Rede sein konnte.

Schon Grönewegen in seinem Tractat. de legibus abrogatis et inusitatis in Hollandia vicinisque regionibus (Lugduni-Bata- vorum, 1649) bemerkt zu Auth. Hoc nisi C. h. t.:

Si debitor quantitatis non habeat unde solvat, potest rem immobilem, quam habet, in solutum dare creditori pro aestimatione districtus per judicem facienda, nisi creditor emptorem rei praestare paratus sit. Ratio est, quia hoc casu, scilicet cum res debitoris pignori capienda emptorem non invenit, olim creditori addici solebat l. 15 §. 3 D. de re judic. Hoc autem sicut non observatur, ita nec hodie creditor rem, quam debitor apparitori sive executori com- monstrat, in solutum accipere tenetur, sed judiciali aucto- ritate sub hasta vendere potest. Cui consequens est ut haec auth. abrogata sit. Idem de Gallorum moribus tradit Autumn. hic.

So verordnet auch die Nassau=Catzenelnbogische Landordnung von 1616 Th. I Cap. XVI §. 14 ausdrücklich:

„Hatte aber der Schuldener entweder nichts, oder ja ein geringes an Fahrnus, und doch ligende Güter, oder aber der Gläubiger ein gewisses verschriebenes Underpfand: Dieweil dann biß anhero sehr vil gewesen, die ihre ligende Güter, deren sie sonsten nicht können queit werden, den Gläubigern, wider ihren willen, an bezahlung auffzudringen, sich understanden haben: Damit nun solcher undankbarkeit, und anderm mutwillen, den sie dieses falls, ohne not alles zu erzehlen, zu üben sich beflissen, inskünftig möge vorkommen werden, So setzen, ordnen und wollen Wir, daß mit desselbigen Schuldners ligenden Gütern nachfolgender gestalt sol verfahren werden."

Die folgenden §§ 15—20 handeln nun von der Immission des Gläubigers in die Güter des Schuldners, welche jedoch immer nur als ein Recht des Gläubigers und nicht als eine Begünstigung des Schuld- ners dargestellt wird.

Ebenso bestimmt der Codex Juris Bavarici Judiciarii von 1753 Kap. 18 § 11.

„Der Gläubiger ist nicht schuldig, statt baar Geld sich mit Dargebung anderer Güter befriedigen zu lassen, sondern da der Schuldner mit Geld nicht aufzukommen vermag, soll gleichwohl mit Vergant= und allerfalligen Heimschlagung nach Maaßgab obigen §. 7 verfahren werden. Falls aber der Gläubiger sich selbst gutwillig auf verstandene Dargebung einläßt, so hat es hiebey sein Bewenden, und soll es mit selber gehalten werden, wie Kauff Rechtens ist."

v. Kreittmayr sagt dazu in seinen Anmerkungen S. 240.

— — — In Bayern hat man Dationem in solutum auf Art und Maaß, wie sie jetzo beschrieben worden, niemal reci- pirt und findet sich auch in denen nach dem Schweden=Krieg publicirten Lands=Generalien nichts davon, außer soviel die aus- ländische Creditores betrifft, deren Herrschaften obgedachten Reichs=Schluß von Ao. 1654 in diesen und anderen Passibus angenommen haben, dann dieser wegen statuirt das General= Mandat vom 16. September 1654 § 5, daß gleichwie sie sich des Reichs=Schluß außer Lands gegen Innländer präraliren werden, also man ein gleiches Jure retorsionis im Land gegen sie beobachten solle. Unter Innländern hat man es also hierin= falls allezeit bey der General=Rechts=Regul gelassen, quod aliud pro alio invito Creditori non obtrudatur…

Auch sämmtliche neueren deutschen Gesetzbücher haben jene Aus= nahmebestimmung des römischen Rechts fallen lassen.

So wird in den Motiven des Sächsischen b. G. B. zu §. 694[*]) gesagt, daß durch diesen § die Bestimmung des gemeinen Rechts (Nov. 4 Cap. 3; authentica hoc nisi ad l. 16 Cod. de solut.), wonach der Schuldner, welcher Geld zahlen soll und aus Mangel an Mobilien und Credit kein Geld schaffen kann, das Recht hat, dem Gläubiger eines seiner Immobilien in Zahlung zu geben, beseitigt ist.

---

[*]) „Weder der Berechtigte kann ohne Einwilligung des Verpflichteten etwas Anderes fordern, als was Gegenstand der Forderung ist, noch der Verpflichtete sich ohne Einwilligung des Berechtigten durch Leistung eines anderen Gegenstandes seiner Verbindlichkeit entledigen."

Desgleichen enthalten die Motive des Großh. Heſſiſchen Entwurfes eines b. G. B. Buch I S. 118 die Bemerkung:

> Der Gläubiger kann nicht gezwungen werden,. etwas An= deres anzunehmen, als er zu fordern hat (aliud pro alio invito creditori solvi non potest). Ja, es leidet dieſe Regel ſelbſt nicht durch das gemeinrechtlich begründete beneficium dationis in solutum eine Ausnahme, indem ſolches der Entwurf wegen Mangels dafür ſprechender innerer Rechtfertigungsgründe, nach dem Vorbilde anderer neuerer Legislationen, ſtillſchweigend ver= worfen hat.

Zu dieſen Legislationen gehört außer dem Preußiſchen A. L. R. und dem Oeſterreichiſchen b. G. B. auch der Code civil[9]) und mit ihm das Badiſche Landrecht.

Hiernach iſt das bisher beſprochene beneficium dationis in solutum heutzutage nicht mehr als geltendes Recht anzuerkennen, ſo daß es unſere Aufgabe nicht ſein kann, auf die Vorausſetzungen deſſelben näher einzugehen.

Der oben aufgeſtellte Rechtsſatz: aliud pro alio invito creditori solvi non potest, findet nun auf Geldſchulden in der verſchiedenſten Weiſe Anwendung.

a) Der Gläubiger, welcher Baarzahlung zu fordern hat, iſt nicht gehalten, ſtatt derſelben Wechſel anzunehmen.

> W. Hartmann, das Deutſche Wechſelrecht (Berlin, 1869) S. 81: Wie mit dem Gelde, ſo wird nun zwar im Handels= verkehre auch mit Wechſeln Zahlung geleiſtet, die durch Wechſel gedeckte Forderung in den Handelsbüchern, nach dem Gebrauche der kaufmänniſchen Buchführung, auch ſaldirt; allein alles das geſchieht nur in der Vorausſetzung, daß der Wechſel gut iſt, und in der Erwartung, daß derſelbe zur beſtimmten Zeit eingelöſt wird. Eine reale Tilgung der Forderung, wie durch Zahlung von Geld, wird nicht ſchon durch die Ausſtellung und Hingabe, ſondern erſt durch die Einlöſung des Wechſels, d. h. durch die Umwechſelung in Geld durch den Acceptanten bewirkt.

> Derſelbe S. 125: Wäre der Wechſel Geld, hätte derſelbe in ſich ſelbſt einen realen oder einen Münzwerth, ſo würde man mit dem Wechſel Zahlung leiſten, wie mit dem Gelde und die Thatſache der Hingabe würde die, auf eine Geld= zahlung gerichtete Obligation tilgen. Der Wechſel iſt aber kein

---

[9]) In Maleville's Commentar wird zu Art. 1243 bezeugt, daß nach Pothier u. Boutaric die Nov. 4 cap. 3 in den unter die Gerichtsbarkeit des Par= lamentes von Paris gehörigen Provinzen, wo das römiſche Recht galt, nicht beobachtet worden ſei.

Geld, sondern der Träger einer, von dem unterliegenden Rechts=
grunde losgelösten specifischen Wechsel=Obligation. In der Bil=
dung einer Obligation, selbst wenn sie in gewisser rechtlichen
oder thätsächlichen Beziehung zu einer schon vorhandenen Obli=
gation steht, kann aber an sich nicht die Erfüllung der älteren
Obligation durch Zahlung gefunden werden.

Erkenntniß des O. A. G. zu Dresden vom 11. November 1847:
Wer von Andern Geld zu empfangen hat, ist nicht gehalten,
statt der Baarzahlung Wechsel anzunehmen, selbst solche nicht,
die er für tadellos anerkennen muß. Der Wechsel und das
Papiergeld überhaupt sind immer nur als besondere Spezies
zu betrachten, deren Annahme, wo nicht für manche Gattungen
der papiernen Valuten ein Zwangscours bestehen sollte, ohne
alle Angabe eines bestimmten Weigerungsgrundes, abgewiesen
werden mag, und wenn der Begriff der solutio juristisch dahin
zu stellen ist, daß sie in der naturalis praestatio ejus, quod debetur besteht (l. 49 de solut.), so folgt daraus mit Nothwendig=
keit, daß ein absoluter rechtlicher Zwang, bei Geldschulden Wechsel
als Zahlung anzunehmen, nicht bestehen kann. (Seuffert,
Archiv II. Nr. 151).

b) Dasselbe gilt von geldwerthen Inhaberpapieren[10]. Diese
sind nicht Zahlungsmittel in dem Sinne, daß der Gläubiger, der
baares Geld zu fordern hat, sie als solche anzunehmen verpflichtet ist.
Ihre Hingabe stellt sich immer als datio in solutum dar, die eben
deshalb der, wenn auch nur stillschweigend durch die thatsächliche An=
nahme erklärten Einwilligung des Gläubigers bedarf. Mit Recht sagt
daher Endemann, das Deutsche Handelsrecht § 125 II:

Wenn, wo Geld gezahlt werden soll, andere Dinge über=
tragen werden, so ist das Hingabe an Zahlungsstatt. Der
Unterschied von der Zahlung liegt rechtlich darin, daß die An=
nahme von Seiten des Empfängers, welcher Geld, d. h. gesetz=
liche Münze oder Papier, verlangen kann, bzw. annehmen muß,
hier eine freiwillige ist. Und da der Vorzug, angenommen wer=
den zu müssen, allein den vom Staate sanktionirten Zahlmitteln
zukommt, so erscheint jede Hingabe anderer Dinge als Zahlungs=
statt. Dahin gehört ... die Leistung von Werthpapieren jeder
Art, die nicht Papiergeld sind, also von Obligationen, Aktien,
Banknoten, Koupons, Wechseln und Anweisungen, so wie die
Ueberweisung von Forderungen.

Eine besondere Uebereinkunft kann, braucht aber nicht vor=
auszugehen. Schon die thatsächliche Annahme enthält regel=

---

[10] Es ist in dieser Hinsicht auf die Abhandlung Voigtel's: das Geld und
die Geldpapiere als Tilgungsmittel der Geldobligation (in der Zeitschrift
für Gesetzgebung und Rechtspflege in Preußen I S. 445—469) zu verweisen.

mäßig die Einwilligung des Gläubigers. Bei allen Dingen,
welche einen Kurs=, Börſen= oder Marktwerth haben, verſteht
ſich im Zweifel dieſer von ſelbſt. Es bedarf alſo inſoweit auch
nicht einer eigenen Taxirung.

Faktiſch werden ſehr viele Dinge, namentlich die Werth=
papiere, ohne alle Unterſcheidung von geſetzlichen, gemünzten
oder Papiergeld als Zahlmittel angenommen, und die Annahme
derſelben ſteht, wenn ſie erfolgt, dem Empfang von Münze oder
Papiergeld völlig gleich. Daraus erklärt ſich, daß häufig ſogar
eine Uſance behauptet wird, der zufolge ſich der Gläubiger
wenigſtens Zahlung durch Anweiſung oder andere Werthpapiere
gefallen laſſen muß.[11]

Hiermit ſcheint es nicht im Einklange zu ſtehen, wenn das Preuß.
A. L. R. Th. I Tit. 16 § 28 beſtimmt:

> „Geſchieht die Erfüllung der Verbindlichkeit des Schuldners
> durch Geld, oder geldgleiche auf jeden Inhaber lautende
> Papiere, ſo wird ſolches eine Zahlung genannt.“

Und in der That hat das Ober=Tribunal zu Berlin in einem Er=
kenntniſſe vom 10. Oktober auszuführen geſucht:

> Nach dem angeführten § 28 könne die Erfüllung von Ver=
> bindlichkeiten auch ohne die Vorausſetzungen der Angabe an
> Zahlungsſtatt nicht bloß durch „Geld“ ſondern auch durch
> „geldgleiche, auf jeden Inhaber lautende Papiere“ erfolgen.
> Ob unter dem „Gelde“ oder den „Papieren“, von welchen
> dieſes Geſetz ſpricht, bei deſſen Emanation auch Papiergeld
> (gemünztes Papier) verſtanden worden, könne dahingeſtellt
> bleiben, weil Banknoten jedenfalls zu den „geldgleichen, auf
> jeden Inhaber lautenden Papieren“ gehören. Es ſei daher
> die Tilgung einer Geldſchuld durch ſolche Banknoten eine
> eigentliche Zahlung, keine Angabe an Zahlungsſtatt.[12]

---

[11] Vgl. auch Zaun, über Zahlung mit Bankſcheinen (im Archiv für praktiſche
Rechtswiſſenſchaft VII. 1859 S. 277—290), welcher zu dem Ergebniſſe ge=
langt: Die Bankſcheine, welche im Verkehr als Privatpapiergeld gegeben
und genommen werden, ſind nicht wirkliches, gleich dem Staatspapier=
geld wenigſtens im Inlande mit Zwangscours verſehenes Geld, ſondern
vertreten im Verkehr nur deſſen Stelle, ſo daß derjenige, welcher eine
Geldſchuld zu bezahlen hat, durch Hingabe von Staatspapiergeld das
eigentlich Geſchuldete, durch Hingabe von Privatpapiergeld aber an=
ſtatt des eigentlich Geſchuldeten etwas Anderes an Zahlungsſtatt
leiſtet, mithin eine datio in solutum vorliegt, die immer nur mit Ein=
willigung des Gläubigers erfolgen kann.

[12] Striethorſt, Archiv Bd. 44 S. 8 f.

Ebenso hat derselbe Gerichtshof in einem Falle, wo es sich darum handelte, ob eine Geldforderung und eine Forderung auf Rückzahlung darlehnsweise gegebener Staatsschuldscheine gleichartige Forderungen und deshalb nach §§ 343, 344 I. 16 A. L. R.[13]) zur Kompensation geeignet seien, diese Frage durch das Erkenntniß vom 1. Mai 1866 bejaht, worin ausgeführt ist:

> Unter dem Ausdrucke „geldgleiche Papiere" in § 28 I. 16 ist nicht das sogenannte Papiergeld zu verstehen, welches von der Bezeichnung „Geld" mit umfaßt wird,[14]) sondern es werden damit öffentliche, auf jeden Inhaber lautende Papiere bezeichnet (vergl. §§ 653, 793 I. 11, in welchem letzteren die Pfandbriefe mit aufgeführt sind). Danach stellen Zahlungen in Pfandbriefen eigentliche Zahlungen im Sinne des § 344 I. 16 dar. Die Thatsache, daß der Kours der Pfandbriefe einem Wechsel unterliegt, hat hier kein entscheidendes Gewicht.[15])

Dieser Ansicht kann jedoch nicht beigepflichtet werden.

Allerdings ist soviel als unzweifelhaft anzusehen, daß die Redaktoren des Landrechts unter den im § 28 erwähnten geldgleichen, auf jeden Inhaber lautenden Papieren nicht das damals in Preußen noch ganz unbekannte Papiergeld, sondern geldwerthe Inhaberpapiere, wie die damals coursirenden Pfandbriefe, haben verstanden wissen wollen[16]). Allein daraus folgt noch nicht, daß sie mit jenen Gesetzesvorschriften dergleichen Werthpapiere ohne Weiteres dem Gelde haben gleichstellen, also als ein gesetzliches Zahlungsmittel bezeichnen wollen.

---

[13]) § 343. „Nur fällige und gleichartige Verbindlichkeiten können gegen einander aufgehoben werden." § 344. „Zwischen eigentlichen Zahlungen und anderen Leistungen findet also keine Compensation statt."

[14]) Ganz entgegengesetzt hatte ein früheres Erkenntniß des Ober-Trib. vom 21. Juni 1856 angenommen: Unter den im § 28 I. 16 A. L. R. erwähnten „geldgleichen Papieren" ist gemünztes Papier (Papiergeld) zu verstehen, nicht aber sind darunter Pfandbriefe oder ähnliche coursirende, an jeden Inhaber zahlbare Papiere mit begriffen. Mag immerhin von der Preuß. Regierung erst seit dem Jahre 1806 Staatspapiergeld ausgegeben sein, so war doch der Begriff des Papiergeldes den Verfassern des A. L. R. nicht unbekannt. Der wesentliche Unterschied zwischen Papiergeld, d. i. geldgleichem gemünzten Papier, und Geldpapier, d. i. geldwerthen, auf jeden Inhaber lautenden Obligationsurkunden, hat auch in den §§ 11, 12 I. 2 A. L. R. seine gesetzliche Anerkennung gefunden. (Striethorst, Archiv Bd. 62 S. 1 f.)

[15]) Striethorst, Archiv Bd. 62 S. 324 f.

[16]) Koch, Recht der Ford. II S. 612. Förster § 91 Note 59. Voigtel a. a. O. S. 446.

Der gedachte § 28 hat keinen andern Zweck, als den Begriff der Zahlung zu geben. Es geschieht dies, wie bereits oben in § 1 bemerkt worden, in einer Weise, wie sie dem Sprachgebrauche des bürgerlichen Lebens entspricht. Im gewöhnlichen Rechtsverkehr werden aber auch Werthpapiere, die nicht Papiergeld sind, gleich dem wirklichen Gelde, als Zahlungsmittel hingegeben und als solche angenommen. Es liegt also in diesem Falle eine Zahlung vor — die Befriedigung des Gläubigers durch Werthstücke, die im Handel und Wandel dem baaren Gelde gleich geachtet werden und daher die Natur eines conventionellen Zahlungsmittels annehmen. Hierbei ist aber stets die freiwillige Annahme Seitens des Gläubigers vorausgesetzt. Sie ist es allein, welche den fraglichen Werthpapieren die Eigenschaft von Geldsurrogaten verleiht, nicht das Gesetz. Ein solches kann in der mehrgedachten Vorschrift unseres Landrechts unmöglich gefunden werden. An der Spitze des Abschnittes „von der Zahlung" stehend, wäre sie gar nicht der Ort, hierüber eine Entscheidung zu treffen. Die Frage, „was als Zahlung angenommen werden müsse", findet erst in den §§ 72—85 ihre Beantwortung. Hier fehlt es aber an jeder Vorschrift, welche auch nur eine Andeutung davon enthielte, daß geldwerthe Inhaberpapiere zu den gesetzlichen Zahlmitteln gehören. Denn wenn der § 72 verordnet:

> „Gelder oder geldgleiche Papiere, von welchen der Gläubiger weiß, daß der Schuldner darüber nicht verfügen könne, ist er von demselben in Zahlung anzunehmen nicht befugt".

— eine Vorschrift, die gar nicht in diesen Abschnitt gehört, da sie sich nicht auf das Rechtsverhältniß zwischen Gläubiger und Schuldner, sondern auf das zwischen dem Gläubiger und dem dritten Eigenthümer der Gelder oder Papiere bezieht — so läßt sich daraus doch immer nichts Weiteres folgern, als daß im entgegengesetzten Falle der Gläubiger zur Annahme der Gelder oder Papiere befugt ist, so daß die Folgerung gänzlich abzuweisen wäre, der Gesetzgeber habe damit für den entgegengesetzten Fall eine Verpflichtung des Gläubigers zur Annahme aussprechen wollen.

Ist aber diesen Ausführungen beizustimmen, so verliert der mehrerwähnte § 28 jede Bedeutung für die uns jetzt beschäftigende Frage:

> ob der Gläubiger statt baarer Zahlung auch geldwerthe Inhaberpapiere anzunehmen schuldig ist.

Wir haben daher nicht nöthig, mit Voigtel a. a. O. S. 454 die Erwähnung der „geldgleichen, auf jeden Inhaber lautenden Papiere"

auf den Fall zu beziehen, wenn es ſich um Erfüllung einer Obliga=
tion handelt, die auf Leiſtung eben ſolcher Inhaberpapiere gerichtet war.

c) Papiergeld iſt der Gläubiger nur dann als Zahlmittel anzu=
nehmen verbunden, wenn daſſelbe vom Geſetz mit Zwangscours ver=
ſehen iſt.[17]

In Preußen beſteht ein ſolcher Zwangscours nicht.[18] Zur Zeit
der Emanation des Allgemeinen Landrechts gab es hier überhaupt noch
kein Papiergeld.

Es galt daher allein die Vorſchrift des § 76 Tit. 16 Th. I:

„Jede Zahlung muß, wenn nicht beſondere Verabredungen
oder Geſetze auf Gold oder Scheidemünze vorhanden ſind, in
dem zur Zahlungszeit gangbaren Preußiſchen Silber=Courant
geleiſtet und angenommen werden.“

Erſt durch die Verordnung vom 4. Februar 1806 (Ed. Samml.
Bd. 12 S. 39) wurde unter den Namen „Treſorſcheine“ Papier=
geld geſchaffen und dabei beſtimmt:

§ 2. „Die Treſorſcheine ſind dem Metall=Courantgelde gleich,
und ihnen werden alle die Eigenſchaften beigelegt, welche dem
baaren Metall=Courantgelde zukommen.“

§ 6. „Da die Treſorſcheine realiſirbar, alſo dem baaren
Gelde bei dem innern Verkehr durchaus gleich ſind, ſo ſoll in
allen Zahlungen, ohne Unterſchied, ob die Verbindlichkeit dazu
vor oder erſt nach dieſer Verordnung entſtanden iſt, ob die
Zahlung aus einer, oder an eine Königl. Kaſſe zu leiſten iſt,
oder unter Privatperſonen ſtattfindet, es dem Zahler freiſtehen,
das, was er in Silber=Courantgelde abzutragen hat, in Treſor=
ſcheinen zu berichtigen.“

Dieſer Zwangscours iſt aber nach mehrfachem Wechſel der Ge=
ſetzgebung durch die fernerweite Verordnung wegen der Treſorſcheine

---

[17] Windſcheid, Lehrbuch des Pandektenrechts (2. Aufl.) II § 256 a. E.:
Papiergeld iſt kein wirkliches Geld, ſondern nur Zeichengeld; es ſtellt die
Quantität edlen Metalls, welche es bezeichnet, nicht dar, ſondern nur vor,
deswegen braucht Niemand es als Zahlungsmittel anzunehmen, wenn dies
nicht durch beſondere geſetzliche Vorſchrift angeordnet iſt (ſ. g. Zwangscurs).
Beſeler, Syſtem des gemeinen deutſchen Privatrechts (2. Aufl.) § 122
a. E.: Bei dem Papiergelde kommt es darauf an, ob demſelben Zwangs=
cours beigelegt iſt oder nicht. Im erſteren Fall iſt es ganz nach Analogie
des Geldes zu beurtheilen, indem das Zeichen die Sache (die Münzſumme,
auf welche das Papier lautet) vertritt; im zweiten Fall braucht Niemand
das Papiergeld als Zahlungsmittel anzunehmen, der nicht ausdrücklich
darauf contrahirt hat.

[18] Voigtel a. a. O. S. 461 ff., Keyßner ebendaſ. II S. 102 f.

vom 5. März 1813 (Ges.-Samml. S. 23) ausdrücklich aufgehoben worden.

Hierbei ist es auch verblieben. — Das Edikt vom 7. September 1814, die Tresor- und Thalerscheine betreffend (Ges.-Samml. S. 83), verordnet § VI:

> „So lange als hiernach noch Tresor- und Thalerscheine im Umlauf sind, können solche . . . nur nach freier Uebereinkunft zwischen Geber und Empfänger in Zahlung gereicht werden".

Ebenso bestimmte die Verordnung wegen erweiterter Realisation der noch im Umlauf befindlichen Tresor- und Thalerscheine vom 1. März 1815 (Ges.-Samml. S. 17) §. 7:

> „Auf den Privatverkehr haben alle vorstehenden Bestimmungen durchaus keinen Bezug und bestätigen Wir vielmehr die Festsetzung des §. 6 des Edikts vom 7. Septbr. 1814, nach welchem die Annahme der Tresor- und Thalerscheine zwischen Privatpersonen von der freien Uebereinkunft zwischen ihnen lediglich abhängig bleibt..."

Auch als an die Stelle der Tresor- und Thalerscheine Kassenanweisungen ausgegeben wurden, verordnete die Kab.-Ordre vom 21. December 1824 (Ges.-Samml. S. 238) im Anschlusse an die Bestimmung unter Nr. I:

> „Die Königl. Preußischen Kassenanweisungen lauten auf Kourant nach dem Münzfuße von 1764 und sind ein zum öffentlichen Umlauf für den Umfang Meiner ganzen Monarchie bestimmtes, gemünztes, dem baaren Metall-Kourantgelde gleichzuachtendes Papier".

weiterhin unter Nr. II. und III:

> „Alle gesetzlichen Bestimmungen, welche in Ansehung der Tresor- und Thalerscheine — bestehen, finden auf die Kassenanweisungen Anwendung, insofern sie durch gegenwärtige Verordnung nicht aufgehoben oder abgeändert werden."

> „Mit dem 3. Januar 1825 werden die Kassenanweisungen ausgegeben und bei allen Meinen Kassen ohne Unterschied der Provinzen als baares Geld in Zahlung angenommen und gegeben".

Die beiden letzteren Vorschriften lassen keinen Zweifel darüber, daß auch in Betreff der Kassenanweisungen der Zwangscours aufgehoben bleiben sollte.[19]

---

[19] Vgl. den Aufsatz des Rechtsanwalts Werne, das Papiergeld als Zahlungsmittel (in der Preuß. Anwaltszeitung 1866 Sp. 425—429), durch welchen die entgegengesetzte Ausführung des Dr. C. Hilse (ebendas. Sp. 324—330)

Ebenso bestimmt in Ansehung der den Kassenanweisungen sehr nahe stehenden Noten der Preußischen Bank die Bank=Ordnung vom 5. Oktober 1846 (Ges.=Samml. S. 435) § 33:

> „Der Umlauf dieser Noten ist im ganzen Umfange Unserer Staaten gestattet; auch sollen dieselben bei allen öffentlichen Kassen statt baaren Geldes, so wie statt der Kassenanweisungen angenommen werden. Im Privatverkehr soll aber Niemand zur Annahme gezwungen sein."

desgleichen in Ansehung der Darlehnskassenscheine die Verord= nung über die Gründung öffentlicher Darlehnskassen und die Aus= gabe von Darlehnskassenscheinen vom 18. Mai 1866 (Ges.=Samml. S. 227)[20] § 2:

> „Für den ganzen Betrag der bewilligten Darlehne soll unter der Benennung „Dahrlehnskassenscheine" ein besonderes Geld= zeichen ausgegeben werden. Es vertreten diese Scheine in Zah= lungen die Stelle des baaren Geldes; sie werden bei allen öffent= lichen Kassen nach ihrem vollen Nennwerthe angenommen, im Privatverkehr tritt ein Zwang zu deren Annahme nicht ein"...

Die bisher dargestellte Ansicht, daß das Papiergeld kein gesetzliches Zahlungsmittel bildet, findet auch in der Praxis ihre Vertretung.

In einem Erkenntnisse des Stadtgerichts zu Berlin wird gesagt:

> Die Weigerung des Klägers, die vom Beklagten in einer Kassenanweisung angebotene Zahlung der Wechselsummen an= zunehmen, ist gesetzlich gerechtfertigt, indem nach § 6 des Ediktes vom 7. September 1814 Tresor= u. Thalerscheine nur nach freier Uebereinkunft zwischen Geber und Empfänger in Zahlung gereicht werden können, eine Bestimmung, welche durch die später wegen Ausgabe neuer Papiergeldsorten erlassenen Gesetze, nament= lich das letzte Gesetz vom 19. Mai 1851 wegen Anfertigung und Ausgabe neuer Kassenanweisungen, nicht aufgehoben, viel= mehr auf diese neuen Papiergeldsorten, insbesondere die nach dem letztgedachten Gesetze ausgegebenen Kassenanweisungen ledig= lich übertragen ist.[21] (Goldschmidt, Zeitschrift für das ge= sammte Handelsrecht I. S. 592).

---

genügend widerlegt ist. Auch die Replik des Letzteren (ebendas. Sp. 485—488) ist nicht geeignet, die von ihm vertretene Ansicht aufrecht zu erhalten.

[20] Diese Verordnung ist später aufgehoben worden, nachdem das Haus der Abgeordneten derselben die nachträgliche Genehmigung versagt hat. B. v. 27. Septbr. 1866 (Ges.=Samml. S. 583).

[21] § 6. „Alle gesetzlichen Bestimmungen, welche wegen der Kassen=Anweisungen bisher ergangen sind, finden auch auf die neuen Kassen=Anweisungen An= wendung."

Aber auch außerhalb Preußen iſt jener Satz durch Richterſpruch feſtgeſtellt worden.

Ein Erkenntniß des Hofgerichts zu Darmſtadt vom 23. März 1853 beruht auf folgenden Ausführungen:

— Dem Papiergelde geht die Eigenſchaft des Metallgeldes ab, den angegebenen Werth des Vermögensſtückes auch in ſich ſelbſt zu haben. An ſich ſelbſt ſo gut, wie werthlos, gilt es nur durch die Autorität des Staates, der es mit einem Werth= zeichen verſieht — ein Beweis des Mangels des inneren Werthes — und in ihm nicht das Geld ſelbſt, ſondern nur eine An= weiſung zum Empfang von Metallgeld gibt. Das Papiergeld beruht daher weſentlich auf einem Act der geſetzgebenden Ge= walt und ſeine Gültigkeit iſt hierdurch von ſelbſt durch die Grenzen des Staates, der es geſchaffen hat, beſchränkt, da deſſen Autorität ſich nicht über dieſe Grenzen hinaus erſtreckt. Man ſieht zwar auch, daß das Vertrauen in die Redlichkeit und die vortheilhaften Finanzzuſtände eines Staates ſeinem Papiergeld den ausländiſchen Markt eröffnen kann; allein dieſe Erſcheinung kann, abgeſehen von Verträgen, nur als der Ausdruck des freien Willens der Contrahenten angeſehen werden und iſt nicht mit dem gewohnheitsrechtlichen Cours des Metallgeldes zu verwech= ſeln. Der, welcher in ſolchem ſeine Schuld abzutragen hat und ſtatt deſſen in Papiergeld zahlen will, will aliud pro alio, eine Anweiſung ſtatt Geldes hingeben, und bringt man auch nur die Mühe des Einwechſelns in Anſchlag, ſo ergibt ſich, daß der Gläubiger an ſich zur Annahme des aliud nicht verbunden er= ſcheint. Sonach iſt, abgeſehen von einem Zwangscours, der Gläubiger, dem eine Geldſchuld zu zahlen iſt, nicht zur An= nahme von Papiergeld verbunden... (Bopp, Beiträge zur Be= urkundung der oberſtrichterlichen Rechts=Uebung, Stuttgart, 1862, Nr. XXXI).

Hiermit ſtimmt auch die außerpreußiſche Geſetzgebung überein.[22]

Das bürg. Geſetzbuch für das K. Sachſen § 672 verweiſt in Be= treff der Frage, wieweit der Gläubiger die Zahlung in Papiergeld, Banknoten oder ſonſtigen die Stelle des baaren Geldes vertretenden Werthzeichen ſich gefallen laſſen muß, auf hierüber gegebene beſondere Geſetze. Ein ſolches enthält das Geſetz vom 6. Septbr. 1855 (G.=Bl.S. 527) § 5, wonach Niemand, „außer bei Zahlung an und aus Staatscaſſen",

[22] Siebenhaar's Commentar zu § 672 Nr. 3 (II S. 15).

[23] In Betreff der ſehr verwickelten Geldverhältniſſe Oeſterreichs verweiſe ich auf den der Taſchenausgabe der öſterreichiſchen Geſetze II. Band: das allge= meine bürgerliche Geſetzbuch (Wien, 1863. Verlag von Friedrich Manz) beigefügten Anhang, enthaltend die Verordnungen in Bezug auf Geld= zahlungen.

zur Annahme einer Zahlung in Papiergeld gezwungen werden kann, desgleichen der Münzvertrag vom 24. Jan. 1857 (G. Bl. S. 82 f.), worin in Art. 22 bestimmt ist:

> „Papiergeld ꝛc. kann nie mit Zwangscours ausgegeben wer=
> den". [23]

Das privatrechtliche Gesetzbuch für den K. Zürich verordnet § 982:

> „Banknoten oder Papiergeld ist der Gläubiger einer Geld=
> forderung an Geldesstatt anzunehmen nicht verpflichtet". [24]

desgleichen der Entwurf eines gemeinsamen deutschen Gesetzes über Schuldverhältnisse Th. I § 246:

> „— Der Gläubiger ist nicht verbunden, Papiergeld oder
> Banknoten statt Metallgeldes ... anzunehmen, wenn es sich nicht
> um Zurückzahlung einer durch Hingabe von Papiergeld — ent=
> standenen Schuld handelt oder etwas Anderes durch Gesetz oder
> Vereinbarung bestimmt ist."

d) In Ansehung des Metallgeldes [25] gelten im Allgemeinen folgende Grundsätze:

aa) Eine Geldschuld braucht nicht nothwendiger Weise in derjenigen Münzsorte getilgt zu werden, in welcher sie ausgedrückt ist, es müßte dies denn bei der Begründung besonders bestimmt sein. [26]

---

[24] Bluntschli, Erläut. III S. 57 bemerkt dazu: Es wurde der Antrag ge= stellt, die Erwähnung des Papiergeldes wegzulassen, da wir gegenwärtig kein gesetzliches Papiergeld haben, wenn aber einmal ein solches eingeführt werden sollte, wohl auch der Zwangskurs eingeführt würde. Indessen beschloß die Kommission, das Papiergeld zu erwähnen, theils weil es mög= lich sei, daß fremdes Papiergeld in Kurs komme und doch nicht mit den Banknoten zusammenfalle, da jenes vom Staate, diese von den Banken ausgegeben werden; theils weil es gut sei, selbst für den Fall, daß in= ländisches Papiergeld geschaffen werden sollte, das richtige Princip in der Gesetzgebung zum voraus auszusprechen, denn der Zwangskurs sei nicht nur keine wesentliche Eigenschaft des Papiergeldes, sondern vielmehr mit dem gesunden Zustande desselben unvereinbar.

[25] F. L. Schmidt, ausführl. Abhandl. von den Münzsorten, in denen eine Geldschuld abzutragen ist (2. Ausg. Jena, 1782). G. Hufeland, über die rechtliche Natur der Geldschulden, Berlin 1851. Unterholzner, Lehre des röm. Rechts von den Schuldverhältnissen I § 113—115. v. Vange= row, Pandekten III § 570. v. Savigny, Obligationenrecht III § 40—48. Sintenis, gem. Civilrecht II § 85. Luden in Weiske's Rechtslex. III S. 239 f. Schellwitz ebendas. X S. 492 f. v. Holzschuher, Theorie u. Casuistik (3. Aufl.) III S. 44 f. Beseler, System des gem. deutschen Privatrechts (2. Aufl.) § 122. Windscheid, Lehrb. des Pandektenrechts (2. Aufl.) § 256. Koch, Recht der Ford. (2. Ausg.) I S. 79 f. Förster, Theorie u. Praxis (2. Aufl.) II § 91. Voigtel a. a. O. S. 457 f.

[26] Windscheid §. 256 Nr. 2.

Es gilt dies namentlich von Darlehnsschulden. Darin, daß ein Darlehn in einer gewissen Münzsorte hingegeben wird, liegt nicht die stillschweigende Vereinbarung, daß es in derselben Münzsorte zurückgegeben werden solle. Selbst dann, wenn in der Darlehnsurkunde ausdrücklich gesagt ist, daß die dargeliehene Summe in dieser oder jener Münzsorte hingegeben worden sei, braucht dies keineswegs von der Auferlegung der Verpflichtung zur Rückzahlung in der nämlichen Münzsorte verstanden zu werden, vielmehr liegt die Auslegung weit näher, daß damit nur der Betrag der hingeliehenen Summe genauer hat bestimmt werden sollen.[27]

Mit Recht sagt daher Endemann, das Deutsche Handelsrecht § 79 zu III:

> So sehr ist der Werth das entscheidende Moment, daß die Begriffe Geld und Münze vollständig getrennt zu halten sind. Die Münze ist der sinnliche Körper, Geld dagegen der nach dem Münzverhältniß, d. h. durch eine gewisse Gewichtsmenge von Edelmetall bezeichnete Werth. In diesem Sinne drückt sich aller Werth in Geld aus. Die Münze ist daher nicht mehr das einzige oder incorporirte Geld, sondern selbst nur Behikel oder Repräsentant eines Geldwerthes.[28]

desgleichen § 80 zu III:

> Wo die Zahlung Ausgleichung einer bestehenden Verbindlichkeit durch Uebertragung eines gewissen Geldwerthes bezweckt, kommt es auf Gleichheit des Geldwerthes an. Nicht dieselbe

---

[27] Windscheid a. a. O. Note 5.

[28] Vgl. Unger, System des österr. allgem. Privatrechts 1 § 47 S. 373 f.: Das Geld ist als allgemeiner absoluter Werthmesser zunächst ein Begriff, nämlich das im Gedanken vorhandene Maß, woran die einzelnen Vermögensrechtsobjecte gemessen und wonach sie unter einander in Verhältniß gesetzt werden. Das Geld ist aber nicht bloß dem Begriffe nach vorhanden, es ist auch reell vorhanden und stellt sich materiell dar. Diese materielle Darstellung des Geldes findet in Geldstücken statt. Das Geld ist sonach nicht bloß ideeller allgemeiner Werthmesser, sondern es existirt reell und trägt in dieser reellen Verwirklichung einen Werth in sich selbst. Hiermit wird das Geld zum materiellen Räderwerk des menschlichen Verkehrs, indem es in sich den Werth aller anderen Sachen darstellt und erscheint als wahre Erweiterung unserer Macht, indem man mit Geld alle im Verkehr befindlichen Sachen und Leistungen erlangen kann. Insofern hat das Geld eine doppelte Function: es ist allgemeiner Werthmesser, indem es zur Schätzung aller Sachen und Leistungen dient, und es ist zugleich allgemeines Tauschmittel, indem es in sich die Macht enthält, alle Vermögensstücke zu verschaffen. Aus der Combination beider Functionen ergibt sich als dritte die Function des Geldes als allgemeines Zahlungsmittel.

Quantität Münzen, sondern dieselbe Quantität an Geldwerth muß dem Gläubiger zu Theil werden.[29]

Es ist daher eine in ihrer Fassung ganz verfehlte Vorschrift, wenn das Preußische Allg. Landrecht Th. I Tit. 11 § 778 bestimmt:

„Das Capital muß in derjenigen Münzsorte, in welcher es gegeben worden, zurückgezahlt werden."

Ich verweise in dieser Hinsicht auf meine Glossen zu dem gedachten § in den („Beiträgen zur Erläut. des Preuß. Rechts" XII. S. 765 f.) Schon die ältere gemeinrechtliche Theorie, wie a. a. O. S. 766 f. näher nachgewiesen ist, erklärt sich entschieden dagegen, daß der Darlehnsschuldner verpflichtet sei, die empfangene Summe Geldes in den gleichen Münzstücken, in denen er sie erhalten, zurückzuzahlen.

Auch in der älteren deutschen Gesetzgebung ist der oben aufgestellte Grundsatz bereits zur Anerkennung gelangt.

Nüwe Stattrechten und Statuten der Statt Fryburg im Pryßgow von 1520 Tractat II Tit. I („von gelyhner barschafft") Satz 5 („Bezalung sol mit gütem glichem werde beschehen") „Es sol aber der Schuldner mit glichem und also gütem werde bezahlung thün"

Erneuertes Land-Recht des Herzogth. Württemberg von 1610 Th. II Tit. I § 16. „Doch, wa der Entlehner oder Schuldner Güldene oder Silberne gute Müntzen, in dem damahls geweßenen gangbarn Valor oder Wehrte, empfangen, sollen solche Sorten hernach in dem Wehrte, was sie zur zeit der bezahlung gelten, wiederumb angenommen, oder aber andere gute gangbare Müntzen dafür bezahlt — werden."[30]

Erneuertes Land-Recht Churfürst. Pfaltz bey Rhein von 1610 Th. II Tit. 2 § 2. „In diesem setzen, ordnen und wollen Wir, daß der entlehner das entlehnet gut, in gleichem werth

---

[29] Voigtel a. a. O. S. 457: Bei der Geldschuld — ist Gegenstand der Obligation überhaupt nicht eine Sache oder Waare, sondern der ganz abstrakte Werthmesser aller Sachen und Waaren, wie er sich am prägnantesten in der idealen Rechnungsmünze (z. B. dem Hamburger Mark-Banko) darstellt. Aber auch da, wo die Rechnungsmünze in körperlich vorhandenen ausgeprägten Geldstücken (Thaler, Gulden ꝛc.) sich darstellt, ist die Identität und Gattung dieser nummi völlig irrelevant. Nicht dieselbe Quantität an Münzen, sondern dieselbe Quantität an Geldwerth befindet sich in obligatione et solutione. Wer 75 Thlr. schuldet, hat nicht 75 Einthalerstücke, sondern nur den dieser Summe entsprechenden Geldwerth, gleichviel in welchen Münzen, zu zahlen.

[30] Dieser § ist erst von dem Herzog Johann Friedrich in das neueste Württemb. Landrecht eingerückt worden. In den beiden ersten Landrechten steht er noch nicht. Griesinger, Com. über das Herzogl. Württembergische Landrecht I S. 49.

und art, beydes der ſubſtantz, menge und güte, wider bezahlen und erſtatten ſoll. An der ſubſtantz, als gelt mit gelt... An güte, als in gutem gangbarem gelt...[31])

Baieriſches Landrecht (Cod. Max. Bav. civ.) Th. IV Kap. 14 § 7. „Obige Regel, daß man eins, für das andere in Zah= lungen anzunehmen nicht ſchuldig iſt, leidet folgende Abſätze... 5to. In Geldſchulden, welche ohne ſonderbaren Geding nicht in nämlicher Specie, ſondern nur in nämlicher Quantität und gangbarer guter Münze bezahlt werden müſſen...“[32])

Köln. Verordnung vom 23. März 1773. „— Lautet der Schuldſchein ſchlechthin auf Reichsthaler oder Gulden, ſo muß das Darlehn zwar in den, dem Schuldner beliebigen Sorten, jedoch in ihrem Werthe zur Zeit des Darlehns zurückgegeben werden.[33])

Hiermit ſtimmen auch die neueren Geſetzbücher vollkommen überein.

Bürgl. Geſetzb. für das K. Sachſen § 665. „Iſt eine Geld= ſumme Gegenſtand einer Forderung und über die Art der Geld= ſtücke keine Beſtimmung vorhanden, ſo kann in jeder zur Zeit und am Orte der Zahlung gültigen inländiſchen oder dieſer durch Geſetz gleichgeſtellten ausländiſchen Münzſorte gezahlt werden."

§ 667. „Soll eine früher empfangene Geldſumme zurück= gegeben werden, ohne daß eine nähere Beſtimmung über die Münzſorte getroffen worden iſt, ſo gilt der früher empfangene Werth der Münze als Gegenſtand der Rückgabe, und kann

---

[31]) Dieſe Vorſchrift findet ſich wörtlich auch in dem revidirten Landrecht des Herzogth. Preußen von 1685 (verbeſſ. L. R. des K. Preußen v. 1721). Buch IV Tit. I Art. II § 1.

Dagegen beſtimmen abweichend davon die Statuten der Stadt Hamburg von 1603 Th. II Tit. 1 Art. 9: „Wer Goldgülden, Reichsthaler, und andere grobe Münze entlehnet, der ſoll dieſelbe in specie, ob er ſich ſchon ausdrücklich nicht dahin verpflichtet, wieder zu erlegen ſchuldig ſeyn. . ."

[32]) Auch im Codex Thereſianus wird aus der Begriffsbeſtimmung des Darlehnsvertrages nur die Folgerung abgeleitet, daß die zurückzuſtellenden Gegenſtände von gleicher Art und Güte mit den geliehenen ſein müſſen. Bei Darlehen in Geld wird die Identität der Münzgattung nicht gefordert, während bei anderen Darlehen die Uebereinſtimmung der geliehenen und zurückzuſtellenden Gegenſtände unerläßlich iſt. Das Erforderniß der gleichen Güte wird bei Darlehen in Geld in der Weiſe angewendet, daß die Uebereinſtimmung des inneren und äußeren Werthes — des Metallgehaltes u. des Courswerthes — verlangt wird. Dr. v. Harraſowsky in der Allgem. öſterr. Ger. Ztg. 1868 S. 93.

[33]) v. Kamptz, Zuſammenſtellung der in den Oſtrhein. Theilen des Reg.=Bez. Coblenz noch geltenden Provinzial= und Particularrechte (Berlin, 1837) § 160.

durch) zur Zeit u. am Orte dieſer Rückgabe gültige inländiſche oder dieſen durch Geſetz gleichgeſtellte ausländiſche Münzſorten jeder Art geleiſtet werden."[34]

Privatrechtl. Geſetzbuch für den K. Zürich § 981. „Iſt die Leiſtung eine Goldſumme, ſo genügt regelmäßig die Bezahlung in landesüblichen Münzſorten und zwar, wenn die Bezeichnung der Summe in einer fremden Münzſorte oder nach einem frem= den Münzfuße geſchehen iſt, nach dem Kourspreiſe des genannten Geldes an dem Tage der Erfüllung..."[35]

Code civil und Badiſches Landrecht Art. 1895. „Die Ver= bindlichkeit aus einer Geld=Anleihe beſchränkt ſich auf den Er= ſatz der im Vertrag ausgedrückten Geldſumme nach ihrem Nenn= werth.

Sind vor der Zahlungszeit die Geldſorten erhöht oder ab= gewürdigt worden, ſo erſetzt der Schuldner die ihm gelehnte Geldſumme nur nach ihrem Nennwerth in ſolchen Münzſorten, die im Umlauf ſind."

Großh. Heſſiſcher Entwurf eines b. G. B. Buch I Art. 287. „Iſt die Forderung auf Leiſtung einer beſtimmten Summe Gel= des gerichtet, ohne daß über die Münzſorte, in welcher die Zah= lung geſchehen ſoll, etwas feſtgeſetzt iſt, ſo kann der Schuldner

---

[34] Motive: Der § bezieht ſich nicht bloß auf den Fall „eines früher em= pfangenen Darlehns", ſondern allgemein, ohne Rückſicht auf den Rechts= grund, auf den Fall „einer früher entſtandenen Schuld", und findet An= wendung ohne Unterſchied, ob in der Zwiſchenzeit zwiſchen der Entſtehung der Forderung und der Zahlung eine Münzveränderung ſtatt gefunden hat oder nicht.

Pöſchmann in Siebenhaar's Com. II S. 12 bemerkt dazu: Ein Fall der nach dieſem § zu beurtheilenden Art, wo es ſich nicht um Rückzahlung eines Darlehns handelt, würde z. B. der ſein, wenn der Vorkauf eines im Jahre 1830 um 1000 Thlr. verkauften Grundſtücks um denſelben Kauf= preis vorbehalten iſt, und nun die Rückgewähr des Kaufpreiſes im Jahre 1866 in Folge Eintritts des Verkaufsfalles und Erklärung des früheren Verkäufers ſtattzufinden hat.

[35] Bluntſchli, Erläuter. III S. 56, 57: Die landesüblichen Münzſorten ſind gerade dazu beſtimmt, um den Geldverkehr eines Ortes zu vermitteln. Daher iſt ſowohl der Gläubiger berechtigt, Zahlung in dieſer Münze zu fordern, als der Schuldner, dieſelbe in ihr zu entrichten. Es gilt das ſogar dann, wenn die Bezeichnung der Summe in einer fremden Münz= ſorte, z. B. 100 Reichsgulden, 40 Preußiſche Thaler, oder nach einem fremden Münzfuße, z. B. 10 Pfund Sterl., 100 Mark Hamb. Banco ge ſchehen iſt. Der Schuldner muß im letztern Falle ſo viel Geld in Franken, Batzen und Rappen zahlen, als der Kurspreis jener fremden Geldſumme zur Zeit ihrer Bezahlung hierorts beträgt. In dem Kurspreis wird der wahre Werth der Schuldſumme in hieſigem Gelde ausgedrückt, und auf dieſen Werth hat der Gläubiger ein Recht.

in jeder beliebigen, am Orte der Zahlung gangbaren Münz=
sorte — zahlen..."

Bayerischer Entwurf eines b. G. B. Th. II Art. 86. „Die
Zahlung einer Geldschuld kann in jeder am Orte der Zahlung
gangbaren Münzsorte geschehen, und diese ist nach dem dort=
selbst zur Zeit der Zahlung geltenden Kurswerthe zu berechnen..."
Art. 87. „Ist die Geldschuld nur der Summe nach bestimmt,
so ist in einer zur Zahlungszeit geltenden Münzsorte nach ihrem der=
malen anerkannten Kurswerthe diejenige Summe Geldes zu geben,
welche dem Betrage der ursprünglichen Schuld nach den zur Zeit
ihrer Begründung bestandenen Münzverhältnissen entspricht." [36])

Der gedachte Rechtssatz, daß eine Geldschuld nicht nothwendig in
derjenigen Münzsorte getilgt zu werden braucht, in welcher sie aus=
gedrückt ist, folgt schon von selbst daraus, daß dieselbe der Regel nach
die Natur einer Summenschuld an sich trägt. Denn eine Geldschuld
ist im Zweifel Schuld auf eine Geldsumme, d. h. eine Schuld, die eine
bloße Geldsumme — die einem gewissen Geldwerth entsprechende
Menge von Geldstücken, gleichviel ob in bestimmter oder unbestimmter
Geldsorte, genauer ausgedrückt: das einem gewissen Metallgeldwerth
entsprechende Quantum aus dem umfassenden genus „Geld" — zum
Gegenstand hat. [37])

Für die Summenschuld gilt als Regel:

Unter mehreren Münzsorten, welche und insoweit sie Währung sind,
hat der Schuldner die Wahl, gleichviel in welcher Münzsorte die Schuld
ausgedrückt ist.

Die Münzsorte ist hier nur in solutione, nicht in obligatione. [38])

Seneca de beneficiis VI. 5: Cum omnis solutio non idem
reddat, sed tantumdem, pecuniam dicitur reddidisse, quamvis numeravimus pro argenteis aureos.

Paulus l. I pr. D. de contr. empt. (18, 1): — electa materia est, cujus publica ac perpetua aestimatio difficultatibus
permutationum aequalitate quantitatis subveniret. Eaque
materia forma publica percussa usum dominiumque non tam
ex substantia praebet, quam ex quantitate...

Papin. l. 94 § 1 D. h. t. 46, 3): — in pecunia non
corpora cogitat, sed quantitatem.

Pompon. l. 80. D. eod: — cum mutuum dedimus, ut retro
pecuniae tantundem solvi debeat...

---

[36]) Gleichlautend ist der Entw. eines gemeinsamen deutsch. Ges. über Schuld
verh. Art. 246.

[37]) Goldschmidt, Handbuch des Handelsrechts Bd. I Abth. II (Erlangen, 1868)
S. 1146.

[38]) Goldschmidt a. a. O. S. 1147.

Im Zuſammenhange hiermit ſteht der fernere Grundſatz:

bb) Es ſind ſo viel Münzen zu zahlen, als nach der zur Zeit und am Orte der Zahlungsleiſtung beſtehenden geſetzlichen Währung den Geldwerth der geſchuldeten Summe ausmachen.[39]

Zur Währung wird das Metallgeld für das einzelne Staats= gebiet durch den ſtaatlichen Nennwerth und den Zwangscours.[40]

Unter den mehreren, möglicherweiſe als „Geld" dienenden Metallen iſt eines oder ſind mehrere ausſchließlich das geſetzliche Werthmaaß und geſetzliche Zahlungsmittel. Dieſes oder dieſe Metalle ſind Währung.

„Nur die Währung (Metall und Münze dieſes Metalls) iſt Geld im ſtreng juriſtiſchen Sinne, Staatsgeld, alles andere „Geld", ſogar Edelmetallmünze deſſelben Staates, iſt im Verhältniß zur Währung „unvollkommenes Geld." Erfüllung einer jeden Geldſchuld, für welche nicht etwa eine beſtimmte andere Geldſorte als Zahlmittel bedungen iſt, darf in Währung verlangt und muß in Währung angenommen wer= den, bei Vermeidung der mora accipiendi und deren Folgen; nur ſolche Zahlung iſt wahre Erfüllung (solutio) — jede Zahlung mit anderem Gelde iſt ein bloßes Geben an Zahlungsſtatt (datio in so- lutum) und darf vom Gläubiger zurückgewieſen werden. Zahlung mit Währung heißt Zahlung zum Nennwerth, ſofern nicht das Gegen= theil ſtatthafterweiſe bedungen iſt; Zahlung mit anderem Gelde heißt Geben an Zahlungsſtatt zum Courſe, ſofern nicht das Gegentheil be= dungen iſt — nur bildet der Cours zum Nennwerth unter normalen Verhältniſſen die Regel".[41]

In Deutſchland beſteht gegenwärtig die reine Silberwährung, die in dem Wiener Münzvertrage vom 24. Januar 1857 (R. G. B. Nr. 101)[42] den ſchärfſten Ausdruck gefunden hat. Hiernach iſt die Silbercouranthauptmünze des betreffenden Staates (Thaler, Gulden)

---

[39] Goldſchmidt a. a. O. S. 1161 f.

[40] Goldſchmidt a. a. O. S. 1079.

[41] Goldſchmidt a. a. O. S. 1124, 1125.

[42] Art. 8. „— Dieſen Vereinsmünzen (Ein= u. Zweithalerſtücken) wird zu dem angegebenen Werthe im ganzen Umfange der vertragenden Staaten bei allen Staats=, Gemeinde=, Stiftungs= u. öffentlichen Kaſſen, ſo wie im Privatverkehr, namentlich auch bei Wechſelzahlungen, unbeſchränkte Gültigkeit gleich den eigenen Landesmünzen beigelegt. Außerdem ſoll auch in dem Falle Niemand deren Annahme zu dem vollen Werthe in Zahlung verweigern können, wenn die Zuſage der Zahlungsleiſtung auf eine be= ſtimmte Münzſorte der eigenen Landeswährung lautet . . ." Vgl. das kaiſ. Patent vom 24. April 1858 (R. G. B. Nr. 63).

das alleinige geſetzliche Werthmaß, und nur die Silbercourantmünzen dieſes Staates ſind geſetzliches Zahlungsmittel.

Dies gilt namentlich auch in Preußen.[43]

Preuß. A. L. R. Th. I Tit. 16 § 76. „Jede Zahlung muß, wenn nicht beſondere Verabredungen oder Geſetze auf Gold oder Scheidemünze vorhanden ſind, in dem zur Zahlungszeit gangbaren Preußiſchen Silber-Courant geleiſtet und angenommen werden“.

§ 78. „Auswärtige Münzſorten iſt der Gläubiger nur als-dann in Zahlung anzunehmen ſchuldig, wenn ſie ausdrücklich verſchrieben ſind, oder durch die Landesgeſetze Cours erhalten haben.“[44]

Geſetz über das Münzweſen vom 4. Mai 1857 (G.-S. S. 305) § 10. „Gleich den Landesmünzen ſollen ſowohl bei allen öffentlichen Kaſſen, als auch im allgemeinen und Handels-Verkehr, nach ihrem vollen Werthe angenommen und ausgegeben werden:

1) die gemäß der allgemeinen Münzkonvention vom 30. Juli 1838 (G.-S. 1839 S. 18), ſo wie die vor dem Jahre 1839 von den Staaten des Zoll- und Handelsvereines im Vierzehn-Thalerfuße ausgeprägten Thaler,

2) die von den Staaten des Zoll- und Handelsvereins ge-mäß den Artikeln 7 und 8 der erwähnten Münzkonven-tion als Vereinsmünzen bisher ausgeprägten Doppel-thaler (Einſiebentheilmarkſtücke oder drei- und ein- halb-Guldenſtücke),

---

[43] Voigtel a. a. O. S. 458 f.

[44] Kab. Ordr. vom 4. Auguſt 1832 (G.-S. S. 207): — „Ich ſetze hierdurch feſt, daß, wenn eine Zahlung in Conventionsgeld oder in einer andern, gegenwärtig noch kurſirenden Münzſorte zwiſchen den Intereſſenten verab-redet worden, der Schuldner die Wahl haben ſoll, ob er die Zahlung in der bedungenen Münzſorte oder in Preußiſchem Gelde, mit Erſtattung des Tagescourſes, leiſten will. Was die Verausgabung fremder Silbermünzen im Handel und gemeinen Verkehr betrifft, ſo hat es bei meiner Beſtim-mung vom 25. November 1826 Nr. 4, nach welcher ſolche Münzen, mit Ausnahme der beſonders verbotenen fremden Scheidemünze, im Handel und gemeinen Verkehr gangbar ſein dürfen, Niemand aber in dieſem Ver kehr ſie anzunehmen verpflichtet iſt, ſein Bewenden.“

Auch nach gemeinem Recht wird der Satz angenommen: fremde Geld-arten müſſe man ſich nur inſofern gefallen laſſen, als ſie im Lande als gewöhnliches Verkehrsmittel anerkannt ſind, wobei l. 99 D. h. t. (46, 3) angeführt zu werden pflegt: Debitorem (Vulg.: Creditorem) non esse cogendum in aliam formam numos accipere, si ex ea re damnum aliquid passurus sit. Unterholzner, Schuldverh. I S. 231, 232. Vgl. dagegen Heimbach, die Lehre vom Creditum S. 244 f. und Goldſchmidt a. a. O. S. 1147 Note 26.

3) die in Gemäßheit des Münzvertrages vom 24. Januar
d. J. und in der Eigenschaft als Vereinsmünzen ausgeprägten Thaler und Doppelthaler derjenigen Staaten,
welche an diesem Vertrage Theil genommen haben, oder
demselben in Zukunft beitreten werden.

Die Annahme der vorstehend unter Nr. 2 und 3 bezeichneten
Münzen soll auch in dem Falle von Niemanden versagt werden, wenn die Zusage der Zahlungsleistung auf eine bestimmte
andere Münzsorte der Thalerwährung lautet".

Durch die gesetzliche Silberwährung ist der Zwangscours der
Goldmünze ausgeschlossen. „Im Privatverkehr ist Niemand zu deren
Annahme verpflichtet. Preußische Friedrichsdors ist nur die Staatskasse
zum festen Course von 5²/₃ Thaler anzunehmen verbunden.⁴⁵) Den
Goldkronen, welche durch den am 24. Januar 1857 zwischen Oesterreich, Liechtenstein und den Zollvereins-Staaten geschlossenen Münzvertrag (G.-S. S. 312) als eine Handelsmünze zur Erleichterung des
gegenseitigen Verkehrs und zur Förderung des Verkehrs mit dem Aus-
lande geschaffen sind, darf die Eigenschaft eines die landesgesetzliche
Silberwährung vertretenden Zahlmittels nicht beigelegt und zu ihrer
Annahme in dieser Eigenschaft Niemand verpflichtet werden (Art. 18
des Münzvertrages). Nur die preußischen öffentlichen Kassen können
durch den Finanzminister widerruflich zur Annahme der Goldkronen
zu einem Kassencourse verpflichtet werden (§ 16. Münzgesetz vom
4. Mai 1857."⁴⁶)

So bestimmt auch für Oesterreich das kais. Patent vom 27. April
1858 (R. G. B. Nr. 63) § 7:

„Die Eigenschaft der Goldstücke des bisherigen inländischen
Gepräges als gesetzliche Landesmünze und der gesetzliche Umlauf
von Goldstücken ausländischen Gepräges, insofern er bisher gestattet war, hat vom 1. Juli 1858 an aufzuhören".

Scheidemünze hat seit Regelung der Münzverhältnisse in Deutschland stets nur einen beschränkten Zwangscours gehabt.

Es sind dies Münzen, die zu einem leichteren Münzfuße, dem
Scheidemünzfuß, aus einer Mischung von Silber und überwiegend
Kupfer (billon): Silberscheidemünzen, oder nur aus unedlem Metall,
meist Kupfer: Kupfermünzen, geprägt werden.

„Ihr Nennwerth drückt nicht aus, was sie werth sind, sondern was

---

⁴⁵) K. O. v. 22. Novbr. 1831 (G.-S. S. 254). § 1 Ges. v. 30. Septbr. 1821
(G.-S. S. 159). § 18 Ges. v. 4. Mai 1857 (G.-S. S. 310).
⁴⁶) Voigtel a. a. O. S. 458.

sie, nach dem Willen des Münzherrn, im Verhältniß zur Courant=
münze gelten sollen. Sie sind bloße Marken, welche die Staatsgewalt
in Umlauf setzt, um als Tausch= und Zahlungsmittel für die kleinsten
Werthe des täglichen Verkehrs zu dienen, und unentbehrlich, sofern sie
nur in der für diesen Zweck erforderlichen Menge ausgeprägt werden.
Ihre Ausprägung zum Metallwerth ist unzweckmäßig, weil die Münze
in Edelmetall zu klein und in unedlem Metall zu groß wäre, oder
weil dadurch die Aufrechthaltung einer einfachen Währung unmöglich
würde; auch ist der Staatsgewinn hier gerechtfertigt, weil der Staat
durch die größere Abnutzung (Abreibung) Verluste erleidet." [47])

Die deutschen Reichsgesetze enthalten folgende Bestimmungen:

die Reichs=Münz=Ordnung von 1559 § 11. „Die ge=
meinen Reichs=Münzen sollen also von männiglich im Reich in
Kauffen und Verkauffen, und sonst in Bezahlung, biß auf den
ein Kreutzer inclusive für Wehrschafft, außgegeben und ge=
gennommen werden, doch was unter den fünf Kreutzerern, soll
niemand verbunden seyn, solcher Münzen über 25 Gülden in
Bezahlung und für Wehrschafft zu nehmen"

der Reichsabschied von 1576 § 76. „Insonderheit wollen
Wir auch hieneben unser vorig Kayserl. Münz=Edict erwiedert,
und demnach gesetzt haben, daß niemand in den Zahlungen über
25 Gülden an halben Batzen oder andern kleinen Sorten für
Wehrschafft anzunehmen schuldig seyn, noch viel weniger von
der Obrigkeit dasselbig gebilliget werden soll: Sondern da je=
mand betretten, der seinen Gläubigern, größere Zahlung mit
kleinen Sorten aufzudringen unterstünde, derselbig soll auch mit
Confiscirung derselben Müntzen unnachläßlich gestrafft werden"

Ein späterer Kreismünzreceß von 1715 legte der Reichsscheidemünze bei
Forderungen über 100 fl. nur für $\frac{1}{20}$ des Betrages Zwangskurs bei. [48])

Jene Vorschrift der Reichsgesetze ist auch in das Baierische Land=
recht (Cod. Max. Bav. civ.) von 1756 übergegangen, woselbst Th. IV.
Kap. 14 §. 7 unter Nr. 5 bestimmt ist:

„daß man über fünfundzwanzig Gulden Scheidemünze in
einer Zahlung anzunehmen nicht schuldig ist".

Zu dem zwischen dem Kaiserthum Oesterreich (mit dem Fürsten=
thum Liechtenstein) und den durch die allgemeine Münzkonvention vom

---

[47]) Goldschmidt a. a. O. S. 1198 f. Vgl. v. Savigny, Obligationen
recht I S. 414—416.

[48]) Glück, Comm. XII S. 67.
Noch mehr eingeengt war die Landesscheidemünze (Pfenninge). S. die
Nachweisungen bei Goldschmidt a. a. O. S. 1135 Note 57.

30. Juli 1838 unter sich verbundenen deutschen Zollvereinsstaaten zu Wien abgeschlossenen Münzvertrage vom 24. Januar 1857 ist im Art. 14 a. E. festgesetzt:

> „— Niemand darf in den Landen der vertragenden Staaten genöthigt werden, eine Zahlung, welche den Werth der kleinsten groben Münze erreicht (Art. 5), in Scheidemünze anzunehmen".

Demgemäß bestimmt für Oesterreich das kais. Patent vom 27. April 1858 (R. G. B. Nr. 63) § 18:

> „Niemand ist verpflichtet, die Zahlung eines Betrages, welcher den Werth eines $1/4$ fl. erreicht oder übersteigt, in Scheidemünze anzunehmen. Dagegen darf die Annahme der inländischen Scheidemünze nicht verweigert werden, wenn die zu leistende Zahlung weniger als $1/4$ fl. beträgt, oder wenn ein geringerer Betrag als der eines $1/4$ fl. zu begleichen ist." ·

desgleichen für Preußen das Gesetz über das Münzwesen vom 4. Mai 1857 (G.-S. S. 305) § 7:

> „— Zahlungen, welche mit Einsechstel Thalerstücken geleistet werden können, ist Niemand verpflichtet in Scheidemünze anzunehmen; dagegen darf die Annahme der letzteren von den öffentlichen Kassen und Anstalten ebensowenig als im Privatverkehr verweigert werden, wenn die zu leistende Zahlung weniger als ein Sechstheil Thaler beträgt, oder weniger als Einsechstel-Thalerstück zur Ausgleichung der Summe erforderlich ist".[49]

Hiermit stimmen auch im Wesentlichen die neuesten deutschen Gesetzentwürfe überein.

Großh. Hessischer Entwurf eines b. G. B. Buch I Art. 287.
„— Der Schuldner kann in jeder beliebigen, am Orte der Zahlung gangbaren Münzsorte, jedoch in Scheidemünze nur in soweit zahlen, als diese zur Ausgleichung nöthig ist, es sei denn, daß das Zurückzugebende früher ebenfalls in gleicher Scheidemünze hingegeben worden wäre".

Bayerischer Entwurf Th. II Art. 86: — „Der Gläubiger ist nicht verbunden, eine Zahlung, welche den Werth der kleinsten groben Münzsorte erreicht, in Scheidemünze anzunehmen, es sei denn, daß das Zurückzuzahlende früher ebenfalls in Scheidemünze hingegeben wäre."[50]

cc. Die nach der bisherigen Erörterung dem Schuldner bei Bezahlung einer Summenschuld zustehende Wahl unter den zur Zeit

---

[49] Uebereinstimmend mit dem früheren Gesetze über die Münzverfassung in den Preuß. Staaten v. 30. Septbr. 1821 (G.-S. S. 159) § 7 und der Verordn. v. 28. Juni 1843 (G.-S. S. 255).

[50] Gleichlautend der Entw. eines gemeinsamen deutsch. Ges. über Schuldverhält. Art. 246 Abs. 2.

und am Orte der Zahlungsleistung mit Zwangscours versehenen Münzen findet aber nicht statt, wenn es sich um eine Geldschuld handelt, die vermöge besonderer Uebereinkunft in einer bestimmten Geldsorte abgetragen werden muß. Hier ist die „bedungene" Münzsorte nicht allein in solutione, sondern auch in obligatione.[51])

Carpzov, Jurispr. for. Pars. II const. 29 def. 4: Quamvis alias solutio pecuniae mutuatae in alia moneta, quam quae mutuo data fuit, fieri possit; attamen notabiliter hoc limitandum, si in certa monetae specie, puta thaleris, Joachimicis, aureis etc. solutio promissa fuerit. Praecise namque tunc standum est conventione partium, nec solutionem in alia moneta aut pecunia numerata creditor acceptare tenebitur...

Erneuerte Reformation der Stadt Frankfurt a. M. von 1611 Th. II Tit. 14 §. 5. „Und die Bezahlung auch sonst allermassen, wie es derenhalben abgeredt, oder verbrifft were, geschehen... Also auch mit — gleicher Münz, wie die geliehen, Sonderlich wann solches außtrücklich ist abgeredt und bedingt worden, auch dem Gläubiger daran sonderlich gelegen wäre".

Oesterreichisches b. G. B. § 987: „Wenn ein Darleiher sich die Zahlung in der besonderen, von ihm gegebenen Münz-Sorte bedungen hat, so muß die Zahlung in eben dieser Münz-Sorte geleistet werden".

Wiener Münzvertrag vom 24. Januar 1857 Art 8 a. E.: „— Nicht minder soll es in den vertragenden Staaten Jedermann gestattet sein, Vereinsmünzen ausdrücklich und mit der Wirkung in Zahlung zu versprechen oder sich zu bedingen, daß in diesem Falle letztere lediglich in Vereinsmünzen zu leisten ist".

Preußisches Gesetz über das Münzwesen vom 4. Mai 1857 (G.-S. S. 305) § 18. „Zahlungsverbindlichkeiten, welche auf eine gewisse Anzahl von Stücken Preußischer Friedrichsd'or nach dem durch die bisherige Münzverfassung, beziehungsweise durch das Gesetz vom 30. September 1821 (G.-S. S. 159) bestimmten Ausmünzungsfuße, oder auf eine gewisse Summe in Preußischen Friedrichsd'or oder endlich auf Thaler Gold dergestalt lauten, daß die Erfüllung in Preußischen Friedrichsd'or gesetzlich verlangt werden kann, müssen, sofern sie nach dem 31. December 1831 entstanden sind, entweder auch ferner in Preußischen Friedrichsd'or oder in Silbercourant, der Friedrichsd'or zu fünf Thalern zwanzig Silbergroschen gerechnet, erfüllt werden".

Großh. Hessischer Entwurf eines b. G. B. Buch I Art. 288. „Ist zugleich die Münzsorte bestimmt worden, in welcher die Zahlung der schuldigen Geldsummen geschehen soll, so kann der

---

[51]) Goldschmidt a. a. O. S. 1150.

Schuldner nur in dieser leisten, und der Gläubiger ist verbunden, das einzelne Stück dieser Münzsorte nach dem Werthe anzunehmen, den solches zur Zeit und am Orte der Zahlung hat". [52]

Dies findet auch auf den Fall Anwendung, wenn die Zahlung in fremder Münzsorte bedungen ist, und zwar ohne Rücksicht darauf, ob dieselbe am Zahlungsorte Umlauf hat oder nicht.

Privatrechtliches Gesetzbuch für den K. Zürich § 281 Abs. 2. „— Ist aber die Zahlung in fremdem Gelde in erlaubter Weise fest bestimmt worden, z. B. durch die Klausel „effektiv", so kann der Gläubiger die wortgetreue Erfüllung fordern."

Die Preußische Gesetzgebung hat jedoch in dieser Hinsicht den Schuldner günstiger gestellt.

Es verordnet das Preußische A. L. R. Th. I Tit. 16.

§ 79. „Bei Zahlungen, die in hiesigen Landen zu leisten sind, kann der Schuldner auswärtige, in hiesigen Landen nicht coursirende Münzsorten zu entrichten, niemals gezwungen werden".

§ 80. „Ausgenommen ist der Fall, wenn auswärtige Münzsorten als Waare gekauft worden und dem Käufer abgeliefert werden sollen".

desgleichen die Kab. Ordre vom 4. August 1832 (G.-S. S. 207):

„— daß, wenn eine Zahlung in Conventionsgeld oder in einer anderen gegenwärtig noch coursirenden fremden Münzsorte zwischen den Interessenten verabredet worden, der Schuldner die Wahl haben soll, ob er die Zahlung in der bedungenen Münzsorte oder in Preußischem Gelde, mit Erstattung des Tagescourses, leisten will".

Für den Wechsel und Handelsverkehr bestimmen:

die Allg. Deutsche Wechselordnung Art. 37. „Lautet ein Wechsel auf eine Münzsorte, welche am Zahlungsorte keinen Umlauf hat, oder auf eine Rechnungswährung, so kann die Wechselsumme nach ihrem Werthe zur Verfallzeit in der Landesmünze gezahlt werden, sofern nicht der Aussteller durch den Ge-

---

[52] Motive S. 150: Wenn die Münzsorte, in welcher die Zahlung der Schuldsumme erfolgen soll, bestimmt ist, kann der Schuldner, wenn er an ders dem Inhalte seiner Verbindlichkeit genügen will, auch nur in dieser bestimmten Münzsorte leisten, und zwar nach dem Werthe, den dieselbe zur Zeit, wo die Zahlung zu leisten ist, am Zahlungsorte hat, indem die Vermögensmacht, welche das Geld seinem Wesen nach dem Eigenthümer verleiht, auf der allgemeinen Anerkennung beruht, und von letzterer und somit auch von jenem Werthe zunächst abhängt, wie hoch sich der dem Gelde beizulegende Werth beläuft.

brauch des Wortes „effektiv" oder eines ähnlichen Zuſatzes die
Zahlung in der im Wechſel benannten Münzſorte ausdrücklich
beſtimmt hat."[53]

das Allgem. Deutſche Handelsgeſetzbuch Art. 336 Abſ. 2.
„— Iſt die im Vertrage beſtimmte Münzſorte am Zahlungs=
orte nicht im Umlauf oder nur eine Rechnungswährung, ſo
kann der Betrag nach dem Werthe zur Verfallzeit in der Landes=
münze gezahlt werden, ſofern nicht durch den Gebrauch des
Wortes „effektiv" oder eines ähnlichen Zuſatzes die Zahlung
in der im Vertrage benannten Münzſorte ausdrücklich be=
dungen iſt".

Aber auch in dieſen Fällen kommt nur der Geldwerth der geſchul=
deten Münzſorte in Betracht, wenn eine wahre Unmöglichkeit ein=
getreten iſt, die bezeichnete Münzſorte zu liefern. Dieſelbe iſt z. B.
ganz aus dem Verkehr verſchwunden; oder ſo ſelten geworden, daß ſie
ohne unverhältnißmäßige Opfer nicht beſchafft zu werden vermag; oder
ſie iſt am Zahlungsorte oder zur Zahlungszeit nicht mehr oder nicht
mehr in dem Maße Zahlungsmittel, wie zur Zeit der Schuldbegrün=
dung.[54]

Oeſterreich. b. G. B. § 989. „Sind zur Zeit der Rück=
zahlung dergleichen Münz=Sorten im Staate nicht im Umlaufe,
ſo muß der Schuldner den Gläubiger mit zunächſt ähnlichen
Geldſtücken in ſolcher Anzahl und Art befriedigen, daß derſelbe
den zur Zeit des Darleihens beſtandenen inneren Werth deſſen,
was er gegeben hat, erhalte".[55]

· Sächſiſches b. G. B. § 668. „— Kann die beſtimmte
Münzſorte nicht mehr herbeigeſchafft werden, oder iſt ſie gänz=
lich entwerthet, ſo iſt der empfangene Werth in den zur Zeit
und am Orte der Rückgabe gültigen Münzſorten zu leiſten".

Großh. Heſſiſcher Entwurf eines b. G. B. Buch I Art. 290.
„Kann der Schuldner in der feſtgeſetzten Münzſorte nicht leiſten,
weil ſolche überhaupt nicht mehr, · oder doch ohne unverhält=
nißmäßigen Koſtenaufwand nicht zu beſchaffen iſt, ſo iſt der
Schuldner berechtigt, die Zahlung in einer anderen Münzſorte
auszuführen: Sie muß jedoch ſo geſchehen, daß der Gläubiger an
innerem Münzwerthe (Feingehalte) ebenſoviel erhält, als er er=

---

[53] W. Brauer im Archiv für deutſches Wechſelrecht V S. 113 f. E. Stern
ebendaſ. VI S. 357 f. Aeltere Wechſelordnungen gehen davon aus, daß
die Münzſorte, in welcher die Wechſelſumme ausgedrückt iſt, die be
dungene Münzſorte ſei. S. die Nachweiſungen bei Goldſchmidt a. a. O.
S. 1149 Note 27.

[54] Goldſchmidt a. a. O. S. 1158.

[55] Vgl. Preuß. A. L. R. Thl. I Tit. 11 § 791.

halten haben würde, wenn ihm die Geldſumme in der feſt=
geſetzten Münzſorte entrichtet worden wäre."[56]

Namentlich iſt hierbei auch die inzwiſchen eingetretene Veränderung
des Münzfußes zu berückſichtigen.

Goldſchmidt a. a. O. S. 1158, 1159:   Es gibt zahl=
reiche Fälle, wo nur der Geldwerth der bedungenen Münzſorte
in Betracht kommt... So namentlich falls ſie ohne veränderte
Ausprägung in ihrem Nennwerthe erhöht oder herabgeſetzt iſt;
oder, mit oder ohne Veränderung ihrer Benennung, zu einem
anderen Münzfuße (zu höherem oder geringerem Feingehalt) aus=
geprägt worden iſt; oder falls der Münzfuß überhaupt oder gar
das ganze Währungsſyſtem verändert worden iſt; ja ſelbſt wenn
nur ihr Cours ſich geändert hat, ſofern dieſer überhaupt recht=
lich in Betracht kommt. Denn in allen Fällen dieſer Art kann
durch die Zahlung in der bezeichneten Münzſorte der Gläubiger
oder der Schuldner benachtheiligt werden: der Gläubiger, wel=
chem weniger, d. h. ein in Feingehalt oder doch Werth gerin=
geres Quantum Edelmetall geleiſtet wird, als er rechtlich be=
anſpruchen darf — der Schuldner, welcher mehr, d. i. ein in
Feingehalt oder Werth größeres Quantum Edelmetall leiſten
muß, als er rechtlich verbunden iſt.

Naſſau=Catzenelnbogiſche Landordnung von 1616 Th. I
Cap. IX § 4. „Alſo und gleichergeſtalt, da einer einem guten
Freund ein gewiſſe ſumm gelds, als etwan ein Tauſent Frank=
furter gülden, an guten ohnverſchlagenen Reichsthalern, oder an
einer andern guten harten Müntz hette abgeborgt, und darbey
verſprochen, dieſelbige Summ an gleicher Müntz gegen die
Faſten= oder Herbſtmeß zubezahlen, aber doch eine ſolche ver=
ſprochene Zahlszeit nicht gehalten, ſondern ſich zugetragen hette,
daß nach verfluß ſolcher zeit, oder da keine beſtimmt geweſen,
nach beſchehener widerforderung, der Reichsthaler oder andere
hart Müntz in valore extrinseco oder wärth were abgeſetzt
und geringert worden, So iſt der Schuldener gehalten, ihme,
dem Gläubiger, nicht allein obgedachte ſumm, in gleicher müntz
zu bezahlen, ſondern auch ſeiner ſeummus halben, den abgang
derſelbigen, ſampt gewöhnlichem intereſſe, zu erſtatten und gut
zu machen".

Sächſiſches b. G. B. § 668. „Soll eine früher empfangene
Geldſumme in beſtimmten Münzſorten zurückgegeben werden und
hat ſich deren Werth geändert, ſo iſt der empfangene Werth in
ſo viel Stücken der beſtimmten Münzſorten zurückzugeben, als
erforderlich ſind, um den Werth herzuſtellen, welchen die em=
pfangene Summe zur Zeit und am Orte dieſer Rückgabe hat"...

---

[56] Im Weſentlichen ſtimmen damit überein der Bayeriſche Entwurf Thl. II
Art. 88 und der Entw. eines gemeinſamen deutſch. Geſ. über Schuldverh.
Art. 247.

Großh. Heſſiſcher Entwurf eines b. G. B. Buchs I Art. 289. „Iſt ſeit der Begründung der Forderung bis zur Zeit der Zahlung eine Veränderung im Münzfuße eingetreten, ſo muß mit Rückſicht auf das Verhältniß des alten Münzfußes zu dem neuen die vom Schuldner zu zahlende Summe beſtimmt werden".[57]

dd) Von dem eben beſprochenen Falle iſt der andere ganz verſchie= den (der aber gleichwohl zuweilen damit verwechſelt wird): wenn eine Forderung nicht auf eine Geldſumme, ſondern auf eine beſtimmte Stückzahl einer bezeichneten Münzſorte gerichtet iſt. In dieſem Falle, der übrigens im Rechtsleben gegenüber den Geldverträgen verſchwindend ſelten vorkommt, liegt zwar eine generiſche Obligation, aber eine eigentliche Geldſchuld nicht vor, ſondern es werden dabei die Münz= ſtücke als Waaren behandelt.[58] Es kann daher auch hier nicht von einer eigentlichen Zahlung die Rede ſein.[59]

Carpzov, Jurispr. for. P. II const. 26 def. 4 Nr. 5: — Neque si de certis corporibus reddendis contrahentes con- venerit, Wann ſie auf gantze Reichsthaler oder Goldgülden in specie, oder Stück vor Stück gehandelt ꝛc., solutio in nummis communibus aut moneta usuali fieri potest, ne scilicet aliud pro alio invito Creditori solvatur.

Voet, com. ad P. XII, 1 Nr. 24: — — Sed et, si ponas mutuantem nominative pactum esse, sibi tot restitui ejusdem monetae nummos, quot mutuo dedisset, veluti centum ducatos

---

[57] Die gleiche Beſtimmung enthält der Bayeriſche Entw. Th. II Art. 88.
In den Motiven dazu S. 82 iſt geſagt: Iſt die Münzſorte beſtimmt, in welcher die Zahlung geſchehen ſoll, ſo hat zwar der Schuldner vermöge dieſer bindenden Beſtimmung der Regel nach in denſelben Münzſorten zu zahlen; aber wenn hinſichtlich der letzteren eine Veränderung eingetreten iſt, wenn alſo der Münzfuß dieſer Geldſorte erhöht oder herabgeſetzt wurde, ſo hat er ſo viele einzelne Münzen dieſer Sorte zu liefern, daß der Gläu= biger diejenige Summe erhält, welche er nach dem früheren Kurswerthe in dem früheren Münzfuße anzuſprechen hatte.

[58] Karlowa in der kritiſchen Vierteljahrsſchrift für Geſetzg. u. Rechtswiſſ. XI (1869) S. 555
Bluntſchli, Erläut. des privatrechtl. Geſetzb. für den K. Zürich III S. 57: Ausnahmsweiſe kann eine beſtimmte Münzſorte in erlaubter Weiſe als Waare behandelt werden, die man in natura haben will, im Gegenſatz zu ihrem Geldwerth. Z. B. 20 Stück Napoleond'or effectiv oder auch 6 Friedrichsd'or effectiv. Dann hilft es nichts, den Kurspreis anzu= bieten. Man will nicht eine Geldſumme als Summe, ſondern beſtimmte Geldſtücke als Sachen. Die Ausnahme muß aber ausdrücklich mit klaren Worten verabredet u. kein geſetzliches Verbot dadurch übertreten worden ſein.

[59] Endemann, das Deutſche Handelsrecht § 80 Note 18.

aureos in specie (ut ajunt), cum centum numerasset; recte dixeris, neque plures neque pauciores reddendos esse, quam accepti sunt, sive creverit sive decreverit hujusmodi monetae valor: eo quod mutuans tunc corpora et materiam nummorum potius, quam quantitatem et aestimationem publica lege impositam, spectasse intelligitur... [60])

Goldſchmidt a. a. O. S. 1161: Liegt eine wahre generiſche Geldſchuld vor, ſo muß die Zahl der geſchuldeten Geldſtücke, ſo lange dieſelben noch in ihrer urſprünglichen Beſchaffenheit vorhanden ſind, ohne Rückſicht auf Aenderung ihres Courswerthes oder Nennwerthes, geleiſtet und angenommen werden: das Rechtsverhältniß iſt für beide Theile ein aleatoriſches. Haben dagegen die bedungenen Geldſtücke eine Aenderung ihres Metallgehalts erfahren, oder ſind ſie ganz aus dem Verkehr verſchwunden, ſo iſt zu unterſcheiden: Ging die Intention der Betheiligten gerade nur auf die gedachten Geldſtücke, ſo wird der Schuldner durch unverſchuldete Unmöglichkeit der Erfüllung völlig frei. Ging dagegen, was im Zweifel anzunehmen iſt, die Intention wenigſtens eventuell auf den Werth, ſo iſt der Werth zu leiſten und dieſer iſt nicht ſchlechthin der Metallwerth. [61])

---

[60]) Vgl. Luden in Weiske's Rechtslex. III S. 241, 242: Wenn der Vertrag in der Art abgeſchloſſen iſt, daß der Schuldner die beſtimmte Anzahl beſtimmter Münzſorten, welche er empfangen, zurückgeben ſoll, ſo iſt die Schuld eigentlich gar nicht als Geldſchuld anzuſehen, deren Gegenſtand eine beſtimmte Summe Geldes bildete, ſondern bloß als Schuld der beſtimmten Stückzahl beſtimmter Münzen, welche ohne alle Rückſicht auf ihren Geldwerth zurückgegeben werden müſſen. Daher kann bei einem ſolchergeſtalt abgeſchloſſenen Darlehn auch eine etwaige Veränderung des Münzfußes nicht in Betracht kommen, da es dabei immer nur darauf ankommt, daß die beſtimmte Stückzahl der beſtimmten Münzen zurückgegeben werde.
Vgl. Windſcheid II § 256 Note 17.

[61]) In letzterer Beziehung ſind die beachtenswerthen Bemerkungen Karlowa's a. a. O. S. 556 f. zu vergleichen, welcher es für fraglich hält, ob, wenn die letztere Intention vorliegt, überhaupt noch von Schuld einer gewiſſen Zahl Geldſtücke, einer gewiſſen Geldſorte die Rede ſein könne. Entweder, ſo ſcheint es ihm, werde in ſolchem Fall, z. B. bei einer Schuld von 100 Piſtolen, die Abſicht der Parteien auf die Münzen als bloße Barren gerichtet ſein, oder es liege eine Summenſchuld vor. „Der Inhalt einer Geldobligation — ſo bemerkt er weiter — kann immer nur eine Quantität des Geldes eines beſtimmten Geld- oder Münzſyſtems ſein, z. B. franzöſiſches, engliſches, preußiſches Geld, wenngleich dieſer Schuldinhalt in einer anderen z. B. auswärtigen Münzſorte ausgedrückt und auch die Zahlung in dieſer anderen Münzſorte beabſichtigt ſein kann. Bildet der Schuldinhalt eine Summe der Währung des Landes, dem die Obligation anheim-

Auch ältere deutfche Landesrechte haben über diefen Fall Beftim=
mung getroffen:

Statuten der Stadt Hamburg von 1603 Th. II Tit. 1 Art. 11.

„Würden Goldgülden, Reichsthaler und andere grobe Müntze
in specie entlehnet, und die Zahlung in gleichmäßiger Müntze
ausdrücklich verfprochen, fo foll, wofern die Müntze noch vor=
handen, berührte Vergleichung angefehen, die empfangene Müntze
in specie bezahlet, und hierunter, ob die Müntze in äußer=
oder innerlicher Gültigkeit geändert, nicht in acht genommen
werden".

Revidirtes Land=Recht des Hertzogth. Preußen von 1685
(verbeff. L.=R. des K. Preußen v. 1721) Buch IV Tit. 1 Art.
III § 5. „— Wenn aber der debitor in feiner Verfchreibung
bekennen wird, daß ihm der creditor eine gewiffe Anzahl von
Thalern oder Ducaten Stück vor Stück geliehen, und fich da=
rüber verpflichtet hätte, daß er auch folche in eadem specie,
wie fie ihm geliehen und vor Stück gerechnet, wiederumb be=
zahlen wolte, und alfo diefe specien und außgeliehenen sorten

---

fällt, fo liegt eine Schuld von Geld im engern Sinne vor; bildet anderes
nicht zu diefer Währung gehörendes Geld den Inhalt, fo ift nur eine
Schuld von Geld im weiteren Sinne vorhanden. Muß nun eine Schuld
auf ein Quantum der Landeswährung gehen, oder auf ein Quantum einer
auswärtigen Währung, fo hat, wenn nichts weiteres verabredet ift, im
erfteren Falle der Schuldner zwifchen den verfchiedenen Münzforten diefer
Währung, im zweiten Fall zwifchen den verfchiedenen Münzforten der anderen Währung, die Wahl. Immer aber liegt im Zweifel eine Summen=
fchuld vor, auch wenn im einzelnen Fall eine beftimmte Münzforte des
betreffenden Münzfyftems ausbedungen ift. Immer ift das Geld als Werth=
repräfentant und allgemeines Taufchmittel des betreffenden Geldgebietes
Inhalt der Obligation. Nur wo der Wille der Contrahenten auf eine be=
ftimmte Stückzahl gerade diefer fpeciellen Münzforte oder auf die Münzen
lediglich als Metallftücke, Barren geht, kann nicht von einer Summenfchuld
geredet werden. — Diefen Anfchauungen gemäß fehe ich keinen Unterfchied
zwifchen einer Summenfchuld, bei welcher die Zahlung in einer beftimmten
Münzforte bedungen ift, und einer generifchen auf eine gewiffe Summe
einer beftimmten Geldforte gerichteten Obligation, bei welcher die Intention
doch eventuell auf den Werth geht; denn im erften Fall kommt die Geld=
forte doch nicht lediglich als Zahlungsmittel in Betracht: auch wenn nichts
Befonderes bedungen ift, find doch jedenfalls nur die Geldforten des be=
treffenden Geldfyftemes in obligatione; und im letzteren Fall ift nicht
lediglich die eine verabredete Geldforte in obligatione, denn fonft müßte
der Schuldner, falls diefelbe aus dem Verkehr verfchwunden wäre, durch
unverfchuldete Unmöglichkeit der Erfüllung frei fein, was doch nicht der
Fall fein foll."

in obligatione et solutione conjunctim bekennet ſind, aber als ohne einige Benennung eines valoris: In ſolchem Fall ſoll der debitor ſchuldig ſeyn vigore pacti conventi, dem creditori mit den verſchriebenen sorten Stück vor Stück zu bezahlen, und ſeinem Brieff und Siegel nachzukommen, unerwogen, was ſolche sorten zur Zeit der Verſchreibung oder Contracts gelten, und ob ſie ſint derſelben Zeit geſtiegen oder gefallen". [62])

Die neueren Geſetzgebungen anlangend, ſo beſtimmt:

das Preuß. A. L. R. Th. I Tit. 11 § 783. „Iſt das In=ſtrument auf eine gewiſſe Anzahl von Stücken einer Gold= oder Silbermünze gerichtet, ſo muß genau dieſelbe Zahl zurückgegeben werden".

das Sächſiſche b. G. B. § 670. „Geht eine Forderung auf eine Anzahl von Stücken einer beſtimmten Münzſorte, ſo iſt dieſe Zahl Gegenſtand der Forderung, ohne Unterſchied, ob der geſetzliche Werth oder der Courswerth der Münzſorte bis zur Zeit der Zahlung ſich gleich geblieben iſt, oder ſich geändert hat. Kann dieſe Münzſorte nicht mehr beſchafft werden, ſo iſt, ſofern nicht etwas Anderes geſetzlich beſtimmt iſt, der Betrag des jener Münzſorte inwohnenden Metallgehaltes in den zur Zeit und am Orte der Zahlung gangbaren Münzſorten der=ſelben Metallart zu gewähren". [63])

der Code civil und das Badiſche Landrecht Art. 1896. „Die Regel des vorhergehenden Satzes fällt weg, wenn die Darleihe in Stücken oder Stangen geſchehen iſt". [64]) Art. 1897. „Der Schuldner, der Gold oder Silber in Stücken oder Stangen... anlieh, muß ſie allemal in gleicher Menge und Güte zurückgeben, wieviel auch immer deren Preis geſtiegen oder gefallen ſei".

---

[62]) Kölner Verordnung vom 23. März 1773. — „Iſt die Schuldurkunde auf eine gewiſſe Anzahl von Geldſtücken gerichtet, ſo iſt auch die nämliche Zahl der Stücke zurückzugeben." (v. Kampk, Zuſammenſtellung der in den Oſtrhein. Theilen beſtehenden Reg.=Bez. Coblenz noch geltenden Prov.= u. Part.=Rechte. § 160).

[63]) In Siebenhaar's Com. wird dazu bemerkt: Dieſer Fall ſei nicht zu verwechſeln mit dem im § 668 berührten. Während es ſich dort um Zahlung einer Geldſumme in beſtimmten Geldſorten handele, gehe hier die Forderung auf eine Anzahl von Stücken einer beſtimmten Münzſorte, z. B. 100 Stück Louisd'or u. dgl.

[64]) Der Code civil ſagt: „si le prêt a été fait en lingots." Brauer, Erläut. über den Code Napoléon und die Großh. Badiſch. bürg. Geſetzgeb. III S. 663 bemerkt dazu: das Wort Stücke iſt in der Ueberſetzung hinzu=gekommen, theils um den Sinn, der mit dem Worte Stangen in der Grundſprache ausgedrückt wird, und der auch die letztere Art der Geld=anleihe zum Theil umfaßt, richtig auszudrücken, theils ihn auf die hier=lands ſo häufigen Anleihen auf gewiſſe Münzſtücke anwendbar zu erweitern.

der Großh. Heſſiſche Entwurf eines b. G. B. Buch I Art. 291. „Iſt die Forderung nur auf eine beſtimmte Anzahl von Münzſtücken einer bezeichneten Sorte, nicht aber auf eine in dieſer Münzſorte zu zahlende beſtimmte Summe gerichtet, ſo hat der Schuldner nur die feſtgeſetzte Münz=Stückzahl der beſtimmten Sorte zu zahlen, ohne Rückſicht darauf, ob der Nenn= oder Cours werth dieſer Münzſtücke ſeit der Begründung der Forde= rung bis zur Zeit der Zahlung gefallen oder geſtiegen iſt, oder ob dieſe Münzſtücke noch gangbar ſind oder nicht. — Kann aber der Schuldner überhaupt nicht mehr, oder doch ohne unverhält= nißmäßigen Koſtenaufwand nicht die Münzſtücke der beſtimmten Sorte beſchaffen, ſo hat er nur den Betrag zu erſetzen, um welchen dieſe Münzſtücke zur Zeit und am Orte der Zahlung verwerthet werden können.[65]

In den bisherigen Erörterungen iſt ſchon zum Theil (nämlich in Betreff der zu cc. und dd. beſprochenen Fälle) davon die Rede ge= weſen, ob und in wie fern bei Zahlung einer Geldſchuld die inzwiſchen eingetretene Münzveränderung in Betracht kommt. Es bleibt uns noch übrig, dieſe Frage in Beziehung auf den (oben zu aa. bb. behandelten) Hauptfall zu berühren, wenn der Schuldner unter den geſetzlichen Zahl= mitteln die Wahl hat. — Dieſe Frage, die bei der früher in Deutſch= land beſtehenden Münzverwirrung von großer praktiſcher Wichtigkeit war, hat jedoch für unſere Zeit, ſeitdem die Münzverhältniſſe feſt ge= regelt ſind, zum größten Theile ihre Bedeutung verloren.

Das Prinzip der älteren deutſchen Particularrechte iſt die Berück= ſichtigung des Metallwerthes bei Zahlung von Geldſchulden, ſeit deren Contrahirung Münzveränderungen, ſei es des inneren oder · äußeren Werthes der Münzen, eingetreten ſind — ein Prinzip, das auf den Gründen der Billigkeit beruht, die namentlich bei den damaligen Münz= zuſtänden nahe lagen.[66]

Churf. Sächſiſche Conſtitutionen von 1572 P. II const. 28. „Da der Valor und der Werth, und alſo die bonitas extrin- seca verändert, dadurch die Müntz geſteigert oder fellet, oder ganz abkommt, ſoll der Werth, wie er zur Zeit des Contracts geweſen, bezahlet und erleget werden. Wo aber der Schuldner in mora geweſen, und dem Gläubiger mit der Bezahlung auff beſtimmte Zeit nicht zugehalten, und es entſtünde dem Gläubiger hierauß einiger Schade oder Abbruch an der Müntze, demſel= bigen ſoll ihme der Schuldmann auch erſetzen. Alſo auch, wenn

---

[65] Im Weſentlichen ſtimmt damit überein der Bayeriſche Entw. Thl. II Art. 89 und der Entw. eines gemeinſ. deutſch. Geſ. über Schuldverh. Art. 248.
[66] Beſeler, Syſtem des deutſch. Privatr. (2. Aufl.) § 122 Note 16.

Schrot und Korn, und also bonitas intrinseca an der Münz verändert, so soll die Bezahlung derer Münz, die tempore contractus ganghafftig gewesen, oder da man die nicht haben kan, nach derselbigen Werth und Aestimation geschehen".

Diese Vorschrift ist fast wörtlich wiederholt in der erneuerten Reformation der Stadt Frankfurt a. M. von 1611 und im Wesentlichen nachgebildet in den Statuten der Stadt Hamburg von 1603 Th. II Tit. 1 Art. 9, 10. Vgl. Schletter, die Constitutionen Kurf. August's von Sachsen vom Jahre 1572, (Leipzig 1857) S. 203. Eine wörtliche Wiederholung der Const. enthält auch das revid. Land=Recht des Herzogth. Preußen von 1685 (verbess. L.=R. des K. Preußen v. 1721) Buch IV Tit. I Art. III § 5.⁶⁷)

Die heutige Gesetzgebung läßt jedoch den Nennwerth als Regel gelten, so daß, wenn nichts Anderes ausgemacht ist, der Schuldner, ohne Rücksicht auf die inzwischen eingetretene Werthveränderung, seine Zahlung darnach zu beschaffen hat.⁶⁸)

Sächsisches b. G. B. § 666. „Unter dem Werthe der gültigen inländischen oder diesen gleichgestellten ausländischen Münzsorten ist, sofern nicht gesetzlich etwas Anderes bestimmt ist, der Werth zu verstehen, welcher den Münzen durch ihre Prägung beigelegt ist. Bei anderen Münzen entscheidet der Courswerth zur Zeit und am Orte der Zahlung".⁶⁹)

Code civil und Badisches Landrecht Art. 1895. „Die Verbindlichkeit aus einer Geldanleihe beschränkt sich auf den Ersatz der im Vertrage ausgedrückten Geldsumme nach ihrem Nennwerthe. — Sind vor der Zahlungszeit die Geldsorten erhöht oder abgewürdigt worden, so ersetzt der Schuldner die ihm gelehnte Geldsumme nur nach ihrem Nennwerthe in solchen Münzsorten, die im Umlauf sind".⁷⁰)

---

⁶⁷) Vgl. auch die von Pufendorf, obs. jur. univ. I obs. 159 § 1 mitgetheilte Braunschweig=Lüneburgschen Constitutionen vom 2. April 1690 und vom 12. Novbr. 1691.

⁶⁸) Beseler a. a. O. S. 500, 501.

⁶⁹) Motive: Der § stellt ein oberstes Princip für die Bestimmung des Geldwerthes an sich und ohne Rücksicht auf die bei Erfüllung einer Geldleistung eintretenden, in den nachstehenden §§ regulirten Verhältnisse auf. Die bekannte Streitfrage, ob die Summe einer Geldschuld sich nach dem Nennwerthe, oder nach dem Metallwerthe, oder nach dem Courswerthe richte, wird dahin entschieden, daß, sofern nicht ein Zwangscours besteht, unter dem Werthe der Münzsorten der Nennwerth, bei anderen Münzsorten der Courswerth zur Zeit und am Orte der Zahlung zu verstehen sei.

⁷⁰) Dagegen läßt sich mit Beseler a. a. O. Note 17 weder das Preuß.

Dieses Princip liegt auch dem zwischen dem Kaiserthum Oester=
reich (mit dem Fürstenthum Liechtenstein) und den durch die allgemeine
Münzkonvention vom 30. Juli 1838 unter sich verbundenen Deutschen
Zollvereinsstaaten zu Wien abgeschlossenen Münzvertrage vom 24. Ja=
nuar 1857 zu Grunde, indem darin zur Sicherung des Geldverkehrs
ausdrücklich festgesetzt ist:

Art. 13. „Sämmtliche vertragende Staaten verpflichten sich,
ihre eigenen groben Silbermünzen niemals gegen den ihnen
beigelegten Werth herabzusetzen, auch eine Außercourssetzung der=
selben anders nicht eintreten zu lassen, als nachdem eine Ein=
lösungsfrist von mindestens vier Wochen festgesetzt und wenigstens
drei Monate vor ihrem Ablaufe öffentlich bekannt gemacht wor=
den ist.

Nicht minder macht jeder Staat sich verbindlich, die gedachten
Münzen, einschließlich der von ihm ausgeprägten Vereinsmünzen,
wenn dieselben in Folge längerer Cirkulation und Abnutzung
eine erhebliche Verminderung des ihnen ursprünglich zukommen=
den Metallwerthes erlitten haben, allmälig zum Einschmelzen ein=
zuziehen und dergleichen abgenutzte Stücke auch dann, wenn das
Gepräge undeutlich geworden, stets für voll zu demjenigen
Werthe, zu welchem sie nach der von ihm getroffenen Bestim=
mung in Umlauf gesetzt sind, bei allen seinen Kassen anzu=
nehmen".

Hiernach läßt sich der allgemeine Grundsatz aufstellen: daß jede in
Ansehung der Münzsorte eingetretene Veränderung, sie möge den

---

A. L. R. Thl. I Tit. 11 § 790 noch das Oesterr. B. G. B. § 988 hier
anführen. In Betreff des Preuß. Rechts ist zu verweisen auf Förster,
Theorie u. Praxis (2. Aufl.) I S. 553, 554.

Wohl aber findet sich die richtige Ansicht schon im Baierischen Landrecht
(Cod. Max. Bav. civ.) von 1756, welches Thl. IV Kap. 14 §. 7 verordnet:
— „Wo beynebens 6 to wegen der zwischen der Obligation und Zahlungs=
Zeit sich ergebenden Münzveränderungen zu merken ist, daß man die
Zahlung nach dem Course, welchen das Geld Tempore Solutionis hat,
zu thun und anzunehmen habe, es sei denn ein anderes ausdrücklich
pactirt." v. Kreittmayr a. a. O. Nr. 3 bemerkt dazu: — „Bei dem
Kaiserlichen Reichs-Kammergericht zu Wetzlar prävalirt die Meinung pro
Tempore Contractus — unser Codex aber regulirt Nr. 6 die Zahlung
secundum Tempus solutionis. Wem dieses nicht anständig ist, der mag
sich in Zeiten per Pacta vigiliren, im widrigen Fall aber den Schaden,
welchen er durch den Münzabschlag zu leiden hat, seiner eigenen Unvor
sichtigkeit beymessen, oder aber mit dem Nutzen, der sich allenfalls durch
die Münzsteigerung ergiebt, wiederum compensiren. Ueberall trifft das
Sprüchwort hierunter ein. „Bei der Münz soll jeder lehren, wie sich thut
die Welt verkehren." Estor, Teutsch. R. § 3661."

äußern Werth oder den inneren Gehalt betreffen, auf den Inhalt der Geldobligation ohne Einfluß bleibt. Der Schuldner hat ſtets die Er=füllung nach dem zur Zeit der Zahlung beſtehenden geſetzlichen Renn=werthe der Münzforten zu leiſten.

> Luden in Weiske's Rechtslexicon III S. 241: Wenn die Veränderung nicht den Münzfuß, ſondern den Werth der Münz=forten betrifft, ſo iſt ſie im Allgemeinen ohne allen Einfluß auf den Inhalt der Verbindlichkeit. Denn dieſe geht nur auf eine beſtimmte Quantität Geldes, welche nicht nach den Münzforten, ſondern nach dem Münzfuße beſtimmt wird und deswegen bei unverändertem Münzfuße auch in veränderten Münzforten genau wieder gegeben werden kann. Nur das könnte dabei in Frage kommen, wie die veränderten Münzforten bei der Rückzahlung zu berechnen ſeien. Hier kann es keinem Zweifel unterliegen, daß nur die Zeit der Rückzahlung, nicht die Zeit des hin=gegebenen Darlehns entſcheiden könnte, da die Münzforten nicht den Gegenſtand der eigentlichen Verbindlichkeit, ſondern nur den Gegenſtand der Zahlung ausmachen, und deswegen nur nach dem Werthe berechnet werden können, den ſie zur Zeit der Zah=lung haben. Dabei kann aber nicht der innere, ſondern nur der äußere Werth der Münzen entſcheiden. Denn daß die Münzen überhaupt Geld ſind und einen gewiſſen Preis reprä=ſentiren, hat ſeine nächſte Urſache nur darin, daß ihnen von der Staatsgewalt dieſer Preis beigelegt iſt, und dieſer Preis bildet den äußeren Werth derſelben.[71])

Mit dieſer Anſicht ſtimmt auch Goldſchmidt a. a. O. S. 1165 f. in der Hauptſache überein, indem er — was gerade für die regel=mäßigen Fälle zutrifft — den Nennwerth maßgebend erklärt für die=jenige Münzſorte, welche zur Zeit der Schuldbegründung Währung war und diejenige Münzforte, welche zur Zahlungszeit Währung iſt. Für dieſen Fall erkennt er den Grundſatz an: „Wird eine Geldſchuld

---

[71]) Mühlenbruch, Lehrbuch des Pandekten=Rechtes (4. Aufl.) II § 375: — Eine Veränderung des inneren Werthes hat im Allgemeinen keinen Ein=fluß auf die Beſtimmung der zurückzuzahlenden Quantität, ſobald nur die neuen Münzen von der nämlichen Metallgattung ſind . . . Daſſelbe gilt auch, wenn der äußere oder ſ. g. legale Werth durch neue Geſetze geändert wird, d. h. als Norm iſt der zur Zeit der Rückzahlung der Münze ihr beigelegte Werth anzuſehen . . . Hieraus folgt dann ferner, daß, wenn auch der äußere Werth der Münzen im Laufe des Verkehrs ſich ändert, der zur Zeit der Rückgabe beſtehende Courspreis als Norm anzuſehen iſt, indem auf dieſe Weiſe der Gläubiger dem Werthe nach ſo viel zurückerhält, als er gegeben hat.
Vgl. Windſcheid, Lehrbuch des Pandektenrechts § 256 Nr. 3.

in Währung bedungen und erfüllt, so ist eine Aenderung oder Ver=
schiedenheit nur des Courses rechtlich ebenso unerheblich wie des Metall=
werthes. Die mögliche Benachtheiligung des Gläubigers oder Schuld=
ners wird vermieden durch eine gerechte und vernünftige Münzpolitik,
welche den Nennwerth in wesentlicher Uebereinstimmung mit dem Metall=
werth hält". Dagegen hält er den Cours maßgebend für diejenige
Münzsorte, welche zur Zeit der Schuldbegründung nicht Währung war
und für diejenige Münzsorte, welche zur Zeit der Zahlung nicht Wäh=
rung ist. So namentlich, aber keineswegs allein, in dem Falle, daß
die im Vertrage (Wechsel oder sonst) bestimmte Münzsorte am Zah=
lungsort keinen Umlauf hat, ohne daß ausdrücklich und unzweideutig
die Zahlung in dieser Münzsorte bedungen ist.

Für das Preußische Recht hat der oben aufgestellte Grundsatz An=
wendung gefunden in der Declaration vom 27. September 1808, be=
treffend die aus der Reduction der Scheidemünze entstehenden Diffe=
renzen (Mathis, Jurist. Monatsschrift VII S. 18 1 Abschn.), worin
im § 1 verordnet ist:

„Alle Zahlungen aus Geschäften vor der Münz=Reduction,
welche nach den Gesetzen oder den besonderen Verabredungen
der Parteien in Scheidemünze geschehen sollen, sind in derselben,
nach dem durch die Reduction heruntergesetzten Werthe zu leisten.
Wer also z. B. vor der Reduction 100 Thlr. in Scheidmünze,
den Thaler zu 24 gute Groschen, geborgt hat, muß 100 Thlr.
in Scheidemünze, den Thaler zu 36 gute Groschen, zurückzahlen".

ee. Bei der Zahlung mit Metallgelde ist aber auch noch zu be=
achten, daß der Schuldner durch den Gebrauch abgenutzte oder gar durch
Mißbrauch erheblich verschlechterte Münzstücke dem Gläubiger nicht auf=
nöthigen darf; denn diese haben eben dadurch ihre Eigenschaft als Geld,
also als Zahlungsmittel, verloren.[72]

---

[72] Ulp. l. 24 § 1 D. de pign. act. (13, 7): — reproba pecunia non li=
berat solventem, reprobis videlicet nummis reddendis. Pütter,
auserles. Rechtsfälle P. II dec. 62 nr. 6: Mit verrufenen Münzsorten
können gar keine Schulden, sie mögen vor oder nach dem Abschlag ent=
standen sein, bezahlt werden. Denn nach geschehener Verrufung sind sie
gänzlich ungültig geworden. Es muß daher die Zahlung in solchen Sorten
geschehen, die zur Zahlungszeit unverrufen sind. Wobei denn aber der
Gehalt zu berücksichtigen ist, welchen die zur Zeit der entstandenen Geld
schuld ausgezahlten oder gäng und gebe gewesenen, nunmehr aber verru
fenen Münzsorten gegen den Gehalt derjenigen verhältnißmäßig haben, so
zur Zahlungszeit unverrufen sind, und in welchen die Zahlung bewerk=
stelligt werden soll.

Es gilt dies namentlich von den beſchnittenen und durchlöcherten Münzſtücken; wenn man auch auf der andern Seite nicht ſo weit gehen darf, den Schuldner zu nöthigen, bloß neue und unabgegriffene Münzſtücke zu zahlen.[73]

So iſt in dem mehrerwähnten Wiener Münzvertrage vom 24. Januar 1857 Art. 17 beſtimmt:

> „Die in den Artikeln 13 und 15 übernommene Verbindlichkeit zur Annahme der groben Silbermünzen und der Scheidemünzen bei den Staatskaſſen nach ihrem vollen Werthe findet auf durchlöcherte oder ſonſt anders als durch den gewöhnlichen Umlauf am Gewicht verringerte, ingleichen auf verfälſchte Münzſtücke keine Anwendung".

desgleichen in dem Oeſterreich. Münzpatent von 1858 Art. 12:

> „Durchlöcherte oder ſonſt anders als durch den gewöhnlichen Umlauf an Gewicht verringerte, ſo wie verfälſchte Münz- und Scheidemünz-Stücke ſind weder bei Staats- und öffentlichen Kaſſen noch im Privatverkehr als Zahlung anzunehmen".[74]

Goldſchmidt a. a. O. S. 1139 Note 71 bemerkt dazu: Es ſei nur ſtreitig, ob auch die durch bloß natürliche Abnutzung im Umlauf entſtandene Gewichtsverminderung zur Zurückweiſung im Privatverkehr berechtige. Erwäge man nun einerſeits den Mangel einer Einrichtung, wie der noch jetzt bei der Bank in England beſtehenden (welche durch einen einfachen Mechanismus die bei ihr eingehenden Sovereigns auf ihr Gewicht prüfen und alle diejenigen, welche ein Mindergewicht von $^3/_4$ Grän und darüber haben, durchſchneiden läßt), daß ferner nicht Gewichts-, ſondern Münz-Syſtem herrſcht, und die unzweifelhaften Unzuträglichkeiten einer wegen gewöhnlicher Abnutzung ſtatthaften Zurückweiſungsberechtigung, ſo dürfte die Annahme richtig erſcheinen, daß das einzelne Münzſtück der Währung dieſer Eigenſchaft nur dann entbehre, wenn es auf andere Weiſe als durch den gewöhnlichen Umlauf ſeinen urſprünglichen Feingehalt eingebüßt habe. „Hiermit ſtimmen

---

Vgl. Carpzov, jurispr. for. P. II conſt. 28 def. 3. Leyſer, med. ad P. ſp. 529 m. 18, 19. Glück, Com. XII. S. 82 f. Goldſchmidt a. a. O. S. 1138 Note 67.

[73] Unterholzner, Lehre von den Schuldverh. I S. 232.

[74] Vgl. das Preuß. Geſetz über das Münzweſen vom 4. Mai 1857 § 15. „Goldmünzen, welche das Normalgewicht von $^1/_{45}$ beziehungsweiſe $^1/_{90}$ des Pfundes mit der in § 12 geſtatteten Gewichtsabweichung von zwei und ein halb Tauſendtheilen haben (Paſſirgewicht) und nicht durch gewaltſame oder geſetzwidrige Beſchädigung am Gewicht verringert ſind, ſollen bei allen Zahlungen als vollwichtig gelten."

auch) — fo bemerft G. weiter — die neueren Gefetze überein: denn wenn der W. M. V. Art. 13, 15, das Preuß. Münzgef. vom 4. Mai 1857 § 15 und das Oefterr. Münzpat. a. a. O. die Staatskaffen zu Annahme auch des [nicht mehr vollwichtigen Silbercourantgeldes und bei erheblicher Veränderung des urfprünglichen Metallwerthes zur Einziehung verpflichten, fo fetzen diefelben offenbar voraus, daß bis zur Einziehung im Privatverkehr die gefetzliche Annahmepflicht beftehen bleibt, und daß deren mögliche Nachtheile durch die Einlöfungsverpflich= tung der Staatskaffe praktifch aufgewogen werden; auch folgt Gleiches argumento e contrario aus den hervorgehobenen Worten, „anders als durch den gewöhnlichen Umlauf""."

Gegen diefe Anficht macht jedoch mit gutem Grunde Karlowa in der Kritifchen Vierteljahrsfchrift für Gefetzgebg. u. Rechtswiff. XI (1869) S. 545 f. geltend:

„Mag die Geftalt der Münzforten einer beftimmten Landes= währung durch die betreffende Rechtsordnung auch beftimmt fein, wie fie will, immer werden gewiffe Merkmale: das Werth= zeichen, das Bild des Monarchen u. f. w. zur rechtlichen Form der Münze gehören, und es brauchen Münzen, denen Etwas an diefer Form fehlt, bei einer auf Landeswährung lautenden Schuld fchon wegen diefes Mangels als Zahlungsobjecte nicht angenommen zu werden. Confequenter Weife muß man alfo auch fagen, daß eine Münze, bei welcher jene rechtlich noth= wendige Form durch den langen Gebrauch ganz unkenntlich ge= worden ift, nun nicht mehr in Zahlung genommen zu werden braucht: fie fteht jetzt einem Stück Rohmetall gleich, auch fchon bevor fie ftaatlich verrufen und eingezogen worden ift . . . (S. 548 f.): Es kann nicht zugegeben werden, daß die durch bloß natürliche Abnutzung im Umlauf entftandene Gewichtsverminde= rung nicht zur Zurückweifung im Privatverkehr berechtige. Daß eine wegen gewöhnlicher Abnutzung ftatthafte Zurückweifungs= berechtigung Unzuträglichkeiten hat, ift zuzugeben; aber daraus folgt nur die Zweckmäßigkeit des durch die Münzgefetzgebung zu adoptirenden Satzes, daß jede Münze bis zu einem gewiffen Grade der Abnutzung Zahlungskraft auch im Privatverkehr be= halte. Goldfchmidt glaubt feinen Satz aus dem W. M. B. und den fich daran anfchließenden Landesgefetzen herleiten zu können... Dem Referenten fcheinen umgekehrt jene anderen Ge= fetze die Staatskaffen deshalb zur Annahme des nicht mehr vollwichtigen Silbercourantgeldes verpflichtet zu haben, um die Privaten, welche, dem öffentlichen Stempel trauend, nicht voll= wichtiges Geld, zu deffen Annahme fie nicht verpflichtet waren, dennoch angenommen haben, vor Schaden zu bewahren. Be= ftänden bei gewöhnlicher Abnutzung noch eine Annahmeverpflich=

tung im Privatverkehr, ſo könnte der Einzelne ja nicht in Nach=
theil kommen; es wäre alſo unnöthig, den Staatskaſſen beſonders
die Annahmeverpflichtung aufzuerlegen. Wenn dieſe Verpflichtung
aber im Privatverkehr auch nicht mehr beſteht, ſo wird jene An=
nahme dennoch ſehr häufig vorkommen; denn im Verkehr kann
man ſich eben mit einer langen Prüfung der Vollwichtigkeit
nicht aufhalten. Soll nun der Einzelne durch ſein Vertrauen
auf den Staatsſtempel in Schaden gerathen? Es iſt billig,
der Staatskaſſe auch, nachdem die Münze im Privatverkehr ſchon
ihre geſetzliche Zahlkraft verloren hat, die Annahmeverpflichtung
aufzuerlegen".

ff. Endlich iſt auch noch des im Geſchäftsverkehr ſo häufig vorkom=
menden Falles zu gedenken, wenn Zahlungen in Rollen, Geldpaketen,
Beuteln u. dergl. geleiſtet werden.[75]

Theorie und Praxis haben ſich mit dieſem Falle mehrfach beſchäftigt.

Endemann, das Deutſche Handelsrecht § 124 zu III B ſagt im
Allgemeinen: Die Annahme einer Geldleiſtung enthalte die Genehmi=
gung derſelben ſo, wie ſie vorliegt, mithin Verzicht auf alle Mängel,
welche ſofort erkennbar waren oder ſein mußten. Wo der Empfänger
die mögliche Prüfung unterlaſſe, nehme er auf ſein Riſiko. So bei
der Annahme von Paketen, Rollen, Beuteln u. dgl. Anders, wenn er
ſich gar nicht vorzählen laſſen konnte u. nicht etwa Verzicht auf Nach=
zählen vorliege. In dieſer Allgemeinheit läßt ſich jedoch, wie Gold=
ſchmidt, Handbuch des Handelsrechts Bd. I Abth. II S. 1094 Note
16 mit Recht bemerkt, die Frage, wieweit die Unterlaſſung möglicher
Prüfung ſchadet, nicht beantworten.

Näher geht Pagenſtecher, Pandekten=Praktikum (Heidelb. 1860)
S. 419 f. auf die Frage ein, indem er ausführt:

Wer Geldrollen ſiegelt und den Betrag des Inhaltes unter
Angabe ſeines Namens darauf ſchreibt, haftet, inſofern er hiermit
bezahlt, für die Richtigkeit der Berechnung. Er haftet nicht
nur Demjenigen, welcher zuerſt direkt von ihm empfing, ſondern
mittelbar ebenſo allen folgenden Nehmern. Ich glaube ſogar,

---

[75] Vgl. Gaudlitz, nonnuliae meditationes de voluminibus et saccis
pecunia impletis (Geldpackete und Geldſäcke). Lips. 1834. Kritz,
Samml. von Rechtsfällen u. Entſcheidungen derſelben Bd. 1. (Leipzig 1833)
Nr. VIII. „Ueber den Umfang der Verbindlichkeiten, welche die Ausgabe
eines Geldpackets begründet." v. Langenn und Kori, Erört. praktiſcher
Rechtsfragen Bd. III Nr. IV. „Iſt der mit einem Geldpacket Zahlende
verbunden, einem Dritten den richtigen Betrag der darauf angezeigten
Geldſumme zu gewähren?"

es läßt ſich ſeine unmittelbare Haftung entgegen jedem letzten Nehmer beweiſen. Oder wie unterſchied Jener ſich noch von einem Zahlungsbevollmächtigten, welcher von ſeinem Vollmacht= geber die Valuta ſchon zum Voraus empfing? Zahlt A an B mittelſt Geldrollen, welche die echte Etikette des C tragen, ſo zahlt wirklich C für A an B. Zahlt A mittelſt Goldrollen, welche von verſchiedenen Firmen etikettirt ſind, empfängt des B Quittung, worauf nun B beim Oeffnen der Rollen ein Deficit entdeckt: ſo kann B gegen A nur ſo klagen, daß er ihm ſpeciell die Rollen nachweiſt, in welchen das Deficit vorlag. Denn wür= den C und D je zur Hälfte die Schuld des A für A an B zahlen und wäre dem A hierfür quittirt, ſo kann offenbar B nur durch den Nachweis, welcher von Beiden zu wenig zahlte, mittelſt dieſes Zahlenden gegen A klagend vorgehen. Der ent= ſcheidende Geſichtspunkt liegt alſo darin, daß in der That ſo viele Zahlungen in einem Akte geſchahen, als viele Geldrollen gegeben und empfangen ſind; diejenige Zahlung aber, welche angeblich mangelhaft war, muß ſpezifizirt werden. Zu demſelben Reſultate kommt man dadurch, daß man den Empfänger der Rolle, wie den Geber, als einen Mann auffaßt, welcher, indem er die Rolle nicht ſofort öffnet, vertraut oder kreditirt, der In= halt werde richtig ſein. Wem aber kreditirt er? Offenbar nur dem Siegler der Rolle, nicht dem Zahlenden; denn der Letztere ließ ja die Rolle, wie dem Empfänger durch den Anblick bekannt iſt, ununterſucht. Nur haftet A dem B überdieß für die Richtig= keit der Zahlung, welche durch C oder D an B erfolgt iſt; denn eventuell war ja ſeine Schuldpflicht unerfüllt. Aber B, als er die Rollen nahm, ohne ſie zu öffnen und ſofort quittirte, bezeigte ſich oder erklärte ſich befriedigt mit dem Kredit an C und D wegen der Richtigkeit des Inhalts und für dieſen Kredit leiſtet A lediglich Bürgſchaft.

Auch die Sächſiſche Praxis hatte ſich für die Haftbarkeit des erſten Ausgebers eines verſchloſſenen Geldpaketes, allen ſpäteren Empfängern gegenüber, erklärt.

Erkenntniß eines Sächſiſchen Gerichts von 1840: Iſt ein Geldpaket uneröffnet durch mehrere Hände gegangen, ſo kann Der, welcher bei deſſen Eröffnung eine Unrichtigkeit findet, der Entſchädigung wegen ſich zwar an Den halten, von welchem er zunächſt das Paket empfing. Allein er iſt auch befugt, ſofort an den erſten Ausgeber ſich zu wenden. Denn die auf dem Pakete befindliche Anzeige des Inhalts (Summe und Sorte des Geldes), ſo wie des Namens des Einzählers enthält die Ver= ſicherung des Letzteren, daß Summe und Münzſorte ſich wirk= lich darin befindet. Recognoscirt derſelbe das Paket, als von ihm oder in ſeinem Namen eingezählt, überſchrieben und aus= gegeben, ſo hat er jede Unrichtigkeit zu vertreten. (Emming=

haus, Pandekten des gemeinen Sächsischen Rechts, S. 764 Nr. 7).[76])

Dieser Ansicht hat sich auch das bürg. Gesetzbuch für das K. Sach= sen[77]) angeschlossen, indem dasselbe vorschreibt:

§ 987. „Wer verschlossene und versiegelte Geldrollen, Beutel oder Pakete mit Angabe des darin enthaltenen Geldbetrages und seiner Namensunterschrift ausgibt, haftet für die Richtig= keit des Inhaltes nicht blos dem unmittelbaren Empfänger, sondern auch Dritten gegenüber, welche weiterhin Zahlung damit empfangen haben."[78])

Das Preußische Landrecht läßt diesen Fall unberührt. — Die Ge= setz=Revisoren, Pensum XIV S. 104 bemerken in den Motiven:

Man könnte die Frage aufwerfen, welche Wirkung die Ueber= gabe versiegelter Kassenbeutel oder Pakete hervorbringe, wenn

---

[76]) Vgl. Erk. des A. G. zu Leipzig vor 1846: Hat Jemand eine Zahlung in Paketen mit Geldpapier angenommen und quittirt, so muß er, wenn er später einen Regreß sucht, nachweisen a) entweder, daß er wegen Rich= tigkeit der Pakete einen Vorbehalt gemacht und dieser bewilligt worden; denn dann tritt an die Stelle der durch die Quittung beseitigten eine neue Verbindlichkeit (Berger III. 5. 1. 13). b) oder, daß der Beklagte wi= der besseres Wissen die Versicherung von der Richtigkeit der Aufschrift der Pakete gegeben; denn dann ist dolus specialis vorhanden, mithin die Quittung anfechtbar, obschon sie älter als 30 Tage. Kind IV Nr. 286. (Ebendas. Nr. 8.)

[77]) Von älteren Particularrechten ist m. W. der Codex Max. Bav. civ. der einzige, welcher dieses Falles, jedoch unter einem sehr beschränkten Gesichts= punkte, gedenkt. Es ist daselbst Thl. IV Kap. 14 § 13 verordnet:

„Oefters wird die Bezahlung nur durch Muthmaßungen bewiesen, z. E. ... 5 to. Wenn Geld in einem verschlossenen Sacke oder Packet ohne Aufzählung angenommen wird; denn daraus entstehet gegen den Acceptanten soweit die rechtliche Muthmaßung, daß er allenfalls den angeblichen Ab= gang an dem empfangenen Quantum beweisen müsse."

[78]) Motive: Als „versiegelt" hat eine Geldrolle 2c. zu gelten, wenn der Verschluß mittelst Siegellacks und eines wirklichen Petschaftes — mit Firma, Namensschiffre, Cassensiegel 2c. — bewirkt ist. Bezeichnungen, wie „Landes= zahlamt", „Wirthschaftsamt" u. dergl. hat man der Namensangabe des Vertreters gleich geachtet. Der fragliche § macht keinen Unterschied, ob das Packet klingende Münze oder Papiergeld enthält. Die Tendenz der ganzen Vorschrift geht dahin, im Interesse des Verkehres den Emittenten jedem Empfänger gegenüber für verbindlich zu erklären und in Be= ziehung auf denselben von der Regel, daß der Empfänger zunächst an seinen unmittelbaren Auctor regrediren müsse, eine Ausnahme zu machen. Diese Haftpflicht des Emittenten erlischt erst mit Ablauf der gewöhnlichen Ver= jährung. Die bei dem Anspruche wider den Emittenten eintretende Be= weisfrage ist nach allgemeinen Grundsätzen zu beantworten.

ſich hernach findet, daß an der Summe, welche angeblich darin enthalten ſein ſoll, etwas fehlt. Es liegt indeß ſehr nahe, daß in ſolchem Falle alles darauf ankommt, inwiefern der Defekt, welcher zur Zeit des Empfanges vorhanden geweſen ſein ſoll, nachgewieſen werden kann, oder nicht. Inſofern dieſer Beweis herzuſtellen iſt, wird der Anſpruch auf Nachzahlung des Fehlenden offenbar begründet erſcheinen, wie dies auch in den Circular=Reſcripten vom 31. März u. 18. Aug. 1806, betreffend die in Paketen ausgegebenen Treſorſcheine (Mathis, Monatsſchrift Bd. 2 S. 487. Bd. 3 S. 370), als unzweifelhaft anerkannt iſt.

Zu bemerken iſt nur noch, daß das Preuß. Strafgeſetzbuch § 243 Nr. 5 eine Strafbeſtimmung gegen Denjenigen enthält, welcher „Geldpakete, die mit einem öffentlichen Siegel verſchloſſen und mit Angabe des Inhaltes verſehen ſind, zu ihrem vollen Inhalte ausgibt oder auszugeben verſucht, obgleich er weiß, daß ſie eröffnet und ihr Inhalt verringert worden.“

§ 6. Fortſetzung.

Von dem Grundſatze:

> Die in der Zahlung liegende Erfüllung muß den richtigen Gegenſtand und dieſen vollſtändig ergreifen,

haben wir im vorgehenden Paragraphen den erſten Theil dargeſtellt und gehen daher nunmehr zu dem zweiten über.

Beide ſtehen in unverkennbaren Zuſammenhange. Wenn der Gläubiger einen Anſpruch auf ein ungetrenntes Ganze hat, ſo bildet auch nur das Ganze den richtigen Gegenſtand ſeiner Forderung. Der Schuldner, der in dieſem Falle ſtatt des Ganzen nur einen Theil zahlen will, wenngleich in der Abſicht, das Fehlende nachzuzahlen, genügt ſeiner Verbindlichkeit nicht — er bietet ein aliud pro alio dem Gläubiger an. Dieſer braucht ſich theilweiſe Erfüllung, auch wenn der Gegenſtand theilbar iſt, nur dann gefallen zu laſſen, wenn dies dem Vertrage entſpricht.[1])

---

[1]) Endemann, das Deutſche Handelsrecht § 274 I A. Unterholzner, die Lehre von den Schuldverh. I S. 222: Da es für den Berechtigten nicht einerlei ſein kann, ob er das, was er zu fordern hat, auf einmal oder ſtückweiſe (particulatim) empfängt, ſo erſcheint die Verpflichtung zu ungetheilter Erfüllung des Obliegenden als ſehr natürlich.

Modestin. l. 41 § 1 D. de usur. (22, 1): Lucius Titius cum centum et usuras aliquanti temporis deberet, minorem pecuniam quam debebat obsignavit: quaero, an Titius pecuniae quam obsignavit usuras praestare non debeat. Modestinus respondit, si non hac lege mutua pecunia data est, uti liceret et particulatim quod acceptum est exsolvere, non retardari totius debiti usurarum praestationem, si, cum creditor paratus esset totum suscipere, debitor, qui in exsolutione totius cessabat solam partem deposuit.[2]

Ulp. l. 13 § 8 D. de act. emt. (19, 1): Offerri pretium ab emptore debet, cum ex empto agitur, et ideo et si pretii partem offerat, nondum est ex empto actio . . . l. 9. C. h. t. (8, 43): Obsignatione totius debitae pecuniae solemniter facta liberationem contingere manifestum est. . .

Donellus, com. de jure civ. XVI Cap. X: — — Si hoc quaeritur, an partem oblatam creditor accipere cogatur, generaliter tenebimus eum accipere non cogendum ab eo, qui totum debeat, sed jure eum recusare: proinde impune, id est ita ut recusando moram non faciat, et si quo casu pecunia oblata pereat, detrimentum sit debitoris, qui male obtulit, non creditoris, qui injuriam recusando repulit. Sententia est in eo, qui fateatur se totum debere, cujus nunc partem offert, vulgo recepta ab omnibus, uno fere excepto Alciato, et eadem verissima: quae et auctoritate certa, et ratione juris manifesta defenditur. . . Ratio juris manifesta est. Postulat natura obligationis, ut quomodo quidque contractum sit, eodem modo et dissolvatur: neque aliter licet invito creditore. Sic autem omnis obligatio ab initio contrahitur, ut, quod inde debetur, semel totum deberi incipiat. Quare ex eadem natura obligationis est, ut quod totum inde deberi coepit, etiam totum solvatur, si creditor postulet, et si partem recuset, jure suo faciat. . . Proinde partem ab eo oblatam, qui totam debeat, non est cogendus creditor accipere. . .

Carpzov, Jurispr. for. P. II const. 28 def. 13: — — Negari non potest, ex natura obligationis jus quaesitum esse creditori solidum persequendi, quod jus ei invito adimi et auferri nequit. Et ut ait Hotomann. quaest. illustr. L. 2. unius obligationis unam eandemque indivisam solutionem esse oportet.[3]

Erneuerte Reform. der Stadt Frankfurt a. M. von 1611 Th. II Tit. 24 § 2. „Erſtlich ſoll die Bezahlung allwegen vollkömmlich, und nicht zipfflet, dem Gläubiger geſchehen. Es

---

were dann, daß derſelbig dem Schuldtmann namhaffte Friſt und
Ziel zu der Bezahlung gegeben hett, Oder ſonſt gutwillig were,
dieſelbig alſo zipfflet oder theilweiß, anzunemmen".

Naſſau=Catzenelnbogiſche Landordnung von 1616 Th. I
Kap. XVI § 6. „So vil aber ſonſten die Bezahlunge be=
langen thut, ſo iſt kein Gläubiger ſchuldig ſeine außſtehende
Schulden gezippelt, wie man ſagt, anzunemen, Sondern iſt der
Schuldener verbunden, ſeinem Schuldherrn dieſelbe in einer
Summen, ſampt abgeredter gebürender penſion, zu bezahlen, und
dasjenige, darzu er ſich rechtmeſſiglich verpflichtet hat, ehrbarlich
und uffrichtig zu halten und zu volnziehen".

Baieriſches Landrecht (Cod. Max. Bav. civ.) von 1756 Th.
IV Kap. 14 § 6. „Regulariter muß 1mo das nämliche, was
man ſchuldig iſt, und zwar 2do ganz — bezahlt werden. Da=
raus folgt ad 1mum, daß dem Gläubiger weder eins für das
andere..., noch ad 2dum dem Schuldner einige Zahlungs=
friſten oder Nachläſſe zuzuſtehen verbunden ſey"...[4]

Das römiſche Recht läßt jedoch eine Ausnahme für den Fall zu,
wenn der Schuldner, auf das Ganze belangt, die Schuld theilweiſe be=
ſtreitet und den anerkannten Theil dem Kläger anbietet.

Julian. l. 21 D. de reb. cred. (12, 1): Quidam existimaverunt neque eum, qui decem peteret, cogendnm quinque
accipere et reliqua persequi, neque eum, qui fundum suum
diceret, partem dumtaxat judicio persequi: sed in utraque
causa humanius facturus videtur praetor, si actorem compule-
rit ad accipiendum id quod offeratur, cum ad officium ejus
pertinet lites deminuere.[5]

Doch wird dabei immer vorausgeſetzt, daß die Annahme der Theil=
leiſtung dem Intereſſe des Gläubigers nicht widerſpricht.

---

[4] Preuß. A. L. R. Th. I Tit. 16 § 57. „Noch weniger kann ihm (dem Gläu=
biger) eine bloß abſchlägliche Zahlung aufgedrungen werden."

Oeſterr. b. G. B. § 1415. „Der Gläubiger iſt nicht ſchuldig, die Zahlung
einer Schuldpoſt theilweiſe, oder auf Abſchlag anzunehmen . . ."

Sächſ. b. G. B. § 695. „Theilweiſe Erfüllung, Stückzahlung, braucht
ſich der Gläubiger nicht gefallen zu laſſen."

Zürcheriſches privatr. G. B. § 984. „Der Gläubiger braucht ſich eine
Theilzahlung nicht gefallen zu laſſen, wenn die geſammte Schuld liquid
und fällig iſt . . ."

Code civ. und Badiſches Landr. Art. 1244. „Der Schuldner kann dem
Gläubiger keine Stück-Zahlung aufdringen, ſelbſt dann nicht, wenn die Schuld
theilbar iſt." (Art. 1220. „Theilbare Verbindlichkeiten gelten zwiſchen
dem Gläubiger und Schuldner ſelbſt für untheilbar . . .").

[5] Mommſen a. a. O. S. 148 f. Windſcheid, Lehrb. des Pandektenrechts
(2. Aufl.) § 342 Nr. 3.

Jenes Ausnahmefalles wird auch in deutschen Landesrechten gedacht.

Revidirtes Land-Recht des Herzogth. Preußen von 1685 (verbess. L.-R. des K. Preußen von 1721) Buch IV Tit. I Art. IV § 5. „Würde sich auch zutragen, daß jemands einen andern beklagt umb hundert Gülden geliehenen Geldes, der Beklagte aber nicht mehr dann funfftzig Gülden schuldig zu seyn bekennet: So sol die Obrigkeit jeden Orts in solchem Fall dem Kläger die funfftzig Gülden, dero der Beklagte geständig, zu Stund an, ohne Verzug, wie sich umb unläugbare Schulden gebühret, verschaffen und exequiren: Aber umb das, so nicht gestanden wird, sollen und mögen die Parthehen, zu Erledigung ihres Streits, an das Recht gewiesen werden, auff daß das lautere mit dem unlautern (liquidum cum illiquido) nicht differiret, auffgeschoben oder verzogen werde".

Baierisches Landrecht (Cod. Max. Bav. civ.) Th. IV Kap. 14 § 8. „Desgleichen wird obverstandene Regel, daß die Zahlung ganz und auf einmal geschehen soll, folgendermaßen limitirt... 2do. In Schulden, welche theils liquid, theils illiquid sind"...

Badisches Landrecht, Zusatz-Artikel 1244a. „Wo nur ein Theil einer Forderung klar, ein anderer bestritten und die Verbindlichkeit theilbar ist, da ist der Gläubiger befugt[6]) und schuldig, seiner übrigen Rechte unbeschadet, Stückzahlung anzunehmen".[7])

---

[6]) Das privatrechtl. Gesetzbuch für den K. Zürich § 984 spricht in diesem Falle nur von der Befugniß des Gläubigers.

„— Der Schuldner darf die Zahlung des von ihm anerkannten Theils einer Schuld nicht verweigern, wenn der Gläubiger dieselbe annehmen will."

[7]) Brauer, Erläut. über den Code Napol. rc. III S. 178 fg. bemerkt dazu: — So allgemein wie im Art. 1244 die Nichtverbindlichkeit zur Annahme von Stückzahlungen ausgesprochen ist, würde sie häufig eine unbillige Aenderung der alten Rechtsverfassung nach sich gezogen haben. Zwei Ausnahmen tragen daher unsere Zusätze hinzu, die Eine: wenn eine theilbare Verbindlichkeit nur zu einem Theile klar, zum andern bestritten ist. Von selbst versteht es sich, daß hier nicht von einer jeden Anfechtung die Rede ist, wozu etwa ein saumseliger Schuldner vom Zaun die Ursache abbricht, sondern von einer solchen, die eine über einen Theil verbreitete Dunkelheit oder Ungewißheit darlegt, welche erst durch ein förmliches Rechtsverfahren aufgeklärt werden muß, ehe eine Zahlungsschuldigkeit vom Richter anerkannt werden kann: denn nur ein solches Verhältniß macht die Forderung bestritten oder streitig. Bei einem solchen Fall wird gesagt, der Gläubiger sey zur Annahme der Stückzahlung befugt ... Aber er ist es auch schuldig: mag es ihm bequem oder unbequem seyn, er muß sie annehmen, und kann vom Richter dazu gezwungen werden, sobald nur der klare Theil ganz gezahlt wird, und mithin keine durch den Hauptsatz verbotene willkürliche Stückzahlung dem Gläubiger aufgedrungen wird.

Großh. Heſſiſcher Entwurf eines b. G. B. Buch I Art. 226. „Der Gegenſtand der Verbindlichkeit muß, inſofern es ſeiner Natur nach möglich iſt, auf Ein Mal geleiſtet werden. Der Schuldner iſt jedoch zur ſtückweiſen Leiſtung (Abſchlagszahlung) berechtigt, . . . 3. wenn ein Theil der Verbindlichkeit ſelbſt noch gerichtlich beſtritten iſt".

Das Preußiſche Landrecht Th. I Tit. 16 § 219 zählt unter die Fälle, in denen die gerichtliche Depoſition ſtattfindet, insbeſondere auch den:

„— wenn der Schuldner die Richtigkeit des Grundes der Forderung zum Theil leugnet, und der Gläubiger den aner= kannten Theil derſelben, auch mit Vorbehalt ſeines Rechtes wegen des ſtreitigen Ueberreſtes, nicht annehmen will".

Allein daſſelbe geſtattet auch in dieſem Falle die Depoſition immer nur auf Gefahr des unterliegenden Theils (§ 223). Ergibt ſich alſo in Folge des eingeleiteten Rechtsverfahrens, daß der ·Schuldner in der That mehr als den von ihm anerkannten Schuldbetrag zu zahlen hatte, „ſo kann die wirklich erfolgte Depoſition die Stelle der Zahlung oder Uebergabe nicht vertreten, ſondern ſie iſt auf Gefahr und Koſten des Schuldners geſchehen" (§ 230). Denn der § 232 beſtimmt aus= drücklich:

„Auch kann die nur zum Theil geſchehene Niederlegung der Schuld die Stelle der Zahlung nur alsdann vertreten, wenn der Gläubiger Abſchlagszahlungen anzunehmen verbunden ge= weſen wäre". [8]

Einen Fall allgemeiner Natur, in welchem der Gläubiger genöthigt iſt, eine Theilleiſtung anzunehmen, enthält die im römiſchen Recht be= gründete Rechtswohlthat der Competenz, [9] vermöge deren die volle Vollſtreckbarkeit des Forderungsrechts gegen den Schuldner einſt= weilen hinausgeſchoben wird. Die Darſtellung derſelben gehört jedoch, wenn ſie auch dem materiellen Rechte anheimfallen mag, keinesfalls in die Lehre von der Zahlung.

---

[8] In den Motiven zum Sächſiſchen b. G. B. § 695 wird geſagt: — Iſt ein Theil der Forderung liquid, ein anderer illiquid, und verweigert der Gläubiger die Annahme des liquiden, ſo kann der Schuldner ſoviel als liquid iſt, deponiren und ſich inſoweit von ferneren Zinſen befreien. Doch bezieht ſich dies nicht auf den Fall, wo ein Theil der Forderung ſtreitig, der andere Theil unſtreitig iſt. (Siebenhaar's Com. II S. 31.)

[9] Unterholzner, die Lehre von den Schuldverh. I § 181, 182. Sin= tenis prakt. gem. Civilrecht II S. 160—166. v. Vangerow, Pan= dekten I §. 174: Anm. 1 u. 2. Windſcheid, Lehrb. des Pandektenrechts II § 267. 268.

Von ähnlicher Art sind die Bestimmungen, wonach Künstler und Handwerker, um sie im Nahrungsstande zu erhalten, unter Umständen zur terminweisen Abtragung ihrer Schuld verstattet werden.[10]) Das Preuß. Landrecht Th. I Tit. 16 beschränkt sich auf die allgemeine Vorschrift:

§ 60. „In welchen Fällen der Richter einen Gläubiger zur Annahme abschläglicher Zahlungen anhalten könne, bestimmt die Prozeßordnung".

Dagegen verordnet der Code civil und das Badische Landrecht

Art. 1244 „ — Der Richter kann gleichwohl, je nach der Lage des Schuldners, mäßige Zahlungsfristen gestatten, und unter Vorsorge für Erhaltung des bisherigen Standes der Sache das gerichtliche Verfahren eine Zeitlang einstellen; jedoch hat er diese Macht mit vieler Behutsamkeit zu gebrauchen".[11])

---

[10]) Förster, Theorie u. Praxis (2. Aufl.) II S. 555.

[11]) Brauer, Erläut. über den Code Nap. 2c. III S. 181 bemerkt dazu: „Rechtsgelehrte, welche eine möglichste Einschränkung der richterlichen Will= kür für Vollkommenheit der Gesetze halten, werden diese Stelle wegen zu großen Spielraums der Ermessen bedenklich finden. Inzwischen konnte man sich dennoch nicht entschließen, bestimmtere Schranken aufzustellen. Im menschlichen Leben, wo der beste Vorsatz in der Ausführung durch hundert Fäden des Schicksals gebunden ist, und wo ebenso oft der hart= herzige Gläubiger durch einen allzustrengen Gebrauch seiner Rechte, als der sorglose Schuldner durch eine allzunachsichtige Erwägung seiner Pflichten dem gesellschaftlichen Wohl schaden kann, besteht die Aufrechthaltung des letzteren, die das große Hauptziel aller bürgerlichen Verfassung ist, mit einer festen Bestimmung nicht: Die Fälle der Ueberschreitung von der einen und andern Seite sind so vielfach, daß eine auch nur für die meisten Fälle sich der Billigkeit anbequemende Regel, die näher in die einzelnen Umstände einging, nicht zu erfinden wäre, ohne daß sie den Richter nöthigte, bald zu viel, bald zu wenig zu thun, und mithin den Zweck der Fristgestattung zu verfehlen. Deswegen stimmte man ganz der Ansicht der französischen Gesetzgeber bei, daß Einsicht und Redlichkeit der Richter das lebendige Gesetz sein müsse, welchem die Bestimmung des Maßes der Frist überlassen werde und begnügte sich mit den im Satz selbst liegenden Fingerzeigen der An= wendungsart."

Uebrigens findet nach Art. 157 des Handelsgesetzbuchs jene Vorschrift auf Wechselforderungen keine Anwendung.

In Betreff der gemeinrechtlichen Praxis ist anzuführen Mevius, Decis. III. 236: Regulariter nemo, nisi ita convenerit, particularem solu- tionem recipere cogitur. Ex causa tamen fit, ut aequum sit, ideo etiam judex ut recipiatur, non injuste decernat. Consequens hoc est potestati dandi dilationes, quae est penes judices, non tantum circa

— eine Bestimmung, die auch in den Großh. Hessischen Entwurf eines
b. G. B. Buch I Art. 227 dahin aufgenommen ist:

> „Zur Stückleistung ist auch der Schuldner berechtigt, wenn
> das Gericht ihm mehrere Zahltermine gestattet. Das Gericht
> ist jedoch hierzu nur ermächtigt, wenn das Interesse des Gläu=
> bigers dadurch nicht gefährdet, dagegen ein wesentlicher Ver=
> mögensnachtheil vom Schuldner abgewendet wird. — Das Ge=
> richt darf nur mäßige Zahltermine gestatten“.

Eine ganz singuläre Ausnahme von der Regel, daß der Gläubiger
Theilzahlungen zurückzuweisen befugt ist, gilt im Gebiete des Wechsel=
rechts, jedoch nicht zum Vortheil des in Anspruch genommenen Schuldners.
Die Allgemeine Deutsche Wechselordnung bestimmt Art. 38:

> „Der Inhaber des Wechsels darf eine ihm angebotene Theil=
> zahlung selbst dann nicht zurückweisen, wenn die Annahme auf
> den ganzen Betrag der verschriebenen Summe erfolgt ist“.

Professor Fick (im Archiv für deutsches Wechselrecht und Handels=
recht VII S. 106 Note 75) bemerkt über diese Vorschrift:

> Diese Ausnahme von dem, wenn irgendwo, so jedenfalls bei
> Wechselschulden an sich einschlagenden römischen Prinzipe, ist
> offenbar nicht aus Rücksicht auf den Trassaten, resp. Acceptanten,
> dem ja der Inhaber persönlich in dem gleichen Orte gegen=
> übersteht, sondern vielmehr mit Rücksicht auf den in der Regel
> sehr weit entfernten und am Zahlungsorte nicht repräsen=
> tirten Regreßschuldner statuirt worden, indem es als höchst un=
> billig erscheint, wenn ihm, der durchaus nicht in gleichem Maße
> wie der Inhaber in der Lage ist, für sichere und nutzbare Unter=
> bringung der Theilzahlung zu sorgen, diese Last überbunden
> wird. [12])

---

terminos actuum judicialium, sed et quoad illa, quae in condemna-
tionem veniunt et eorum executionem. Reperta itaque ratione justa,
quae aequum faciat debitorem ultra partem debiti quam offert non
urgeri, juste judex jubet eam recipi et quod reliquum est differri,
qualis ista habetur, si debitori integra solutio impossibilis sit, antea
incidunt tempora, in quibus nummorum copia haberi nequit.

[12]) Die anderen Wechselordnungen, worin dieselbe Ausnahme statuirt ist, sind
angeführt in Treitschke's Encyclopädie S. 789, der sogar eine solche
Ausnahme aus allgemeiner Wechselrechtstheorie zu folgern versucht. Thöl,
Handelsrecht II (2. Aufl.) § 222 Note 16 ist entgegengesetzter Meinung,
indem er bemerkt: „Ohne die D. W. O. würde man sagen müssen: der
Wechselinhaber ist berechtigt, eine ihm angebotene Theilzahlung anzunehmen
und wegen des Restes Protest zu erheben und Regreß zu nehmen, weil
dies Alles nicht gegen das Interesse des Trassanten und der Indossanten
ist, nicht aber ist er dazu verpflichtet, weil dies seinem Interesse auf man=

Ueber die beschränkte Anwendbarkeit der Bestimmung wird in einem Erkenntnisse des Ober-Tribunals zu Berlin vom 4. April 1857 ausgeführt:

> Der § 38 der deutsch. Wechselordn., welcher Theilzahlungen gestattet, enthält eine Abweichung von dem Civilrecht und auch von dem Preuß. Entwurfe des Wechselrechts, indem er den Wechselinhaber zur Annahme von Theilzahlungen verpflichtet. Dies ist nach dem Leipziger Konferenz-Protokolle S. 72 auf Antrag eines Württemberg'schen Deputirten mit nicht sehr großer Majorität beschlossen. Er darf aber über den Bereich, wofür der § 38 überhaupt bestimmt ist, nicht ausgedehnt werden, da er eine Abweichung von den allgemeinen Gesetzen enthält. Die ganze Bestimmung betrifft die Zahlung des Wechsels zur Verfallzeit von Seiten des Acceptanten; bei dieser muß sich der Inhaber auch auf eine Theilzahlungsannahme einlassen. Ist aber zur Verfallzeit keine Zahlung erfolgt, und dies durch den Protest festgestellt, dann bestimmen die §§ 49 u. 50 das Object, was nun der Inhaber gegen jeden Wechselverpflichteten, den Acceptanten und Regreßverpflichteten, einklagen kann, und bei diesem solchergestalt konstatirten Objecte darf das beneficium des sich nur auf die Zahlung am Verfalltage beziehenden § 38 nicht bezogen werden. (Striethorst, Archiv Bd. 24 S. 166 f.).[13])

Was nun die Anwendung der über die Unstatthaftigkeit der Theilzahlung geltenden Regel betrifft, so ist im Einzelnen Folgendes zu bemerken:

a. Der Fall ist nicht unter der Regel begriffen, wenn der Schuldner dem Gläubiger mehrere Posten zu zahlen hat. Bei einer durch einzelne Geschäfte entstandenen Gesammtschuld bildet jeder Posten für sich ein

---

cherlei Art widerstreiten kann; er darf vielmehr die Theilzahlung zurück=weisen und wegen der vollen Wechselsumme Protest erheben und Regreß nehmen."

Die Preußischen Entwürfe hatten auch, wie W. Hartmann, das Deutsche Wechselrecht (Berlin, 1869) S. 351 mittheilt, im Anschluß an die Bestimmung des Allgem. Preuß. Landrechts und des Code de commerce, aus ganz richtigen Gründen zwar die Berechtigung, nicht aber die Verpflichtung zur Annahme von Theilzahlungen anerkannt, allein die Leipziger Conferenz hat in Erwägung, daß Theilaccepte zulässig seien, durch Theilzahlungen auch das Interesse des Rücklaufes befördert und die Lage des Präsentanten nicht erschwert werde, die Verpflichtung zur Annahme von Theilzahlungen beschlossen. Vgl. auch Siegmund Löwy in Siebenhaar's Archiv für deutsches Wechselrecht und Handelsrecht XII S. 42 fg.

[13]) Vgl. W. Hartmann a. a. O. S. 351.

Ganzes.[13a] Die Zahlung einzelner Poſten iſt daher keine Abſchlags=
zahlung.

> Stryk, usus mod. P. XLVI, 3 § 10: — Debitor inte-
> grum debitum una vice persolvere tenetur, nisi . . . summa,
> quae petitur, ex diversa causa, vel diverso contractu oriatur.

So wird auch in den Motiven des b. G. B. für das K. Sachſen
zu § 695 geſagt:

> „Beſteht eine Forderung aus mehreren ſelbſtändigen Poſten,
> ſo kann der Schuldner verlangen, daß der Gläubiger auch eine
> einzelne Poſt annimmt“.

— ein Satz, der von der Commiſſion als gemeinrechtlich geltend und
aus allgemeinen Grundſätzen folgend bezeichnet, deſſen Wiedergabe im
Geſetz daher nicht für erforderlich gehalten wurde.[14]

Dieſer Fall iſt auch nicht als eine Ausnahme von jener Regel
aufzufaſſen, wie es von der älteren gemeinrechtlichen Doctrin häufig
geſchieht.

> Hahn, Observata ad Wesenbeck. Dig. Lib. XLV, 1.
> N. 6. i. f.: — Et quamvis obligatio super rebus, pondere,
> numero et mensura constantibus contracta, omni ratione
> videatur dividua, quia res ipsae sui naturâ dividuae sunt:

[13a] Eine Ausnahme macht das Kontokurrentverhältniß.

Vgl. Erk. des O. H. G. zu Mannheim: Nach der Natur des Contocurrent=
vertrages, als eines Uebereinkommens, durch welches Handelsleute in ein
gegenſeitiges dauerndes Creditverhältniß treten, können die einzelnen Poſten
des Contocurrents nicht als Zahlungen auf die Gegenforderungspoſten be=
trachtet werden. Es begründet vielmehr während der Dauer jenes Ver=
hältniſſes jeder einzelne Poſten, ſobald er in die laufende Rechnung über=
geht, jeweils eine neue Forderung, bez. Gegenforderung, welche zu den
bereits beſtehenden hinzutritt, und dieſe zuſammengenommen ſind dann
als ein untheilbares Ganze, als einzige Uebereinkunft zu betrachten, in
der Art, daß die bei dem Rechnungsabſchluß nach Gegenüberſtellung der
gegenſeitigen Forderungen ſich ergebende Differenz, der ſ. g. Saldo, das
Schuldverhältniß der Partei zuſammenfaßt und darſtellt. Dieſer Saldo
iſt es dann erſt, welcher Gegenſtand der Zahlung wird. (Seuffert, Ar=
chiv VIII Nr. 159).

Vgl. Erk des O. G. zu Wolfenbüttel: Bei beſtehendem Contocurrent=
verhältniſſe können die erfolgenden einzelnen Zahlungen nur als ein Ab=
trag auf die Geſammtheit aller in Gemäßheit des unter den Parteien ab=
geſchloſſenen Vertrages bereits entſtandenen und noch entſtehenden Ver=
bindlichkeiten betrachtet werden; eine endgiltige Be= u. Entlaſtung tritt
erſt beim völligen Abſchluſſe des Contocurrents und der Ermittelung des
Definitiv=Saldo ein. (Zeitſchrift für Rechtspfl. in Braunſchweig XV S. 53).

[14] Siebenhaar's Com. II S. 31.

creditor tamen non cogitur invitus particularem solutionem accipere; quia deducta in obligationem, ratione summae et comprehensionis individuae, pro connexis vel cohaerentibus habentur. Quia vero in se et naturaliter per partes fieri solutio potest, hinc praedicta regula etiam suas habet exceptiones. Ut ... si diversae sint obligationes (hoc est quae ex diversis causis et contractibus oriantur) diversis solutionibus tolli possunt.

b) Dasselbe gilt auch in dem Falle, wenn die Forderungen mehrerer Gläubiger gegen denselben Schuldner sich in einer Person vereinigen.

Scaevola l. 15 D. quib. mod. pign. solv. (20, 6): Primi creditoris, qui pignori praedia acceperat, et posterioris, cui quidam ex iisdem fundis dati erant, ad eandem personam hereditas devenerat: debitor offerebat quantum a posteriore creditore mutuatus fuerat. Respondit: cogendum accipere salvo jure pignoris prioris contractus.

c. Aber auch im umgekehrten Falle, wenn an die Stelle des einzelnen Schuldners mehrere Personen treten, welche nur antheilsweise für die Schuld haften, greift jene Regel nicht Platz. Denn es gilt dann der Grundsatz, den Javolen in l. 117 D. de V. S. dahin ausspricht:

Non potest videri minus solvisse is, in quem amplioris summae actio non competit.

Es wird daher so angesehen, als ob die Schuld von vornherein unter mehrere Personen getheilt wäre. So namentlich nach römischem Recht bei dem Uebergange einer Geldschuld auf mehrere Erben des Schuldners.

Paulus l. 85 pr. D. de V. O. (45, 1): In exsecutione obligationis sciendum est, quatuor causas esse; nam interdum est aliquid, quod a singulis heredibus divisim consequi possumus ... § 1. Prima species pertinet ad promissorem pecuniae certae; nam et petitio et solutio ad portiones hereditarias spectat. l. 2 C. de annon. (10, 16): Aes quidem alienum pro portione, ex qua quisque defuncto heres extiterit, praestari oportet.

Auch das Preußische Allgemeine Landrecht, wiewohl es die Erben des Schuldners nach strengeren Grundsätzen behandelt, stellt im § 59 Tit. 16 Th. I das allgemeine Prinzip auf:

„In Fällen, wo ein Gläubiger nach den Gesetzen sich unter mehreren Schuldnern an jeden nur für seinen Antheil halten kann, ist er auch von jedem die Zahlung seines Antheils anzunehmen verbunden".

d. Bei der Beurtheilung der Frage, ob eine einheitliche Schuld vorliegt, kommen auch die Erweiterungen der urſprünglichen Obligation (Acceſſionen) in Betracht.

Hauptſchuld und Nebenſchuld ſind in dieſer Beziehung als ein Ganzes zu betrachten.

Brunnemann, com. in C. ad l. 19 de usur. (4, 32) Nr. 2: Colligitur ex nobili hac lege:[15]) ut oblatio et depositio rite fiat, necesse esse, ut sors integra cum usuris offeratur, adeo ut si modicum de sorte vel usuris desit, inutilis plane sit oblatio, eamque creditor accipere non teneatur. Muelleri addit. ad Struv. synt. jur. civ. Exerc. XLVII th. 79 not. K.: Unius obligationis unam eandemque indivisam oportet esse solutionem... Ampliatur autem hoc, quod dictum, ut non solum totum debitum principale, die Haupt= Summe, sed et interesse seu usurae simul sint offerendae, adeo ut, si modicum de sorte vel usuris desit, plane nulla atque inutilis sit oblatio, eamque creditor recipere nullo modo sit obstrictus. Accessorium enim sequitur naturam sui principalis.

Glück, Com. IV S. 419 f.: Inſofern der ſchon entſtandene Zinſenlauf durch den Verzug des Gläubigers gehemmt werden ſoll, iſt das bloße Anbieten der ſchuldigen Summe, wenigſtens nach der richtigeren Meinung der Rechtsgelehrten, welche auch in der Praxis angenommen iſt, nicht hinreichend, ſondern dazu wird erfordert, daß das Capital nebſt den Zinſen verſiegelt im Gericht oder an einem andern ſichern Orte deponirt werde, weil nur eine ſolche Depoſition die Wirkung der Zahlung hat. Es gilt dies nicht nur von Zinſen, welche ſtipulirt worden ſind, ſondern es findet auch bei denjenigen ſtatt, welche bereits ex mora zu laufen angefangen haben, weil die Verbindlichkeit zur Bezahlung der Hauptſchuld und der Verzugszinſen nur eine obligatio iſt, nun aber durch die bloße Oblation des Capitals die Hauptſchuld im Grunde doch nicht getilgt wird, und folglich auch die Verbindlichkeit zur Bezahlung der Verzugszinſen als ein accessorium fortdauern muß.[16])

---

[15]) Acceptam mutuo sortem cum usuris licitis creditoribus post contestationem offeras, at si non suscipiant: consignatam in publico depone . . .

[16]) Sintenis, prakt. gem. Civilrecht II § 103 Note 79 will dagegen die Frage, ob mit der Hauptforderung auch die Zinſen offerirt und deponirt werden müſſen, mit Rückſicht auf die Verſchiedenheit des Urſprungs der Zinſen beantwortet und daher für die ſtipulirten Zinſen verneint wiſſen, da dieſe und die Hauptſchuld ausdrücklich als duae stipulationes und duae actiones anerkannt werden, mithin ein nothwendiger Zuſammenhang der hier vorausgeſetzten Art nicht beſtehe.

Erkenntniß des Ober-Tribunals zu Berlin vom 25. Septbr. 1863:

Es steht unter den Parteien fest, daß die Kläger dem Verklagten nicht bloß das Capital der 40 Thlr., sondern auch Verzugszinsen davon verschulden. Zinsen aber — gleichviel ob Conventional- oder Zögerungszinsen — sind ein Accessorium des Capitals, sie sind eine Erweiterung der Hauptschuld, d. h. sie bilden mit derselben ein Ganzes, ein einziges Objekt. Demgemäß werden auch in den §§ 150 ff. Tit. 16 Th. I A. L. R. Bestimmungen über die Wirkung der Zahlung für zwei verschiedene Fälle getroffen:

1. daß nur eine Forderung existirt, welche aus Capital und Zinsen besteht; dann soll die Anrechnung zunächst auf das Accessorium geschehen;

2. daß mehrere Forderungen bestehen.

Das Gesetz stellt also selbst den „mehreren Capitalposten" ausdrücklich die eine Forderung (aus einer Capitalsumme nebst den zugehörigen Zinsen) gegenüber. — Auch das römische Recht und die Wissenschaft behandelt die Hauptschuld und die Zinsen als ein Ganzes. Vgl. l. 18 C. de usur. 4, 32. Puchta, § 227. v. Vangerow, § 589. Bornemann, System, 2. Aufl. III. S. 553 (Entscheid. des K. Ober-Trib. Bd. 50 S. 205 f.) [17]

— — — — —

[17]) Ein m. W. rechtskräftig gewordenes Erkenntniß erster Instanz aus dem Jahre 1845 hat nach den Grundsätzen des Preußischen Rechts über Verzugszinsen die entgegengesetzte Ansicht ausgesprochen. Die Gründe lauten: Die Verklagte hält sich zur Annahme der von den Klägern ihr angebotenen Abfindungssumme von 300 Thlr. aus dem Grunde nicht für verpflichtet, weil die Kläger sich weigern, mit dieser Summe zugleich die von ihr seit dem 12. August 1839, als dem Tage ihrer erreichten Großjährigkeit, geforderten Verzugszinsen zu entrichten. Die Entscheidung über die Rechtmäßigkeit der seitens der Kläger erfolgten gerichtlichen Deposition jener Summe hängt sonach nur von der Beantwortung der Frage ab:

ob die der Verklagten von den Klägern verweigerten Verzugszinsen ihres bereits am 12. August 1839 fälligen Erbtheils, falls diese Zinsen der Verklagten wirklich gebühren sollten, als ein Bestandtheil oder Zubehör der] Hauptforderung dergestalt anzusehen sind, daß die Zahlung der bloßen Kapitalssumme nur als eine Abschlagszahlung auf die ganze Forderung gelten könne?

Diese Frage ist mit Rücksicht auf die eigenthümliche Natur der Verzugszinsen zu verneinen.

Dieselben sind ein Ersatz des Schadens, welchen der Gläubiger durch die verzögerte Zahlung einer Schuldsumme erleidet

vgl. § 833 Tit. 11, § 64 Tit. 16 Th. I A. L. R.

und beruhen somit auf einer widerrechtlichen Handlung des Schuldners, der Mora. Erst diese Handlung giebt ihnen ihr Dasein, und bildet sonach

Hiermit stimmt auch die neuere Gesetzgebung überein.

Code civ. und Badisches Landrecht Art. 1259. „Zur Gültigkeit einer Hinterlegung ist es genug . . .

2. daß der Schuldner den Besitz der angebotenen Sache aufgebe und sie sammt den bis zum Tag der Hinterlegung verfallenen Zinsen an die verfassungsmäßig zur Hinterlegung bestimmte Staats-Stelle abliefere . . .“ [18]

Bürg. Gesetzb. für das K. Sachsen § 747. „Das Anerbieten muß so erfolgt sein, wie die Erfüllung dem Verpflichteten obgelegen hat. Mit der Hauptschuld müssen die davon zu gewährenden Zinsen und, bei etwa eingetretenem Verzuge des Verpflichteten, der damit verbundene Schadenersatz angeboten worden sein“.

§ 977 „— Der Gläubiger ist nicht verpflichtet, eine Zahlung auf eine Hauptforderung anzunehmen, so lange von dieser noch Zinsen oder Kosten rückständig sind“.

Entwurf eines gemeinsamen deutschen Gesetzes über Schuldverhältnisse Th. I Art. 362. „Hat ein Schuldner einen Hauptstamm (Capital), Zinsen und Kosten zu bezahlen und zahlt er eine Summe, durch welche seine Schuld nicht ganz getilgt wird,

---

ein ganz besonderes Fundament, welches mit dem der Hauptforderung in keinem nothwendigen Zusammenhange steht. Hierin liegt der wesentliche Unterschied zwischen den vorbedungenen und den Zögerungszinsen. Erstere entstehen mit der Hauptforderung zugleich, oder werden ihr durch eine besondere Stipulation, die immer nur als ein Nebentheil des Hauptgeschäftes gilt, in der Folge hinzugefügt, und sind daher immer als ein wirklicher Bestandtheil oder ein Zubehör der Hauptforderung zu betrachten. Verzugszinsen dagegen setzen alle Mal einen besonderen Entstehungsgrund voraus, der in Beziehung auf den Gläubiger ein zufälliges Ereigniß ist, und ihm ein selbständiges Recht, das Recht auf Schadenersatz, schafft. Diese selbständige Natur der Verzugszinsen hat auch das A. L. R. in der Bestimmung anerkannt:

> daß nur die vorbedungenen, nicht aber die vom Richter erkannten Verzugszinsen in Folge einer über das Kapital ohne Vorbehalt ausgestellten Quittung für bezahlt oder erlassen erachtet werden sollen.
>
> § 843. 844 Tit. 11 Th. I.

Hiernach ist die Forderung der Verklagten an Kapital und Verzugszinsen keinesweges als ein unzertrennliches Ganzes anzusehen, und ebendeshalb die Zahlung der Kapitalssumme nicht als bloße Theilzahlung zu betrachten. Die Verklagte durfte sich daher nicht weigern, das Kapital mit Vorbehalt ihres Zinsenanspruches anzunehmen. Die von den Klägern erfolgte Deposition ist hiermit für rechtmäßig zu erklären.

[18] Vgl. Zachariä v. Lingenthal, Handb. des Franz. Civilr. (5. Aufl.) § 319 Note 2.

so ist der Gläubiger nicht verpflichtet, sich die Abschlagszahlung auf den Hauptstamm abrechnen zu lassen, so lange noch Zinsen und Kosten rückständig sind".

c) Die Befugniß des Gläubigers, die Zahlung der vollen Schuld- summe zu verlangen und somit eine Theilzahlung zurückzuweisen, schließt natürlich seine Befugniß nicht aus, die Ausübung seines Rechts auf das Mindere beschränkend, nur einen Theil seiner Forderung geltend zu machen. Der Schuldner ist aber dadurch nicht gehindert, durch Zahlung des Ganzen sich von seiner Verbindlichkeit zu befreien.

Für Preußen ist hierüber eine besondere Verordnung vom 8. Fe- bruar 1811 (G.-S. S. 150) ergangen, welche bestimmt:

§ 1. „Der Gläubiger, welcher das Recht hat, eine ganze Schuldforderung aufzukündigen, ist auch zur Kündigung eines Theils derselben befugt".

§ 2. „Eben diese Befugniß stehet auch dem Schuldner zu".

§ 3. „Beide, der Gläubiger wie der Schuldner, sind be- rechtigt, auf die ihnen geschehene Partial-Kündigung, so- fort die ganze Schuld zu kündigen".

§ 7. „Die Kündigung muß jedoch dem Schuldner dergestalt zeitig bekannt gemacht werden, daß derselbe die Freiheit behält, auch zugleich von seinem Kündigungsrecht Gebrauch zu machen und sich der ganzen Schuld auf einen Tag durch volle Zahlung zu entledigen".[19])

Wird nun dem Gläubiger, seinem Willen gemäß, eine Theilzahlung geleistet, so tritt in so weit die Befreiung des Schuldners von seiner Verbindlichkeit ein.

§ 1 i. f. J. quib. mod. obl. toll. (3, 29): — — Sicut autem quod debetur pro parte recte solvitur, ita in partem debiti acceptilatio fieri potest.

Ulp. l. 9. § 1 D. h. t. (46, 3): Qui decem debet partem solvendo in parte obligationis liberatur, et reliqua quinque sola in obligatione remanent. . .

In der Annahme einer Theilzahlung Seitens des Gläubigers liegt jedoch keine stillschweigende Bewilligung einer solchen auch für den Ueberrest.

Mevii Decis. P. II dec. 208: Quando creditor a debitore suo aliquot vicibus partem quandam crediti acceperat, hic de solido reliquo conventus male excipit, se non ita, sed tantum ad particularem solutionem teneri, nec audiendus est, cum partem offert. Ex receptione partis non oritur aut abdicatio petitionis solidi, aut novatio obligationis, quae

---

[19]) Vgl. Koch, Recht der Ford. (2. Ausg.) III S. 618 f.

nec praesumitur. Quod creditor ex humanitate erga debitorem parte aliquamdiu contentus fuit, haud ipsi nocere
debet, ut inde incommoda partialis solutionis imposterum
subire debeat: nec debitori indulgeri, ut contra fidem datam
et juris regulam ideo lite creditorem vexet.
Preuß. A. L. R. Th. I Tit. 16 § 58. „Daraus allein,
daß der Gläubiger einen Theil der Zahlung angenommen hat,
folgt noch keine ſtillſchweigende Verlängerung der Zahlungsfriſt
in Anſehung des Ueberreſtes.“

§. 7. *Fortſetzung.

Zu den Erforderniſſen der Zahlung in Anſehung des Gegenſtandes
gehört es endlich, daß dem Gläubiger das Eigenthum an demſelben
oder doch die volle Verfügungsgewalt verſchafft wird.
Ulp. l. 11 § 2 i. f. D. de act. empt. (19, 1): — —
Emptor autem nummos venditoris facere cogitur.
Paul. l. 1 pr. D. de rer. permut. (19, 4): — — emptor,
nisi nummos accipientis fecerit, tenetur ex vendito...[1]
v. Keller, Pandekten § 268: Die Erfüllung (solutio) muß
ihrer Art und ihrem Gehalt nach mit dem Inhalt der Obligation übereinſtimmen, m. a. W. es muß gerade das geleiſtet
werden, was der Creditor zu fordern hatte. Und zwar gilt
dies ſowohl für das äußerliche, körperliche Objekt der Leiſtung,
als für das juriſtiſche und ſeine Intenſität... In letzterer Beziehung darf die Zahlung nicht wegen Mangels in dem Rechte
des Zahlenden verfehlt haben, dem Creditor das Recht zu verſchaffen, welches er nach dem Inhalte der Obligation zu erwarten hatte...
Bei der Geldzahlung kommt es jedoch auf Uebertragung des Eigenthums im ſtrengen Sinne inſofern nicht an, als ſchon der redliche Erwerb die volle Gewalt über die Geldſtücke garantirt.
Schon nach römiſchem Recht iſt bei Geldſchulden überhaupt nicht
erforderlich, daß dem Gläubiger Eigenthum an den hingegebenen Geldſtücken verſchafft worden ſei; es genügt, daß er ſich durch redlichen
Verbrauch des Geldes deſſen Vermögenswerth angeeignet habe.[2]

[1] Christ. de Wolff, inst. jur. nat. et gent. (Hal. 1750) § 596: Solutio pecuniae est actus, quo dominium et possessio pecuniae debitae
una transfertur, consequenter traditionem et dationem una continet.
et pecunia solvitur si ei, cui debetur, numeretur.

[2] Windſcheid, Lehrbuch des Pandektenrechts (2. Aufl.) § 342 Note 8.

Javolen. l. 78 D. h. t. (46, 3): Si alieni nummi inscio vel invito domino soluti sunt, manent ejus, cujus fuerunt; si mixti essent, ita ut discerni non possent, ejus fieri, qui accepit, in libris Gaji scriptum est, ita ut actio domino cum eo, qui dedisset, furti competeret.

Papin. l. 94 § 2 cod.: Sed et si fidejussor alienos nummos in causam fidejussionis dedit, consumtis his mandati agere potest; et ideo si eam pecuniam solvit, quam surripuerat, mandati aget postquam furti, vel ex causa condictionis praestiterit.

Julian. l. 19 § 1 D. de reb. cred. (12, 1): Si pupillus sine tutoris auctoritate crediderit aut solvendi causa dederit, consumpta pecunia condictionem habet vel liberatur non alia ratione, quam quod facto ejus intelligitur ad eum qui acceperit pervenisse: quapropter si eandem pecuniam is, qui in creditum vel in solutum acceperat, alii porro in creditum vel in solutum dederit, consumpta ea et ipse pupillo obligatur vel eum a se liberabit et eum cui dederit obligatum habebit vel se ab eo liberabit. Nam omnino qui alienam pecuniam credendi causa dat, consumpta ea habet obligatum eum qui acceperit: item qui in solutum dederit, liberabitur ab eo qui acceperit.[3]

---

[3] Die Worte in der erſten Stelle (l. 78 h. t.) „mixti ut discerni non possent" ſind nichts anders als eine Umſchreibung des in den andern Stellen gebrauchten Ausdrucks „consumpti nummi", welcher letztere nicht auf ein „Veräußern" zu beziehen iſt. Die Geldſtücke, nummi, gelten als rechtlich verzehrt, consumpti, ſobald ſie mit andern Geldſtücken ſo vermiſcht ſind, daß ſie nicht mehr herauserkannt werden können, weil eben damit im juriſtiſchen Sinne ihre Exiſtenz als einzelne für ſich ſelbſtändige Gegenſtände aufgehört hat, ſie ſonach rechtlich ihrer Individualität nach untergegangen, conſumirt ſind. Janke, das Fruchtrecht des redlichen Beſitzers (Erlangen, 1862) S. 110.

Ebenſo bemerkt Bechmann, zur Lehre vom Eigenthumserwerb durch Acceſſion (Kiel, 1867) S. 31: Die Quellen führen die durch Vermengung der Geldſtücke mit gleichartigen fremden eintretende Veränderung im Eigenthum auf die Conſumtion zurück. Das Primäre iſt der Untergang des Eigenthums; die Geldſtücke, welche nicht mehr individuell erkennbar ſind, gelten als ausgegeben und dadurch verzehrt. Weil ſie aber doch körperlich fortexiſtiren, ſo gehen ſie auch für das Eigenthum nicht ſchlechthin unter, wie andere verzehrbare Sachen; ſie wechſeln alſo nur den Eigenthümer, und da Occupation ja ſelbſt wieder Erkennbarkeit vorausſetzen würde, ſo kann der neue Eigenthümer nur der ſein, welcher ſie unter ſeinen eigenen Geldſtücken beſitzt.

Vgl. G. Hartmann, über den rechtlichen Begriff des Geldes und den rechtlichen Inhalt von Geldſchulden (Braunſchweig, 1868) S. 20 ff.

Baierisches Landrecht (Cod. Max. Bav. civ.) Th. IV Kap. 14 § 6. „— Ad 3 tium wird durch die Zahlung, welche nicht aus eigenen Mitteln geschieht, weder die Schuld aufgehoben, noch das Eigenthum des erlegten Geldes oder Gutes auf den Gläubiger gebracht, es sey denn bona Fide von ihm verzehrt, verjährt oder mit anderem Gelde und Gute bereits dergestalt vermischt, daß man solches nicht mehr zu unterscheiden weiß."

Code civil und Badisches Landrecht, Art. 1238. „Um gültig zu zahlen, muß man Eigenthümer der zur Zahlung hingegebenen Sache und fähig seyn, sie zu veräußern.

Die Zahlung einer Summe in Geld oder andern verbrauchbaren Sachen kann jedoch von dem Gläubiger, der sie redlicher Weise verbraucht hat, nicht zurückgefordert werden, obwohl sie durch Jemand geschah, der nicht Eigenthümer der gezahlten Sache war, oder sie nicht veräußern konnte".

Oesterreichisches b. G. B. § 371. „Sachen, die sich auf diese Art nicht unterscheiden lassen, wie baares Geld mit andern baarem Gelde vermenget, oder auf den Ueberbringer lautende Schuldbriefe, sind in der Regel kein Gegenstand der Eigenthumsklage, wenn nicht solche Umstände eintreten, aus denen der Kläger sein Eigenthumsrecht beweisen kann, und aus denen der Geklagte wissen mußte, daß er die Sache sich zuzuwenden nicht berechtigt sei".

Einzelne neuere Gesetzgebungen gehen noch weiter, indem sie den Grundsatz „Hand muß Hand wahren" zur Sicherung des Verkehr hier insoweit zur Geltung bringen, daß sie die Vindication auch unvermischten fremden Geldes gegen den redlichen Besitzer ausschließen.[4]

Bürgerl. Gesetzbuch für das K. Sachsen § 248. „— Ist mit Geld eines Dritten gezahlt worden und hat der Empfänger dasselbe mit dem seinigen vermischt, ohne daß die Geldstücke des Dritten abgesondert werden können, so wird der Empfänger Eigenthümer des fremden Geldes".

§ 296. „Bei Metallgeld, Papiergeld, ingleichen bei öffentlichen auf den Inhaber gestellten Werthpapieren, ausgenommen wenn letztere durch eine darauf gebrachte Bemerkung gültiger Weise außer Cours gesetzt sind, findet die Eigenthumsklage nur gegen Denjenigen statt, welcher zur Zeit der Erwerbung dieser Gegenstände in unredlichem Glauben gestanden hat".[4a]

---

[4] Goldschmidt a. a. O. S. 1143.

[4a] In Siebenhaar's Com. I S. 239 wird dazu bemerkt: Hinsichtlich einer Zahlung mit fremdem Gelde gestaltet sich das Verhältniß nach § 248 in Verbindung mit § 296 so: Ist aus Mangel unterscheidender Merkmale das fremde Geld von dem eigenen des Empfängers nicht auszusondern, so wird der Empfänger ohne Rücksicht auf die Beschaffenheit seines Glau-

Ja, sofern die Münzen zugleich Waare sind, läßt sich die Vor=
schrift des Allgemeinen deutschen Handelsgesetzbuches Art. 306:

> „Wenn Waaren oder andere bewegliche Sachen von einem
> Kaufmann in dessen Handelsbetriebe veräußert und übergeben
> worden sind, so erlangt der redliche Erwerber das Eigenthum,
> auch wenn der Veräußerer nicht Eigenthümer war. Das früher
> begründete Eigenthum erlischt...
>
> Dieser Artikel findet keine Anwendung, wenn die Gegenstände
> verloren oder gestohlen waren".[5]

zur Anwendung bringen.

Das Preußische Landrecht hat sich der neueren Ansicht über die
Ausschließung der Vindication des auch unvermischten fremden Geldes
gegen den redlichen Besitzer gleichfalls, jedoch mit einer eigenthümlichen
Beschränkung, angeschlossen. Dasselbe verordnet Th. I Tit. 15:

> § 45. „Baares coursirendes Geld kann gegen einen red=
> lichen Besitzer nicht zurückgefordert werden, wenn selbiges auch
> noch unvermischt und unversehrt in dem Beutel oder anderem
> Behältnisse, in welchem es vorhin gewesen ist, gefunden werden
> sollte".
>
> § 46. „Hat jedoch der gegenwärtige Besitzer des Geldes,
> welches unter obigen Umständen noch von allen anderen Gelde
> mit Gewißheit unterschieden werden kann, dasselbe unentgeltlich
> überkommen, so muß er es dem Eigenthümer herausgeben".

Diese Vorschriften finden sich wieder in einer von v. Kamptz (in
seiner Zusammenstellung der in den Ostrheinischen Theilen des Reg.=
Bez. Coblenz noch geltenden Provinzial= und Particular=Rechte, Berlin,
1837 S. 103) mitgetheilten Kurf. Primat. Verordn. vom 26. August
1808, welche bestimmt:

> § 2. „Baares coursirendes Geld" — u. s. w. wie oben § 45.
>
> § 3. „Wenn jedoch der Kläger zu erweisen im Stande ist,
> daß der dritte redliche Besitzer entweder das noch von allem

---

bens, Eigenthümer des Geldes, und eine Vindication findet überhaupt
gegen den Empfänger nicht statt; ist eine Aussonderung möglich, so ist die
Vindication nur in dem Falle zulässig, wenn sich der Empfänger beim
Empfange nicht im redlichen Glauben befand.

[5] Endemann, das Deutsche Handelsrecht § 80 Note 6: Dieser Satz ist die
nächste Folge der Fungibilität und um so wirksamer, als der böse Glaube
in Beziehung auf Geldstücke, diese Jedermannssache, welche von Hand zu
Hand zu wandern bestimmt ist, von vornherein eine seltenere Ausnahme
bildet, auch der Beweis der Identität in den meisten Fällen geradezu un=
möglich wird. Daher hat die Uebertragung des Geldes niemals die star=
ken Formen (in jure cessio, mancipatio) erheischt, welche das Aufgeben
des Eigenthums an andern Einzelsachen erforderte.

andern dergestalt abgesonderte Geld, daß es von jenem mit Ge=
wißheit unterschieden werden kann — oder die dem Kläger ab=
handen gekommene, auf den Inhaber lautende Obligation oder
Schuldbriefe ohne alle Ursach, z. B. nicht als Belohnung für
geleistete Dienste und so unentgeltlich an sich gebracht habe, daß
er sich mit des Klägers Schaden bereichern würde, so hat als=
dann von der Regel § 1 u. 2 eine Ausnahme Statt, und der
obgleich redliche Besitzer bleibt in diesem Falle schuldig, sich auf
die gegen ihn angestellte Klage des vorigen Inhabers einzulassen".

Die oben gedachte Bestimmung des § 46 kann zwar in dem uns
hier allein beschäftigenden Falle, nämlich bei der Zahlung einer Geld=
schuld mit fremdem Gelde, nicht zur Anwendung kommen, weil dann
stets ein entgeltlicher Erwerb vorliegt; allein es darf doch nicht un=
erwähnt bleiben, daß jener Satz überhaupt als ein verfehlter zu be=
zeichnen ist, da er der Natur des Geldes widerspricht.

Plathner in der Preuß. Gerichts-Zeitung von 1860 S. 170, 171
hebt dies richtig hervor, indem er ausführt:

Die Ausschließung der Vindication des Geldes gegen den
redlichen Erwerber ist eine Folge der eigenthümlichen Bedeutung
des Geldes im Verkehr des bürgerlichen Lebens. Sie bleibt
sich ganz gleich, es mag sich um entgeltlichen oder unentgelt=
lichen Erwerb handeln. Aus ihr läßt sich also kein Grund
entnehmen, den entgeltlichen und unentgeltlichen Erwerb zu
unterscheiden und nur für den Fall des ersteren die Vindication
auszuschließen. Nur im Interesse des bisherigen Eigenthümers
kann eine derartige Unterscheidung gemacht werden. Aber sie
läßt sich auch von diesem Gesichtspunkte aus nicht rechtfertigen.
Das Recht des bisherigen Eigenthümers wird nämlich in durch=
aus gleicher Weise verletzt und der ihn treffende Nachtheil ist
ganz derselbe, der Besitzer mag das Geld entgeltlich oder un=
entgeltlich erworben haben. Dieser Unterschied trifft nur das
Interesse des Besitzers. Wenn es also gerechtfertigt ist, gegen
das Interesse des bisherigen Eigenthümers im Falle des ent=
geltlichen Erwerbes Seitens des Besitzers das Vindicationsrecht
des bisherigen Eigenthümers auszuschließen, so ist es in gleicher
Weise gerechtfertigt, im Falle des unentgeltlichen Erwerbes den=
selben Grundsatz festzuhalten. Freilich kann man sagen, es sei
dem Interesse des bisherigen Eigenthümers entsprechend, wenig=
stens für den letzteren Fall die Vindication zuzulassen. Ein
derartiges unbestimmtes Argument ist aber nicht geeignet, den
aus der eigenthümlichen Bedeutung des Geldes hergeleiteten
Satz umzustoßen. . . Den Gesichtspunkt der Bereicherung macht
man hier nicht geltend, sonst würde auf das Vermischtsein des
Geldes nichts ankommen. Es bleibt nur ein unbestimmtes Ge=
fühl der Billigkeit, welches eine solche Verpflichtung rechtfertigen

soll. Es ist aber an sich nicht billig, das Recht der Vindica=
tion von dem ganz zufälligen Umstande abhängig zu machen,
ob das Geld unvermischt geblieben ist oder nicht. Es fällt
aber noch ein anderer Umstand ins Gewicht. Der Empfänger
kann sehr wohl mit Rücksicht auf das unentgeltlich empfangene
Geld Ausgaben gemacht haben, die er sonst nicht gemacht hätte.
Hat er nun zufällig diese Ausgaben mit dem empfangenen Gelde
bestritten, so hätte er nichts zu restituiren. Von so zufälligen
Umständen darf die Verpflichtung zur Restitution nicht abhängig
gemacht werden.

§ 8.

3. Zahlungszeit.

Ein sehr wesentliches Moment bei der Erfüllung der Obligation
ist die Zeit und der Ort der Erfüllung.

In ersterer Beziehung gilt der vom Preußischen Landrecht Th. I
Tit. 16 § 15 aufgestellte allgemeine Grundsatz:

> „Ein Jeder ist schuldig, seine Verbindlichkeiten auch zur ge=
> hörigen Zeit zu erfüllen".

Ueber die Anwendung dieser Rechtsregel ist Folgendes zu bemerken:

1. Was den Eintritt der Erfüllungszeit betrifft, so tritt
hier der Unterschied zwischen der unbetagten und der betagten Obli=
gation hervor.

Als Regel ist auch nach unserem Rechte anzuerkennen,

> „daß jede Obligation, vom Augenblicke ihrer Entstehung an,
> die Nothwendigkeit begründet, welche das Wesen der Obli=
> gation ausmacht, so daß die Leistung sofort eingeklagt werden
> kann —"

ein Satz, der nach römischem Kunstausdruck so lautet:

> „jede Obligation ist von selbst als praesens obligatio anzu=
> sehen".[2]

---

[1] Callistr. l. 85 D. h. t. (46, 3): Solidum non solvitur non minus
quantitate, quam die.

Ulp. l. 12 § 1 D. de V. S. (50, 16). Minus solvit qui tardius solvit: nam et tempore minus solvitur.

§ 33 J. de act. (4, 6): — — Plus petitur . . . tempore: veluti si
quid ante diem vel ante conditionem petierit. Qua ratione enim
qui tardius solvit, quam solvere deberet, — minus solvere intelligitur,
eadem ratione qui praemature petit plus petere videtur.

[2] v. Savigny, das Obligationenrecht I § 50 S. 516 f.

Ulp. l. 41 § 1 D. de V. O. (45, 1): Quoties autem in obligationibus dies non ponitur, praesenti die pecunia debetur.

Id. l. 213 pr. D. de V. S. (50, 16): Cedere diem significat, incipere deberi pecuniam, venire diem significat, eum diem venisse, quo pecunia peti possit. Ubi ergo pure quis stipulatus fuerit, et cessit et venit dies...

Pompon. l. 14 D. de R. J.: In omnibus obligationibus, in quibus dies non ponitur, praesenti die debetur.

Oesterr. b. G. B. § 904. „Ist keine gewisse Zeit für die Erfüllung des Vertrages bestimmt worden, so kann sie sogleich, nämlich ohne unnöthigen Aufschub gefordert werden"...[3]

Sächsisch. b. G. B. § 711. „Forderungen sind zu der Zeit zu erfüllen, welche für die Erfüllung bestimmt ist, oder sich aus der Beschaffenheit der Leistung ergibt. In Ermangelung einer solchen Erfüllungszeit kann der Berechtigte sofort nach Entstehung der Forderung — — die Erfüllung verlangen und der Verpflichtete, wenn der Berechtigte nicht fordert, zu jeder beliebigen, nicht unangemessenen Zeit erfüllen". [4]

Allgemeines Deutsches Handelsgesetzbuch, Art. 326. „Wenn die Zeit der Erfüllung einer Verbindlichkeit in dem Vertrage nicht bestimmt ist, so kann die Erfüllung zu jeder Zeit gefordert und geleistet werden, sofern nicht nach den Umständen oder nach dem Handelsgebrauche etwas Anderes anzunehmen ist".

Privatrechtl. G. B. für den K. Zürich § 987. „Ist über die Zeit der Erfüllung, sei es durch Vertrag oder Gesetz oder Uebung, keine besondere Bestimmung getroffen, so ist der Gläubiger berechtigt, sofortige Erfüllung zu verlangen. — Dabei ist jedoch billige Rücksicht zu nehmen auf die Beschaffenheit der Umstände und das in diesen liegende Bedürfniß eines mäßigen Aufschubs".

Das Baierische Landrecht (Cod. Max. Bav. civ.) Th. IV Kap. 14 § 9 enthält die eigenthümliche Bestimmung:

„— 2do. In Schulden, welche auf gewisse Zeit nicht eingeschränkt sind, kann der Schuldner vermöge hiesigen Landrechts nicht eheunter, als nach vierzehn Tagen von der Zeit der Obligation, um die Bezahlung belangt werden".

welche v. Kreittmahr in seinen Anmerkungen a. a. O. Nr. 1 damit rechtfertigt:

---

[3] Vgl. Unger, System des österreich. allg. Privatrechts II S. 333 Note 10.

[4] Motive: „Mit den Worten: „nicht unangemessenen Zeit" hat ausgedrückt werden sollen, daß die Erfüllung nicht zu einer nach allgemeinen Begriffen für unangemessen zu achtenden Zeit, z. B. zur Nachtzeit, geschehen dürfe. Dagegen hat der Gläubiger nicht etwa Anspruch darauf, daß die vom Schuldner gewählte Erfüllungszeit seinem Interesse, seinen Wünschen und subjectiven Ansichten entsprechen müsse."

Bei unbestimmter Zeit soll zwar die Bezahlung de stricto Jure alsogleich geschehen, welches jedoch nicht so crude nude, sondern cum aliquo Laxamento Temporis zu nehmen ist. Non enim (heißt es in L. 105 D. h. t.) cum sacco adire debet, und man pflegt Debitori wenigst so viel Zeit zu lassen, daß er verschnaufen kann, si non ex Justitia et Necessitate, saltem ex Honestate et Humanitate. Wie weit sich dieser Respiro erstrecke, ist in Jure communi nicht determinirt, sondern auf richterliche Ermäßigung ausgestellt. Unser Jus statutarium aber giebt einen 14 tägigen Termin.[5]

Ist dagegen der Wille der Interessenten nicht auf sofortige Erfül-lung, sondern auf eine Befristung derselben gerichtet, so liegt eine betagte Obligation vor, nämlich eine durch eine Nebenbestimmung, die Beifügung eines dies,[6] modificirte Obligation, gleichviel, ob diese Nebenbestimmung auf ausdrücklicher oder stillschweigender Uebereinkunft beruht.

Hierher gehört nach unserem Recht insbesondere auch der Fall, wenn ein Darlehn ohne besondere Zeitbestimmung hingegeben ist.

Nach römischem Recht gilt hier der Grundsatz, daß von beiden Seiten zu jeder Zeit Zahlung gefordert und geleistet werden könne, und dabei nur von Seiten des Gläubigers billige Rücksicht darauf zu nehmen sei, daß der Schuldner Zeit genug habe, theils das Darlehn in seinen Nutzen zu verwenden, theils die zur Rückzahlung erforder-

---

[5] H. Schletter, die revisio differentiarum juris civilis et Saxonici in den Jahren 1571 und 1572 (Leipz. 1869) S. 23 zu diff. 56: Bey der 56. Differentz ist zu erinnern, daß der, so Condemnirt ist, vel qui pro judicato est habitus, sive actione reali, sive personali, solle zur Be-zahlung 14 Tage haben, da die nicht erfolget, so gibt man ihm Sächsische Frist, als sechs Wochen und drey Tage zu Hülfe.

[6] Ulpian. l. 41 § 1 D. de V. O. (45, 1): — — Verum dies adjectus efficit, ne praesenti die pecunia debeatur . . .

Unger, System des österreich. Privatrechts II S. 88: Die Hinzufü-gung der Zeitbestimmung (Ziel, Termin, Zeitpunkt, dies, tempus) er-scheint als eine Nebenbestimmung, wodurch das Rechtsgeschäft und das durch dasselbe erzeugte Rechtsverhältniß in zeitlicher Beziehung beschränkt wird: dem Rechtsgeschäft respective dem Rechtsverhältniß und der daraus entspringenden Berechtigung und Verpflichtung ist ein Termin gesetzt.

Windscheid, Lehrbuch des Pandektenrechts § 96: Befristung oder Betagung ist die bei einer Willenserklärung gemachte Hinzufügung des Inhaltes, daß die gewollte rechtliche Wirkung erst mit einem gewissen Zeitpunkte eintreten solle.

liche Quantität wieder aufzubringen — eine Frist, deren Bestimmung erforderlichen Falls dem richterlichen Ermessen anheimfällt.[7])

Auf diesem Standpunkte stehen auch die älteren deutschen Landesrechte.

Nüwe Stattrechten und Statuten der Statt Fryburg im Pryßzgow, von 1520, Zweyter Tractat Tit. I Absatz 2. „In dem underscheid des lyhens das barschafft anrürt, Setzen und ordnen wir, welcher dem andern gelt ... on ernennte Zil und tag lyhet, der mag sin schuld vordern wenn er will"...

Erneuerte Reformation der Stadt Nürnberg von 1564 Ty. II Tit. XIII Ges. II Abs. 2. „Were aber zu der bezahlung keine Frist bestimpt, So soll die beschehen, wann der Leiher das geliehen gut widerumb erfordert".

Statuten der Stadt Hamburg von 1603 Th. II Tit. 1 Art. 2. „Entgegen aber, und obschon bei beschehener Entlehnung keiner gewissen Zeit gedacht; so kann dennoch der Leiher oder Gläubiger das ausgeliehene Ding nicht alsbald wieder fordern, sondern muß den Entlehner dasselbige erstlich gebrauchen lassen. Und im Fall, da wegen der Zeit, wann solch ausgeliehen Ding wieder zu geben, beide Theile sich hernach nicht vereinigen können, ist selbige dem Richter zu ernennen und anzusetzen billig heimzustellen".

Erneuertes Land=Recht des Hertzogth. Württemberg von 1610 Th. II Tit. 1 § 6. „Welcher dem andern Gelt — ohne einige zu widerstattung ernannte Zihl, zu einem gewissen gebrauch hinleihet, der soll selbiges nicht wider erfordern, es setze dann solcher Gebrauch geendet, oder so vil Zeit verflossen, daß einer dazwischen denselben Gebrauch wol haben könden. Im Fall dann im Entlehnen keines gewissen Gebrauchs gedacht, soll zu deß Richters Erkanntnus stehen, wann solche Schuld widerumb zu erstatten"...

Erneuertes Land=Recht Churfürstl. Pfaltz bey Rhein von 1610 Th. II Tit. 2 § 8. „Im Fall keine gewisse Frist zur Bezahlung genennet oder geben worden, so stehet dem leiher jederzeit frey, wann er die erfordern wolle. Allein das solche erforderung nicht zu bald, und gleich nach der anleyhung beschehe: Es würde dann der leyher der bezahlung gar hoch benötigt, oder daß der entlehner wol und leichtlich bezahlen könte".

Revidirtes Land=Recht des Hertzogth. Preußen von 1685 (verb. L.=R. des K. Preußen von 1721) Buch IV Tit. I Art. III § 8. „— Wie auch, da keine gewisse Frist zur Bezahlung benennet oder gegeben worden, dem creditori und Leiher frey

---

stehet, wann er solche erfordern thut: Allein, daß solche Forde=
rung nicht zu bald beschehe, sondern dem debitori ein viertel
Jahr zum wenigsten, wo er ihm nicht ein gantz Jahr vergönnen
wolte, darzu gelassen werde".

Die letztere Bestimmung deutet schon auf die Nothwendigkeit einer
gesetzlichen Regelung der Zahlungsfristen.

Eine solche Regelung hat sich denn auch allmählig durch Gewohn=
heitsrecht gebildet.[8]) Und im Anschlusse hieran hat unser Preußisches
Landrecht Th. I Tit. 11 §§ 761 f., beim Darlehn bestimmte, mit der
Kündigung ihren Anfang nehmende Zahlungsfristen festgesetzt. Hiernach
ist für uns in Fällen dieser Art das alte legitimum tempus, d. h.
die Vorbereitungs= oder Anschaffungsfrist, welche der Richter dem ver=
urtheilten Schuldner bewilligen durfte,[9]) ganz entbehrlich geworden.

Das Gesetz selbst hat eine derartige Obligation, ungeachtet des
Mangels einer von den Kontrahenten festgesetzten Zeitbestimmung, zu
einer betagten gemacht.

2. Die in der Obligation selbst enthaltene Festsetzung der Zahlungs=
zeit kann nun doppelter Art sein. Es ist entweder ein gewisser Zeit=
raum festgesetzt, bis zu dessen Ablauf, oder ein bestimmter Tag, an
welchem die Zahlung zu leisten ist.

Im ersten Falle hat der Schuldner unter den in den Zeitraum
fallenden Tagen die Wahl, muß aber spätestens am letzten Zahlung
leisten, so daß mit Ablauf desselben seine Schuld fällig ist.

§ 26 J. de inut. stip. (3, 19) und Pompon. l. 42 D. de
V. O. (45, 1): Qui hoc anno aut hoc mense dari stipulatus
est, nisi omnibus partibus praeteritis anni vel mensis non
recte petet.

Pompon. l. 50 D. de O. et A. (44, 7): Quod quis aliquo
anno dare promittit, aut dare damnatur, ei potestas est
quolibet ejus anni die dandi.

Venulej. l. 138 pr. D. de V. O. (45, 1): Eum qui cer-
tarum nundinarum diebus dari stipuletur, primo die petere
posse Sabinus ait; Proculus autem et ceteri diversae scho-
lae auctores, quamdiu vel exiguum tempus ex nundinarum
spatio superesset, peti (non) posse existimant. Sed ego cum
Proculo sentio.

Revidirtes Land=Recht des Hertzogth. Preußen von 1685
(verbess. L.=R. des K. Preußen von 1721) Buch) IV Tit. XXI

---

[8]) S. die oben angeführten „Beiträge" XII S. 762 Note *.

[9]) l. 9 C. de exec. rei jud. (7, 53) — nec intra statutum tempus solu-
tioni satis fecerint.

Art. I § 7. a. — Da auch jemand auff eine gewiſſe beſtimbte Zeit etwas zu bezahlen verſprochen hat, das mag er zu Stund an, oder wann es ihm in derſelben Zeit gelegen iſt, bezahlen; dann die Mittelzeit iſt ihm frey".

Allgemeines Deutſches Handelsgeſetzbuch Art. 330. „Soll die Erfüllung innerhalb eines gewiſſen Zeitraums geſchehen, ſo muß ſie vor Ablauf deſſelben erfolgen.

Fällt der letzte Tag des Zeitraums auf einen Sonntag oder allgemeinen Feiertag, ſo muß ſpäteſtens am nächſtvorhergehenden Werktage erfüllt werden."[10]

Entwurf eines gemeinſamen deutſchen Geſetzes über Schuld= verhältniſſe Th. I Art. 261. „Soll die Erfüllung einer Ver= bindlichkeit mit dem Ablauf einer nach Tagen beſtimmten Friſt erfolgen, ſo wird der Tag, von welchem die Friſt an zu be= rechnen iſt, in dieſelbe nicht mit eingerechnet, und das Ende der Friſt tritt erſt ein, wenn der letzte Tag derſelben abgelaufen iſt".[11]

Im zweiten Falle tritt die Fälligkeit der Schuld mit dem Ablaufe des beſtimmten Tages ein, ſo daß der Gläubiger erſt dann die Zah= lung zu fordern befugt iſt.

§ 2. J. de verb. obl. (3, 15): Omnis stipulatio aut pure aut in diem — fit . . . in diem, cum adjecto die quo pe- cunia solvatur, stipulatio fit, veluti „decem aureos primis Kalendis Martiis dare spondes?" Id autem, quod in diem stipulamur, statim quidem debetur, sed peti prius quam dies veniat, non potest: at ne eo quidem ipso die, in quem sti- pulatio facta est, peti potest, quia totus is dies arbitrio sol- ventis tribui debet. Neque enim certum est eo die, in quem promissum est, datum non esse priusquam is praeterierit.

Paul. l. 44 § 1 D. de O. et A. (44, 7): Circa diem duplex inspectio est: nam vel ex die incipit obligatio, aut confer- tur in diem. Ex die: veluti „kalendis Martiis dare spon- des?" cujus natura haec est, ut ante diem non exigatur...

Id. l. 46 pr. D. de V. O. (45, 1): Centesimis kalendis

---

[10] Besondere Beſtimmungen enthält der Artikel 328 für den Fall, wenn die Erfüllung einer Verbindlichkeit mit dem Ablaufe einer beſtimmten Friſt nach Abſchluß des Vertrages erfolgen ſoll — im Anſchluſſe an die Vor= ſchriften der Allgem. deutſchen Wechſelordnung Art. 32. Vgl. Ende= mann, das Deutſche Handelsrecht § 91 III D. W. Hartmann, das deutſche Wechſelrecht § 119.

[11] Erkenntniß des O. A. G. zu Celle vom 3. Juni 1841: Verpflichtet ſich Jemand, innerhalb acht Tagen, von heut angerechnet, zu zahlen, ſo beginnt die Friſt mit dem dem Verſprechen nächſtfolgenden Tage. (Seuffert, Archiv X Nr. 25).

dari utiliter stipulamur: quia praesens obligatio est, in diem autem dilata solutio.

Das alte Kulmische Recht (herausg. von C. K. Leman) Buch I Kap. XXII. „Geloubet eyn man dem andern vor den scheppen adir vor den ratmannen eyn gelt tzu gebene uf eynen benumpten tag und lesst ym yener an dem gelubde genugen. so mag her den schuldiger vor dem geldetage nicht uf burgen noch uf andir gewisheit gedryngen…"

Das Glogauer Rechtsbuch Kap. 498 (Wasserschleben, Samml. deutscher Rechtsquellen I S. 60) „Wen ein man gelt geldin sal der sal es gelden er dy sonne under get in des richters hause oder czu des mannes hause deme man geldin sol."

Lübisches Recht Th. III Tit. 1 Art. 8. „Es sol niemandt umb Schuldt, die auff gewisse zeit stehet, vor der zeit gemanet werden".

Erneuertes Land-Recht des Hertzogth. Württemberg von 1610 Th. II Tit. I § 6 a. E. „— So aber gewisse Zihl und Tag der Bezahlung bestimbt, solle es dar bey verbleiben, und also der Leyher länger nicht auffgehalten werden."

Erneuerte Reformation der Statt Frankfurt a. M. von 1611 Th. II Tit. XI § 7. „Wann zu der Bezahlung eine namhaffte Zeit ist angesetzt worden, So kann und soll die Bezahlung an den Entlehner ehe nicht erfordert werden, es seye dann solche Zeit erschienen und fürüber…" Tit. XXIV § 3. „Es soll dieselbige (die Bezahlung) allwegen zu bestimpter Zeit geschehen, und nicht verzogen werden … §. 4. „Aber vor dem bestimpten Termin ist der Schuldner zu bezahlen nicht schuldig, mag auch von dem Gläubiger eher darumb nicht gemahnet, noch angesprochen werden…"

Revidirtes Landrecht des Hertzogth. Preußen von 1685 (verbeff. L.-R. des K. Preußen v. 1721) Buch IV Tit. I Art. III § 7. „Wenn auch in ob bemelten Leihen (in hoc contractu mutui) eine benante Zeit zu der solution und Bezahlung ist angesetzet worden: So hat der Leiher oder mutuator vel creditor nicht Macht, ehe und zuvor dieselbige Zeit erschienen und fürüber ist, die Bezahlung zu erfordern. Denn da sich der Schuldener auff eine bestimbte Zeit oder dingliche Maaß der Zahlung verpflichtet: Kann und soll er, vor und ehe solch Beding und condition vollnzogen, oder die Zeit erschienen ist, nicht beklagt werden…" [12]

---

[12] Preuß. A. L. R. Th. I Tit. 3 § 47. „Soll eine Pflicht an einem bestimmten Tage geleistet werden, so kömmt dem Verpflichteten der ganze Tag zu Statten." Th. I Tit. 16 § 53. „Der Gläubiger ist, Wechselzahlungen ausgenommen, nicht eher, als nach gänzlichem Ablaufe des bestimmten Tages, auf die Zahlung zu klagen berechtigt."

3. In den meisten Fällen ist die einer Obligation beigefügte Zeit=
bestimmung auf den Vortheil des Schuldners berechnet. Sie erscheint
daher als eine Begünstigung desselben, als ein ihm gewährter
Aufschub, dessen Benutzung in seinem Belieben steht. Es ist somit
der Natur der Verhältnisse ganz entsprechend, wenn die römischen Ju=
risten diesen Gesichtspunkt in den Vordergrund stellen.

Ulp. l. 17 D. de R. J.: — — in stipulationibus pro-
missoris gratia tempus adjicitur.

Id. l. 41 § 1 D. de V. O. (45, 1): — — Verum dies
adjectus efficit, ne praesenti die pecunia debeatur. Ex quo
apparet, diei adjectionem pro reo esse, non pro stipulatore.

Venulej. l. 137 § 2 eod.: — — nam et quod in diem
debetur, ante solvi potest, licet peti non potest...

Celsus l. 70 D. h. t. (46, 3) und Ulp. l. 38 § 16 de V. O.:
Quod certa die promissum est, vel statim dari potest; totum
enim medium tempus ad solvendum promissori liberum re-
linqui intelligitur.

Dabei verkennen sie nicht, daß unter Umständen bei der Festsetzung
des Zeitpunktes der Erfüllung auch der Vortheil des Berechtigten
berücksichtigt sein kann, so daß dieser eine frühere Leistung nicht anzu=
nehmen braucht. [13]

Oesterreich. b. G. B. § 903. „— Zur Erfüllung einer Verbindlichkeit
kommt dem Verpflichteten der ganze bestimmte Tag zu Statten.“

Sächsisches b. G. B. § 716. „Vor der bestimmten Zeit kann der Be=
rechtigte die Erfüllung nicht fordern.“

Zürcherisches privatr. G. B. § 988. „Ist ein bestimmter Leistungstag
(Zahltag) verabredet, so ist der Gläubiger nicht berechtigt, vorher Erfüllung
zu fordern.“

[13] Ulp. l. 17 D. de R. J.: Cum tempus in testamento adjicitur, creden-
dum est pro herede adjectum, nisi alia mens fuerit testa-
toris ...

Vgl. l. 43, 2 D. de leg. 2. l. 15 D. de ann. leg. (33, 1).

Codex Fabrianus. Lib. VIII tit. 30 def. 14: Quod in diem debetur non semper ante diem solvi potest, licet dici soleat plus praestare debitorem, quam debeat, cum solutionem repraesentat. Quid
enim si dies adjecta sit in favorem creditoris, non debitoris, sive ex
testamento, sive ex contractu, aut qua alia justa causa debeatur?
Utique dies exspectanda est, ne quicquam de creditoris jure minuatur.
Ita Senat. Sabaudiae. Carpzov, Jurispr. for. P. II const. 28 def.
12. Non potest solvi ante diem Creditori debitum, si dies fuerit adjecta in favorem Creditoris.

Hierher gehört insbesondere der Fall eines zinsbaren Darlehns.

Groenewegen, de legib. abrog. vel inusit. ad Dig. 45, 1 l. 122:

Diesem natürlichen Gesichtspunkte folgen auch ältere deutsche Landesrechte.

Nüwe Stattrechten und Statuten der Statt Fryburg im Pryßgow von 1520 Tractat II Tit. 1 Abs. 2: „— Weren aber zil und tag gesetzt, so sol der lyher vor dem zyl nit vordern, aber der schuldner mag vor dem zil wol zalen wenn er wil".

Der Stat Nürnberg verneuerte Reformation von 1564 Th. II Tit. XIII Ges. II Abs. 1. „Wann einem auf ein nemliche zeit und frist etwas widerumb zu bezalen, gelihen würdet, So mag der Leyher solches vor derselben zeit nit fordern, aber der entleher solches vor der zugelaßnen Frist vol zalen."

Landes=Ordnung der Graffschaft Solms von 1571 Th. II Tit. 2 § 13. „Wann auch in obbemeltem leyhen ein benannte zeit zu der bezalung angesetzt worden, so hat der Leyher nit macht, ehe und zuvor dieselbig zeyt erschienen, und fürüber ist, die bezalung zu erfordern, aber der Entlehner hatt wol macht dieselbig schuldt jeder zeyt, für dem ziel, dem Leyher zu bezalen."

Erneuertes Land=Recht Churfürstl. Pfaltz bey Rhein von 1610 Th. II Tit. 2 § 7. „Wann auch zur bezahlung ein gewisse zeit bestimmet, soll vor erscheinung solcher zeit an den entlehner mit Recht nichts geforderd werden: Entgegen aber der entlehner macht haben, jederzeit, auch vor ernandtem ziel, die bezahlung zu thun."

Der Statt Franckfurt a. M. erneuerte Reformation von 1611 Th. II Tit. 24 §. 3. „Es soll dieselbige (die Bezahlung) allwegen zu bestimpter Zeit geschehen, und nicht verzogen werden. Doch stehet dem Schuldtmann bevor, daß er die Bezahlung auch vor dem bestimpten Termine, (dieweil derselbig allein ihme

---

Hinc colligunt DD. quod debitor, qui in annum sub usuris pecuniam accepit, invito creditore ante tempus solvere nequit, nisi una totius anni usuras offerat; id quod disertis verbis exprimit Glossa in l. 30 D. de reb. cred.

Mevii com. in Jus Lub. P. III tit. VIII art. 12 nr. 4: Etsi dici soleat, quod invito creditori ante diem solvi possit a debitore, id tamen hic cessat, dum ne quidem ipso die solvi potest, nisi denuntiatum fuerit justo tempore, quod inde statuitur, quia interest emptoris seu redituarii, ut praesciat futuram solutionem, quo praedeliberare possit de pecunia in usus suos convertenda, nec eam secum otiosam pati cogatur. Mevii decis. P. VI dec. 120. cf. Voet, com. ad P. XII, 1 nr. 20. XXII, 1 nr. 9. Hommel Rhaps. II. obs. 393. Debitori ante diem solvere licet in mutuo, non in foenore. Glück, Com. XII S. 93 fg. Luden in Weiske's Rechtslexic. III S. 238. Gmelin im Württemb. Archiv XII S. 52 f.

zum Vortheil und besten angesehen) wann er darzu gefaßt ist, thun mag".

Revidirtes Land=Recht des Hertzogth. Preußen von 1685 (verbeff. L.=R. des K. Preußen von 1721) Buch IV Tit. I Art. III §. 7 a. E. „— Hergegen aber hat der mutuatarius und Entlehner wol Macht, dieselbige Schuld, so in mero mutuo ohn Interesse stehet, jederzeit für dem Termin oder Ziel, dem Leiher oder mutuatori vel creditori zu bezalen."

Baierisches Landrecht (Cod. Max. Bav. civ.) von 1756 Th. IV Kap. 14 §. 9 „— 3tio Wenn eine gewisse Zahlungs=Zeit bestimmt ist, so hat zwar Creditor solche regulariter auszu= warten, Debitor hingegen kann auch vor dem Ausgange der= selben bezahlen, weil sie ihm zum Besten bestimmt ist, folglich derselbe sich seiner Wohlthat auch allemal wiederum begeben mag, es sey denn die vorläufige Aufkündung, oder sonst ein anderes specialiter bedungen, oder eine rechtserhebliche Ursache, z. E. die vor der Thüre stehende Münz=Devalvation, vor= handen".

Die Fälle, in denen auch der Gläubiger ein rechtliches Interesse dabei hat, daß die Zahlung nicht v o r der festgesetzten Zeit geleistet werde, kommen heutzutage vermöge des gesteigerten Verkehrs und der höheren Ausbildung der Geldgeschäfte bei Weitem häufiger vor, als bei den Römern geschah. Für Fälle dieser Art ist also als Regel fest= zuhalten, „daß der Gläubiger so lange die Zahlungsannahme und Libera= tion verweigern darf, bis seinem erwähnten Interesse an dem dies vollständig Genüge geschehen ist." [14])

Unser Preußisches Landrecht ist jedoch insofern weiter gegangen, als es überhaupt, also g a n z a l l g e m e i n den Grundsatz aufstellt:

„Vor Ablauf des im Vertrage bestimmten Zeitraumes kann, wider den Willen eines oder des andern Theils, die Erfüllung weder gefordert noch geleistet werden". [15])

„Vor der bestimmten Zeit ist der Gläubiger die Zahlung an= nehmen nicht schuldig". [16])

Das Oesterreichische b. G. B. ist demselben gefolgt, indem es all= gemein vorschreibt:

---

[14]) v. Keller, Pandekten § 261.

[15]) Th. I Tit. 5 § 241.

[16]) Th. I Tit. 16 § 56.
   In Anwendung auf den Darlehnsvertrag bestimmt dasselbe Th. I Tit. 11 § 757. „Aus dem Darlehnscontracte wird der Schuldner verpflichtet, die erhaltene Summe zur bestimmten Zeit zurückzuzahlen."
   § 758. „Vor Ablauf dieser Zeit kann er dem Gläubiger die Zahlung, auch unter dem Vorwande veränderter Umstände, nicht aufdringen."

§. 1413. „Gegen seinen Willen kann weder der Gläubiger gezwungen werden, etwas Anderes anzunehmen, als er zu for=dern hat, noch der Schuldner etwas Anderes zu leisten, als er zu leisten verbunden ist. Dieses gilt auch von der Zeit, dem Orte und der Art, die Verbindlichkeit zu erfüllen."

Es ist hierdurch die Zeitbestimmung als eine von beiden Theilen in ihrem Interesse gewollte Modification des ganzen Obliga=tionsverhältnisses aufgefaßt, also als eine Begränzung der gegen=seitigen Rechte und Verbindlichkeiten.

Gleichwohl ist dieser Abweichung von dem oben dargestellten Ge=sichtspunkte des römischen Rechts ein besonderes Gewicht nicht beizu=legen, da es sich hierbei weniger um ein Rechtsprinzip, als um eine über eine Thatfrage entscheidende Auslegungsregel handelt. Die ob=waltenden Umstände werden in jedem einzelnen Falle am besten dar=über Aufschluß geben, was die Parteien mit der Zeitbestimmung ge=wollt haben. Und nur darauf kommt es hier an.

Dieser richtige Gesichtspunkt hat auch in dem Allgemeinen Deutschen Handelsgesetzbuche Ausdruck gefunden, indem dasselbe bestimmt:

Art. 334. „In allen Fällen, in welchen ein Verfalltag be=stimmt worden ist, ist nach der Natur des Geschäfts und der Absicht der Kontrahenten zu beurtheilen, ob derselbe zu Gunsten eines der beiden Kontrahenten hinzugefügt worden ist..." [17]

Eine wesentliche Abweichung von diesem Prinzipe läßt sich darin nicht finden, daß neuere Gesetzgebungen den Fall, wo die Zeitbestim=mung bloß den Vortheil des Schuldners bezweckt, als den gewöhn=licheren hervorheben.

So bestimmen:

das bürg. Gesetzb. für das K. Sachsen § 717. „Der Ver=pflichtete kann nur dann vor der bestimmten Zeit erfüllen, wenn die Zeitbestimmung blos zu seinen Gunsten getroffen worden ist oder der Gläubiger einwilligt. Im Zweifel ist anzunehmen,

---

[17] Endemann, das Deutsche Handelsrecht § 97 I. B. 2.: Bei Zeitbestim=mungen, die sich als Fixirung der Erfüllungszeit darstellen, kommt es darauf an, wer dadurch nach der Natur des Geschäftes berechtigt werden sollte. Im Durchschnitt wird die Betagung oder Befristung als Vortheil des Schuldners erscheinen. Hat der Gläubiger dadurch wirklich creditirt, so kann er vorher auf Erfüllung nicht klagen. Der Schuldner dagegen kann zwar in der Regel schon vor der Verfallzeit leisten; allein die Ver=fallzeit kann auch dergestalt als Recht des Gläubigers gelten, daß dieser die vorher angebotene Erfüllung geradezu abweisen darf.

daß eine Zeitbestimmung blos zu Gunsten des Verpflichteten erfolgt ist". [18]

der Code civil und das Badische Landrecht Art. 1187. „Ver= fall-Zieler gelten immer für bedungen zum Vortheil des Schuld= ners, soweit sich nicht aus der Uebereinkunft oder den Umständen ergibt, daß sie zugleich zum Vortheil des Gläubigers verabredet wurden".

der Großh. Hessische Entwurf eines b. G. B. Buch I Art. 108 „Ist einem Vertrage ein Anfangstermin beigefügt worden, so wird vermuthet, daß solcher zum Vortheile des Gläubigers ge= reichen soll..." [19]

Art. 231. „Die Leistung muß zur bestimmten Zeit geschehen. Es kann jedoch solche auch schon früher stattfinden, insofern der Leistungstermin nicht zum Vortheile des Gläubigers festgesetzt worden ist". [20]

der Entwurf eines gemeinsamen deutschen Gesetzes über Schuldverhältnisse Th. I Art. 260. „Die Erfüllung einer Ver= bindlichkeit muß zu der bestimmten Zeit geschehen. Der Schuldner kann jedoch auch schon früher erfüllen, wenn die Erfüllungszeit zu seinem Vortheile festgesetzt ist. Das Letztere ist im Zweifel anzunehmen."

4. Hat der Schuldner freiwillig vor der Verfallzeit Zahlung ge= leistet, so kann er dafür keine Entschädigung fordern. Denn er hat damit von selbst sich des Vortheils entschlagen, den ihm der bewilligte Aufschub gewährte. Er zahlt immer nur seine Schuld, und wenn er dies früher thut, als er dazu genöthigt werden konnte, so beruht das auf seinem freien Willen, verbindet aber den Gläubiger zu nichts.

Paul. l. 10 D. de cond. ind. (12, 6): In diem debitor adeo debitor est, ut ante diem solutum repetere non possit.

Ulp. l. 17 eod. Nam si, cum moriar, dare promisero, et antea solvam repetere me non posse Celsus ait; quae sententia vera est.

Scaevola l. 88 § 5 D. de leg. 1: Testator legata ante quinquennium vetuit peti praestarique. Sed heres quaedam

---

[18] Vgl. § 718. „Zahlt der Schuldner eine verzinsliche Schuld im Voraus, so hat er die Zinsen auf die Zeit zwischen der Zahlung und Fälligkeit der Schuld mit zu entrichten."

[19] Motive S. 64: Nach der Erfahrung werden die Anfangstermine in der Regel zu Gunsten des Schuldners adjicirt, weil gerade dieser Letztere am Meisten in der Lage ist, auf Zeitgewinnung für die Erfüllung seiner Ver= bindlichkeit bedacht zu sein, folglich sich gegen vorzeitiges Andrängen des Gläubigers zu wahren. Daher streitet auch hierfür die Vermuthung, welche der Entwurf, im Einklange mit andern Legislationen, ausspricht.

[20] Die gleiche Vorschrift enthält der Bayerische Entwurf Th. II Art. 101.

sua sponte ante quinquennium solvit. Quaesitum est, an ejus, quod ante diem existentem solutum est, repraesentationem in reliqua solutione legati reputare possit. Respondi, non propterea minus relictum videri, quod aliquid ante diem sit solutum.

Hieran ändert auch der Umstand nichts, daß die vorzeitige Zahlung nach dem Willen des Gläubigers erfolgt ist. [21]

Die neueren Gesetzgebungen stehen damit in vollständigem Einklange. Preuß. A. L. R. Th. I Tit. 16 § 168. „Die zu früh geleistete Zahlung einer Schuld, die an einem gewissen bestimmten Termin fällig war, kann unter dem Vorwande eines Irrthums weder zurück, noch etwas an Zinsen für die Zwischenzeit zur Entschädigung gefordert werden". [22]

---

[21] Die entgegengesetzte Ansicht ist in einem Erkenntniß des O. A. G. zu Dresden ausgesprochen. Es wird hier gesagt:

So wahr es ist, daß der Schuldner, wenn der Zahlungstermin zu seinem Vortheile beigefügt ist, auch früher, als verabredet worden, Zahlung leisten kann, so unrichtig ist der von mehreren Rechtslehrern ganz allgemein aufgestellte Grundsatz, daß in dem Falle nicht bedungener Verzinsung eines Darlehns der Schuldner stets das Interusurium am Kapitale kürzen dürfe. Zu einer solchen Kürzung ist derselbe vielmehr nur berechtigt, wenn die Zahlung auf Verlangen des Gläubigers, oder doch mit seiner Bewilligung erfolgte, nicht auch, sobald er gegen seinen Willen vom Schuldner zur Annahme genöthigt worden ist. (v. Hartitzsch, Entscheid. prakt. Rechtsfragen Nr. 218).

Dieser Ansicht schließt sich auch der Großh. Hessische Entw. eines b. G. B. an, indem er Art. 231 bestimmt:

„Trägt der Schuldner mit Einwilligung des Gläubigers vor der bestimmten Zeit eine unverzinsliche Schuld ab, so ist er berechtigt den Vortheil, welcher dem letzteren aus der frühzeitigeren Zahlung erwächst, von dem Gesammtbetrage der Schuld dergestalt in Abzug zu bringen, daß der Restbetrag, unter Hinzurechnung der hiervon bis zum bestimmten Leistungstermine dem Gläubiger zu gut kommenden Zinsen, dem Gesammtbetrage der Forderung gleichkommt."

Mit Recht tadelt J. J. Lang (in seiner kritischen Beleuchtung des Bayerischen Entw. eines b. G. B. Heft II S. 64) diese Bestimmung als eine solche, die sich von Dem, was die Natur der Sache verlangt, ebenso entschieden entfernt, als vom röm. Recht, welches dem Schuldner nirgends bloß darum, weil der Gläubiger früher annimmt, ein Recht auf das Interusurium gibt.

[22] Das Oesterr. b. G. B. § 1434 bestimmt nur: „— Die Bezahlung einer richtigen und unbedingten Schuld kann deßwegen nicht zurückgefordert werden, weil die Zahlungsfrist noch nicht verfallen war."

Prof. Dr. Pfaff bemerkt dazu in der Allg. österreich. Ger. Ztg. 1868

Bürg. Gesetzb. für das K. Sachsen § 719. „Zahlt ein
Schuldner eine unverzinsliche oder niedriger, als mit den höchst-
erlaubten Zinsen, zu verzinsende Schuld, so ist er nicht berechtigt, ohne Einwilligung des Gläubigers einen Abzug aus dem
Grunde zu machen, weil dieser in Folge der Vorausbezahlung
einen Gewinn machen kann".

Allgem. Deutsches Handelsgesetzbuch Art. 334 Abs. 2. „— Auch
wenn der Schuldner hiernach vor dem Verfalltage zu zahlen befugt ist, ist er doch nicht berechtigt, ohne Einwilligung des Gläubigers den Diskonto abzuziehen, insofern nicht Uebereinkunft oder
Handelsgebrauch ihn dazu ermächtigen". [23]

Privatrechtl. Gesetzb. für den K. Zürich § 990. „Der Gläubiger, welcher eine verfrühte Zahlung annimmt, ist nicht verpflichtet, um deßwillen sich einen Abzug an der schuldigen Summe
gefallen zu lassen, wenn nicht ein solcher in besondern Geschäfts-
verhältnissen durch die Uebung als sich von selbst verstehend
gerechtfertigt ist..."

Entwurf eines b. G. B. für das K. Bayern Th. II Art. 102.
„Der Gläubiger, welcher eine unverzinsliche Geldschuld vor der
bestimmten Zahlungszeit annimmt, ist nur in Folge besonderer
Verabredung verpflichtet, sich einen Abzug an der Schuldsumme
gefallen zu lassen..." [24]

Eine Ausnahme macht nur das Badische Landrecht Zusatz-Artikel
1188a.

„Doch kann der Schuldner, dessen Zahlungszieler unverzins-
lich waren, so viel an der Vorauszahlung abziehen, als die
Schuldigkeit bis zur Verfallzeit, nach dem gesetzlichen Fuß, Zins
getragen haben würde".

S. 141 Note 84: — Eine andere Frage ist die, ob man bei Bezahlung
einer betagten Schuld das Interusurium condiciren dürfe. Zur Zeit der
Abfassung des Gesetzbuches betrachtete die herrschende Lehre die Verneinung
der letzteren Frage als so zweifellos, daß man die Aufnahme einer speciellen Entscheidung gar nicht für nothwendig erachtete. Die Verneinung
liegt daher in der schlechthin verweigerten Rückforderung im § 1434.
Von Zeiller bis auf Stubenrauch wird diese Entscheidung immer dadurch motivirt, daß der Schuldner höchstens nur die indessen gelaufenen
Zinsen aus seiner eigenen Voreiligkeit einbüßt.

[23] Dieser Grundsatz galt schon nach dem bisherigen Handelsrecht.
    Erkenntn. des O. A. G. zu Lübeck: Das Interusurium kann nur dann
abgezogen werden, wenn dieser Abzug bei erfolgter Abschlagszahlung ausdrücklich vorbehalten ist. (Thöl, ausgewählte Entscheidungsgründe des
O. A. G. zu Lübeck Nr. 45).

[24] Hiermit stimmt auch überein der Entwurf eines gemeins. deutsch. Ges.
über Schuldverh. Art. 264.

5. Der oben gedachte Satz: „totus dies arbitrio solventis tribui debet" (§ 2 J. de verb. obl. 3, 15) erleidet im bürgerlichen Rechts=verkehr seine natürliche Einschränkung dadurch, daß der Schuldner die Zahlung, als eine Geschäftssache, in der gewöhnlichen Geschäftszeit vorzunehmen hat.[25]

Schon das Baierische Landrecht (Cod. Max. Bav. civ.) Th. IV Kap. 14 § 9 verordnet:

> „1mo Muß die Bezahlung zur rechten, bequemen und gelege=nen Zeit geschehen, folglich ist man solche z. E. an Sonn= und Feyertägen, in später Nacht, unter der Mahlzeit, oder anderen Geschäften, so ferne man es nicht selbst gerne thut, anzunehmen nicht schuldig".

Für den Handelsverkehr bestimmt das Allgemeine Deutsche Handels=gesetzbuch Art. 332:

> „Die Erfüllung muß an dem Erfüllungstage während der gewöhnlichen Geschäftszeit geleistet und angenommen werden".

— eine Vorschrift, zu deren Rechtfertigung in den Motiven (S. 127) gesagt ist:

> Der Grundsatz des Civilrechts, daß dem Schuldner der ganze Erfüllungstag zu Statten kommen müsse (vgl. A. L. R. Th. I Tit. 3 §§ 45 47. Tit. 16 § 55), ist bezüglich der Wechselzahlungen bereits aufgegeben worden; es erscheint aber nothwendig, ihn für das Handelsrecht überhaupt zu verlassen. Denn steht es dem Schuldner frei, die Erfüllung bis auf den letzten Moment (Mitternacht) des bestimmten Erfüllungstages auszusetzen, so wird thatsächlich nicht der im Vertrage oder durch das Gesetz festgesetzte Tag, sondern der wirklichen Absicht der Kontrahenten entgegen, erst der darauffolgende Tag zu Gunsten

---

[25] Vgl. oben Anmerk. 4. African. ' 39 D. h. t. (46, 3): — quid enim, si inopportuno tempore vel loco obtalerim? —

Mommsen, Beiträge zum Obligationenrecht III S. 157: Es wird verlangt, daß die Oblation nicht inopportuno tempore erfolge, ein Aus=druck, der allerdings auch die Fälle einer zu frühen Oblation umfassen kann, aber vorzugsweise doch auf die Unpäßlich , Unbequemlichkeit im eigentlichen Sinne sich bezieht. In Ansehung der Frage, wann eine solche Unpäßlichkeit der Zeit anzunehmen ist, können wir auf die Lehre von der Interpellation (s. oben S. 49) verweisen. (Hier ist gesagt: Ob inopportuno tempore gewahrt ist, wird vorzugsweise dann in Frage kommen, wenn an Sonn= oder Festtagen oder zur Nachtzeit die Interpellation vor=genommen ist. Allgemeine Regeln lassen sich aber hier nicht aufstellen, vielmehr wird die Frage, ob die Zeit als eine unpassende zu betrachten sei, regelmäßig von besonderen Umständen abhängen, deren Prüfung Sache des richterlichen Ermessens ist).

des Schuldners zum Erfüllungstage gemacht, während der Gläu=
biger an diesem selbst die Erfüllung anzunehmen gehalten
ist. Es entsteht hierdurch eine Ungleichheit der Rechte beider
Theile, welche im Handelsrecht erheblich ins Gewicht fällt. Mit
Rücksicht hierauf ist nicht der ganze Erfüllungstag, sondern nur
die gewöhnliche Geschäftszeit während derselben zur Forderung,
beziehungsweise Leistung der Erfüllung zugestanden worden. Ueber
die Dauer dieser Geschäftszeit muß im Streitfalle das richter=
liche Ermessen unter Berücksichtigung des Ortsgebrauchs ent=
scheiden.

6. Die rechtliche Bedeutung eines durch Gesetz oder Willenserklä=
rung bestimmten Zahlungstages zeigt sich vorzugsweise in dem un=
bestrittenen Satze des heutigen Rechts:

daß der Ablauf der festgesetzten Erfüllungszeit die ausdrück=
liche Aufforderung zur Erfüllung der Obligation vertritt —
dies adjectus interpellat pro homine.

Ob und in wie weit diese Regel schon im römischen Rechte ihre
Begründung finde, ist eine erst in neuerer Zeit aufgetauchte und seitdem
in der gemeinrechtlichen Doctrin sehr lebhaft behandelte Streitfrage,
die aber gleichwohl bis auf den heutigen Tag noch nicht zum Abschluß
gelangt ist.[26] Für das heutige Recht hat jedoch jener seit der Zeit der
Glossatoren von der herrschenden Meinung angenommene und nament=
lich in Deutschland durch ein unbestreitbares Gewohnheitsrecht allgemein
anerkannte, auch von der Gesetzgebung sanctionirte Satz eine so un=
zweifelhafte Geltung erlangt, daß wir von diesem Standpunkt aus von
den einander entgegenstehenden Versuchen der Theorie, ihn auf das
römische Recht zurückzuführen, oder nach diesem als unhaltbar darzu=
stellen, ganz absehen können.

Andeutungen des gedachten Rechtssatzes finden sich schon in alt=
deutschen Rechtsbüchern.

Altes Kulmisches Recht (herausg. von E. K. Leman, Berlin
1838) Buch III Cap. CXX. Von gelobetem gelde ane
getzog vnd ane hyndirnysse. Ouch gelobit eyn man dem
andirn geld tzu gebene vf eynen benumeten tag one getzog
vnd ane hyndirnysse. vnd vor allir ansproche yeliches
mannes. vnd bekennet her des. her sal is halden vnd daz
gelt mag nymant vorsprechen vor dem tage. von des wegen
deme das gelt gelobit ist. Abir vortzuhet der gelobir den

---

[26] Eine gedrängte Uebersicht dieses Dogmenstreites mit den nöthigen Litera=
turnachweisungen gibt Windscheid, Lehrbuch des Pandektenrechts (2. Auf=
lage) II § 278 Note 4. Vgl. auch Mommsen, Beiträge zum Obliga=
tionenrecht III §§ 10. 11.

tag alse her betzalen sol. so wirt das gelt noch dem gelde
tage angesprochen und der man mus den schaden tragen.
vnd mus doch yenem betzalen syn gelt alse her gelobit
hatte. Glogauer Rechtsbuch Cap. 388. (Samml. deutscher Rechts=
quellen. Herausg. von H. Wasserschleben. Gießen 1860
I S. 48). Globit eyn man cyme gelt ane argis vnde hindernisse einer iczlichen personen uff eynen gelegeten tag,
von deme tage mag daz gelt nymand gehindern. Cap. 389.
Vorczuget aber der burge daz gelt eynen tag
daz her ys nicht enlest vnd wirt ys ym angewonnen dar
nach mus her geme manne deme her globit hat seyn gelt
vnd gancz beczalen vmme daz her uff den gelobten tag daz
gelt nicht beczalt hat alz seyne globde stunden.

Bestimmteren Ausdruck findet unser Satz schon in der erneuerten
Reformation der Stadt Nürnberg von 1564, welche Th. II Tit. XIII
Ges. II a. E. vorschreibt:

„— Und wann der Entleher auf die bestimpte Frist, oder
da kein zeit benent, auf gütliche erforderung des Leyhers, mit
bezalung des gelihen guts seumig erschien, Was dann der Leiher
solches verzugshalb nachtheils, schadens, abgangs und costens
erlitten hette, denselben ist der entleher, nach erkantnus zu er=
statten schuldig."

Aus der späteren Zeit werden zum Nachweise der gesetzlichen An=
erkennung der Regel dies interpellat pro homine die dem Reichs=
deputationsabschied vom Jahre 1600 zu Grunde liegenden Verhand=
lungen über die Dubia cameralia aus dem Jahre 1595 herau=
gezogen.[27]

Und allerdings ist darin der zur Visitation des Reichskammer=
gerichts verordneten Deputation, zu deren Beruf die Prüfung der
Dubia cameralia gehörte, von den kaiserlichen Commissarien die Er=
klärung abgegeben worden:

„daß die mora ab interpellatione hominis vel diei an=
zunehmen".

Gleichwohl ist dieser Zusatz in dem hier allein in Betracht kom=
menden § 139 des Deputationsabschiedes vom Jahre 1600 unberück=
sichtigt geblieben und daher zum Reichsgesetz nicht erhoben worden.[28]
Auch die deutschen Particularrechte aus dem Anfange des sieb=

---

[27] Erk. des O. A. G. zu Wiesbaden vom 20. Septbr. 1837 (Seuffert,
Archiv VI Nr. 163). Vgl. Arndts, Lehrb. der Pandekten § 251.

[28] Das Nähere hierüber s. bei Mommsen a. a. O. S. 99 f.

zehnten Jahrhunderts laſſen auf die Anerkennung der gedachten Regel
ſchließen, ohne jedoch dieſelbe beſtimmt auszuſprechen.

Es ſind hier anzuführen:

die Statuten der Stadt Hamburg von 1603 Th. II Tit. 1
Art. 4. „Derjenige, ſo Geld ausleihet mag von jedem Hundert
jährlich bis auf ſechs — an Zins= und Rente bedingen, ihm
verſprechen und verſchreiben laſſen. Wäre aber ſolches nicht
geſchehen, und der Schuldner in beſtimmter Zeit keine Bezahlung thäte; ſo mag dennoch von der Zeit an, daß er ſäu=
mig worden, an ſtat intereſſe, bis auf ſechs von hundert,
für ein jedes Jahr, gerechnet und zu Rechte gefordert werden...“

das erneuerte gemeine Land=Recht des Herzogth. Württemberg von 1610 Th. II Tit. 1 § 10. „Wann der Entlehner
die Bezahlung über die gemachte Zihl länger auffzöge, ent=
zwiſchen aber der Wehrt gelihener Haab abgeſchlagen, muß die
Aestimation oder Anſchlag deß Wehrts der geſtallt beſchehen, daß,
was die — Haab zur Zeit des Zihls gemeinlich mehr gegolten, als zur Zeit der Bezahlung, daſſelbig der entlehner,
neben wiedererſtattung der Schuld, an Geld bezahlen ſoll“.[29]

das erneuerte Land=Recht Churfürſtl. Pfaltz bey Rhein von
1610 Th. II Tit. 2 § 7. „— Aber ſonſten ſoll daß verglichen
und verwilligt Ziel der anlehner unfehlbar und richtig zu halten
ſchuldig ſeyn“.

die erneuerte Reformation der Stadt Frankfurt a. M. Th. II
Tit. 24 § 7. „Wann der Schuldner an der Bezahlung zu
beſtimpter Zeit, und darüber, ſäumig würde und dieſelbige
(ſonderlich über beſchehen Annahmen)[30] nicht thete: So lang er

---

[29] Grieſinger, Com. über das Herzogl. Wirtembergiſche Landrecht I S. 41
bemerkt dazu: Es redet dieſer § von dem Falle, da dem Schuldner bei
dem Darlehn ein Zahlungstermin beſtimmt wurde; hier muß alſo der
Verzug des Schuldners mit dem Verfluß des beſtimmten Zahlungstermins
anfangen.

Deßgleichen ſagt Reyſcher, das gemeine u. württembergiſche Privat=
recht (2. Aufl.) I S. 216 Note 3, daß die Regel: dies interpellat pro
homine in dem Bericht des Referenten über das Landrecht ausdrücklich anerkannt wird.

[30] Dieſer eingeklammerte Beiſatz läßt ſich nicht als ein nothwendiges Erforderniß der mora auffaſſen; ebenſowenig wie die Worte: „über alles Anmahnen“ in § 15 Tit. 11 ebendaſ. („trüge ſich auch zu, daß der Entlehner
die Bezahlung deß entlehneten Gelts zu beſtimpter Zeit nicht thete,
ſondern eine geraume Zeit (als ein Monat oder zween auffs längſt) über
alles Anmahnen, anſtehen ließ, und die entlehnete Summe Gelts nam-
hafft were: Ob dann gleich der Entlehner kein Intereſſe verſprochen, oder
verſchrieben hette: So ſoll der Leyher Macht haben, in ſolchem Fall ...
Fünff vom Hundert als Schadengelt zu fordern.“

dann fürters dem Gläubiger die Bezahlung vorenthelt, so ist er schuldig, demselben davon auch das gebührlich Interesse zu erstatten..."

Dagegen ist jener Rechtssatz auf das bestimmteste anerkannt im revidirten Land = Recht des Hertzogth. Preußen von 1685 (verbess. L.=R. des K. Preußen v. 1721) Buch IV Tit. I Art. III § 1. „— So erklären, setzen und ordnen Wir, wie folget: Wann der Leiher oder creditor dem Entlehner, mutuatario (oder debitori) eine Zeit, Termin oder Ziel zu der Bezahlung angesetzet hätte, und der Entlehner würde zu derselbigen säumig, und verzöge die solution und Bezahlung einen Monat lang, oder darüber, daß er alsdann die entlehnete Waar in den Anschlage, aestimation und Werth, wie sie zu freyem Marckt und gemeinem Kauff zur Zeit des verschienenen Ziels oder Termins der Bezahlung mehr gegolten hat, dann zur Zeit der Bezahlung, dem Leiher oder creditori mit bahrem Gelde bezahlen solle. Damit der creditor oder Leiher seines Anleihens keinen Schaden habe, und dem Entlehner auch nicht zuträglich sey, ob schon alsbald nach Verfließung des Ziels der Leiher oder mutuator sein Gut nicht wieder erfordert hätte: Dann der Entlehner oder mutnatarius durch solche gesetzte Ziel und Termin, das geliehene Gut wiederzugeben, und das abgeredete Ziel der Gebühr ohne fernere Anmahnung zu halten und zu erfüllen, selbsten interpelliret und ermahnet gewesen. Nam et hic dies pro homine recte interpellare dicitur."

Ebendas. Art. IV § 8. „Wann es sich aber auch zutrüge (wie offt geschicht), daß der mutuatarius oder Schuldener, auff geschehene Anforderung, oder auff angesetzten Termin und Ziel, nicht Bezahlung thäte: So soll er die Schuldt mit sambt interesse, Schäden und Unkosten, ob einiger darauff gienge, es sey verschrieben oder nicht, zu bezahlen schuldig seyn..."

Desgl. Tit. XXI Art. I § 2. „Also, was einer auff eine nahmhaffte und gewisse Zeit zu bezahlen oder zu erlegen versprochen hat, dasselbe sol er auch ungemahnet, auff solche Zeit, ohne einen Verzug zu bezahlen oder zu erlegen schuldig und pflichtig seyn..."

Hierher gehören auch von den deutschen Landesrechten aus dem vorigen Jahrhundert: [31]

das revidirte Chur=Triersche Landrecht von 1713 Tit. XIV § 3. „In den Fällen, da zwarn kein Interesse, jedoch die

---

[31] Auch Beisen in seinem Teutschen Corpus Juris (Hannover 1703) Buch IV Cap. XIV § 1 hat als feststehenden Satz aufgenommen: „Was man schuldig ist, soll man bezahlen, wann es auff eine nahmhaffte Zeit, soll es ungemahnt geschehen..."

Zahlung auf gewissen Tag versprochen, lauffet von Zeit deß
bestimmten Tags das zugelassene interesse..."
das Baierische Landrecht (Cod. Max. Bav. civ.) von 1756
Th. II Kap. 3 § 21. „— Der Saumsal wird 3tio auf Seite
des Debitors begangen in Obligatione definita von der Zeit
an, da der hierin bestimmte Tag wirklich verstrichen ist;[32]) in
Obligatione indefinita aber, welche auf keinen gewissen Tag ein=
geschränkt ist; von der Zeit an, da Debitor entweder gerichtlich,
oder erweislichermaßen außergerichtlich um die Schuld einmal
angegangen worden."

Schon dieser Stand der an das gemeine Recht sich anschließenden
partifularrechtlichen Gesetzgebung setzt es außer Zweifel, daß der da=
durch anerkannte Rechtssatz in der gemeinrechtlichen Praxis als ein
feststehender betrachtet wurde. Es fehlt aber auch nicht an den be=
stimmtesten Zeugnissen hierüber.

Es sei nur Folgendes angeführt:
In einem Erkenntnisse des O. A. G. zu Dresden wird der
Satz, daß es bei einem festgesetzten Zahlungstage zur Begrün=
dung des Verzuges einer besonderen Mahnung nicht bedarf,
unter Bezugnahme auf

l. 12 C. de contr. et com. stip. 8, 38, l. 4 §. 4 D. de
leg. com. 18, 3, l. 23 i. f. D. de O. et A. 44, 7, l. 30
§ 20 D. de act. emt. 19, 1, l. 186 D. de R. J., cap. 31
de reg. jur. in VI.to

als so fest begründet in Gesetz und Gerichtsgebrauch bezeichnet,
daß die dagegen von einigen Juristen aufgestellten Zweifel nicht
in Betracht kommen können. (Seuffert, Archiv I Nr. 332).[33])
Erkenntniß des L. G. Wolfenbüttel vom 12. Decbr. 1831:
Der Anfang der mora und somit die Verpflichtung, Verzugs=
zinsen zu zahlen, tritt bei einem dies certus mit Eintritt dieses
Tages ein, aller deshalb in der neueren Zeit wieder erhobenen
Zweifel ungeachtet. (Matthiä, Controversen=Lexicon III S. 74).
Erkenntniß des O. A. G. zu Cassel von 1849: Wenn bei
einem Schuldverhältnisse ein bestimmter Zahlungstag festgesetzt ist,
so bedarf es bei fruchtlosem Ablaufe desselben zum Eintritt des
Verzuges von Seiten des Schuldners und zur Verpflichtung
desselben zur Zahlung von Verzugszinsen nicht noch einer Mah=
nung von Seiten des Gläubigers, sondern dies ist schon in dem
Ablaufe des Zahlungstermins enthalten. — Bei Zahlungen,

[32]) v. Kreittmayr in seinen Anmerkungen a. a. O. Nr. 2 fügt hinzu: quia
dies interpellat pro homine.
[33]) Auch Dr. Schaffrath, prakt. Abhandlungen aus dem heutigen Röm.
Privatrecht (Bautzen, 1841) S. 21 bezeichnet die Regel: dies interpellat
pro homine als einen in Sachsen durch feste Praxis anerkannten Satz.

welche periodisch zu leisten sind, gilt bei jeder derselben jedenfalls
der letzte Tag des betreffenden Zeitraumes, für welchen die
Zahlung bestimmt ist, als derjenige, mit dessen Ablauf der Ver=
zug und die Verpflichtung zur Zahlung von Verzugszinsen ein=
tritt. (Seuffert, Archiv X Nr. 144).

Erkenntniß des O. A. G. zu Celle vom 24. Mai 1854:
Die Verpflichtung des Beklagten zur Zahlung von Zinsen des
Verzugs auf die einzelnen seinem verstorbenen Vater zugesicher=
ten jährlichen Nothpfennigsleistungen, muß als vorhanden an=
genommen werden, weil die einzelnen Jahresleistungen jedenfalls
am Ende des betreffenden Jahres fällig waren, mithin zu dieser
Zeit beschafft werden mußten, also mit der nicht rechtzeitig er=
folgenden Zahlung ein den Anspruch auf Verzugszinsen begrün=
bender Verzug ipso jure eingetreten ist. (Ebendaselbst).

F. B. Busch, Die Stimme der Praxis (Erlangen, 1862)
Nr. 6: Die Streitfrage, ob die Folgen des Verzugs mit Ab=
lauf des festgesetzten Zahlungstermines von selbst (also ohne vor=
hergehende Mahnung) eintreten, ist in dem Großh. S.=Weimar
durch Gesetz vom 16. April 1833 bejahend entschieden. Aber
auch für die Fürstenthümer Schwarzburg=Sondershausen und
S.=Rudolstadt wurde sie vom Appellationsgerichte zu Eisenach
nach einem für jene feststehendem Gerichtsgebrauche auf gleiche
Weise entschieden. Im Uebrigen bezeugen die angesehensten
Rechtsgelehrten, selbst solche, welche der Theorie nach anderer
Meinung sind, daß jene Regel durch einen allgemeinen Gerichts=
gebrauch sanctionirt sei. So Göschen, Pand. Vorles. § 417
S. 141. Mommsen, Beitr. zum Obl. Rechte III S. 99.
Von den höchsten Tribunalen deutscher Staaten haben sich für
die Gültigkeit jener Regel erklärt das O. A. G. zu Wiesbaden
(bei Seuffert, VI. Nr. 163) und zwar unter dem Bemerken,
daß sie zufolge einer allgemeinen Rechtsansicht in der Praxis
der deutschen Gerichte stets befolgt worden sei, das O. A. G.
zu Cassel 1849 und das O. A. G. zu Celle 1854 (in dem=
selben X Nr. 144), so wie das O. A. G. zu Dresden (bei
demselben I Nr. 332). Eine entgegengesetzte Entscheidung des
O. A. G. zu Jena ist mir nie bekannt geworden.

Erkenntniß des Ob.=Trib. zu Berlin vom 28. Septbr. 1865:
Für das Gemeine Recht ist der Grundsatz dies interpellat pro
homine anzuerkennen. — Mag auch jener Satz aus den römi=
schen Rechtsquellen nicht als richtig nachgewiesen werden können,
so ist doch als ausgemacht anzusehen, daß derselbe seit der
Glosse bis in die neuere Zeit, abgesehen von einzelnen Wider=
sprüchen älterer Französischer Juristen, unangefochten im Ge=
meinen Recht Geltung gehabt hat und stets in der Gerichts=
praxis befolgt worden ist... Auch die dem Reichs=Deput.=Ab=
schiede von 1600 vorangegangenen Resolutionen auf die dubia
cameralia von 1595 Litt. E § 9 und Litt. F § 2 sind jeden=

falls als ein Beleg dafür in Bezug zu nehmen, daß zufolge einer allgemeinen Rechtsansicht jener Satz in der Praxis der deutschen Gerichte stets befolgt worden ist. (Striethorst, Ar=chiv Bd. 61 S. 57 f.).

Daß diese in der deutschen Praxis so fest gewurzelte Rechtsüber=zeugung auf gutem Grunde beruht, und weniger in einer positiven Satzung als in dem natürlichen Rechtsgefühl ihre Stütze findet, läßt sich schon von vornherein annehmen. Ihre Rechtfertigung liegt auch in der That nahe genug. Sie besteht in der einfachen Erwägung, daß in der vertragsmäßigen Feststellung des Erfüllungstages einerseits der Wille des Gläubigers ausgesprochen liegt, daß an diesem Tage ohne Weiteres die versprochene Leistung erfolge, andererseits aber auch die Unterwerfung des Schuldners unter diesen Willen. Der Letztere kann daher, wenn er an dem bestimmten Tage nicht leistet, gar nicht mit dem Einwande gehört werden, er habe nicht geglaubt, daß es dem Gläu=biger um die pünktliche Erfüllung zu thun gewesen sei, vielmehr aus dessen Schweigen auf eine stillschweigende Verlängerung der festgesetzten Frist geschlossen. Eine solche Entschuldigung ist ihm schon durch den Inhalt der Obligation abgeschnitten. Denn nach diesem stellt sich die Verabsäumniß der auf einen bestimmten Tag versprochenen Leistung ohne Weiteres als ein Entgegenhandeln gegen den zum Voraus erklärten, den Schuldner bindenden Willen des Gläubigers, mithin als eine Rechts=widrigkeit dar. [34]

Es bleibt jetzt noch übrig, die Bestimmungen der neueren deutschen Gesetzbücher über diesen Punkt zusammenzustellen.

Preuß. A. L. R. Th. I Tit. 16 § 67. „In allen Fällen, wo durch Gesetz oder Willenserklärungen ein Zahlungstag be=stimmt ist, nimmt der Lauf der Zögerungszinsen von diesem Tage seinen Anfang".

---

[34] Bluntschli, Erläut. zum privatrechtl. Gesetzb. für den K. Zürich III S. 43: Ist ein bestimmter Zahlungstermin für die Kapitalsumme verab=redet, z. B. auf Martini 1855 soll dieselbe bezahlt werden, so weiß der Schuldner, daß der Gläubiger auf diesen Termin die Zahlung erwartet, und der Gläubiger hält auch in solchem Falle, wo ohnehin sein Wille, die Zahlung dannzumal zu erhalten, bekannt ist, jede weitere Mahnung für überflüssig. Deßhalb ist die Verabsäumung des Termins von Seite des Schuldners eine Rechtsverletzung gegen den Gläubiger, und der Schuldner kommt in Verzug. Von jeher galt in unserm Verkehr die Regel: dies interpellat pro homine, über welche die gelehrten Juristen unserer Tage wieder lange Zeit sich gestritten haben, ohne zu wissen, daß dieselbe auch eine reichsgesetzliche Anerkennung gefunden hatte.

§ 68. „Eben das findet bei bedingten Zahlungen Statt, sobald die Bedingung eingetreten, und dieses dem Schuldner bekannt geworden ist".[35]

§ 69. „In beiden Fällen macht es keine Aenderung, wenn auch der Gläubiger sich um die Zahlung nicht gemeldet, sondern stillschweigend Nachsicht gegeben hat".[36]

Oesterreich. b. G. B. § 1334. „Eine Verzögerung fällt einem Schuldner überhaupt zur Last, wenn er den durch Gesetz oder Vertrag bestimmten Zahlungstag nicht zuhält"...

Sächsisches b. G. B. § 736. „Ohne Mahnung geräth der Verpflichtete sofort mit Ablauf der Zeit in Verzug, wenn für die Erfüllung der Forderung eine nach dem Kalender bestimmte oder nach demselben in Folge vorausgegangener Kündigung sich bestimmende Zeit durch Vertrag festgesetzt ist und der Verpflichtete nicht erfüllt".

Privatrechtl. G. B. für den K. Zürich § 958. „Der Schuldner ist im Verzug, wenn er ungeachtet der erhaltenen Mahnung mit der Zahlung einer fälligen Leistung zögert. Der bestimmte Zahlungstermin vertritt regelmäßig die Mahnung".

Großh. Sachsen-Weimarisches Gesetz vom 16. April 1833 (s. oben S. 150).

Gesetz der Freien Stadt Frankfurt a. M. vom 2. Februar 1864 über Zinsen:

§ 3. „Besteht für eine Forderung ein festbestimmtes Zahlungsziel, so ist der Gläubiger berechtigt, auch ohne Verabredung oder Mahnung Verzugszinsen vom Tage der Fälligkeit an zu fordern".[37]

---

[35] Das Unpassende dieser Vorschrift wird unten besprochen werden.

[36] Der letzte Zusatz ist verfehlt. Hätte der Gläubiger wirklich stillschweigend Nachsicht gegeben, so wäre damit die Mora des Schuldners ausgeschlossen. Aber eine solche Nachsicht soll eben aus seinem Stillschweigen nicht gefolgert werden.

[37] Großh. Hessischer Entw. eines b. G. B. Buch I Art. 244. „Auch ohne vollzogene Mahnung von Seiten des Gläubigers oder seines Stellvertreters kann der Schuldner, welcher widerrechtlicher Weise seine fällige Verbindlichkeit nicht erfüllt, in Verzug kommen: ... 2. wenn ein Tag zur Erfüllung festgesetzt war ..."

Bayer. Entw. Th. II Art. 124. „Der Schuldner kömmt in Verzug, wenn er widerrechtlich die Erfüllung der fälligen Schuld nicht rechtzeitig bewirkt, und zwar:

1) falls eine bestimmte Erfüllungszeit festgesetzt ist, sobald er diese versäumt,

2) außer diesem Falle, wenn er der gehörigen Aufforderung zur Erfüllung (Mahnung) nicht sofort nachkommt."

Entw. eines gemeinsamen deutsch. Ges. über Schuldverh. Art. 287. „— Ist

Eine die Regel: dies interpellat pro homine wesentlich beschrän=
kende Bestimmung enthält mit dem Code Napoléon [38])

das Badische Landrecht Art. 1139. „Der Schuldner wird
in Verzug gesetzt, theils durch urkundliche, nämlich öffentlich
beurkundete Aufforderungen oder andere gleichgeltende Vorgänge,
theils durch den Inhalt des Vertrages selbst, wenn darin ent=
halten ist, daß durch bloße Erscheinung des Tags, ohne daß es
weiterer Handlung bedürfe, der Schuldner im Verzug sein soll".

zu deren Rechtfertigung Brauer in seinen Erläuterungen über den
Code Napoléon und die Großh. Badische bürg. Gesetzgeb. III S. 67 f.
bemerkt:

Bisher war nach römischer Sitte die Regel: wo der Tag
mahnt, braucht der Mensch nicht zu mahnen, und nur bei un=
betagten Verträgen war eine Mahnung nöthig. Jetzt hingegen
ist sie auch bei betagten erforderlich, wenn nicht inhaltlich darin
festgesetzt ist: „daß durch bloße Erscheinung des Tags, ohne daß

---

für die Erfüllung der Verbindlichkeit eine nach dem Kalendertage bestimmte
oder nach demselben in Folge vorausgegangener Kündigung sich bestimmende
Zeit durch Vertrag festgesetzt worden, so kommt der Schuldner mit dem
Ablauf dieser Zeit, ohne daß es einer Mahnung bedarf, in Verzug."

[38]) In Frankreich scheint, wie Mommsen a. a. O. S. 102 f. berichtet, schon
früh ein Widerspruch gegen die Regel erhoben zu sein. Sehr entschieden
wurde sie von Ferretius angegriffen, dem eine Reihe französischer Ju=
risten des sechszehnten Jahrhunderts sich anschloß, wogegen auf der andern
Seite freilich viele und unter diesen gerade die bedeutendsten franzö. Ju=
risten dieser Zeit, nämlich Cujaz und Donell, sich für die Ansicht der
Glossatoren entschieden. In die Praxis der französ. Gerichte scheint aber
die Regel keinen Eingang gefunden zu haben.
Bei der Berathung über den Code Nap. wurde in der betreffenden
Section geltend gemacht: Der zur Leistung bestimmte Tag reiche nach der
Regel: dies interpellat pro homine hin, um den Schuldner in Verzug
zu setzen, und jede Nichterfüllung eines Versprechens ziehe die natürliche
Verbindlichkeit nach sich, denjenigen zu entschädigen, dem das Versprechen
gemacht worden. Dies war namentlich Maleville's Meinung. Andere
hingegen behaupteten, man würde nur durch eine von einem Notar oder
Huissier geschehene Aufforderung in mora versetzt. Endlich wurde man
über die Art, so wie sie im Artikel enthalten ist, einig, die im Staats=
rathe ohne alle Discussion durchging. Es folgt aber daraus, daß die
bloße Bestimmung des Tages, an welchem die Ablieferung geschehen soll,
unnütz ist, wenn man im Vertrage nicht ausgedrückt hat, daß der Schuldner
durch bloßen Ablauf der Frist in Verzug gesetzt würde. (Maleville's
Comment. übersetzt von M. Blanchard III S. 31). Vgl. auch Zachariä
von Lingenthal, Handb. des Franz. Civilr. (5. Aufl. von Anschütz)
II § 308.

es einer weitern Handlung des Mahnens bedürfe, der Schuldner im Verzug seyn soll". Uebrigens heißt es nicht, es müsse aus= drücklich dieses darin enthalten seyn; mithin genügt es, wenn nur sonst aus dem Inhalt für sich oder durch seine Rück= beziehung auf das, was die Gesetze als Regel des Willens auf= stellen, diese Absicht daraus unzweideutig hervorgeht; denn allerdings muß alles das, was außerhalb einer Urkunde liegt, aber zur näheren Bestimmung ihres Sinnes dient, als in dem Inhalt des Vertrags begriffen angesehen, und ebenso als ob es in der Urkunde stünde, nur nicht zu deren Entkräftung wirk= sam werden (Art. 1156). Aber aus der Tagbestimmung allein darf der Verzug nicht entnommen werden. Zwar ist der Ver= pflichtete in einem Fehler, wenn er am bestimmten Tag nicht zahlt, aber der Berechtigte that doch auch nicht das Seinige, wenn er sich zum Empfangen nicht darstellte, also nicht forderte, und dieses, falls er nicht bezahlt wurde, beweislich machte. Da nun die Rechte der Vertragspersonen gleich sind, so muß die beiderseitige Unthätigkeit von Rechtswegen den Erfolg haben, keine neue Verbindlichkeit zu erzeugen, und wenn beide vergessen oder versäumen, was sie zu thun hatten, so darf in solchem Fall keiner dem Andern etwas vorwerfen. Der Zusammenhang der Gesetzgebung fordert dieses um so mehr, weil in der Regel die Zahlung bei dem Schuldner geschehen muß, also der Gläu= biger derjenige ist, der mit einer Handlung (nemlich dem Hin= kommen) vorangehen muß, um für die Zahlung einen Verzug zu begründen (Art. 1247).

7. Bei der Anwendung des eben erörterten Grundsatzes auf ein= zelne Fälle kommt es auf die Frage an:

wann eine bestimmte Zahlungszeit (dies certus) als fest= gesetzt anzunehmen ist? [39])

In dieser Hinsicht ist Folgendes zu bemerken:

a) Daß gerade ein ganz bestimmter Tag für die Erfüllung fest= gesetzt sei, ist nicht erforderlich, es kann auch eine mehrere Kalender= tage umfassende Zeit bestimmt sein, z. B. „Weihnachten", „Ostern" eines gewissen Jahrs, in welchem Falle zu Gunsten des Schuldners der letzte in diese Zeit fallende Tag, oder vielmehr der nächstfolgende Werktag als gemeint anzunehmen ist. Dasselbe gilt, wenn eine Woche oder ein noch größerer Zeitabschnitt für die Zahlung verabredet ist. Mit Recht hebt aber Mommsen a. a. O. S. 117 hervor:

---

[39]) Diese Frage behandelt Dr. Schaffrath in seinen prakt. Abhandlungen aus dem heut. Röm. Privatrecht (Bautzen, 1841) S. 21 ff.
Vgl. Mommsen a. a. O. S. 116 ff.

Je weiter der für die Erfüllung festgesetzte Zeitraum gefaßt ist, um so zweifelhafter ist es, ob die Contrahenten wirklich in der hier zur Frage stehenden strengern Weise die Zeitbestimmung aufgefaßt haben, und ob in der Festsetzung der Zeit sich wirklich der entschiedene Wille des Gläubigers unter allen Umständen mit dem letzten Moment der Frist die Zahlung zu erhalten, ausgesprochen findet. So wird z. B. wenn nur das Jahr, in welchem die Zahlung geleistet werden soll, bestimmt ist, wohl immer die gedachte Auffassung ausgeschlossen sein. Eine bestimmte Gränze läßt sich hier nicht ziehen; die Entscheidung der Frage hängt vielmehr von den Umständen des einzelnen concreten Falles ab, welche der Richter zu prüfen hat.

b) Ist bei der festgesetzten Erfüllungszeit die Frage: wann sie eintritt, völlig ungewiß, so bleibt die Anwendung der Regel immer ausgeschlossen; so z. B. wenn verabredet ist, daß eine Leistung zur Zeit des Todes des Schuldners (cum moriar) erfolgen soll. [40]) Dagegen wird man die Regel zur Anwendung bringen müssen, wenn innerhalb einer bestimmten Frist nach erfolgter Kündigung geleistet werden soll. Zwar ist es hier zur Zeit der Abschließung des Vertrages noch ungewiß, wann der dies eintritt; sowie die Kündigung erfolgt, ist aber jede Ungewißheit beseitigt, und es machen sich dann ganz dieselben Erwägungen geltend, wie in dem Fall, wenn ein bestimmter Tag schon durch den Vertrag festgesetzt ist. [41])

c) Zweifelhafter ist die Frage, ob ein dies certus im Sinne unserer Regel anzunehmen sei, wenn die Zahlung bei Eintritt der Volljährigkeit des Berechtigten geleistet werden soll.

Das Ober-Tribunal zu Berlin hat sich über diese Frage nur insofern ausgesprochen, als es in mehreren Erkenntnissen die Annahme des Appellationsrichters, daß in einem solchem Falle die thatsächliche Voraussetzung des § 67 Tit. 16 Th. I A. L. R. nicht vorliege, im Wege der Nichtigkeitsbeschwerde nicht für angreifbar erachtet.

Erkenntniß vom 27. November 1857 (in Sachen der Eheleute Vockelmann wider J. G. Steven (S. 1209): Der Appellationsrichter hat angenommen, daß, wenn auch der Vertrag vom 19. Januar 1814 bestimme, daß die fragliche Abfindung

---

[40]) Die Regel: dies interpellat pro homine ist nicht anwendbar, wenn die Zahlungszeit vom Eintritte eines Ereignisses abhängt, von welchem es zwar gewiß ist, daß es eintreten müsse, jedoch ungewiß bleibt, wann es eintreten werde. Erk. des O. A. G. zu Dresden in dessen Annalen V. 2 S. 51.

[41]) Mommsen S. 118. Der letztgedachte Fall ist auch in dem oben angeführten Sächs. b. G. B. § 736 ausdrücklich vorgesehen.

zur Zeit der Großjährigkeit oder Verheirathung der Schwester gegeben werden solle, dadurch nur die Zeit angegeben sei, wann die Zahlung verlangt werden konnte, die Festsetzung eines be= stimmten Tages, an welchem die Zahlung geleistet werden mußte, sei in jener Stelle des Vertrages nicht zu finden, und es leide daher die Vorschrift des § 67 Tit. 16 Th. I A. L. R. auf den vorliegenden Vertrag keine Anwendung. Erwägt man, daß nach dieser Auslegung des Vertrags (der übrigens auch für sich allein, in Ermangelung der Angabe des Geburtstages der Mit= klägerin, den Tag ihrer erreichten Großjährigkeit nicht erkennbar macht) der Appellationsrichter die thatsächliche Voraussetzung des § 67, nämlich die Bestimmung des Zahlungstages durch die Willenserklärung, als nicht vorhanden ansieht, so muß auch die Beschuldigung der Imploranten, daß er den § 67 verletzt habe, jedenfalls als verfehlt betrachtet werden; ein solcher rechtsgrund= sätzlicher Verstoß fällt ihm nach seiner thatsächlichen, nicht an= gefochtenen Feststellung nicht zur Last.

Erkenntniß vom 3. Februar 1860 (in Sachen der Eheleute Dörmann wider J. Jühl J. 150): Der Appellationsrichter hat einen bestimmten Zahlungstag nicht darin gefunden, daß nach dem Rezeß vom 8. Febr. 1816 die Abfindungen zur Zeit der Verheirathung oder Großjährigkeit der Kinder ausgezahlt wer= den sollten. Diese seine Auffassung und Auslegung der Ver= tragsbestimmung, nach welcher darin nur ausgedrückt sein soll, daß bis zu jenem Zeitpunkte die Töchter die Abfindung nicht sollten einfordern können, sie hierzu somit nur berechtigt sein sollten, wenn die Zeit der Großjährigkeit eingetreten oder die Verheirathung erfolgt sei, ist thatsächlicher Natur, kann daher im Wege der Nichtigkeitsbeschwerde durch den Vorwurf eines rechtsgrundsätzlichen Verstoßes nicht beseitigt oder widerlegt wer= den, und die §§ 67. 68. 71 I. 16 A. L. R. können vom vorigen Richter eben deshalb nicht verletzt sein, weil nach seiner thatsächlichen Feststellung weder ein Zahlungstag bestimmt, noch eine außergerichtliche Aufforderung nachgewiesen ist, mithin Zinsen nur vom Tage der Klagebehändigung verlangt werden konnten.

Es versteht sich von selbst, daß hier nur der Fall in Frage kom= men kann, wo der Eintritt der Volljährigkeit einer Person, nicht ihre Verheirathung[42] — ein sowohl in Beziehung auf das an als auf das quando ungewisses Ereigniß — als Zahlungszeit festgesetzt ist. Ebenso unzweifelhaft ist, daß jene Regel ausgeschlossen bleiben muß, wenn die Obligation auf den Tag der Volljährigkeit eines Dritten, in der Voraussetzung, daß dieser denselben erleben werde, ge=

---

[42] S. den Rechtsfall in der Allgem. österr. Ger. Ztg. 1867. S. 125 f.

stellt ist. Denn alsdann ist zwar der Tag für die quaestio quando ein dies certus; wegen der Ungewißheit, die in Ansehung der quaestio an herrscht, liegt aber keine Zeitbestimmung, sondern eine Bedingung vor. [43]) Es bleibt daher nur der Fall übrig, daß die gedachte Bestimmung, wie es bei Verträgen das Gewöhnlichere sein wird, als eine bloße Umschreibung für den Kalendertag zu betrachten ist. In dieser Voraussetzung allein kann überhaupt von der Anwendbarkeit unserer Regel die Rede sein, wobei aber wieder die Erwägung sich geltend machen wird, ob nach den besonderen Umständen des Falles der Wille der Contrahenten dahin ging, den Schuldner sofort mit dem Eintritt des Tages zur Zahlung zu verpflichten.

d) Bei bedingten Obligationen ist der Tag, an welchem die Bedingung eintritt, auch wenn dieser Eintritt dem Schuldner bekannt geworden, nicht als dies interpellans pro homine aufzufassen. „Die Erwägung, welche der Regel: dies interpellat pro homine zu Grunde liegt, daß nämlich der Gläubiger eben zu dem bestimmten, durch die Obligation festgesetzten Tage die Erfüllung erwartet, trifft hier in keiner Weise zu, weil eine bestimmte Erwartung der Erfüllung von Seiten des Gläubigers bei den bedingten Obligationen schon durch die Ungewißheit, welche über das Zustandekommen der Obligation herrscht, ausgeschlossen ist. Der von manchen Rechtslehrern behauptete Satz, daß es bei bedingten Obligationen keiner Interpellation bedürfe, [44])

---

[43]) Mommsen S. 117. Note 34.
[44]) Brunnemann, com. in P. ad l. 18 de usur. (22, 1) nr. 2 sq.: Dies licet incerta, postea tamen certificata ex eventu, interpellat pro homine. Et inde colligitur, si debitor sciat conditionem esse impletam et tantum temporis praeteriit, ut potuerit praestare promissa, quod tunc mora contrahatur sine interpellatione.

Ebenso ist Hotomannus de mora (in dessen com. ad. tit. D. de usur.) der Meinung, daß bei allen bedingten Obligationen der Eintritt der Bedingung selbst als Interpellation gelte.

Der richtigen Ansicht folgen dagegen Donell. De mora cap. III: Etiam in obligationibus conditionalibus quaeve ex re ipsa temporis dilationem accipiunt, in quibus faciendi obligationes, interpellatione quoque opus esse ad moram, quamvis conditio extiterit, aut praeterierit dies, intra quam dari, fieri potuit. Menoch. De arbitrar. jud. quaest. Lib. II Cent. V cas. 498 nr. 8. Debitor conditionalis post conditionis eventum interpellandus est, ut solvat. Muelleri addit. ad Struv syntag. jur. civ. Exerc. XXVII th. 68 nota δ: Non sicuti dies, quando venit, ita etiam conditio obligationi adjecta, quando existit, debitorem in mora constituit; sed ad moram inducendam ad-

hat denn auch zu keiner allgemeinen Geltung gelangen können und wird gegenwärtig mit Recht von Allen verworfen".[45]

Gleichwohl enthält das Preuß. A. L. R. Th. I Tit. 16, im An=schlusse an den oben angeführten § 67, die Vorschrift:

> § 68. „Eben das findet bei bedingten Zahlungen Statt, sobald die Bedingung eingetreten und dieses dem Schuldner be=kannt geworden ist".

Keine der neueren Gesetzgebungen hat einen solchen Satz auf=genommen.

In den Motiven zum Sächsischen b. G. B. § 736 wird aus=drücklich gesagt:

> Der Satz: dies interpellat pro homine findet keine An=wendung auf Leistungszeiten, welche sich aus Bedingungen er=geben.

Ebenso nimmt die Oesterreichische Gerichtspraxis an:

> Wird die Fälligkeit einer Schuld vom Eintritte eines Ereig=nisses abhängig gemacht, so laufen die Zögerungszinsen von dem Tage, an welchem der Gläubiger dem Schuldner den Ein=tritt des Ereignisses bekannt gibt und ihn zur Zahlung auf=fordert.[46]

Hierher gehört auch die bei Darlehnsverträgen häufig vorkommende Verabredung, daß, wenn der Schuldner eine gewisse Zeit hindurch mit den Zinsen im Rückstande bleibt, das Kapital sofort fällig sein oder eine Zinserhöhung eintreten soll.[47]

---

huc necesse est, ut accedat interpellatio, ut debitor sciat, quo tem-pore quove loco rem debitam creditor praestari aut solvi sibi velit; quod ipsum ex nuda conditionis adjectione constare haud potest, cum incertum quam saepissime, quando, vel an unquam conditiones illae sint exstiturae. Ea enim est obligationum conditionalium natura, ut pro puris conditione existente habeantur. Unde in his non secus, ac in puris, debitorem in mora constitui, quod fit creditore interpellante. Et sane nulla justa causa subest in existentia conditionis, qua minus admoneatur debitor se dare oportere, ut jura ad morae constitutio-nem desiderant. v. Madai, die Lehre von der Mora S. 64—67.

[45] Mommsen S. 116.
[46] Erk. des obersten Gerichtshofes zu Wien v. 13. Febr. 1867 (Allg. österr. Ger. Ztg. 1867 S. 125 f.
[47] Schaffrath a. a. O. S. 31 f.

§ 9. Fortsetzung.

Bei der unbetagten Obligation ist, um den Schuldner in Ver=
zug zu setzen, allemal eine vorgängige Mahnung (interpellatio) Sei=
tens des Gläubigers erforderlich, worin derselbe seinen Willen zu er=
kennen gibt, die Leistung vom Schuldner zu empfangen.[1]

Dasselbe gilt bei denjenigen betagten Obligationen, bei denen der
Zahlungstag sich durch den Ablauf einer gewissen Zeit nach der er=
folgten Mahnung.(die hier vorzugsweise Kündigung heißt) bestimmt.[2]

Ueber die Bedeutung der Interpellation spricht sich Donell. com.
de jure civ. Lib. XVI Cap. 2 dahin aus:

— — Injustam debiti solvendi dilationem, ac proinde
moram tria faciunt: interpellatio creditoris contemta . . .
Interpellationis haec vis est. Debitor recte interpellatus, si
non praestat quod debuit, et nulla recusandi justa causa est,
moram facit. Nihil hîc amplius veteres exigunt ad moram,
quam ut debitor a creditore sit interpellatus. Itaque non
adjiciunt judicio. Proinde non tantum, si creditor egerit
cum debitore, debitor hoc modo moram faciet; sed etsi
interpellatus sit debitor extra judicium, et denuntiatum ei,
ut solveret . . . Ne illud quidem exigunt, ut debitor inter=
pellatus sit saepius. Unde et illud intelligimus, vel unam
interpellationem creditoris contemtam ad moram satis esse...
Nulla culpa est debitoris, si non interpellatus non solvit,
ubi scilicet creditor non interpellans ostendit se facile pati
eam moram et paratum exspectare. Quod contra fit, ubi
petiit a debitore quod debebatur: tunc enim aperte declarat,
se sibi statim solvi velle, nec velle amplius exspectare: ad-

---

[1] Marcian. l. 32 pr. D. de usur. (22, 1): Mora fieri intelligitur non ex re,
sed ex persona, id est, si interpellatus opportuno loco non solverit...
Preuß. A. L. R. Th. I Tit. 16 §. 20. „Wo die Zeit der Erfüllung weder
durch Willenserklärungen, noch durch richterlichen Ausspruch, noch durch
besondere Gesetze bestimmt ist, da muß der Berechtigte den Verpflichteten
zur Erfüllung auffordern." § 21. „So lange dergleichen Aufforderung
zur Wissenheit des Verpflichteten nicht gelangt ist, kann in diesen Fällen
dem Letzteren keine Zögerung beigemessen werden."
Oesterr. b. G. B. § 1334. 1417. Sächs. b. G. B. § 733. Züricher
privatr. G. B. § 958.

[2] Ich verweise in dieser Hinsicht auf meine Abhandlung: „Ueber die Kün=
digung beim Darlehnsvertrage (in den Beiträgen zur Erläut. des Preuß.
Rechts III S. 198—215).

versus quam voluntatem si debitor cessat, manifesta ejus culpa est, vel potius dolus. [3]

Hiernach hat der Gläubiger zur Begründung seines auf den Verzug des Schuldners gestützten Anspruches die erfolgte Mahnung zu beweisen. J. Maxen, Ueber Beweislast, Einreden und Exceptionen (Götting. 1861) S. 193 f.: Der klagende Gläubiger hat außer den den obligatorischen Anspruch überhaupt erzeugenden That= sachen auch die erfolgte Interpellation zu beweisen. Sie gehört auch mit zu den rechtserzeugenden Thatsachen. Denn indem sie den Zweck hat, den Moment der Erfüllung für den Schuldner genau zu fixiren, bestimmt sie zugleich den Umfang des persön= lichen Anspruches nach dieser Richtung hin, d. h. mit Beziehung auf die Zeit der Erfüllung. Jetzt, nachdem interpellirt ist, soll der Schuldner leisten, und geschieht dies nicht, so soll er dem Gläubiger dasjenige Interesse leisten, welches derselbe an der jetzigen Erfüllung hat. Ist nun das Recht auf jetzige Erfüllung bezüglich auf das Zeitinteresse wesentlich bedingt durch die voraufgegangene Interpellation, so muß dies auch als rechts= erzeugende Thatsache angesehen und vom Kläger bewiesen werden. Aber auch nur auf die erfolgte Mahnung ist der Beweis zu richten. Derselbe umfaßt daher nicht auch die willkürliche Unterlassung der Erfüllung trotz der Interpellation. Daß er erfüllt, oder die Leistung schuldlos unterlassen habe, liegt dem Schuldner zu beweisen ob. [4]

Ueber die rechtliche Beschaffenheit der Mahnung (Kündigung) ist Folgendes zu bemerken:

a) Dieselbe muß den bestimmten Ausdruck des auf nunmehrige Erfüllung der Obligation gerichteten Willens des Gläubigers, also die Aufforderung an den Schuldner enthalten, die Obligation durch Zah= lung des Geschuldeten zu lösen. [5]

---

[3] Mommsen, Beiträge zum Oblig. Recht III S. 35 f.: Durch die Inter= pellation soll auf der einen Seite der Zeitpunkt festgestellt werden, von welchem an die Verzögerung der Leistung den Charakter einer Rechtsver= letzung annimmt; auf der andern Seite hat sie den Zweck, den Schuldner zur Erfüllung zu veranlassen, und für den Fall, daß die Erfüllung dennoch nicht erfolgt, ihm den Einwand zu nehmen, daß er geglaubt habe, es sei dem Gläubiger noch nicht um die Erfüllung zu thun gewesen.

[4] J. J. Lang, Krit. Beleuchtung des Entwurfs eines b. G. B. für das K. Bayern II. Heft (München, 1862) S. 95.

[5] Sächs. b. G. B. S. 734. — „Die Mahnung muß auf solche Weise ge= schehen, daß die Forderung, welche erfüllt werden soll, erkennbar ist." Die Erklärung, kompensiren zu wollen, ist für keine Kündigung der Forderung zu achten. Erk. des Ob. Trib. zu Berlin v. 24. Septbr. 1852 (Strict= horst, Arch. Bd. 6 S. 332).

Diese Willenserklärung ist ein einseitiger Rechtsakt, sie bringt schon als solcher die damit beabsichtigte Rechtswirkung hervor, bedarf also nicht der Zustimmung, der Annahme des andern Theils.[6]) Es ist daher nicht zu billigen, wenn das Ob.-Trib. zu Berlin in einem Erkenntnisse vom 21. Novbr. 1840 bemerkt:

> es entspreche dem Kündigungsrechte des Gläubigers nicht die Zahlungspflicht des Schuldners, sondern nur dessen Pflicht, die Kündigung anzunehmen.[7]

Dem Kündigungsrechte des Gläubigers steht keine andere Pflicht gegenüber, als die Verbindlichkeit des Schuldners, dieser Kündigung Folge zu geben, d. h. die geforderte Zahlung zu leisten.

b) Die Mahnung setzt zu ihrer Wirksamkeit voraus, daß sie dem Inhalte des Forderungsrechts entspreche; sie darf daher nur auf das wirklich Geschuldete, unter Beachtung der Zeit, zu welcher und des Ortes, an welchem der Schuldner dasselbe zu leisten hat, gerichtet sein.[8]

c) Eine besondere Form ist für die Mahnung nicht vorgeschrieben. Sie kann mündlich oder schriftlich — außergerichtlich oder gerichtlich erfolgen.

---

[6]) S. meine „Beiträge" III S. 198 f. So sagt auch Marcadé (Abriß des Französ. Civilr. Ins Deutsche übersetzt von A. Pfaff II S. 354): Da die Aufkündigung kein Vertrag ist, kein Zusammentreffen zweier Willen, sondern der Ausdruck eines einzigen Willens, so braucht sie auch nicht von dem angenommen zu werden, an welchen sie gerichtet wird.

[7]) Entscheid. des K. Ob. Trib. Bd. 7 S. 256.

Mit Recht macht Koch (Beurtheil. der ersten zehn Bände Entscheid. des Ob. Trib. S. 495, 496) hiergegen bemerklich:

> „Diese Vorstellung von einer, dem Kündigungsrechte entsprechenden Pflicht zur Annahme hat weder juristischen Werth noch praktischen Nutzen. Der Kündigende hat auch kein entsprechendes Rechtsmittel, den Schuldner, der der Kündigung gar keine Aufmerksamkeit widmet, sie ganz unbeachtet läßt, als wenn sie ihn nichts anginge, zur Erfüllung dieser Pflicht anzuhalten. Kurz eine solche Pflicht besteht bloß in der Vorstellung, sie hat gar keine Realität. Der Gläubiger kann aber auch sehr wohl ohne sie fertig werden, da er seine Klage gebrauchen mag, wenn der Schuldner die Forderung nicht anerkennen will."

Ueber die mit jener verfehlten Auffassung anscheinend übereinstimmende Vorschrift des Preuß. A. L. R. Th. I Tit. 11 § 768 f. meine „Beiträge" a. a. O. S. 199.

[8]) Mommsen S. 41 f. Windscheid, Lehrb. des Pandektenrechts §. 279. Sächsisches b. G. B. §. 734 a. E. „— Die Mahnung braucht nicht an dem Orte zu erfolgen, wo die Forderung zu erfüllen ist."

Revidirtes Land=Recht des Herzogth. Preußen von 1685 (verbeff. L.=R. des K. Preußen v. 1721) Buch IV Tit. I Art. III § 2. „— Wo der mutuator oder Leiher die Schuld extra judicium, außerhalb Rechtens, gütlich heischet und fordert: So sol oder mag der Verzug oder die mora von gethaner Forderung an gerechnet werden . . ."

Preuß. A. L. R. Th. I Tit. 11 §. 764. „Die Kündigung kann zwar gültiger Weise auch außergerichtlich und bloß mündlich geschehen."

§. 765. „Kann aber der Gläubiger nicht nachweisen, daß die außergerichtliche Kündigung dem Schuldner wirklich zugekommen sei, so läuft die Zahlungsfrist erst von der Zeit an, wo Letzterem die gerichtliche Kündigung behändigt worden." [9]

Entwurf eines b. G. B. für das K. Bayern Th. II Art. 125. „Die Mahnung . . . muß bewirkt werden — entweder durch eine mündliche oder schriftliche Erklärung oder mittelst Zustellung der Zahlungsaufforderung nach Maßgabe der Vorschriften des Prozeßgesetzbuches über gerichtliche Zustellungen."

Entwurf eines gemeinsamen deutschen Ges. über Schuldverh. Art. 292. „Die Mahnung kann gerichtlich und außergerichtlich geschehen. Die wegen der Forderung erhobene Klage gilt als Mahnung, sobald der Schuldner von derselben benachrichtigt worden ist. Die Uebersendung der Rechnung gilt für sich allein nicht als Mahnung".

Auch in der Einleitung eines Prozesses ist eine Mahnung zu finden, vorausgesetzt, daß eine Mittheilung der Klage an den Schuldner hinzugekommen ist. [10]

In den Motiven wird dazu bemerkt: Ueber die Erfordernisse einer wirksamen Mahnung hat man speciellere Bestimmungen, als die im Schlußsatze enthaltenen, nicht für zweckmäßig gehalten. Ob z. B. eine Mahnung, welche auf eine größere oder geringere Summe, als die wirkliche Forderung gerichtet ist, oder eine andere Beschaffenheit, als die der letzteren, betrifft, wirksam sei oder nicht, ob eine zu einer unangemessenen Zeit oder an einem unpassenden Orte erfolgte Mahnung Verzug begründen könne oder nicht, ist lediglich quaestio facti.

[9] Dasselbe bestimmt § 71 Tit. 16 a. a. O.

[10] Mommsen S. 39.

In früherer Zeit hielten Manche die Ueberreichung der Klage an das Gericht für genügend, was offenbar auf einer Verkennung der Bedeutung der Interpellation beruhte. Andere wollen erst von der Litiscontestation an die Folgen der Mora eintreten lassen, obgleich doch der Schuldner schon durch die Mittheilung der Klage den auf sofortige Erfüllung der Obligation gerichteten Willen des Gläubigers erfährt.

Mommsen a. a. O. Note 6.

d) Die Mahnung als ein Rechtsakt, der eine Disposition über das Forderungsrecht enthält, indem sie den Schuldner in die rechtliche Nothwendigkeit versetzt, dasselbe durch Zahlung zu tilgen, kann nur von dem Gläubiger selbst, seine Handlungsfähigkeit vorausgesetzt, oder von seinem, sei es durch Privatwillen oder durch das Gesetz dazu ermächtigten Stellvertreter vorgenommen werden. [11])

Erkenntniß des O. A. G. zu Dresden vom 18. Febr. 1869 (in dessen Annalen N. F. VI S. 181): Nur Derjenige kann mit rechtlichem Erfolge mahnen, welcher über die Forderung, deren Erfüllung er verlangt, verfügen kann und insbesondere kann auch der Schuldner durch die Mahnung eines Cessionars nur dann in Verzug gesetzt werden, wenn er durch das Gericht oder durch den abtretenden Gläubiger benachrichtigt worden ist, oder wenn der neue Gläubiger ihm die erfolgte Abtretung sonst glaubwürdig nachgewiesen hat. Der Mahnende muß also, wenn er seine Forderung nicht aus eigenem Rechte ableitet, legitimirt sein, [12]) und wenn ein Mandatar des Forderungsberechtigten die Mahnung vornimmt, so muß er auch seine Vollmacht nachweisen. Die Mahnung eines Dritten, in der Absicht, die Geschäfte des Gläubigers (ohne Auftrag) zu führen, erscheint wirkungslos.

Bürg. G. B. für das K. Sachsen §. 734. „Die Mahnung setzt den Verpflichteten nur dann in Verzug, wenn sie von dem Berechtigten oder einem gesetzlichen Vertreter oder einem hierzu Beauftragten oder einem Geschäftsführer in Beziehung auf ein von ihm geschlossenes Rechtsgeschäft vorgenommen wird . . ." [13])

§ 974. „Der Schuldner kann, wenn er nicht durch das Gericht oder durch den abtretenden Gläubiger von der Abtretung der Forderung benachrichtigt worden, von dem neuen Gläubiger Nachweisung der an ihn erfolgten Abtretung verlangen und, bis

--- — ·

Die letztere Ansicht ist im Preuß. Land-Recht von 1685 bez. von 1721 a. a. O. § 2 a. E. ausgesprochen: „— Da die Schuld aber gleich anfangs judicialiter oder rechtlich erfordert: Da wollen Wir, daß der Verzug oder die Mora von beschehener Kriegs-Befestigung, et sic a tempore litis contestationis, und nicht der rechtlichen Forderung, solle gezehlet werden".

[11]) Mommsen S. 50 f. Vgl. meine „Beiträge" III S. 201—207.

[12]) In einem Erk. des O. A. G. zu Darmstadt vom 27. Juni 1835 wurde den Klägern der Beweis auferlegt: daß und wann sie die Erben der ursprünglichen Schuldnerin, unter gehöriger Legitimation ihrer selbst als rechtmäßige Inhaber der Forderung, auf Erfüllung ihrer Verbindlichkeit interpellirt haben. (Bopp, Beiträge zur Beurkundung der oberstrichterl. Rechtsübung im Kreise des Civilrechts. 1. Heft. Stuttgart. 1861. S. 53.)

[13]) Vgl. Bayer. Entw. eines b. G. B. Th. II Art. 125, deutsch. Entw. eines gemeinsch. Ges. über Schuldverh. Art. 292.

diese erfolgt ist, von ihm nicht durch Mahnung in Verzug gesetzt werden . . ."

Im Uebrigen nehme ich auf meine· in Note 11 angeführte Ab=handlung Bezug.

c) Anlangend die Person Desjenigen, an welchen die Mahnung gerichtet werden muß, [14]) so ist dies der handlungsfähige Schuldner oder der durch eigne Willkür oder durch das Gesetz berufene Stell=vertreter des Schuldners.

> Bürg. G. B. für das K. Sachsen § 734. „Die Mahnung setzt den Verpflichteten nur dann in Verzug, wenn sie . . . an den Verpflichteten oder einen gesetzlichen Vertreter oder einen zur Annahme der Mahnung Beauftragten ergeht . . ." [15])
>
> Entwurf eines gemeinsamen deutschen Gesetzes über Schuld=verhältnisse Art. 290. „Um den Schuldner durch Mahnung in Verzug zu setzen, wird erfordert, daß sie . . . an den Schuldner oder an einen zur Annahme der Mahnung durch allgemeine oder besondere Vollmacht Beauftragten so gerichtet worden ist, daß die Forderung, welche erfüllt werden soll, sich erkennen ließ. Ist der Schuldner oder der Gläubiger verfügungsunfähig, so muß die Mahnung an den gesetzlichen Stellvertreter des Erstern und von dem gesetzlichen Stellvertreter des Letzteren bewirkt werden".

In Betreff der einzelnen Anwendungsfälle verweise ich auf meine mehrerwähnte Abhandlung S. 208—215.

---

[14]) Mommsen S. 54 f. S. 270 f. Meine „Beiträge" III S. 207—215.

[15]) Motive: „Als Beauftragter des Schuldners" gilt sowohl der speciell zur Annahme der Mahnung Beauftragte, als auch der Generalmandatar. Dagegen kann durch eine Mahnung an Denjenigen, welchen der Schuldner blos mit der Erfüllung der Verbindlichkeit beauftragt hat, eine Mora nicht herbeigeführt werden".

In letzterer Hinsicht bemerkt auch J. J. Lang in seiner krit. Beleuch tung des Entw. eines b. G. B. für das K. Bayern, Heft II S. 90: Zu Art. 125 haben wir auszustellen, daß die Mahnung nicht bloß an den Schuldner, sondern auch an den von diesem zur Vornahme der Leistung Beauftragten soll bewirkt werden können. Die Thatsache allein, daß der Schuldner die Leistung einem Andern aufgetragen hat, bewirkt, wenn nicht andere Gründe (Generalmandat, Stellung als institor oder magister navis etc.) concurriren, nicht, daß eine an diesen Beauftragten gerichtete Mah=nung den Schuldner in Verzug setzt. Eine solche Interpellation könnte doch nur dann wirksam sein, wenn der Gläubiger jenen Mandatar be=auftragt hätte, den Schuldner in Kenntniß zu setzen und Letzteres wirk lich geschehen wäre. Vgl. l. 32 § 1 D. de usur. (22, 1).

Am Schlusse unserer Erörterungen über die Zahlungszeit ist noch der Fälle zu gedenken, in denen die Zeit der Erfüllung in un= bestimmten Ausdrücken angedeutet ist.

aa) Ist auf eine nahe Zeit der Erfüllung hingewiesen, so ist die Obligation als unbetagte zu betrachten. Der Schuldner muß daher auf Verlangen des Gläubigers sofort zahlen, kommt aber erst durch die nicht befolgte Zahlungsaufforderung in Verzug.

Papin. l. 118 § 1. D. de V. O. (45, 1): „Decem hodie dare spondes?“ Dixi: posse vel eodem die pecuniam peti, nec videri praematurius agi, non finito stipulationis die, quod in aliis temporibus juris est; nam peti non debet, quod intra tempus comprehensum solvi potest; in proposito enim diem non differendae actionis causa insertum videri, sed quo praesens ostendatur esse responsum.

Preuß. A. L. R. Th. I Tit. 5 § 235. „Ist durch unbe= stimmte Ausdrücke eine nahe Zeit der Erfüllung angedeutet, so kann letztere zu jeder Zeit gefordert werden“. [16]

So wird auch in einer, in der Juristischen Zeitung für das K. Hannover Jahrg. 14. 1839 S. 186 f. mitgetheilten Entscheidung eines Justizcollegiums der Grundsatz aufgestellt:

Das Versprechen, eine Summe Geldes „sofort“ zahlen zu wollen, begründet bei unterbleibender Erfüllung noch keine mora solvendi. Denn die in Bezug auf die Erfüllung der Obligation vorkommenden Ausdrücke: „sogleich, sofort, unverzüglich“ u. s. w. wollen nichts anderes sagen, als was bei jeder perfekten un= bedingten Obligation sich schon von selbst versteht. Die in den Gesetzen festbegründete Regel: dies interpellat pro homine ist daher hier nicht anwendbar, da ein dies nicht gesetzt ist.

---

[10] Vgl. dagegen das Sächf. b. G. B. § 712. „Ist die Zeit dahin, daß die Leistung „ehestens“, „sobald als möglich oder thunlich“, „bei guter Ge= legenheit“ und auf ähnliche Weise, oder dahin bestimmt, daß sie „nach und nach“ und in nicht näher angegebenen Fristen geschehen soll, so hat der Verpflichtete in angemessenen Fristen, welche nach richterlichem Ermessen festzusetzen sind, zu erfüllen. Bei Geldschulden, für welche die Zahlungs= zeit in allgemeinen Ausdrücken der ersteren Art bestimmt worden ist, kann der Schuldner vor Ablauf eines halben Jahres nach Entstehung der Schuld zur Zahlung nicht angehalten werden“.

Bayerischer Entw. eines b. G. B. Th. II Art. 105. „Ist bestimmt, daß die Leistung sobald als möglich oder in Kurzem erfolgen solle, oder ist die Leistungszeit in ähnlichen allgemeinen Ausdrücken bezeichnet, so hat der Richter dieselbe nach Billigkeit festzusetzen“. Ebenso der Entw. eines deutsch. Ges. über Schuldverh. Art. 266.

bb) Daſſelbe gilt von dem Falle, wenn die Zeit in die Willkür des Gläubigers geſtellt iſt.

Ulp. l. 48 D. de V. O. (45, 1): Si decem „cum petiero", dari fuero stipulatus, admonitionem magis quandam, quo celerius reddantur, et quasi sine mora, quam conditionem habet stipulatio . . .

Erkenntniß des O. A. G. zu Jena vom 14. September 1830: Eine Verabredung, nach welcher der Schuldner die ſtipulirte Summe zahlen ſoll, „ſobald der Gläubiger das Geld brauche", macht die Verbindlichkeit des Schuldners nicht zu einer be= dingten — ſuspendirt nicht die Exiſtenz der Zahlungsverbind= lichkeit, enthält vielmehr arg. l. 10 und 17 D. de cond. ind. bloß einen hinausgeſchobenen Zahlungstermin. Dieſer tritt mit dem Momente ein, wo der Gläubiger die Zahlung vom Schuldner verlangt. (Seuffert, Archiv VIII Nr. 240). [17])

cc) Iſt auf einen Zeitpunkt hingewieſen, der nicht in der Gegen= wart liegt, ſo hat bei entſtehendem Streite der Richter, unter Berück= ſichtigung der obwaltenden Umſtände, die Zahlungszeit zu beſtimmen.

Hierher gehört insbeſondere der Fall, wenn „nach Möglichkeit" oder „nach Gelegenheit" die Erfüllung verſprochen worden.

Labeo l. 79 § 1 D. de jur. dot. (23, 3): Pater filiae nomine centum doti ita promisit: „cum commodissimum erit". Atejus scripsit: Servium respondisse, cum primum sine turpitudine et infamia dari possit, deberi. Proculus l. 125 D. de V. S.: — — Proculus: cum dotem quis ita promisit: „cum potuero, doti tibi erunt centum", existimo ad id quod actum est interpretationem redigendam esse; nam qui ambigue loquitur, id loquitur, quod ex his, quae significantur, sensit; propius est tamen, ut hoc cum sensisse existimem: deducto aere alieno potero. Potest enim illa accipi significatio: „cum salva dignitate mea potero", quae interpretatio eo magis accipienda est, si ita promissum est: „cum commodum erit", hoc est, cum sine incommodo meo potero. [18])

---

[17]) Vgl. den in der Allgem. öſterreich. Ger. Ztg. 1868 S. 405, 406 mit= getheilten Rechtsfall.

[18]) Glück, Com. XII S. 94, 95: Hat der Schuldner die Rückzahlung des Darlehns in ſolchen Ausdrücken verſprochen, die keine beſtimmte Zeit ent= halten, z. B. „eheſtens" oder „nach Gelegenheit", „ſo wie ſeine Umſtände es zuließen", ſo muß dem Schuldner, wenn ſich die Parteien nicht ver= einigen können, ein Zahlungstermin nach dem Ermeſſen des Richters ge= ſetzt werden. Billig wird auch in dieſem Falle dem Gläubiger, wenn er auf Zahlung klagt, der Beweis obliegen, daß dem Schuldner die Zahlung

Erkenntniß des O. A. G. zu Dresden vom Februar 1853: Als eine unbestimmte nach den präsumtiven Vermögensverhält= nissen des Schuldners zu bemessende Gestundung ist die Be= stimmung anzusehen, daß der Schuldner Zahlung leisten solle, wie es ihm gerade passe und in seinen Kräften stehe, in welchem Falle, wenn sich die Interessenten über die Zahlungsfrist nicht einigen, der Natur der Sache nach richterliches Ermessen einzu= treten hat. (Zeitschrift für Rechtspfl. und Rechtsverw. in Sachsen XIII S. 51).

Erkenntniß des Cassationshofes zu Wolfenbüttel vom 16. April 1860: Der vom Beklagten behaupteten Beschränkung des von ihm als außerehelichem Schwängerer abgegebenen Versprechens der Zahlung einer Geldsumme, „sobald er den Betrag im Ver= mögen habe", kann allen Umständen nach nicht der Sinn unter= gelegt werden, daß die Verpflichtung selbst von dem Besitze und Nachweise der derselben entsprechenden Erfüllungsmittel abhängig sein solle, sondern nur der Sinn, daß der Promittent nicht gedrängt sein wolle, daß ihm ein temperamentum temporis zu statten kommen solle. Dieses modicum temporis ist richter= lich zu bemessen und jetzt nach mehr als Jahresfrist als ver= strichen anzusehen. (Seuffert, Archiv XIV Nr. 121).

Erkenntniß des O. A. G. zu München vom 30. Oktober 1860: Der Klage auf Bezahlung eines Kaufschillingsrestes be= gegnete der Beklagte mit dem Einwande: Kläger habe, veran= laßt durch das in Folge der Kriegswirren eingetretene Stocken des Holzhandels ihm öfter erklärt, daß er „nach Gelegenheit" zahlen könne. Dieser Einwand wurde oberstrichterlich verworfen. Dem gedachten Vorbringen des Beklagten kann die Wirkung, daß die Zahlung erst nach des Beklagten Tode, von dessen Erben gefordert werden darf, nicht beigelegt werden. Denn die frag= liche Aeußerung läßt keineswegs entnehmen, daß Kläger die Zah=

---

nach seinen gegenwärtigen Umständen leicht möglich sei, besonders wenn die Zahlung der Schuld „nach Bequemlichkeit" versprochen worden wäre. J. A. Seuffert, rechtswissensch. Abhandlungen (Erlangen, 1837) S. 74 f.: Die Erklärung, „der Schuldner solle nach Gelegenheit, wenn es ihm bequem, wenn es ihm möglich sei, zahlen", enthält offenbar die Be= stimmung eines Zahlungstermins. Dieser Termin ist auf eine Thatsache gestellt, von der es ungewiß ist, ob und wann sie eintreten werde. Eine solche Zeitbestimmung ist zwar hier nicht als Bedingung zu behandeln, weil sie nicht in der Absicht, das Recht selbst, sondern nur die Erfüllung zu verschieben, hinzugefügt wurde; aber sie kann doch keinen andern Sinn haben, als daß der Gläubiger das Geschuldete zu fordern nicht eher befugt sein soll, als bis die Umstände eintreten, auf deren Eintritt der Termin gestellt ist. Der Eintritt dieser Umstände ist also eine Vorbedingung seines Klagerechts, deren Dasein er beweisen muß.

lung lediglich dem eigenen Belieben des Schuldners anheim=
stellen wollte, sondern kann nur den Sinn haben, daß der Gläu=
biger nicht auf der sofortigen Zahlung des verfallenen Schuld=
betrages bestehe. (Ebendas. XV Nr. 7). [19])

Oesterreichisches b. G. B. § 904. „— Letzteres (nämlich man
muß die Erfüllungszeit von dem Richter nach Billigkeit fest=
setzen lassen) findet auch dann statt, wenn der Verpflichtete die
Erfüllung nach Möglichkeit oder Thunlichkeit versprochen hat…"
Code civil und Badisches Landrecht Art. 1901. „Ist nur
bedungen, daß der Empfänger zahlen solle, wann er könne, oder
wann er dazu die Mittel haben werde, so bestimmt der Richter
die Zahlungszeit nach Umständen". [20])

dd) „Soll die Leistung in „einigen" oder „etlichen" Jahren,
Monaten, Wochen oder Tagen erfolgen, so sind darunter zwei, vom
Tage der Entstehung der Forderung an gerechnet, zu verstehen".
Sächs. b. G. B. § 714.

Es stimmt dies mit dem Römischen Rechte überein:

Javolen. l. 217 § 1 D. de V. S.: Item ita data conditione: „illud facito in diebus", si nihil praeterea fuisset
adjectum, in biduo conditionem impleri oportet.

Julian. l. 17 § 3 D. de manum. (40, 4): Post annos indistincte liber esse jussus post biennium liber erit. [21])

Erkenntniß des O. A. G. zu Dresden (in dessen Annalen
VIII S. 189): Wenn bei einer Vertragserfüllung, in einem

---

[19]) Vgl. Emminghaus, Pandekten des gem. Sächs. Rechts S. 535 Nr. 19.
Seuffert, Archiv. XV Nr. 218. XX Nr. 111. 112. Glaser's und
Unger's Samml. von civilr. Entsch. des obersten Gerichtshofes zu Wien
II Nr. 861. Stricthorst, Archiv Bd. 3 S. 270 f. Bd. 4. S. 303 f.
Bd. 9. S. 355 f. Samml. wichtiger Entscheid. des k. bayer. Handels=
appellationsgerichts II S. 250 f.

[20]) Vgl. die oben in Note 16 angeführten Vorschriften der neueren Gesetz=
bücher.

Das Preuß. A. L. R. Th. I Tit. 5 §§ 236—238 will unterschieden
wissen, ob die Verbindlichkeit an sich nicht aus dem Vertrage allein ent=
standen ist, sondern schon vor dem Vertrage ein rechtlicher Grund dazu
vorhanden war, oder ob die Verbindlichkeit erst durch den Vertrag be=
gründet worden und in diesem die Erfüllung in unbestimmten Ausdrücken
(nach Möglichkeit oder nach Gelegenheit) versprochen ist. Im ersteren Falle
soll richterliche Fristbestimmung eintreten, im letzteren Falle die Klage erst
nach dem Tode des Verpflichteten zulässig sein. Diese Unterscheidung ist völlig
unbrauchbar, wie ich in meinen „Beiträgen" I S. 516 nachgewiesen habe.

[21]) Vgl. Ulp. l. 12 D. de test. (22, 5): Ubi numerus testium non adjicitur,
etiam duo sufficient: pluralis enim elocutio duorum numero con-
tenta est.

letzten Willen oder sonst ein Ausdruck gebraucht ist, welcher auf eine unbestimmte Mehrheit von Personen oder Sachen, insbesondere auch von Zeitabschnitten dem gewöhnlichen Sprachgebrauche nach hinführt, soll diese Unbestimmtheit nach Römischem Recht durch Annahme der Zweizahl als gelöst gelten. Hiernach ist entschieden worden, daß „etliche Jahre" im Zweifel einen Zeitraum von zwei Jahren bezeichnen.

Ein Fall anderer Art ist es, wenn die Erfüllung in mehreren Zeitabschnitten, die aber ihrer Dauer nach nicht bestimmt sind, versprochen ist. — Hier kann nur das richterliche Ermessen entscheiden.

Menoch. de arbitrar. judic. quaest. Lib. II Cent. I cas. 53. Iudicis arbitrio terminos esse distinguendos, cum quis tribus terminis dare promisit.

Sächsisches b. G. B. § 712. „Ist die Zeit ... dahin bestimmt, daß sie „nach und nach" und in nicht näher angegebenen Fristen geschehen soll, so hat der Verpflichtete in angemessenen Fristen, welche nach richterlichem Ermessen festzusetzen sind, zu erfüllen ..."

Erkenntniß des O. A. G. zu Jena vom 19. Decbr. 1856: Zwischen dem Verkäufer und Käufer eines Hauses war die Abrede getroffen worden, daß ein gewisser Rest der Hauskaufsgelder auf dem verkauften Hause stehen bleiben und der Käufer denselben „nach und nach" solle abtragen können. — Der letzteren Bestimmung kann nicht der Sinn beigelegt werden, daß es lediglich in des Schuldners Willkür gestellt sei, wann und in welchen Raten er zahlen wolle, sondern — wenn man darin die Verpflichtung des Verkäufers, abschlägliche Zahlungen anzunehmen, erblicken will — nur der, daß der Schuldner zur Abzahlung des fraglichen Restes billige Fristen erhalten solle. Der Klageantrag, den Beklagten für schuldig zu erkennen, binnen richterlich zu bestimmender Frist den Kaufgelder-Rückstand sammt Zinsen zu zahlen, entspricht daher vollkommen der Sachlage und der Bestimmung des Vertrages. (Seuffert, Archiv XII Nr. 233.) [22]

ee) Der höchste Grad von Unbestimmtheit bei der Festsetzung der Zahlungszeit ist vorhanden, wenn die Fristbestimmung der Willkür des Schuldners anheimgegeben ist.

Nach dem bei Stipulationen geltenden strictum jus der Römer erlosch die ganze Verbindlichkeit, wenn der Versprechende bei Lebzeiten eine solche Bestimmung nicht getroffen hatte.

Paul. l. 46 § 2 D. de V. O. (45, 1): Si ita stipulatus fuero, „cum volueris", quidam inutilem esse stipulationem

---

[22] Vgl. den in der Preuß. Gerichts-Ztg. 1859 Nr. 20 S. 4 mitgetheilten Rechtsfall.

ajunt; alii ita inutilem, si, antequam constituas, morieris;
quod verum est.

Dieser Satz ist jedoch für das neuere Recht unanwendbar gewor=
den, vielmehr der nach römischem Recht nur bei Vermächtnissen [23] gel=
tende Satz an die Stelle getreten, daß die Forderung mit dem Tode
des Verpflichteten fällig wird. [24]

> Carpzov, Jurispr. for. P. II const. 28 def. 18. Tempore
> solutionis arbitrio debitoris commisso, defuncto eo, heredes
> statim solvere tenentur.

> Sande, Decis. Fris. Lib. III tit. IX def. 2: — Quando
> ipse contractus est purus, ejus vero executio est collata in
> arbitrium promissoris, omnino valet contractus, sed pro-
> missori usque ad extremum vitae spiritum liberum relin-
> quitur, quando velit solvere contractumque exequi, eo vero
> mortuo, ejus heres statim conveniri potest . . . Morte enim,
> ut omnia, ita quoque voluntas extinguitur. Quam sententiam
> Senatus noster secutus est (9. Februar 1618).

> Erkenntniß des A. G. zu Dresden von 1822: Hat der
> Schuldner ein Darlehn mit der Zusage empfangen, „er könne
> es behalten, so lange er wolle", so kann erst nach dessen Tode
> der Gläubiger klagen. (Emminghaus, Pandekten des gem.
> Sächs. Rechts S. 534 Nr. 14).

---

[23]) Ulp. l. 11 § 6 D. de leg. 3: Hoc legatum: „cum voluerit", spatium
habet, quamdiu vivat is, a quo fideicommissum relictum est. Verum
si, antequam dederit, decesserit, heres ejus praestat . . . Scaevola
l. 11 § 13 eod.: Scaevola respondit: Cum heres scriptus rogatus
esset, cum volet, alii restituere hereditatem, interim non est com-
pellendus ad fideicommissum. Claudius: post mortem enim utique
creditur datum.

[24]) Unger, System des allgem. österreich. Privatrechts II S. 98: Der An=
fangstermin kann auch in die Willkür des Verpflichteten gestellt werden,
d. h. es kann von der Willkür des Verpflichteten abhängig gemacht werden,
von welchem Moment an sein Wille als gesetzt zu betrachten sei, also
wann das Rechtsverhältniß beginne solle, wann er seine Verpflichtung
erfüllen wolle (cum volet). Die Voraussetzung hierbei ist die, daß nicht
die Verpflichtung zur Erfüllung überhaupt, sondern nur die Erfüllungszeit
der Willkür des Verpflichteten anheimgestellt ist. In einem solchen Fall
verfällt der Erfüllungstermin mit dem Todestag des Verpflichteten: bei
Lebzeiten des Verpflichteten kann nicht wirksam geklagt werden, weil der
Verpflichtete durch einfaches Nichtwollen die Erfüllung immer ablehnen kann,
es müßte denn sein, daß es sich um eine bloß persönliche nicht vererbliche
Pflicht handelt, in welchem Fall der Richter die Erfüllungszeit nach
Billigkeit, d. h. mit Berücksichtigung aller individuellen Umstände festzu=
setzen hat.

Erkenntniß des O. A. G. zu Dresden vom Jahre 1837: Eine Abrede, „der Schuldner könne nach eigener Bestimmung bezahlen", drückt aus, daß die Zeit ganz in der Willkür des Schuldners steht; der Tod des Schuldners ist der letzte Termin. (Ebendas. Nr. 16).

Erkenntniß des Ob.-Trib. zu Stuttgart vom 16. Oktbr. 1849: Wenn die Zeit einer Verbindlichkeit der Willkür des Verpflich= teten überlassen ist, so kann der Gläubiger wenigstens mit dem Todestage des Schuldners die Erfüllung verlangen. Dies findet seinen ganz natürlichen Grund darin, daß, wenn die Zeit der Erfüllung auch wieder in das Belieben des Erben gestellt wäre, die Erfüllung so lange aufgeschoben werden könnte, daß dies einer gänzlichen Nichterfüllung gleichkäme, sich also nicht annehmen läßt, es habe den Erben des Schuldners dasselbe Recht, wie diesem selbst eingeräumt werden wollen...[25] (Seuf= fert, Archiv III Nr. 151).

Baierisches Landrecht (Cod. Max. Bav. civ.) Th. IV Kap. 14 § 9 a. E. „4 to. Die in der Obligation enthaltenen Worte: daß Debitor nach Gelegenheit und eigenem Belieben zahlen möge, wirken so viel, daß die Bezahlung in Lebzeiten von ihm nicht, sondern erst nach seinem Tode von den Erben gefordert werden mag".

Hiermit stimmen denn auch die neueren Gesetzgebungen überein.

Preuß. A. L. R. Th. I Tit. 5 § 238 „— wenn die Zeit der Erfüllung der Willkür des Verpflichteten ausdrücklich über= lassen ist, findet die Anstellung einer Klage darauf erst nach dem Tode des Verpflichteten statt".

Oesterreich. b. G. B. § 904. „— Hat der Verpflichtete die Erfüllungszeit seiner Willkür vorbehalten, so muß man entweder seinen Tod abwarten, und sich an die Erben halten; oder, wenn es um eine bloß persönliche, nicht vererbliche Pflicht zu thun ist, die Erfüllungszeit von dem Richter nach Billigkeit festsetzen lassen"...

Sächsisches b. G. B. § 715. „Ist die Zeit der Leistung dem Belieben des Verpflichteten anheimgegeben, so kann die Er= füllung sofort nach dessen Tode von dessen Erben gefordert werden. Bei Leistungen, welche von dem Verpflichteten in Person zu einer ihm beliebigen Zeit erfolgen sollen, ist die Zeit nach richterlichem Ermessen zu bestimmen".[26]

---

[25] Aus dem letzteren Grunde folgt von selbst, daß der Verpflichtete im vor= ausgesetzten Falle nicht befugt ist, durch letztwillige Verfügung die Zeit der Erfüllung über seinen Tod hinaus zu verschieben.

Erk. des Ob.-Trib. zu Berlin vom 1. Decbr. 1865 (Entscheid. des K. Ob.-Trib. Bd. 56 S. 24 f.).

[26] Uebereinstimmend mit dem Hessischen Entwurfe Art. 235, dem Bayerischen Entw. Art. 101 und dem Entw. eines deutsch. Ges. über Schuldverh. Art. 268.

§ 10.

4. Zahlungsort.

Einen wichtigen Bestandtheil der Obligation bildet auch der Lei=
stungsort, dessen gehörige Beachtung sowohl im Interesse des Gläu=
bigers als im Interesse des Schuldners liegen kann.

§ 33 J. de act. (4, 6): — — Plus autem quatuor modis
petitur: re, tempore, loco, causa . . . Loco plus petitur,
veluti cum quis id, quod certo loco sibi stipulatus est, alio
loco petit sine commemoratione illius loci, in quo sibi dari
stipulatus fuerit: verbi gratia si is, qui ita stipulatus fuerit
„Ephesi dari spondes?" Romae pure intendat dari sibi
oportere. Ideo autem plus petere intelligitur, quia utilitatem, quam habuit promissor, si Ephesi solveret, adimit ei
pura intentione . . .

Ulp. l. 9 D. de eo quod certo loco (13, 4): Is qui certo
loco dare promittit nullo alio loco, quam in quo promisit,
solvere invito stipulatore potest.

l. 9 C. h. t. (8, 43): — — Ita demum oblatio debiti
liberationem parit, si eo loco, quo debetur, solutio fuerit
celebrata. [1]

Revidirtes Land=Recht des Herzogth. Preußen von 1685
(verbeff. L.=R. des K. Preußen von 1721) Buch IV Tit. XXI
Art. I § 10. „Fügt es sich auch, daß ein Schuldener die Be=
zahlung eines jährlichen Zinsgeldes an einem gewissen und be=
stimmten Ort versprochen hätte: An demselben ist er Bezah=
lung zu thun schuldig, und kann, ohn besondere rechtmäßige
Ursach, an kein ander Ort gedrungen werden."

Die Bestimmungen des Römischen Rechts über die Frage:

an welchem Orte die Zahlung zu leisten sei,

haben für das heutige Recht um so weniger einen praktischen Werth,
als es selbst der Theorie kaum gelungen ist, hierüber vollkommene
Klarheit zu erlangen. [2]

Nicht mit Unrecht sagt Titius, Obser. ad Lauterbach. Dig.
Lib. XIII art. 4:

---

[1] Volkmar, paroem, et reg. jur. p. 296. Non potest creditor invito
alibi solvi, quam in loco destinato. Bartholus.

[2] In Betreff der Grundsätze des Röm. Rechts ist zu verweisen auf:
Bethmann=Hollweg, Versuche über einzelne Theile der Theorie des
Civilprozesses S. 17—51. Unterholzner, Lehre des Röm. Rechts von

No. 1. Exponitur sub hoc nomine caput aliquod, ad
conventiones, locum certum respicientes, in genere perti-
nens, ac refertur partim id, quod naturale est, partim quod
mere positivum, ac ad ambages fori Romani spectat, quae
commixtio efficit, ut vulgo juri Romano plus hac in parte
tribuatur, quam par est.

No. 4. Ceterum cum omnes illae ambages sat manifeste
antiquum processum formularium redoleant, hinc eas in
Germania plane exulare dicendum est. Quare hodie jus
naturale observamus, ac reo in locum condictum non veniente,
ex conventione praecedente actionem · sub consueto nomine
instituimus, eademque adversarium, observato loci interesse,
ad satisfactionem compellimus. [3]

Im Allgemeinen ist zu bemerken, daß die Frage nach dem Zahlungsorte in unserer Zeit wegen der ungemeinen Förderung der Com-
municationsmittel, insbesondere auch in Folge der durch das Institut
der Post-Anweisungen gewährten Erleichterung bedeutend an ihrem
praktischen Werthe verloren hat.

Was nun das neuere Recht betrifft, so ist darüber Folgendes anzuführen.

a) Die Vorschriften des Preußischen Landrechts in Betreff des
Ortes der Erfüllung überhaupt beruhen auf einer Scheidung der con-
tractlichen und der außercontractlichen Verhältnisse. [4]

Für Verträge, die auf das Geben (einer Sache oder einer Summe
Geldes) gerichtet sind (und mit solchen haben wir es hier allein zu
thun) stellt der Titel 5 Th. I als Regel auf:

---

den Schuldverh. I § 108. v. Savigny, System VIII §§ 370. 371 und
Obligationenrecht I § 49. Heimbach sen. in Weiske's Rechtslex. X S.
356—362. Mommsen, Beiträge zum Oblig.-Recht III S. 214 f. Reatz,
die Lehre vom Erfüllungsort (1862). Windscheid, Lehrb. des Pandektenrechts § 282.

[3] Vgl. Schilter, Exerc. ad P. Exerc. 24 § 73. 75: Actionem de eo
quod certo loco dari oportuit, peperit Romanis differentia inter juris
stricti et bonae fidei judicia ... Quodsi jam ista juris Romani
principia ad jus et usum fori Germanici comparamus, patet omnino,
primo ignoratum fuisse discrimen inter bonae fidei et stricti juris
judicia ... Deinde nec dum opus esse ista differentia ad praxin
fori, quatenus nullum amplius jus Flavianum nos exercet, sed ductu
naturalis aequitatis officium judicis nobile in qualibet causa implorare
integrum est ... Hellfeld, Jurispr. for. § 848.

[4] Heydemann, Einleitung in das System des Preuß. Civilrechts I S.
232 f.

§ 248. „— — Soll nach dem Vertrage etwas gegeben werden,[5] so muß die Ablieferung an dem Orte, wo der Berechtigte zur Zeit des geschlossenen Vertrages gewohnt hat,[6] erfolgen".

§. 249. „Bei bloß wohlthätigen Verträgen aber kann der Berechtigte die Erfüllung nur da, wo der Verpflichtete sich aufhält,[7] fordern.

Eine Anwendung der ersteren Bestimmung auf den Darlehnsvertrag enthält der § 769 Tit. 11:

„Der Regel nach ist der Schuldner verpflichtet, die Rückzahlung kostenfrei an dem Orte, wo der Gläubiger zur Zeit des geschlossenen Vertrags seinen Wohnsitz gehabt hat, zu leisten."[8]

Ebenso ist dieselbe auch bei Pachtverträgen anwendbar.[9]

Für außercontractliche Rechtsverhältnisse gilt die auf „Erfüllung der Verbindlichkeiten überhaupt" bezügliche Regel des § 27 Tit. 16

„Wenn weder Willenserklärungen, noch die Natur des Geschäftes, noch besondere Gesetze den Ort der Erfüllung näher bestimmen, so muß dieselbe da, wo der Verpflichtete sich aufhält, geleistet und angenommen werden."

welche für Zahlungen als durchgreifendes Princip aufstellt:

§. 52. Zahlungen, die sich nicht auf Verträge gründen, ist der Schuldner nur da, wo er wohnt,[10] zu leisten verpflichtet".

---

[5] Der Ausdruck „Geben" im § 248 ist auch auf Zahlung zu beziehen. Erk. des Ob. Trib. zu Berlin vom 13. Oktober 1854 (Striethorst, Archiv Bd. 15 S. 108).

[6] Dieser Ausdruck ist sowohl auf den Wohnort, als auch auf die Wohnung zu beziehen. Erk. des Ob. Trib. zu Berlin v. 27. Oktober 1854 (Striethorst, Archiv Bd. 15 S. 200).

[7] Dieser Ausdruck ist wohl nur der Abwechselung halber für „wohnt" gebraucht. Heydemann, S. 233.

[8] Für den Fall einer inzwischen erfolgten Wohnortsveränderung bestimmen weiter:

§ 772. „Verlegt der Gläubiger seinen Wohnort von dem Orte, wo er zur Zeit des geschlossenen Vertrages gewohnt hat, so muß er an diesem Orte einen Bevollmächtigten zum Empfange des Geldes bestellen, und denselben dem Schuldner anzeigen."

§ 773. „Geschieht dieses nicht, so kann der Schuldner das Geld dem Gläubiger mit der Post auf dessen Gefahr und Kosten zusenden, oder dasselbe gerichtlich niederlegen".

[9] S. das in Note 5 angeführte Erk. des Ob. Trib.

[10] Dieser Ausdruck bezieht sich nicht bloß auf die geographische Bezeichnung „die Stadt, den Flecken oder das Dorf", sondern auch auf die Wohnung

Schon der gedruckte Entwurf enthielt im § 19 Tit. 13 Th. II
die Bestimmung:

> „Wo weder Gesetze, noch Verträge den Ort der Zahlung
> näher bestimmen, muß solche da, wo es dem Leistenden am
> wenigsten lästig ist, entrichtet und angenommen werden".

Dagegen wurde zwar erinnert:

> Nach der bisherigen Theorie sei der Wohnort des Gläu=
> bigers der eigentliche Ort der Zahlung gewesen, dies scheine
> auch der Natur der Sache gemäß.

Jene Bestimmung ging jedoch in das A. L. R. (Th. I Tit. 16
§ 52) nur mit der Redaktionsänderung über, daß statt der Worte:

> „wo es dem Leistenden am wenigsten lästig ist",

die Fassung gewählt wurde:

> „wo der Schuldner wohnt".

Bei der Schlußrevision sagt Suarez zur Rechtfertigung jener
Vorschrift:

> „Es gibt Doctores, welche behaupten, daß die Zahlung der
> Regel nach im Domizil des Gläubigers geschehen müsse (Hell=
> feld ad l. § 1929 et DD. ibi allegati).[11] Allein diese Mei=
> nung stützt sich auf kein Gesetz und ist wider die Analogie, welche
> im zweifelhaften Falle immer den Schuldner begünstigt. Auch
> reden die allegirten DD. eigentlich nur von Schulden aus Ver=
> trägen, in Ansehung deren das Erforderliche im Gesetzbuche
> Tit. 5 § 147 squ. schon bestimmt ist".[12]

b) Das Oesterreichische b. G. B. verordnet:

> § 905. „Wenn der Ort, wo der Vertrag erfüllt werden
> soll, weder aus der Verabredung, noch aus der Natur oder dem
> Zwecke des Geschäfts bestimmt werden kann, so werden . . .
> bewegliche Sachen an dem Orte, wo das Versprechen gemacht
> worden ist, übergeben".[13]

---

im eigentlichen Sinne. Immediatbericht des Just. Ministers v. 26. Mai
und K. O. v. 13. Juni 1840. Just. M. Bl. 1840 S. 254 f.

[11]) Hellfeld, Jurispr. for. § 1929: — regulariter debitor solvere volens
creditoris domicilium sequi tenetur. Leyser Sp. 518 m. 10. Struv.
in exerc. 47 § 75. Stryk de loco solutionis (Hal. 1694).

So bestimmt auch das Baierische Landrecht (Cod. Max. Bax. civ.) Th. IV
Kap. 14 § 10 „— 3tio. Ist gar kein Ort bedungen, so zahlt man den
Creditor regulariter in Foro Domicilii.

[12]) S. den in Note 10 angeführten Immediatbericht.

[13]) Auf diese Vorschrift wird auch in dem Abschnitte von der Zahlung (§ 1420
Alin. 1) verwiesen.

§ 1420 a. E. „— Zahlungen, die außer dem Falle eines Vertrages zu leisten sind, ist der Schuldner nur am Orte seines Wohnsitzes abzuführen schuldig".

c) Die betreffenden Vorschriften des bürg. Gesetzbuches für das K. Sachsen lauten:

§ 707. „Die Zahlung einer Geldschuld ist an dem Orte zu leisten, wo der Berechtigte zur Zeit der Entstehung der Forderung seinen Wohnsitz gehabt hat". [14]

§ 708. „Für Forderungen, welche durch unerlaubte Handlungen begründet worden sind, gilt, wenn nicht die Beschaffenheit der Leistung etwas Anderes mit sich bringt, der Wohnsitz des Verletzten zur Zeit der Erfüllung als Ort derselben".

Unger in seiner kritischen Beleuchtung des revidirten Entwurfes eines b. G. B. für das K. Sachsen (Leipzig, 1861) S. 64 bemerkt über den § 726 des Entwurfs (welcher dem § 707 des Gesetzbuches entspricht):

Die Bestimmung des § 726 läßt sich in dieser Allgemeinheit gewiß nicht billigen. Man mag immerhin den Gläubiger im Falle eines unverzinslichen Darlehns begünstigen und den Schuldner verpflichten, das Darlehn am Wohnort des Gläubigers zurückzustellen, aber bei dem verzinslichen Darlehen ist doch wohl kein Grund vorhanden zur härteren Behandlung des Schuldners. Favorabiliores rei potius quam actores habentur. l. 125 de R. I. Und nun gar erst bei Schenkungen: in Zukunft müßte derjenige, der einem Andern eine Summe Geldes schenkungsweise versprochen hat, Kosten und Gefahr der Uebersendung an den Ort tragen, wo der Beschenkte seinen Wohnsitz hat oder hatte! Gibt es irgend einen plausiblen Grund für eine solche Vorschrift? Und wie der § 726 gefaßt ist, müßte er ohne weiteres auch bei Geldleistungen aus zweiseitigen Geschäften angewendet werden, so sehr sich auch die speziellen Motive dagegen sträuben. Im Handelsverkehr mag sich immerhin das Bedürfniß oder die Sitte dahin gebildet haben, daß bei Geldzahlungen, wenn nicht ein anderes aus dem Vertrag, der Natur des Geschäfts oder der Absicht der Contrahenten hervorgeht, der Schuldner auf seine Gefahr und Kosten die Zahlung dem Gläubiger an den Ort übermachen müsse, wo dieser zur Zeit der Entstehung der Forderung seine Handelsniederlassung resp. seinen Wohnsitz hatte: zu einer Uebertragung dieses Satzes in solcher Allgemeinheit auf den Boden des gemeinen Privatrechts ist sicher keine Veranlassung vorhanden.

---

[14] Motive: Unter der „Geldschuld" ist insbesondere die Darlehnsschuld zu verstehen. Auf Geldleistungen aus zweiseitigen Contracten findet dieser § keine Anwendung.

d) Das privatrechtliche Gesetzbuch für den K. Zürich enthält nur die Vorschrift:

§ 994. „Bei Geldschulden gilt, wenn nicht besondere Verabredungen oder Uebungen Anderes bestimmen, im Zweifel der Wohnort des Gläubigers als der einverstandene Erfüllungsort, und die Uebersendung des Geldes geschieht auf Kosten und Gefahr des Schuldners. Verändert aber der Gläubiger den Wohnort und läßt er sich anderwärts nieder,[15] so hat er, wenn aus jener Uebersiedlung für den Schuldner eine erhebliche Belästigung entstünde, diesem gegenüber dafür zu sorgen, daß sich an dem bisherigen Erfüllungsorte ein Bevollmächtigter finde, der für ihn die Zahlung in Empfang nehme".[16]

e) Der Code civil und das Badische Landrecht bestimmen:

Art. 1247. „Die Zahlung muß an dem bestimmten Ort geschehen: fehlt im Vertrage eine Ortsbestimmung, es ist aber von einem vollbestimmten Stück die Rede,[17] so muß die Zahlung da geschehen, wo zur Zeit der entstandenen Verbindlichkeit sich das Stück befand. — Außer diesen beiden Fällen geschieht die Zahlung in dem Wohnsitz des Schuldners".[18]

---

[15] Bluntschli, Erläuterungen III S. 65: Der Gläubiger darf durch seine Wohnortsveränderung den Schuldner nicht in eine schlimmere Lage versetzen und ihm die Kosten und Gefahr aufladen, welche nach dem ursprünglichen Vertragsverhältniß nicht von dem Schuldner übernommen war. Auf geringfügige Entfernung, z. B. aus einem Quartier der Stadt in ein anderes, oder selbst aus einer Gemeinde in die benachbarte kommt es dabei nicht an, wohl aber sind Wohnungsveränderungen erheblich, die z. B. eine Versendung durch die Post nöthig machen, wo zuvor ein unmittelbarer persönlicher Verkehr ausgereicht hat.

[16] Dieser Vorschrift ist die Bestimmung des Entwurfs eines b. G. B. für das K. Bayern Th. II Art. 100 nachgebildet. Der Entwurf eines gemeinsamen deutschen Gesetzes über Schuldrecht, Art. 257 bestimmt: „Geldschulden sind im Zweifel an dem Orte zu erfüllen, an welchem der Gläubiger zur Zeit der Entstehung der Verbindlichkeit seinen Wohnsitz gehabt hat. Hat der Gläubiger nach Entstehung der Verbindlichkeit seinen Wohnsitz verändert, so ist der Schuldner verpflichtet, die Geldschuld an dem derzeitigen Wohnsitze des Gläubigers zu leisten, sofern nicht damit zu der Erfüllung am ursprünglichen Wohnsitze des Gläubigers eine größere Belästigung oder Gefahr für den Schuldner verbunden ist.

[17] Im französischen Text heißt es: „lorsqu'il s'agit d'un corps certain et determiné" —.

[18] In Malleville's Comment. übersetzt von L. Stanchard III S. 12 95 wird dazu bemerkt: Der zweite Theil des Artikels ist dem Handelsgebrauche angemessen. Um nämlich die Zahlung von Schuldscheinen, die auf den Inhaber lauten, und von Wechselbriefen zu erhalten, findet sich der Gläubiger beim Schuldner ein. In den übrigen Fällen aber, den Domicilio

Das Badische Landrecht enthält jedoch noch den Zusatz=Artikel 1247a.

"Von letzterer Regel sind ausgenommen die Zahlungen, welche zur Entschädigung wegen Vergehen oder Versehen geschehen, als die in dem Wohnsitz des Gläubigers geschehen sollen".[19]

f) Besondere, durch die Bedürfnisse des Handelsverkehrs gebotene Bestimmungen enthält das Allgemeine Deutsche Handelsgesetzbuch

Art. 324. "Die Erfüllung des Handelsgeschäfts muß an dem Orte geschehen, welcher im Vertrage bestimmt oder nach der Natur des Geschäfts oder der Absicht der Kontrahenten als Ort der Erfüllung anzusehen ist. — Fehlt es an diesen Voraus= setzungen, so hat der Verpflichtete an dem Orte zu erfüllen, an welchem er zur Zeit des Vertragsabschlusses seine Handels= niederlassung oder in deren Ermangelung seinen Wohnort hatte . . ."

Art. 325. "Bei Geldzahlungen, mit Ausnahme der Aus= zahlung von indossabelen oder auf den Inhaber lautenden Pa= pieren, ist der Schuldner verpflichtet, wenn nicht ein Anderes aus dem Vertrage oder aus der Natur des Geschäfts oder der Absicht der Kontrahenten hervorgeht, auf seine Gefahr und Kosten die Zahlung dem Gläubiger an den Ort zu übermachen, an welchem der Letztere zur Zeit der Entstehung der Forderung seine Handelsniederlassung oder in deren Ermangelung seinen Wohnort hatte. — Durch diese Bestimmung wird jedoch der gesetzliche Erfüllungsort des Schuldners (Art. 324) in Betreff des Gerichtsstandes oder in sonstiger Beziehung nicht geändert".[20]

Ebenso die Allgemeine Deutsche Wechselordnung

Art. 4. "Die wesentlichen Erfordernisse eines gezogenen Wechsels sind: . . .

---

zum Art. 85 des Gewohnheits=Rechtes von Paris gl. 1 n. 104 muß der Schuldner, wenn er und sein Gläubiger am nämlichen Orte wohnen, sich zu Letzterem verfügen. Wohnen sie aber von einander entfernt, dann muß der Gläubiger zum Schuldner gehen, um seine Zahlung von ihm zu ver= langen. Unser Artikel setzt dagegen eine einförmige Regel fest.

[19] So bestimmt auch der Entw. eines gemeinf. deutsch. Ges. über Schuldverh., im Einklange mit dem oben angeführten § 708 des Sächs. b. G. B., Art. 258: "Verbindlichkeiten aus unerlaubten Handlungen sind, soweit es sich nicht um Wiederherstellung einer an einem andern Orte, als dem Wohn sitze des Ersatzberechtigten befindlichen unbeweglichen oder beweglichen Sache handelt, an dem Orte zu erfüllen, an welchem der Ersatzberechtigte zur Zeit der Erfüllung seinen Wohnsitz hat".

[20] Vgl. Endemann, das Deutsche Handelsrecht § 91 III. C. desgl. Mun= zinger, Motive zu dem Entwurfe eines schweizerischen Handelsrechtes (Bern, 1865) S. 200, 201.

8. die Angabe des Ortes, wo die Zahlung geschehen soll; der bei dem Namen oder der Firma des Bezogenen ange= gebene Ort gilt für den Wechsel, insofern nicht ein eigener Zahlungsort angegeben ist, als Zahlungsort und zugleich als Wohnort des Bezogenen".

Art. 97. „Der Ort der Ausstellung gilt für den eigenen Wechsel, insofern nicht ein besonderer Zahlungsort angegeben ist, als Zahlungsort und zugleich als Wohnort des Ausstellers".

Art. 40. „Wird die Zahlung des Wechsels zur Verfallzeit nicht gefordert, so ist der Acceptant — befugt, die Wechselsumme auf Gefahr und Kosten des Inhabers bei Gericht oder bei einer anderen zur Annahme von Depositen ermächtigten Behörde oder Anstalt niederzulegen. Der Vorladung des Inhabers bedarf es nicht".

Art. 91. „Die Präsentation zur Annahme oder Zahlung — — so wie alle sonstigen, bei einer bestimmten Person vor= zunehmenden Akte müssen in deren Geschäftslokal, und in Er= mangelung eines solchen, in deren Wohnung vorgenommen werden . . ." [21])

Ueber den Grund dieser Vorschriften bemerkt ganz richtig W. Hart= mann, das Deutsche Wechselrecht (Berlin, 1869) S. 348:

Die Erfüllung (der Wechsel=Obligation) ist durch den Inhalt des Wechsels an einen bestimmten Tag, an einen bestimmten Ort und an einen bestimmten Verpflichteten gebunden. Da= gegen ist die Person des Gläubigers in der Obligation nicht nothwendig individuell bezeichnet; rechtmäßiger Empfänger der Wechselzahlung ist vielmehr der jedesmalige wechselmäßig legiti= mirte Inhaber des Wechsels am Zahlungstage. Bei dieser Wandereigenschaft des Wechsels, und bei dem Umstande, daß die Gläubigerschaft in dem Wechsel ruht, konnte der civilrechtliche Grundsatz, wonach Zahlungen in der Regel dem Gläubiger überbracht werden müssen, auf Wechsel füglich nicht angewendet werden. Der Wechselgläubiger ist vielmehr nach alt hergebrachtem, in dem Wechselverkehr begründetem und auch in der Allgemeinen Deutschen Wechselordnung anerkanntem Gebrauche schuldig, die Wechselsumme, gegen Präsentation des Wechsels, bei dem Be= zogenen zu fordern und abzuholen.

g) Aber auch im Gebiete des Civilrechts macht sich in Betreff des Zahlungsortes die Nothwendigkeit von Ausnahmebestimmungen gel= tend. [22]) Es ist dies namentlich in Ansehung der öffentlichen Kassen vermöge des bei ihnen stattfindenden Geschäftsganges der Fall.

Es verordnet hierüber das Preuß. A. L. R. Th. I Tit. 11:

---

[21]) Vgl. Gelpcke, Zeitschrift für Handelsrecht Heft I S. 112 f.

[22]) Einer solchen Ausnahme, die aber schon aus allgemeinen Grundsätzen folgt,

12*

§ 776. „Oeffentliche Cassen und Anstalten haben, bei auf=
genommenen Darlehnen, auch wegen des Ortes der Rückzahlung
vor Privatschuldnern kein Vorrecht".

§ 777. „Doch muß bei den an die Bank und an die
Kreditsysteme gemachten Darlehnen der Gläubiger das Geld auf
seine Gefahr und Kosten zur Casse abliefern, und von dieser
zurückholen".

desgleichen Th. I Tit. 16:

§ 53. „— Zahlungen aus öffentlichen Cassen und an die=
selben müssen, außer dem Falle eines Darlehns, auf der Casse
in Empfang genommen, und in die Casse geleistet werden".

Ebenso das bürg. Gesetzbuch für das K. Sachsen:

§ 709. „Zahlungen an eine öffentliche Casse und aus der=
selben, ausgenommen die Fälle, in welchen es sich um die Rück=
zahlung oder Verzinsung eines Darlehns handelt, welches die
Casse aufgenommen hat, müssen an dem Orte, wo sich die Casse
befindet, geleistet und in Empfang genommen werden".[1]

Dem gemeinen Rechte sind dergleichen Vorschriften fremd.

Zum Schlusse sei nur noch im Allgemeinen Folgendes bemerkt:

Wie Unger a. a. O. S. 62 f. mit Recht hervorhebt, ist es nicht
leicht, diese Materie in befriedigender Weise zu regeln, da einerseits die
Vorschriften des Römischen Rechts nicht völlig erschöpfend und zweifel=
los, auch zum Theil für die heutigen Zustände nicht mehr passend,
andererseits die widerstreitenden Interessen des Gläubigers und Schuld=
ners unter einander und mit Rücksicht auf die Verkehrsbedürfnisse aus=
zugleichen und die Verschiedenheit der einzelnen obligatorischen Ver=
hältnisse sorgfältig zu berücksichtigen sind. Der leitende Gesichtspunkt
kann immer nur der sein, daß die Leistung an dem Ort zu geschehen
habe, welcher der muthmaßlichen Intention der Parteien entspricht, also
dort, wo der Gläubiger die Leistung billigerweise erwarten und der
Schuldner mit der geringsten Belästigung erfüllen kann.

Wohl beachtungswerth erscheint vom legislativen Standpunkte aus
die Bemerkung J. J. Lang's in seiner kritischen Beleuchtung des Ent=
wurfs eines b. G. B. für das K. Bayern Heft II (München, 1862)
S. 61.

„Uns scheint es nicht angemessen, im Gesetzbuch den Leistungs=
ort durch allgemeine Normen zu bestimmen. Wir sind vielmehr

---

gedenkt das Baierische Landrecht (Cod. Max. Bav. civ.) Th. IV Kap. 14
§ 10. „— Ueberhaupt muß 4to der Zahlungs=Ort bequem und gelegen,
mithin weder mit Pest, Krieg, Ueberschwemmung, noch anderen dergleichen
Incommoditäten behaftet sein".

der Ansicht, daß hierin jede Obligation ihre selbständige Eigen=
thümlichkeit habe. Man kann doch offenbar den Ort der Er=
füllung für den Commodatar, den Depositar, den Faustpfand=
gläubiger, den Miether, den Darlehnsempfänger nicht gleich=
mäßig bestimmen. Selbst in derselben Obligation wird sich
nach deren besonderer Qualification der Leistungsort verschieden
stellen, indem es z. B. bei dem Commodatar doch wohl, wie
für die Verantwortlichkeit wegen Culpa, sehr darauf an=
kommt, ob der Vertrag lediglich zum Vortheil des Commo=
datars, oder zum gemeinschaftlichen Vortheil des Commodanten
und des Commodatars, oder gar nur im Interesse des Com=
modanten eingegangen ist. Daß Geldzahlungen nach Art. 100
(des Bayerischen Entwurfs) am Wohnort des Gläubigers zu
leisten seien, paßt unbedingt nur für Darlehnsschulden, Zins=
zahlungen u. dgl., keineswegs für Schenkung, ja nicht einmal
für die Hingabe zum versprochenen Darlehn... Kurz, wir
halten es nicht indicirt, daß der Gesetzgeber allgemeine Prin=
cipien aufstelle. Er wird viel besser thun, für jede Obligation,
wenn auch nur mit einem Wort, den Leistungsort zu bestim=
men; er mag es dann der Theorie überlassen, die verwandten
Fälle unter ein Princip zu bringen. Wir würden uns daher
mit Art. 98,[23]) welcher sich durch präcisen Ausdruck auszeichnet,
begnügen und diese Bestimmung als allgemeine auch für voll=
kommen genügend halten".

§ 11. Beweis der Zahlung.

1. Die Zahlung, als eine das Schuldverhältniß (ipso jure) auf=
lösende Thatsache, ist vom Schuldner zu beweisen.

l. 25 C. h. t. (8, 43): Solutionem asseveranti probationis
onus incumbit: quo facto chirographum condicere potest.

Revidirtes Land=Recht des Herzogth. Preußen von 1685
(verbeff. L. R. des K. Preußen v. 1721) Buch IV Tit. I Art. IV
§ 4. „— Wenn aber der Beklagte sich zu der Schuld bekennte,
und doch darneben anzeigete, er hätte dieselbige bezahlet: Sol
er solche solution und Bezahlung, wie sich gebühret, außführen,
darthun, wahrmachen und beweisen". Buch IV Tit. XXI Art. I
§ 4. „— Wo der Schuldner fürbringet, er habe bezahlet: So
muß und sol er solche solution und Bezalung (als die auf einer
Geschicht beruhet) darzuthun und zu beweisen schuldig seyn..."

---

[23]) Art. 98 lautet: „Ist der Ort der Leistung nicht ausdrücklich festgesetzt, so
muß sie an demjenigen Orte geschehen, welcher der Beschaffenheit und dem
Zwecke des Schuldverhältnisses, so wie der nach den Umständen zu be=
messenden Absicht der Parteien am meisten entspricht".

In Betreff der Beweismittel ist der Schuldner nach heutigem Recht in keiner Art beschränkt.[1]) Die Vorschrift der l. 18 C. de test. (4, 20) und Auth. Rogati aus Nov. 90 c. 2, wonach die Zahlung urkund=lich feststehender Schulden auf dem Wege des Zeugenbeweises nur durch die Aussage von fünf, zu dem Zahlungsakte oder dem Empfangs=bekenntniß des Gläubigers ausdrücklich zugezogenen Zeugen dargethan werden kann, ist nach der herrschenden Ansicht durch den Gerichts=gebrauch beseitigt,[1a]) auch von den wenigsten deutschen Partikularrechten als geltendes Recht anerkannt.[2])

---

[1]) Dasselbe gilt auch nach den deutschen Rechtsquellen des Mittelalters.

Stobbe, Zur Geschichte des deutschen Vertragsrechts (Leipz. 1855) S. 86 f.:

„Giebt der Beklagte die Entstehung der Schuld zu, behauptet aber, daß sie auch bereits getilgt sei, so beweist er dies mit zwei Zeugen, welche mit ihm schwören: so bestimmt schon der Sachsenspiegel und andere fast unzählige Quellen, z. B. Schwabensp. 84 a. E., Richtsteig 8, Hallischer Schöffenbr. v. 1235 § 29. (Gaupp S. 227), verm. Sachsensp. III. 11 d. 2, d. 4; III, 13 d. 1. Münchener Stadtr. Art. 12. Culm. III. 63. 64. 69. Brünner Schöffenb. 163. 434 u. s. w. . . Da wo die Schuld selbst nur durch besonders beglaubigte oder besonders ehren=hafte Männer bezeugt wird, soll auch mit diesen nur die Tilgung be=wiesen werden; so werden z. B. Jurati gefordert im Brünner Schöffenb. 680, Wiener Stadtr. v. 1435".

Auch in den Friesischen Rechtsquellen von Dr. K. F. von Richthofen, p. 108 werden die Upstallsbomer Gesetze von 1323 mitgetheilt, welche im § XXX die allgemeine Vorschrift enthalten: Quicunque in judicio debi-tum, quod ab eo petitur, se asserit solvisse; assertioni suae, nisi duo-bus testibus fide dignis praesentibus de specie et quantitate debiti exprimentibus, non credatur quoquo modo.

[1a]) Vgl. die von Windscheid (der jedoch selbst entgegengesetzter Meinung ist) in seinem Lehrbuch des Pandektenrechts (2. Aufl.) II § 344 Note 2 angeführten Schriftsteller.

Unterholzner, Schuldverh. I § 224 Note b behauptet nur, daß der Gerichtsgebrauch jener Vorschrift nicht eben sehr treu zu sein pflege.

[2]) Zu diesen gehört die Nassau=Catzenelnbogische Landordnung von 1616, welche verordnet Th. I Cap. XVI § 3. „Es ist aber zu beweisung einer Be=zahlung nicht eben nöthig, daß zu jederzeit fünf Zeugen darzu gezogen werden, Sondern kann dieselbe, obgleich der Schuldherr die Handschrift noch hinter sich hat, mit Zweyen ohnverwerflichen Zeugen genugsamlich er=wisen und dargethan werden".

§ 4. „Wer es aber sah, daß die Schuld von einem solchen Contract, welchen man in scriptis nennet, oder zu welches substantz eine scriptura erfordert wird, herrührte, So bleibt es in solchem Fall billich bey der verordnung der Rechten, so in l. Testium C. de testibus zu finden ist,

Baierisches Landrecht (Cod. Max. Bav. civ.) Th. IV Kap. 14 § 12. „Die Zahlung ist Factum, und muß mithin auf allenfallsigen Widerspruch bewiesen seyn, welches 1mo nicht nur durch Quittungen, sondern auch durch andere schriftliche Urkunden, wie nicht weniger durch Gezeugen, Eides-Delation und dergleichen Probe-Mittel bewirkt werden kann. Soviel 2do die Anzahl der Zeugen insonderheit betrifft, bleibt es ungeachtet der gemeinen Rechts-Verordnung bey Cod. Iud. Cap. 10 § 13 Nr. 4 ohne Unterschied, ob die Obligation schriftlich oder mündlich contrahirt worden ist".[2a]

2. Das gewöhnlichste und auch das sicherste Beweismittel für die Zahlung[3] bildet jedoch die von dem Gläubiger darüber ausgestellte Quittung.[4]

Die Quittung[5] erscheint, gleich ihrem Gegensatze — der Schuldurkunde — auf dem Rechtsgebiete in einer doppelten Funktion — in einer formellen und in einer materiellen. Einerseits ist sie ein

---

und wöllen Wir mit dieser erklärung allem streit und disputa, so dißfalls zum offtern von den Partheyen bei Unsern Cantzleyen erregt ist worden, seine erörterung gegeben haben".

In Beziehung auf Württemberg bezeugt Reyscher (das gemeine und württembergische Privatrecht 2. Aufl. Tübingen, 1847 II S. 466), daß die Justinianische Verordnung der l. 18 C. 4, 20 daselbst nicht anwendbar sei.

[2a] v. Kreittmayr bezeugt in seinen Anmerkungen, daß die gedachte Vorschrift in Bayerischen Landen niemals beobachtet worden sei.

[3] Carpzov, Jurispr. for. P. II const. 29 def. 13: Inter modos probandi solutionem optimus ille videtur, qui fit per confessionem ipsius Creditoris, ejusve scripturam. Etsi enim solutio per testes quoque probetur, attamen tutius agit Debitor probando solutionem per scripturam et quittationem Creditoris super solutione confectam, siquidem testibus non creditur, nisi etiam deponant et dicant, ex qua causa fuerit solutum. . .

cf. l. 14 C. h. t. (8, 43): Pecuniae solutae professio collata instrumento, majorem rei gestae probationem continet, quam si chirographum acceptae pecuniae mutuae fuisset redditum. Revidirtes Land-Recht des Herzogth. Preußen von 1685 (verbeff. L.-R. des K. Preußen von 1721) Buch IV Tit. XXI Art. I § 5. „— die Bekämtnüß des Gläubigers, daß er solch Geld empfangen habe, trägt viel ein mehrere und höhere Beweisung in sich, dann die bloße Wiedergebung des Schuldbriefes".

[1] In Betreff der Bedeutung und Beweiskraft der Quittung verweise ich im Allgemeinen auf meine Abhandlung: „Zur Lehre von den Quittungen" (in den „Beiträgen zur Erläut. des Preuß. Rechts" VII S. 1—28), so wie auf Koch, Recht der Ford. (2. Ausg.) II § 156 und Förster, Theorie und Praxis (2. Aufl.) I S. 558 f.

[5] Muelleri addit. ad Struv synt. jur. civ. Exerc. 47 th. 94 nota β: — Vocatur autem apocha Gallice la quittance, et in Novellis ac Codice

urkundliches Zeugniß über ein vorausgegangenes, schon in sich vollen=
detes Rechtsgeschäft — die ihrer Natur gemäß durch Leistung des ge=
schuldeten Gegenstandes erfolgte Aufhebung einer Obligation; anderer=
seits ein Rechtsgeschäft selbst, nämlich die in urkundliche Form
gekleidete, von dem Schuldner entgegengenommene Erklärung des
Gläubigers, daß er von dem bisherigen Schuldner nichts mehr zu
fordern habe, denselben also seiner Verbindlichkeit entlasse.[6]) Diese
beiden Gestaltungen der Quittung, deren Verschiedenheit mehr eine
innere, nämlich in dem Willen, in der Absicht des Ausstellers be=
ruhende, als eine äußerlich erkennbare ist, müssen wohl auseinander=
gehalten werden, da hiervon die Beurtheilung der rechtlichen Wirksam=
keit der Quittung wesentlich abhängt. In dem einen Falle haben wir
es bloß mit einem Beweismittel zu thun und sehen uns daher bei der
Prüfung seiner rechtlichen Bedeutung auf das formelle Recht gewiesen,
in dem andern stellt sich uns die Quittung als ein Liberirungsakt dar,
dessen Beurtheilung nur aus dem materiellen Recht geschöpft werden kann.

In der uns hier beschäftigenden Lehre von dem Beweise der Zah=
lung haben wir es nur mit der gewöhnlichen, der Natur der eigent=
lichen Zahlung entsprechenden Bedeutung der Quittung als eines ur=
kundlichen Beweismittels zu thun.

In diesem Sinne ist Quittung nicht ein Liberationsakt, sondern
nur ein urkundliches Beweisstück über die bereits erfolgte Tilgung der
Schuld, also eine Urkunde, welche dem Schuldner nicht Befreiung
schafft, sondern Demjenigen, der vermöge der Erfüllung seiner Ver=

---

ut in l. 14 § 1 C. de n. n. pec. vocatur securitas, apodixis, quia,
qui aere alieno se liberat, animo suo quietem securitatemque parit.
Ita enim Cassiodorus l. 11. Merito ait, testimonium solutionis securitas dicitur, quo non solum animus, sed et substantia communitur.
Adde Cujac. in l. 1 C. de apoch. publ.

[6]) Mit Unrecht will Förster S. 558 Note 87 die Quittung auch in ihrer
zweiten Funktion nur als Beweismittel für die ertheilte Befreiung
aufgefaßt wissen. Sie ist der urkundliche Akt der Befreiungserklärung
selbst. So sagt auch Endemann, das Deutsche Handelsrecht § 125 III
D.: Die Quittung, als Urkunde über das vollendete Zahlungsgeschäft, darf
nach dem ganzen Wesen des letzteren nicht blos als Beweis der Numera=
tionsthatsache, sondern muß wesentlich als Erklärung der Befriedigung be=
trachtet werden. Desgl. Windscheid § 357 Note 5: Heutzutage haben
wir keine acceptilatio mehr, aber in der Quittung ein ganz entsprechen=
des Rechtsinstitut; auch die Quittung ist (oder vielmehr kann sein) ver=
tragsmäßiges Empfangsbekenntniß, nur nicht in Form von Frage und
Antwort.

bindlichkeit bereits aufgehört hat, Schuldner zu sein, ein Beweismittel über diese Erfüllung — solutio — an die Hand gibt. [7]

Ulp. l. 19 § 1 D. de accept. (46, 4): Inter acceptilationem et apocham hoc interest, quod acceptilatione omni modo liberatio contingit, licet pecunia soluta non sit, apochâ non alias quam si pecunia soluta sit. Cujac. Observ. Lib. XVIII Cap. II: — Haec tamen verba: „Profiteor te mihi pecuniam solvisse“, neque vim pacti habent, neque liberationis aliter quam si pecunia soluta sit... Apocha autem non liberat debitorem, sed solutio, quae si nulla intervenerit, apocha nullius momenti est. Donell. com. de jure civ. Lib. XVI Cap. XXI: — — Si creditor in apocha (ea est scriptura testis pecuniae solutae) scripserit sibi pecuniam solutam a se acceptam esse non aliter ea confessio creditorem tenet, quam si vere pecunia soluta sit ... quod si ultro probare velit sibi pecuniam non esse numeratam, ut confessus est, audiatur, ut veritati locus supersit ... Qui enim dicit se accepisse, nihil de voluntate sua dicit, sed de re, quam quidem falsa affirmatione sua mutare non potuit. Unde adversus id, quod quisque falso affirmavit, jure probatio admittitur.

Puchta, Vorlesungen II S. 134: Quittung, apocha, ist ein in der Absicht, ein Beweismittel für die Zahlung zu liefern, von dem Empfänger ausgestelltes schriftliches Empfangsbekenntniß. Die Wirkung der Quittung ist der Beweis der Zahlung, dadurch unterscheidet sie sich von der Acceptilation und dem pactum de non petendo.

Erkenntniß des O. A. G. zu Dresden vom 23. April 1868 (in dessen Annalen N. F. V S. 62 f.): „Im regelmäßigen Geschäftsgange findet die Ausstellung einer Quittung nach Empfang der Zahlung zu dem Zwecke statt, Demjenigen, welcher die Zahlung geleistet, ein geeignetes Beweismittel in die Hände zu geben. In diesem Falle hat die in der Quittung enthaltene Bestätigung der Thatsache, daß die Zahlung von der als Zahler bezeichneten Person geleistet worden sei, die Eigenschaft eines Zugeständnisses, welches der Aussteller der Quittung gegen sich gelten lassen muß, und darin liegt der Grund, weshalb gegen diesen die Quittung eine beweisfähige Urkunde ist. Nun kann

---

[7] Berger oecon. jur. Lib. III tit. 15 th. 2 nota 9: — — Ad apocham sufficit confessio receptae a creditore pecuniae, neque, ut vulgo creditur, requiritur liberatio, das Quittiren, propterea, quod liberatio ipso jure fit per solutionem; jam is, quem ipso solutionis momento jus liberat, frustra urgebit hominis, i. e. creditoris, liberationem. Christ. de Wolff, inst. jur. nat. et gent. (Hal. 1750) § 154: Apocha, vulgo Quittancia, dicuntur literae, in quibus creditor fatetur debitorem solvisse, seu se ab eodem accepisse, quod debebat.

zwar die Ausstellung und Aushändigung einer Quittung auch den Charakter einer wirklichen vermögensrechtlichen Verfügung annehmen, wenn sie ohne Zahlung und dennoch in der Absicht, den Schuldner zu liberiren erfolgt. Wenn dies aber anzunehmen ist, dann liegt der dispositive Charakter des Geschäfts nicht in dem Inhalt und der Beschaffenheit dessen, was in der Quittungsschrift erklärt worden ist, sondern in dem Willen und der Handlung des Gläubigers, welcher diese Schrift ausgestellt und dem Schuldner ausgehändigt hat . . ."

3. Auf die Ausstellung einer Quittung hat der zahlende Schuldner ein Recht. Er braucht daher die Zahlung dem Gläubiger nur gegen Quittung zu leisten,[8]) auch ist ihm nach geleisteter Zahlung eine Klage auf Quittungsertheilung nicht zu versagen.[9])

---

[8]) Voet, com. ad P. 46, 3 Nr. 15. Brunnemann, com. in C. ad l. 2 C. de condict. ex lege (4, 9) Nr. 3. Leyser spec. 530 m. l. Gesterding im Archiv für die civil. Praxis IV S. 16—19 und Ausbeute von Nachforsch. III S. 427. Linde in der Zeitschr. für Civilrecht und Proz. I S. 244—250. Busch im Archiv für civil. Praxis Bd. 31 S. 1—12. Platner das. Bd. 50 S. 252. Steinberger in Weiske's Rechtslexicon VIII S. 866, 867. Sintenis, gem. Civilrecht II S. 414 Anm. 89. Arndts, Lehrb. der Pandekten § 262. Windscheid, Lehrbuch des Pandektenrechts § 344 a. E. Förster, Theorie und Praxis § 91 Note 90. v. Hartitzsch, Entsch. pract. Rechtsfragen Nr. 334. Busch die Stimme der Praxis Nr. 22. Seuffert, Archiv VIII Nr. 246. IX Nr. 20, 21. XIII Nr. 245. XX Nr. 121. Striethorst, Archiv Bd. 17 S. 228 f. Bd. 53 S. 90 f. Bd. 61 S. 184 f. Bd 70 S. 229 f.
Die entgegengesetzte Ansicht wird ausgeführt von Rudloff im Archiv für die civil. Praxis Bd. 45 S. 170 f., wiewohl derselbe anerkennt, daß durch Gesetz und Gewohnheitsrecht in solchen Fällen, wo es besonders zweckmäßig erschien, ausnahmsweise die Verpflichtung zur Quittungsleistung eingeführt worden sei. So bei den Einnahmen öffentlicher und Gemeindeabgaben durch Gesetz, bei Ausgaben für bevormundete Personen, Kirchen und Gemeinden durch Gewohnheitsrecht, welches vom Staate dadurch anerkannt worden ist, daß dieser bei den Rechnungslegungen über deren Vermögen die Quittungen als Belege fordert. Ebenso werde sich ein constanter Handelsgebrauch nachweisen lassen, daß über die von Kaufleuten auf Kredit entnommenen Waaren, welche in den Handelsbüchern eingetragen sind, Quittungen ausgestellt werden müssen. Ebenso werde bei gerichtlich ausgeklagten Forderungen, im Falle der Zahlung, Quittung gefordert werden können, weil gesetzlich nur diese gegen Execution schützt. — Daß übrigens Pfand- und Privilegienschulden quittirt werden müssen, verstehe sich um deßhalb von selbst, weil nur auf urkundliche Bescheinigungen hin die Hypotheken und Privilegien gelöscht werden können.
[9]) Der letzte Satz ist weniger unbestritten. So wird in einem Decret des Bremer Handelsgerichts vom 5. Mai 1856 ausgesprochen: Hat ein Schuld

Dieser mehr durch die Bedürfnisse des Rechtsverkehrs gebotene
als aus allgemeinen Rechtsgrundsätzen zu folgernde Satz ist (mit mehr
oder weniger Beschränkung) von der heutigen Gesetzgebung überein=
stimmend anerkannt.

Revidirtes Landrecht des Herzogth. Preußen von 1685
(verbeff. L. R. des K. Preußen von 1721) Buch IV Tit. XXI
Art. I § 5. „Und zu mehrer Versicherung, so ein Schuldener
seinem Gläubiger Bezahlung thut, so mag er nicht allein seine
Handschrifft oder Schuldbrieff wieder zu sich nehmen, sondern
sol auch eine Quittung darneben begehren und empfahen ...“
Baierisches Landrecht (Cod. Max. Bav. civ.) Th. IV Kap. 14
§. 11. „— Ueber dieses muß der Zahler auch 4to auf Be=
gehren in Forma quittirt, und soferne die erste Quittung ab=
gängig ist, eine anderweite von dem Creditor ausgestellt werden,
welchenfalls jedoch zur Sicherheit des Creditors rathsam ist, in
der letztern Quittung von der ersten Meldung zu thun.“
Preuß. A. L. R. Th. I Tit. 16 § 86. „Wer Zahlung geleistet
hat, ist Quittung, das heißt, ein schriftliches Bekenntniß der em=
pfangenen Zahlung, von dem Gläubiger zu fordern berechtigt“.
§ 101. „Es ist der Zahlende mit der Rückgabe des In=
struments sich zu begnügen niemals schuldig; sondern er kann
noch außerdem ausdrückliche Quittung verlangen“.
Oesterreich. b. G. B. § 1426. „Der Zahler ist in allen
Fällen berechtiget, von dem Befriedigten eine Quittung, nämlich
ein schriftliches Zeugniß der erfüllten Verbindlichkeit zu ver=
langen ...“
Sächsisches b. G. B. § 981. „Ist über eine Forderung ein
Schuldschein ausgestellt, so kann der Schuldner nach vollständiger
Tilgung der Schuld [10]) Rückgabe des Schuldscheines und, wenn
diese nicht möglich ist, auf Kosten des Gläubigers eine gericht=
liche Quittung verlangen“.

---

ner, ohne Quittung verlangt zu haben, Zahlung geleistet, so kann er nicht
hinterher mit einem solchen Verlangen auftreten; vielmehr muß die For=
derung einer Quittungsleistung spätestens bei der Zahlung oder Abliefe=
rung einer Sache geäußert werden, wenn sie rechtlich begründet erscheinen
soll (Schletter, Jahrbücher der Deutsch. Rechtswiss. III S. 107, 108). —
Dagegen ist in einem Erk. des O. A. G. zu Wiesbaden von 1864 ange=
nommen: Der Regel nach kann der Schuldner nicht allein die Zahlung bis
zur Ertheilung einer Quittung Seitens des Gläubigers zurückhalten, son=
dern auch nach geleisteter Zahlung die Ausstellung einer Quittung vom
Gläubiger verlangen. (Seuffert, Archiv XX Nr. 121).
[10]) Pöschmann in Siebenhaar's Com. II S. 169 bemerkt dazu: Aus den
Worten „nach vollständiger Tilgung der Schuld“ folgt, daß hier Rückgabe
des Schuldscheines und beziehentlich Ausstellung gerichtlicher Quittung an
sich nicht als Zug= um Zugleistung vom Schuldner gefordert werden kann.

§ 983. „Bei allen Geldzahlungen, ausgenommen bei so=
fortigen Baarzahlungen im Kleinhandel, [11]) kann der Zahlende
von dem Empfänger der Zahlung Quittung darüber verlangen".[12])
Privatrechtl. G. B. für den K. Zürich § 1045. „Der Schuldner
ist berechtigt, die Zahlung nur gegen Quittung, und insofern die
Forderung an eine Urkunde geknüpft ist, nur gegen Quittung auf
dieser Urkunde, beziehungsweise Herausgabe dieser zu leisten".[13])
Allgemeine Deutsche Wechselordnung Art. 39. „Der Wechsel=
schuldner ist nur gegen Aushändigung des quittirten Wechsels
zu zahlen verpflichtet. Hat der Wechselschuldner eine Theilzahlung
geleistet, so kann derselbe nur verlangen, daß die Zahlung auf dem
Wechsel abgeschrieben und ihm die Quittung auf einer Abschrift des
Wechsels ertheilt werde". [14])

Entwurf eines gemeinsamen Deutschen Gesetzes über Schuld=
verhältnisse Art. 366. „Wer eine Zahlung leistet, kann von
dem Empfänger ein von demselben unterzeichnetes schriftliches
Bekenntniß über die Zahlung (Quittung) verlangen".[15])

---

[11]) Diese Ausnahme entspricht dem Verkehre des gewöhnlichen Lebens.
Rubloff in der oben Note 8 a. E. angeführten Abhandlung sagt in
dieser Hinsicht: „Was würde für eine heillose Verwirrung des Verkehrs,
namentlich auch des Kleinhandels und des Marktverkehrs entstehen, wenn
der Gläubiger über jede Zahlung für jedes Loth Kaffee, für jede Elle
Band eine Quittung ausstellen sollte. Das Papier von ganz Europa
würde hierzu nicht ausreichen."

[12]) Motive: Hiernach versteht es sich, daß der Schuldner, auch wenn ihm die
Schuldverschreibung zurückgegeben wird, noch außerdem eine Quittung über
die Zahlung verlangen kann.

[13]) Bluntschli, Erläut. III S. 99: Die Quittung sichert dem Schuldner den
Beweis der geleisteten Zahlung und daher der vollzogenen Befreiung von
der Schuld. Da dem Schuldner der Beweis der von ihm behaupteten
Zahlung obliegt, so ist er nur insofern verpflichtet, die Zahlung zu leisten,
als er dagegen das zureichende — von dem Gläubiger unterzeichnete —
Beweismittel für seine Befreiung (Empfangschein, Quittung) erhält.

[14]) Kuntze, Deutsches Wechselrecht (Leipz. 1862) S. 61: Da der Schuldner,
welcher zahlen will, Anspruch auf Liberation von der Schuld und Be=
freiung von der Gefahr nochmaligen Zahlungszwanges hat, so hat er nur
gegen den Wechsel zu zahlen, d. h. nur wenn der Wechsel kassirt oder
der Wechselschuldner in die Lage versetzt wird, die Kassation selbst vor=
zunehmen, d. h. wenn der Wechsel ihm ausgehändigt, überliefert wird. So
lange daher der Wechselgläubiger den Wechsel auszuliefern nicht bereit oder
im Stande ist, kann von einer mora solvendi auf Seiten des Wechsel
schuldners keine Rede sein; der Wechselschuldner aber, welcher (volle) Zah
lung geleistet hat, ohne in Besitz des Wechsels gesetzt worden zu sein, hat
die Kondiktion auf Auslieferung desselben gegen den befriedigten Gläubiger.

[15]) Uebereinstimmend mit dem Hessischen Entw. Buch I Art. 295 und dem
Bayerischen Entw. Th. II Art. 171.

Dieses Recht des zahlenden Schuldners, von dem befriedigten Gläubiger Quittung zu verlangen, ist nicht zu verwechseln mit dem Anspruche
des Schuldners auf Befreiung von seiner (noch bestehenden) Schuldverbindlichkeit, welche ihm gegen Denjenigen zusteht, an den er, in der
irrigen Voraussetzung, daß derselbe der Alleingläubiger sei, Zahlung
geleistet hat. Finden sich hinterher noch Mitgläubiger, so ist der Zahlungsempfänger verpflichtet, den Schuldner diesen gegenüber von der
Verbindlichkeit zu befreien, also ihm eine gehörige Quittung derselben
zu beschaffen, oder das Empfangene, so weit es ihm nicht gebührt, zurückzugeben. Dazu dient dem Schuldner die condictio ob causam
datorum. [16])

4. Form und Inhalt der Quittung bestimmen sich schon von
selbst nach dem Zwecke derselben, dem Schuldner einen urkundlichen Beweis über die Zahlung der betreffenden Schuld abzugeben.

Cujac. Observ. Lib. XVIII cap. II: — — Fit his verbis apocha: L. Titius profiteor Maevium mihi solvisse X.
quae debuit ex testamento C. Seji, Lutetiae Parisiorum anno
et die illo.

Preuß. A. L. R. Th. I Tit. 16 § 87. „Zu einer voll-
ständigen Quittung gehört 1. die Beschreibung oder Benennung
der getilgten Schuld; [17]) 2. die Benennung des gewesenen Schuldners; 3. die Angabe der Zeit [18]) und des Ortes, wo die Zahlung geschehen; 4. die Unterschrift des Gläubigers, oder sonst
gesetzmäßig legitimirten Empfängers“. [19])

---

[16]) Koch, Kom. zum A. L. R. II S. 413. Die condictio indebiti ist hier nicht
anwendbar. Präjud. des Ob. Trib. zu Berlin v. 22. Mai 1848 Nr. 2021.
(Präjud. Samml. I S. 89).
Erk. des Ob. Trib. zu Berlin v. 5. Septbr. 1862: Eine Quittung, in
welcher die getilgte Schuldverbindlichkeit nicht bezeichnet ist, beweist dennoch
die Zahlung der unstreitigen Schuld, falls nicht festgestellt wird, daß der
Zahlende dem Empfänger noch aus einer andern Forderung verhaftet gewesen ist. (Striethorst, Archiv Bd. 45 S. 321 f.)

[17]) Vgl. Baierisches Landrecht (Cod. Max. Bav. civ.) Th. IV Kap. 14 § 12.
„— 3tio. Ist zwar rathsam, doch nicht nöthig, in der Quittung die
Summe oder Causam Obligationis zu exprimiren, sondern Confessio
Generalis reicht allerdings hin.“

[18]) Vgl. Erk. des O. A. G. zu Wiesbaden v. 28. Juni 1853: Die Einrede
der Zahlung bedarf einer näheren Angabe der Zeit nicht, weil, wenn der
Schuldner die Zahlung zu irgend einer Zeit nachweist, der Gläubiger die
Zahlung nicht mehr fordern kann (Seuffert, Archiv XVI Nr. 151).

[19]) Die fernere Vorschrift des § 89. „Wird die Quittung auf das Schuldinstru-
ment selbst vermerkt, so bedarf es der Bestimmungen nicht, welche sich aus
diesem ergeben“, ist aus der gemeinrechtlichen Praxis entnommen. Cod.

Oesterreich. b. G. B. § 1426. „— In der Regel muß der Name des Schuldners und des Gläubigers, so wie der Ort, die Zeit und der Gegenstand der getilgten Schuld ausgedrückt, und sie muß von dem Gläubiger oder dessen Machthaber unter= schrieben werden". [20]

Die Bezeichnung der Zahlungsmittel ist nicht erforderlich.

Erkenntniß des Ob. Trib. zu Stuttgart vom 22. Juni 1860: Jede Zahlung enthält ihrer unmittelbaren Wirkung nach die Uebertragung eines Vermögensobjekts von Einem an den An= dern, bestehe diese Uebertragung nun in Uebergabe baaren Geldes oder anderer Circulationsmittel oder in Geldeswerth, in Ab= tretung von Forderungen oder Tilgung von Verbindlichkeiten. Eben wegen dieser verschiedenen möglichen Zahlungsmittel wird es bei der Documentirung der Zahlung meistens unterlassen, auszudrücken, in welchen Gegenständen die Zahlung geleistet worden sei, auch wenn eine vorausgehende Verabredung über

---

Fabrianus Lib. VIII tit. 30 def. 34: A debitore pecuniam acce- pisse professus per apocham in chirographi tabulis conscriptam in eam causam accepisse intelligendus est, quae chirographo continetur. Nec si per errorem id factum dicat, audiendus est, nisi errorem pro- bet, quamvis non ab ipso debitore numerata sit pecunia, sed ab alio, qui eam solutionem sibi proficere, et in aliam causam imputare velit . . . Idemque erit, si apocha sic conscripta fuerit, ut debitoris persona demonstrata non sit, sed solutio tantum testata. Cur non enim praesumamus delendae aut exonerandae obligationis chirogra- phariae gratia factam solutionem, cujus probatio ex chirographo ipso petatur? Et ita Senat. Sabaudiae Jun. 1594.

Auch die Vorschriften der §§ 110—112, betreffend die Zahlungs= vermerke aus der in den Händen des Gläubigers gebliebenen Schuldur= kunde, sind gemeinrechtlichen Ursprungs.

Mevii Decis. V. 398: Quando in tergo instrumenti super credito scriptum erat, partem ejus solutam fuisse, at nihil de tempore vel loco additum, quaerebatur, utrum illud ad docendam solutionem eamque probationem, quae in continenti fieri dicitur, satis esset? Et non dubitabatur pro soluto accipiendum quod adscriptum erat, non attento, cujus manu exaratio facta. Siquidem ipse creditor adscrip- serit, indubia res est ex ejus confessione. Si a debitore, ex simili ra- tione, quia non admissurus nec secum retenturus est creditor, quod secus se habet, aut sibi praejudicio futurum. Si tertius est, ex re- tentione et non facta contradictione aut deletione certum argumentum. Nisi itaque in continenti probabitur, adscriptum esse inscio et invito creditore, utique allegatione alia non attenta, probata habetur so- lutio, donec contrarium probabitur.

[20] Vgl. Hessischer Entw. Buch I Art. 295. Bayerisch. Entw. Th. II Art. 171. Entw. eines gemeins. deutsch. Ges. über Schuldverh. Art. 366.

die Zahlungsmittel stattgefunden haben sollte. Der Zahlungsempfänger, welcher eine Bescheinigung darüber ausstellt, pflegt
hierin nicht auszudrücken, ob er klingende Münze und welche,
oder Papiergeld und welches, erhalten habe; ja selbst wenn Anweisungen an Zahlungsstatt übergeben werden, wird häufig
dieses Zahlungsmittel, zumal wenn die Anweisung sofort ein-
lösbar ist, in der Empfangsbescheinigung nicht ausgedrückt.
Hiernach kann auch dem Zahlenden nicht zugemuthet werden,
daß er die Gegenstände, mittelst welcher die Zahlung geleistet
worden, nachweise, vielmehr erscheint eine Urkunde, in welcher
der Gläubiger bekennt, eine gewisse Summe vom Schuldner
richtig erhalten zu haben, als vollkommen hinreichend zum Beweise der durch den Schuldner bewirkten Tilgung der Forderung, sobald die formelle Beweiskraft der Urkunde selbst keinem
Anstande unterliegt. Es bedarf keiner Behauptungen des Schuldners hinsichtlich der Art und Weise der Tilgung seiner Verbindlichkeit, es genügt an dem Nachweise, daß der Gläubiger
seine Forderung für getilgt erklärt hat und es ist Sache des
Letzteren, wenn er behaupten will, daß die Tilgung überhaupt
nicht oder nicht gültig erfolgt sei, diese Behauptung thatsächlich
zu begründen und zu beweisen. Am allerwenigsten kann die
Anwendbarkeit dieses Grundsatzes im kaufmännischen Verkehr
bezweifelt werden; denn die über die gegenseitigen Forderungen
und Schuldigkeiten in den kaufmännischen Büchern unter Soll
und Haben eingetragenen Posten tragen schon in sich den ge-
nügenden Nachweis über Debitirung und Creditirung und bei
einer als Zahlung eingetragenen Summe ist es nicht gerade
erforderlich, auszudrücken, durch welche Mittel die Zahlung geleistet worden sei. (Seuffert, Archiv XVI Nr. 159).

Das wichtigste dieser Erfordernisse ist die Unterschrift des Gläubigers.

Carpzov, Resp. Lib. III resp. 79 nr. 9: Apocham, sicut
aliud chirographum, manu alicujus per totum simpliciter
scribi necesse non est, sed sufficit sola subscriptio.

Brokes, Obs. select. for. Obs. 556. Apocha, subscriptione
destituta, nullum effectum habet.

Erkenntniß des O. A. G. zu Dresden vom 18. November
1857: „Ist überhaupt nur eine mit der Namensunterschrift
versehene Quittung geeignet, um deren Recognition zu verlangen, so gehört auch zur formellen Zulässigkeit der fraglichen
Urkunde, daß die Quittung unterzeichnet ist. Die vorliegende
Rechnung ist zwar von D. unterzeichnet. Allein die daneben
befindliche, anscheinend sogar von einer andern Hand bewirkte
Quittung, welche auf einen späteren Tag wie den der Ausstellung der Rechnung gestellt ist, ist mit einer Namensunterschrift nicht versehen. Jedenfalls ist die Quittungsnotiz auf der
Rechnung so angebracht, daß von ihr angenommen werden muß,
die Unterschrift D.'s habe nur der Rechnung, nicht aber der

Quittung gegolten. Entbehrt aber die letztere, welche als Ur=
kunde inducirt worden, der Namensunterschrift, so war aller=
dings der Beklagte mit der Recognition zu verschonen. (Seuf=
fert, Archiv XII Nr. 318).

Ueber die Form der von Schreibensunfähigen auszustellenden Quit=
tungen verordnet

die Nassau=Catzenelnbogische Landordnung von 1616 Th. I
Cap. XVI § 1. „— — So wöllen Wir alle und jede Unsere
Unterthane, welche einem andern etwas zu zahlen verpflichtet
seyn, hiermit erinnert und ermahnet haben, sich zu jederzeit über
ihre bezahlunge, entweder durch den Schuldherrn selbsten, oder
aber, da er nicht würde schreiben können, in beysein desselben, durch
jedesorts Gerichtschreiber, der gebür quittiren zu lassen…"[21]
das bürg. G. B. für das K. Sachsen § 984. „Ist der
Gläubiger des Schreibens unkundig oder über die Schuld ein
gerichtliches Schuldbekenntniß ausgestellt, so kann gerichtliche
Quittung, deren Kosten der Gläubiger zu tragen hat, gefordert
werden . . .“[22]

5. In Betreff der im Preuß. A. L. R. unbeantwortet gelassenen
Frage:

wer die Kosten der Quittung zu tragen habe,
verweise ich auf den Aufsatz des Kreisrichters Böhme (in meinen
„Beiträgen zur Erläut. des Preuß. Rechts" XII S. 42—47).

Meine demselben beigefügte Nachschrift (S. 48—50), welche den
Stand der heutigen Gesetzgebung über diese Frage darstellt, möge hier
ihre Stelle finden.

Die Ansicht über die Verpflichtung des Gläubigers zur Tragung
der Quittungskosten ist auch in den neueren Gesetzgebungen zur Gel=
tung gelangt, und zwar unter Beifall bewährter Rechtslehrer.

---

[21] Vgl. Stryk, caut. contr. Sect. IV cap. III § 8: Si creditor, cui solvitur, scribere non possit, apocha a tertio, sed volente creditore, con-
scribi potest, quae idem operatur, atque ab ipso creditore scripta.
Verum cum talis apocha, manu tertii exarata, non aliter probet, quam
si de mandato creditoris constet, cautela erit, ut simul a tribus testibus subscribatur. Quietatio quoque coram Notariis vel in judicio
confici potest.

[22] Umständliche Vorschriften enthält das Preuß. Lbr. I Tit. 16 §§ 93—96.
Darnach haben Schreibensunfähige ihre Quittungen unter Zuziehung zweier
Instrumentszeugen, oder bei Posten von nicht mehr als 50 Thlr. unter
Zuziehung eines Instrumentszeugen, mit Kreuzen oder ihrem sonst gewöhn=
lichen Handzeichen zu versehen, bei Posten von mehr als 50 Thlr. aber
auf Verlangen des Zahlers die Quittung in notarieller oder gerichtlicher
Form auszustellen.

Das bürgerliche Gesetzbuch für das K. Sachsen verordnet:

§ 981. „Ist über eine Forderung ein Schuldschein ausgestellt, so kann der Schuldner nach vollständiger Tilgung der Schuld Rückgabe des Schuldscheins und, wenn diese nicht möglich ist, auf Kosten des Gläubigers eine gerichtliche Quittung verlangen".

§ 984. „Ist der Gläubiger des Schreibens unkundig, oder über die Schuld ein gerichtliches Schuldbekenntniß ausgestellt, so kann gerichtliche Quittung, deren Kosten der Gläubiger zu tragen hat, verlangt werden. Der Schuldner kann eine gerichtliche Quittung auf seine Kosten fordern, wenn er einer solchen zu Erlangung einer gerichtlichen Verfügung bedarf oder es sich um eine Forderung handelt, welche auf rechtskräftiger Entscheidung beruht".

Diese Vorschriften, die sich schon in dem revidirten Entwurfe des Sächsischen bürg. Gesetzbuches finden, weichen von dem ersten Entwurfe insofern ab, als dieser die Bestimmung enthielt:

daß die Quittungskosten gemeinschaftlich zu tragen seien, wenn nicht das Geschäft, welches die Quittung veranlaßt, nur für einen Theil vortheilhaft sei, oder die Kosten nur von dem einen Theil veranlaßt wären; im ersten Fall habe jener eine Theil, im zweiten der Veranlassende die durch ihn allein veranlaßten Kosten zu tragen.

Der Entwurf eines bürgerlichen Gesetzbuches für das K. Bayern (München, 1861) bestimmt dagegen Th. II Art. 171:

„Wer Zahlung leistet, kann sofort von demjenigen, an welchen er zahlt, ein schriftliches Bekenntniß über den Empfang der Zahlung (Quittung) fordern ... Die Kosten der Quittung hat der Schuldner zu tragen".

In den Motiven (S. 105) wird zur Rechtfertigung des letzten Satzes nur gesagt:

Da der Schuldner das ausschließende Interesse an der Ausstellung der Quittung hat, so liegt ihm auch ob, die Kosten hierfür zu bestreiten.

J. J. Lang in seiner kritischen Beleuchtung des gedachten Entwurfes Heft II (München, 1862) S. 114, 115 findet jenen Rechtssatz für die Regel ganz in der Ordnung, bemerkt jedoch weiter:

Doch sollte der Entwurf Ausnahmen machen, namentlich die, daß der Gläubiger die nur durch ihn veranlaßten Kosten der Quittung zu tragen habe, z. B. derselbe kann nicht schreiben und es müssen deshalb Urkundspersonen beigezogen, oder es muß die Quittung gerichtlich ausgestellt werden. Auch wäre denn

doch daran zu erinnern, daß, wo eine Quittung an eine öffent=
liche Behörde ausgestellt wird, die Kosten des Stempelpapiers,
worauf die Quittung zu schreiben ist, den Gläubiger treffen.

Hierbei ist nur zu erinnern, daß die von Lang bezeichneten Aus=
nahmefälle, in denen die Kosten der Quittung den Gläubiger
treffen sollen, gerade diejenigen Fälle sind, in denen allein die Aus=
stellung der Quittung Kosten verursacht, und daß sich daher hier von
einer Ausnahme gar nicht sprechen läßt.

Arndts in der kritischen Vierteljahrsschrift für Gesetzgebung und
Rechtswiss. Bd. V (München, 1863) S. 326, 327 erklärt Lang's Be=
merkungen für richtig und fügt noch hinzu:

> Mir scheint es zudem unrichtig, daß hierbei gar keine Rück=
> sicht genommen wird auf die Natur des Schuldverhältnisses.
> Soll denn auch derjenige, welcher in Folge eines Schenkungs=
> versprechens zahlt, die Kosten der Quittung tragen? Ein Ent=
> wurf von Feuerbach hatte auch noch ausdrücklich die Ver=
> pflichtung zu erneuter Quittungs=Ausstellung anerkannt, falls die
> erste abgängig geworden, deren Kosten natürlich jedenfalls dem
> Schuldner zufallen würden.

Der Code civil bestimmt:

> art. 1248. „Les frais du paiement sont à la charge du
> débiteur." [23]

Die französische Jurisprudenz rechnet hierzu auch die Kosten der
Quittung,[24] nimmt jedoch diejenigen aus, welche durch den Gläubiger
veranlaßt sind. [25]

---

[23] Badisches Landrecht Art. 1248. „Die mit der Zahlung verbundenen Kosten
fallen auf den Schuldner".

[24] Delvincourt, Institutes du droit civil français T. II p. 291: Les
frais que peut occasionner le paiement, sont à la charge du débiteur.
par exemple, les frais de quittance. Marcadé, Abriß des
Französ. Civilrechts. Ins Deutsche übertragen von A. Pfaff Bd. II
(Heidelb. 1865) S. 64: Die Kosten der Zahlung, d. h. alle Ausgaben für
die Verwirklichung und den Beweis der Zahlung, ruhen ganz natürlich
auf dem, welchem die Zahlung obliegt — auf dem Schuldner. Vergl.
Zachariä v. Lingenthal, Handb. des Franz. Civilr. (5. Aufl.) II S.
276 a E. und Note 12.

[25] Les Codes annotés de Sirey. (Edit. refondue par Gilbert. Paris.
1862.) Ier Vol. p. 548, 549: Lorsque le débitur se contente d'une
quittance sous seing privé, et que le créancier ne peut la lui donner
faute de savoir signer, qui doit payer les frais d'une quittance nota-
riée? Toullier, t. 7 nr. 95, dit qu'alors il serait équitable que ce
fût le créancier.

Es ist daher nicht richtig, wenn Koch, Recht der Ford. (2. Ausg.) Bd. II S. 646 in Bezug auf das Französ. Recht bemerkt:

> Das Französische Recht hat über die Frage, wer die Kosten der Quittung zu tragen habe, keine Bestimmung. Der Art. 1248 des Code civil hat bloß den ganz richtigen Satz: Die mit der Zahlung verbundenen Kosten fallen dem Schuldner zur Last; denn der Schuldner muß sich die Mittel zur Erfüllung verschaffen; rücksichtlich der Quittung aber, welche der Gläubiger dagegen zu geben schuldig ist, ist der Gläubiger Schuldner.

Was unser Preußisches Recht betrifft, so ist als Anhänger der Ansicht, welche den Gläubiger zur Tragung der Quittungskosten für verpflichtet hält, außer Koch auch Förster anzuführen, indem derselbe in seiner „Theorie und Praxis des heut. gem. preuß. Privatrechts" Bd. I S. 556, 557 sagt:

> Für verpflichtet zur Ausstellung einer Quittung erklärt das A. L. R. den Gläubiger, es ist seine der Zahlung entsprechende Gegenleistung;[26] er hat daher auch ihre Kosten zu tragen. Nur bei Berichtigung von Hypothekenforderungen fallen diese dem Schuldner zur Last.[27]

In Ansehung der Frage:

> Wer hat die Kosten des Stempels bei stempelpflichtigen Quittungen zu tragen?

ist auf das Erkenntniß unseres Ober-Tribunals vom 6. Januar 1865 (Entscheid. Bd. 54 S. 388 f.) zu verweisen.

6. Die Beweiskraft der Quittung tritt nach heutigem Recht — gleich der der Schuldurkunden — sofort mit deren Aushändigung an den Schuldner ein. Es ist damit die ganz singuläre, auf l. 14 C. de n. n. pec. (4, 30) beruhende Satzung des römischen Rechts aufgegeben, wonach eine Privatquittung gegen den Aussteller nur dann

---

[26] Diese Auffassung findet sich schon in der älteren gemeinrechtlichen Doctrin. Leyser, Med. ad Pand. sp. 530 m. 1: Debitori eo ipso, quo solvit, momento securitas praestanda est. Igitur apocham simul recte exigit; ut adeo inter creditorem et debitorem mutua quasi permutatio fiat, et creditor, dum pecuniam solutam recepit, apocham contra tradat.

[27] Der letztere Satz wird auch in der gemeinrechtlichen Praxis angenommen. In einem Erkenntnisse des D. A. G. zu Dresden ist die Ansicht ausgesprochen, daß der Gläubiger, welchem wegen seiner Forderung eine Hypothek auf ein Grundstück bestellt ist, dann, wenn er deshalb seine Befriedigung von dem Schuldner erhält, verbunden sei, diesem auf seine (des Schuldners) Kosten eine zur Ausbringung der Hypotheken-Löschung geeignete Quittung zu ertheilen. Seuffert, Archiv I Nr. 390.

einen Beweis, aber auch einen umumstößlichen, abgibt, wenn dieser dreißig Tage hat verstreichen lassen, ohne dieselbe zurückzufordern oder Protest dagegen zu erheben. [28])

Schon in der gemeinrechtlichen Praxis erfuhr dieser Rechtssatz dadurch eine Aenderung, daß die Ansicht Geltung gewann, die nach Ablauf von dreißig Tagen der Quittung beizulegende Beweiskraft schließe den Gegenbeweis nicht aus.

Berger, oecon. jur. Lib. III tit. IV th. 4 not. 10: — — contra apocham post 30. dies penitus tollitur exceptio, ut creditor non audiatur, quamvis probare velit ... non possum tamen, quin hic submoneam, in senatu aliquando, quod ad praescriptionem apochae, aliter pronunciatum esse, ita, ut is creditorem etiam post 30. dies admiserit ad actionem instituendam, propterea, quod d. lex 14 C. de n. n. pec. non satis clara esset, atque adeo a DD. varie explicaretur ...

Responsum der Juristenfacultät Helmstädt vom Januar 1723: — — Es stehen zwar unterschiedene Rechtslehrer in den Gedanken, daß derjenige, welcher eine Quittung über Capital oder Zinsen ausgestellet, die Summe gleichwol entweder gar oder zum Theil nicht empfangen, solche seine Quittung nothwendig binnen 30 Tagen wieder fordern und quaerelam non numeratae pecuniae anstellen müsse, auch nach Ablauf solcher Zeit weiter nicht gehört werde, wenn er gleich, daß er die Zahlung nicht erhalten, deutlich zu erweisen bereit wäre, berufen sich auch zu dem Ende auf L. 14 § 2 C. de non num. pec. Allein diese Meinung läuft der natürlichen Billigkeit offenbar zuwider ... und wird dannenhero in praxi nicht darnach gesprochen, sondern vielmehr dem Aussteller der Quittung der Beweiß, daß er das Geld nicht empfangen, verstattet, inmassen Bergerus in Oeconomia juris p. 634 mit unterschiedenen praejudiciis behauptet. [29])

Leyser, Med. ad P. spec. 530 m. 4—7: — Haec constitutio (l. 14 § 2 C. de n. n. pec.), etsi generalibus verbis concepta, si tamen generaliter accipiatur, durissima est. Igitur ex aequitate per usum fori ad eam solam exceptionem non numeratae pecuniae restringitur, quae singulari privilegio munita est, ut scilicet non ab excipiente probanda sit, sed onus probandi in adversarium transferat. Si quis ergo post XXX dies hanc exceptionem objiciat, ipseque

---

[28] Gneist, formelle Verträge S. 25—32. Windscheid, Lehrb. des Pandektenrechts § 344 Nr. 2.

[29] Leyser, med. ad P. spec. 132 m. 9.

probandi onus subire paratus sit, audiendus est . . .[30]) Sic responderunt Icti Helmstadienses mense Januario 1724.

Höpfner, Comment. über die Instit. (8. Aufl. von Weber) § 856 a. E.: — Wie aber, wenn ein Kläger, welchem eine dreißig Tage alte Quittung vorgelegt wird, beweisen will, daß er nichts darauf empfangen habe, muß er nicht mit diesem Beweise gehört werden? Die billigere und durch den Gerichtsgebrauch angenommene Meinung ist, daß dies allerdings geschehen müsse.

Erkenntniß des O. A. G. zu Berlin von 1868: Nach den positiven Vorschriften des römischen Rechts mag es richtig sein, gegen Quittung nach Ablauf der dreißigtägigen Frist einen Gegenbeweis überall nicht zuzulassen. In das deutsche Rechtsleben sind diese Vorschriften in dieser Strenge nicht übergegangen. Es kann als allgemeine deutsche Rechtsgewohnheit angesehen werden, daß auch nach Ablauf der dreißig Tage der durch Quittung geführte Beweis der Zahlung durch Gegenbeweis entkräftet werden kann. (Seuffert, Archiv XXII Nr. 87).

Eine andere Ansicht, die in der Praxis gleichfalls Vertreter findet, geht dahin, daß der Gegenbeweis gegen eine dreißig Tage alte Quittung nur dann zuzulassen sei, wenn derselbe — was wohl in der Regel der Fall sein wird — auf einen Dolus des Schuldners gerichtet ist:

Codex Fabrianus Lib. IV tit. 22 def. 1: Qui spe futurae numerationis circumventus dolo malo debitoris apocham conscripsit, sibi solutum esse debitum professus est, nihilominus debitum petere potest, et debitore solutionis exceptionem objiciente replicare de dolo, tametsi tempora praeterierint, intra quae exceptio n. n. pec. locum habere potuit. Doli enim replicatio perpetua est, adeoque exceptio ipsa n. n. p. quoties qui eam objicit onerat se probatione, quod non fuerit numerata. Ita Sen. Sabaudiae a. 1591.

Wernher, sel. obs. for. Tom. I P. I obs. VI suppl. Ea, quae in hac Obs. de exceptione doli specialis, quod etiam post biennium adversus chirographum locum habeat, traduntur, applicari etiam ad apocham solent, ut post lapsum 30 dierum ejus vis per exceptionem doli specialis elidi queat, ne scilicet debitor fructum suae calliditatis accipiat. Ita Ordo noster Mens. Nov. 1717 respondit.

Idem P. II obs. 355: Equidem regulariter creditor post triginta dies non amplius auditur, si de pecunia sibi haud numerata adversus apocham a se datam excipere velit, quam-

---

vis forte nihil aut minus solutum esse probaturus sit. At enimvero ab hac regula merito excipitur casus, quo creditor ad dandam apocham dolo debitoris inductus fuit; hujusmodi enim dolus specialis non minus contra quietantiam, quam chirographum perpetuo urgeri potest. Ita Ordo Vitembergensis respondit.

Das Baierische Land=Recht (Cod. Max. Bav. civ.) beschränkt diesen Gegenbeweis nur insofern, als es den künstlichen Beweis[31] so wie die Eidesdelation ausschließt. Dasselbe verordnet nämlich Th. IV Kap. 11 § 7.

„Die Querel muß 1mo ... auf Seite des Creditors gegen seine Quittung und Apocha längstens inner dreyßig Tagen, und zwar 2do von dem Datum der Bescheinigung, oder wenn solche nicht datirt ist, von Zeit erweislicher Ausstellung angerechnet, auch 3tio ohne Unterschied, ob dieses Klag= Exceptions= oder Replikweise geschehe, coram Competente angebracht werden. Nach Verfließung solcher Zeit ist 4to die Querel verjährt, und soll Niemand mehr einiges Gehör damit finden, es sei denn genüglich zu beweisen, daß der bescheinigte Empfang nicht geschehen sey, zu welcher Probe jedoch weder Muthmaßungen noch Eides=Delation hinreichen, sondern es muß solche per Negativam Loci aut Temporis, oder sonst auf andere vollkommene Weise gemacht werden".[32]

---

[31] Abweichend von Leyser l. c.: — Testes hic et instrumenta liquida raro haberi possunt. Ergo plerumque ad argumenta artificialia, indicia nempe et conjecturas, confugiendum est, quae, uti in aliis gravissimis etiam causis admittuntur, nec hic excludi poterunt, atque aliquando etiam jurejurando suppletorio locum faciunt.

[32] v. Kreitmayr sagt darüber in seinen Anmerkungen a. a. O.: — „Der einzige Fall, worin Querulant post Lapsum Termini noch angehört werden mag, ist ausgenommen, wenn er genüglich zu erweisen vermag, daß der bescheinigte Empfang nicht geschehen sey. De jure communi controvertirt man zwar noch darüber, unser Codex n. 4 gehet aber cum communiori et aequiori Doctorum Opinione dahin.
Die Jülich=Bergische Rechtsordnung von 1564 gedenkt des Gegenbeweises gar nicht, sondern bestimmt allgemein Cap. 104 Absatz 3: „Hinwiederumb wann der Gläubiger ein Quitantz (wie dann offt geschicht durch geschehene Vertröstung, daß ihme sein Geld gewißlich werden soll) von sich gegeben, und aber folgens nit empfangen hette, derselbiger mag auch diese Exception inwendig Monahts Frist und nicht länger vorwenden." (Maurenbrecher, die Rheinpreußischen Landrechte I S. 288).
Ebenso verordnet die Nassau=Catzenelnbogische Landordnung von 1616 Th. I Cap. XVI § 5 nur: „— nach ablauff ermeldter Dreißig tag kann der Schuldner sich solches außzugs in keinen weg behelffen, sondern ist schuldig, innerhalb

Die neueren Gesetzbücher haben jenen römisch-rechtlichen Satz über die Beschränkung der Beweiskraft der Quittung beziehungsweise die Verstärkung derselben durch Ausschließung des Gegenbeweises nicht aufgenommen.

Preuß. A. L. R. Th. I Tit. 16 § 104. „Eine gesetzmäßig eingerichtete Quittung bewirkt sogleich, als sie dem Schuldner ausgehändigt worden, für denselben einen rechtlichen Beweis der nach dem Inhalte der Quittung geleisteten Zahlung."

§ 105. „Dem Aussteller bleibt aber das Recht, das Gegentheil nachzuweisen, vorbehalten".[33]

Privatrechtliches Gesetzbuch für den K. Zürich § 1046. „Die Beweiskraft der Quittung ist von Anfang an wirksam, sobald dieselbe dem Schuldner zugestellt worden ist".[34]

§ 1047. „Wenn es indessen aus den Umständen wahrscheinlich ist, daß dem Schuldner vor der Zahlung schon und in Erwartung sofortiger Zahlung die Quittung anvertraut worden sei, so wird dadurch die Beweiskraft der Quittung gehemmt. In solchen Fällen hat jedoch der Gläubiger beförderlich gegen die Beweiskraft derselben zu protestiren, wenn er sich nicht der Gefahr aussetzen will, daß die Quittung wieder Glauben erhalte".

Allgemeines Deutsches Handelsgesetzbuch Art. 295. „Die Beweiskraft eines Schuldscheins oder einer Quittung ist an den Ablauf einer Zeitfrist nicht gebunden".[35]

---

berührter Zeit seine Forderung anzustellen, oder aber zu erwarten, daß er hiernechsten von seinem suchen gentzlich mög abgewiesen werden..." Vgl. auch revidirtes Landrecht des Herzogth. Preußen von 1685 (verbeff. L. R. des K. Preußen v. 1721) Buch I Tit. XXV Art. VII § 8.

[33] Das Oesterreichische so wie das Sächsische Gesetzbuch enthalten keine ausdrückliche Vorschriften über die Beweiskraft der Quittungen. In den Motiven zum § 983 des Letzteren wird gesagt: Uebrigens gilt der gemeinrechtliche Grundsatz, daß eine Quittung erst nach dreißig Tagen beweist, nach Ablauf dieser Zeit aber, abgesehen von dem Falle eines dolus specialis, durch Gegenbeweis nicht weiter entkräftet werden kann, für die Zukunft nicht mehr. Eine Quittung gilt, wie jede andere Willenserklärung, mit Vorbehalt des Gegenbeweises, sofort von ihrer Aushändigung an den Schuldner an und ebenso ist der Gegenbeweis gegen dieselbe bloß an die gewöhnliche Verjährung geknüpft.

[34] Bluntschli, Erläut. III S. 99: Unser Recht hält sich an die natürliche Bedeutung der Quittung als einer Beweisurkunde, welche von dem Gläubiger dem befreiten Schuldner eingehändigt wird, und verwirft die willkürliche und dem Inhalte der Quittung widersprechende Bestimmung der Justinianischen Gesetzgebung, daß die Quittungen erst nach dreißig Tagen Beweiskraft erlangen. Die Gründe, welche zu dieser Vorschrift führten, werden in § 1017 hinreichend gewürdigt.

[35] Der Art. 295 bezweckt, für das Handelsrecht die gemeinrechtliche Singula-

Entwurf eines b. G. B. für das K. Bayern Th. II Art. 172. „Die Beweiskraft der Quittung beginnt von da an, wo dieselbe dem Zahlenden behändigt ist".[36])

Entwurf eines gemeinsamen deutschen Gesetzes über Schuld= verhältnisse Art. 368. „Die Beweiskraft einer Quittung ist an den Ablauf einer Zeitfrist nicht gebunden . . .."

Es fragt sich nun:

wie der dem Gläubiger freigelassene Gegenbeweis seinem materiellen Inhalte nach beschaffen sein müsse, um die Beweiskraft der Quittung zu zerstören.

In dieser Hinsicht ist zuförderst zu bemerken, daß die Bestimmung der neueren Gesetzbücher, wonach die Quittung sofort mit ihrer Aushändigung an den Schuldner für den Letzteren den recht= lichen Beweis der nach dem Inhalte derselben geleisteten Zahlung ab= gibt, uns keineswegs zu dem Schlusse führen darf:

der die Quittung vorzeigende Schuldner müsse, um dieselbe als beweiskräftig darzustellen, vorerst einen besonderen Beweis darüber führen, daß ihm die Quittung von dem Gläu= biger ausgehändigt worden sei.

Es wäre dies eine Annahme, die in den meisten Fällen den Schuldner seines Beweismittels der geleisteten Zahlung geradezu beraubte.

Mit Recht sagt daher auch Arndts (in der Kritischen Vierteljahrs= schrift für Gesetzgeb. u. Rechtswiss. V S. 328) in Bezug auf den oben angeführten Art. 172 des Baierischen Entwurfs:

---

rität aufzuheben, daß Schuldscheine erst nach Verlauf von zwei Jahren und Quittungen erst nach dreißig Tagen seit der Ausstellung in Beweis= kraft treten. — An die Annahme dieses Artikels wurde der Antrag ge= knüpft, auch die hiermit in Zusammenhang stehende Singularität aufzu= heben, wonach nach Ablauf einer bestimmten Frist jenen Urkunden eine erhöhte Beweiskraft in der Weise zukomme, daß der Gegenbeweis aus= geschlossen oder beschränkt sei. Dieser Antrag wurde aber zurückgezogen, da die Versammlung die Meinung aussprach, diese zweite Bestimmung sei nur eine Folge der ersteren, und ergebe sich demnach, da diese Folge mit der ersten Bestimmung nothwendig falle, von selbst, daß auch nach Ablauf der betreffenden Fristen Gegenbeweis gegen Schuldscheine und Quittungen in demselben Maße zulässig sei, in welchem er es nach den einschlägigen Prozeßgesetzen gegen Urkunden überhaupt sei. Protok. der Nürnberger Conferenz S. 425 und 1320. Makower, das allgemeine Deutsche Han= delsgesetzbuch (2. Aufl.) S. 175.

[36]) Bereits durch das Bayerische Gesetz vom 26. März 1859 ist die gemein= rechtliche exceptio non numeratae pecuniae Quittungen gegenüber auf= gehoben worden.

Nach Art. 172 könnte man, streng genommen, behaupten, der Schuldner, der die Quittung producirt, müsse zudem noch beweisen, daß sie ihm „behändiget", nicht auf andere Weise als durch Zustellung des Gläubigers in seinen Besitz gekommen sei. Gewiß ist aber der Entwurf weit entfernt, etwas so Unprakti= sches festzusetzen.

Die Quittung ist ihrer Bedeutung und ihrem Zwecke nach eine für den Schuldner bestimmte Beweisurkunde. Befindet sich der Schuldner im Besitze derselben, so ist er ohne Weiteres in die rechtliche Lage ge= setzt, von diesem Beweismittel, dem Gläubiger gegenüber, Gebrauch zu machen, ohne seinerseits sich vorerst über die Rechtmäßigkeit seines Be= sitzes ausweisen zu müssen.

Behauptet der Gläubiger, daß die Quittung ohne seinen Willen in den Besitz des Schuldners gelangt sei und er von diesem noch keine Zahlung erhalten habe, so ist dies nichts Anderes als die replica doli, deren Beweis dem Gläubiger selbst obliegt. Jene Behauptung bildet also den Gegenstand des von dem Gläubiger Behufs der Entkräftung der Quittung zu führenden Gegenbeweises.

Ebenso ungerechtfertigt wäre aber auch die Annahme:

> daß eine Quittung schon dann ihre Beweiskraft verliere, wenn feststehe, daß sie in Erwartung der Zahlung aus= gestellt und dem Schuldner behändigt worden.

Der dem Gläubiger durch die Zustellung der Quittung in die Hand gegebene Beweis „der nach dem Inhalte der Quittung geleisteten Zah= lung" kann immer nur durch den Gegenbeweis entkräftet werden:

> daß, der dem Gläubiger behändigten Quittung ungeachtet, die Zahlung nicht erfolgt sei.

Wenn daher der Gläubiger seinem Schuldner eine Quittung mit einem Briefe zusendet, aus dem sich ergibt, daß die Quittung nur in Erwartung der Zahlung ausgestellt ist, so wird durch diesen Brief oder vielmehr durch das Anerkenntniß seines Inhalts Seitens des Schuldners zwar erwiesen, daß die Quittung vor der Zahlungs= leistung ertheilt worden, aber keineswegs, daß die Erwartung des Gläubigers, in der er die Quittung ausstellte, sich nicht verwirk= licht hat. Wollte man das Gegentheil annehmen, so würde jene Quittung auch für den Fall der später erfolgten Zahlung ganz be= deutungslos bleiben, da sie niemals den Beweis für eine solche ab= geben könnte, so daß der Schuldner genöthigt wäre, nach geleisteter

Zahlung sich eine anderweitige Quittung vom Gläubiger ausstellen zu lassen. [37]

> Zur Entkräftung einer Quittung genügt also nicht der Nachweis daß weder vor noch bei Aushändigung derselben vom Schuldner Zahlung geleistet worden.

> Der Gläubiger hat vielmehr darzuthun:

> > daß die Erwartung, in der er die Quittung aus den Händen gab, getäuscht worden, daß also die Schuld noch unbezahlt sei. [38]

Trotz der Aufhebung der gemeinrechtlichen Beschränkung der exceptio non numeratae pecuniae Quittungen gegenüber hat sich aber auch in der neueren Gesetzgebung das Bedürfniß geltend gemacht, jenen dem Gläubiger freigelassenen Gegenbeweis in Beziehung auf die Zeitfrist zu beschränken.

So verordnet das Preuß. A. L. R. Th. I Tit. 16

> § 106. „Hat der Aussteller einen längeren als dreimonatlichen Zeitraum verstreichen lassen, ohne den Schuldner wegen nicht geleisteter Zahlung zu belangen, und die Quittung, als bloß in Erwartung der Zahlung ausgestellt, zurückzufordern: so soll: in Ermangelung einer vollständigen Aufklärung der Thatsache, der Inhaber der Quittung eher zum Reinigungs als der Aussteller zum Erfüllungseide gelassen werden".

> § 107. „Auch kann der Aussteller, nach Verlauf dieser Frist, den Erben des Schuldners über nicht erfolgte Zahlung keinen Eid zuschieben". [39]

Hierher gehört auch die bereits oben angeführte Vorschrift des privatr. Gesetzb. für den K. Zürich § 1047.

Bluntschli, Erläut. III S. 100, 101 bemerkt dazu:

> — Die Erfahrung zeigt, daß zuweilen Gläubiger, welche von dem Schuldner Zahlung erwarten, diesem die zum voraus unterzeichnete Quittung zustellen, bevor sie wirklich bezahlt worden: etwa so, wie auch bei dem Baarkauf der Verkäufer dem Käufer

---

[37] So bemerkt auch Bluntschli in seinen Erläut. des privatr. Gesetzb. für den K. Zürich III S. 100 Nr. 2: — Die Erfahrung lehrt, daß der Gläubiger, der die Quittung vorläufig geschickt hat, wenn nun der Schuldner nachher wirklich zahlt, keine neue Quittung zu schreiben pflegt, sondern beiderseits angenommen wird, die vorhandene Quittung sei nun in voller Kraft.

[38] S. meine oben angeführte Abhandlung in den „Beiträgen" VII S. 7.

[39] In Betreff dieser Vorschriften verweise ich auf meine „Beiträge" VII S. 8 f. IX S. 579 f. und Striethorst's Archiv Bd. 71 S. 27 f.

gelegentlich die Waare übergibt, bevor er von ihm den Preis erhalten hat. Dann ist zwar das Beweismittel für die Zahlung in der Hand des Schuldners, nicht aber die Zahlung in der Hand des Gläubigers, und es liegt ein Widerspruch vor zwischen der Wahrheit und dem Zeugniß.

Wird in Berücksichtigung jener Erfahrung die Beweiskraft der Quittung gehemmt, so darf diese Hemmung doch nicht ohne Weiteres dauern. Der Gläubiger, der die Quittung herausgegeben, hat immerhin nicht ganz sorgfältig gehandelt, und will er die Wirkung seines eigenen Zeugnisses dauernd hemmen, so hat er dringende Veranlassung, dasselbe zu widerrufen. Der Protest ist eben der Widerruf. Läßt er stillschweigend die Quittung in der Hand des Schuldners, so darf er sich nicht beklagen, daß deren Glaubwürdigkeit mit der Zeit wächst... Der Entwurf hatte zu diesem Protest eine Frist von zehn Tagen vorgeschlagen. Man überzeugte sich aber, daß besser je nach den Umständen zu verfahren sei, ohne willkürliche Fristbestimmung. In manchen Fällen werden zehn Tage schon eine zu lange Frist, in andern auch wohl eine zu kurze sein.

Auch Arndts in seiner Besprechung des „Entwurfs eines bürgerlichen Gesetzbuchs für das K. Bayern. Kritisch beleuchtet von Dr. J. J. Lang" (in der krit. Vierteljahrsschrift für Gesetzgeb. u. Rechtswiss. V S. 329 f.) sagt:

Der Gläubiger muß — von andern Anfechtungsgründen abgesehen — behaupten und beweisen, daß dem Schuldner die Quittung vor wirklicher Zahlung und in Erwartung derselben zugestellt sei. Die Zulässigkeit dieses Einwandes und Beweises aber dürfte durch das Gesetz füglich auf eine gewisse Zeitfrist beschränkt werden, da er durch den Zeitverlauf von selbst an Glaubwürdigkeit verliert und es meistens nur einer groben Nachlässigkeit des Gläubigers zuzuschreiben ist, wenn die Quittung nicht zeitig zurückgefordert worden ist. In diesem Sinne hatte ich in meinem Entwurfe folgende §§ aufgenommen: „Eine vom Gläubiger ausgestellte schriftliche Bescheinigung des Zahlungsempfangs (Quittung) gibt sofort vollen Beweis. Wenn jedoch dargethan wird, daß die Quittung dem Schuldner nur in Erwartung der Zahlung übergeben worden oder dem Gläubiger wider seinen Willen entkommen sei, so muß der Schuldner anderweitig die Zahlung beweisen". — „Nach Ablauf von sechs Monaten seit dem Datum der Quittung oder, wenn sie ohne Datum ist, seit dem sonst erweislichen Tage ihrer Uebergabe an den Schuldner, ist gegen dieselbe die Einrede der nicht geleisteten Zahlung nicht mehr zulässig, sie möchte denn durch eine vom Schuldner ausgestellte Gegenurkunde (Revers) bewiesen werden". „Gegen eine öffentliche Urkunde, worin die Schuldzahlung als in Gegenwart der beglaubigenden Behörde geschehen bezeugt wird, findet die

Einrede der nicht geleisteten Zahlung nur insofern statt, als durch ein strafrechtliches Urtheil die Fälschung der fraglichen Urkunde festgestellt ist".

7. „Außer der Quittung kann der Zahlende auch noch die Rückgabe des über die berichtigte Schuld einseitig ausgestellten Instruments fordern".[40])

l. 9 C. ad exhib. (3, 42): Si ex quocunque contractu apud Praesidem provinciae jure debitum, cui oportuerat te reddidisse probaveris: chirographa tua, ex quibus jam nihil peti potest, et instrumenta ad eum contractum pertinentia tibi naturaliter liberationem consecuto exhiberi ac reddi jubebit.

l. 2 C. de condict. ex lege (4, 9): Dissolutae quantitatis retentum instrumentum inefficax penes creditorem remanere, et ideo per condicionem reddi oportere non est ambigui juris.

l. 25 C. h. t. (8, 43): Solutionem asseveranti probationis onus incumbit: quo facto chirographum condicere potest.[41])

O. Stobbe, Zur Geschichte des deutschen Vertragsrechts (Leipz. 1855) S. 87: Die Schuldurkunden verlieren mit der Zahlung ihre Beweiskraft und müssen auf Verlangen des Schuldners ihm zurückgegeben werden (Brünner Schöffenb. 574, 580). Besitzt der Gläubiger den Schuldbrief nicht mehr, so muß er eine Quittung ausstellen, z. B. verm. Sachsensp. III. 11. d. 2:

Spricht aber der jodde, he hette den brief vorlorn, daz sal her swern uf moyses buch, daz is also sy; wan her daz getud, so sal he disseme der hern adder des rates brif geben und des gerichtes quitebrife machen obir den vorlorn brif.[42])

---

40) Preuß. A. L. R. Th. I Tit. 16 § 125.

41) Vgl. l. 4 C. eod.: — — nec enim ex eo quod creditor concessit in fatum, priusquam instrumenta redderet, evacuatae obligationis vires reparari queunt.

42) Marculfi, Formulae Lib. II § 35 (Walter, Corpus Jur. German. antiqui p. 334): Evacuatoria. Domino fratri illo ille. Omnibus non habetur incognitum, qualiter ante hos annos, aut ante anno, solidos vestros numero tantos ad beneficium accepisti, et cautionem nobis pro hoc emisisti ut ipsos solidos tunc nobis reddere deberes. Quod et ita fecisti. Sed dum illa cautione quod nobis emiseras ad praesens non invenimus, ideo tibi hanc epistolam evacuatoriam fecimus, ut de ipsis solidis tantum omni tempore ductus et absolutus resideas; et si ipsa cautio apparuerit, vel a nobis aut heredibus nostris quoque tempore ostensa fuerit, nullum sortiatur effectum, sed vacua et inanis permaneat.

Revid. Land=Recht des Hertzogth. Preußen von 1685 (ver= beff. L. R. des K. Preußen von 1721) Buch IV Tit. XXI Art. I § 4. „Also, da die Schuld einmahl bezahlet ... so mag der Schuldener seine Handschrifft oder Schuldbrieff alsobald condi= ciren und wieder erfordern".

Baierisches Landrecht (Cod. Max. Bav. civ.) Th. IV Kap. 14 § 11. „Durch die in gebührendem Maaße geschehene Zahlung ... erlöscht 2do die Obligation sowohl im Haupt=Werte, als quoad Accessoria Obligationis... Folglich kann der Debitor auch 3tio die hierum ausgestellte Verschreibung nebst dem Pfande Condictione sine causa von dem gewesenen Creditor zurück, oder falls selbe verlohren gegangen ist, einen Mortifications= schein oder Revers fordern".

Oesterreich. b. G. B. § 1428. „Besitzt der Gläubiger von dem Schuldner einen Schuldschein, so ist er nebst Ausstellung einer Quittung verbunden, denselben zurückzugeben, oder die allenfalls geleistete Abschlagszahlung auf dem Schuldscheine selbst abschreiben zu lassen... Ist der Schuldschein, welcher zurück= gegeben werden soll, in Verlust gerathen, so ist der Zahlende berechtigt, Sicherstellung zu fordern, oder den Betrag gerichtlich zu hinterlegen, und zu verlangen, daß der Gläubiger die Tödtung des Schuldscheines der Gerichtsordnung gemäß bewirke". [43]

Sächsisches b. G. B. § 981. „Ist über die Forderung ein Schuldschein ausgestellt, so kann der Schuldner nach vollständiger Tilgung der Schuld Rückgabe des Schuldscheins, und, wenn diese nicht möglich ist, auf Kosten des Gläubigers eine gericht= liche Quittung verlangen".

§. 12. Fortsetzung. Surrogate der Quittung.

Bei dem Beweise der Zahlung kommen aber die Gesetze, um den Bedürfnissen des Rechtsverkehrs zu genügen, dem Schuldner, der über die betreffende Schuldpost eine besondere Quittung nicht vorlegen kann, vielfach durch die von ihnen aufgestellten, an gewisse Thatumstände ge= knüpften Rechtsvermuthungen zu Hülfe, welche ihn theils des Beweises überheben, theils ihm denselben erleichtern. Das Preußische Landrecht führt uns in dieser Hinsicht eine Masse casuistischen Details vor, das fast überall der gemeinrechtlichen Praxis entnommen ist.

---

[43] In letzterer Hinsicht enthält das Preuß. L. R. a. a. O. §§ 126—132 sehr umständliche Vorschriften. — Dieser Punkt gehört jedoch dem Prozeß= rechte an.

Wir wollen an der Hand des gemeinen Rechts, unter Berücksich=
tigung der neueren Gesetzgebungen, die wichtigsten Punkte hervorheben.

1. Der Umstand allein, daß der Schuldner sich im Besitze der
Schuldurkunde befindet, gibt noch keinen Beweis für die von ihm be=
hauptete Zahlung ab. Die für die Tilgung der Schuld streitende
Rechtsvermuthung tritt erst mit der feststehenden Thatsache ein, daß der
Gläubiger selbst die Schuldurkunde zurückgegeben hat.

l. 15 C. h. t. (8, 43): Quod debitori tuo chirographum
redditum contra voluntatem tuam adseveras, nihil de jure
tuo deminutum est.   Quibuscunque itaque argumentis jure
proditis hanc obligationem tibi probanti, cum pro hujusmodi facto liberationem minime consecutum Iudex ad solutionem debiti jure compellet.

Paul. l. 2 § 1 D. de pact. (2, 14): — si debitori meo
reddiderim cautionem, videtur inter nos convenisse, ne pe-
terem: profuturamque ei conventionis exceptionem placuit.
Codex Fabrianus Lib. VIII tit. XXX def. 28: — — Sed
si penes debitorem sit chirographum, sive cancellatum sive
non, nunquam inducenda ex eo est praesumtio solutionis
aut liberationis, sed tantum conventio taciti pacti de non
petendo eo demum casu quo probatur redditum a creditore.
Omnimodo enim probanda redditio est, ne alioqui pactum
inter ignorantes contractum videatur.   Quod sane in tacito
pacto non minus absurdum fuerit quam in expresso... Quotiescunque vel minima suspicio est fuisse deperditum chirographum, licet minus plene probatum sit, nunquam praesu-
mendum esse pro debitore quod ei fuerit redditum, etiamsi
non sit domestica, aut aliter suspecta persona, sed eviden-
tissimas hoc casu redditionis probationes requiri.   Ita Senat. a. 1593. [1]

---

[1] Carpzov, Jurispr. for. P. II const. 29 def. 12: Debitor exhibens
chirographum pro liberato non habetur, nisi a Creditore sibi redditum probet ... Non enim ex sola chirographi possessione induci
potest tacitum pactum de non petendo, sed ex ea demum restitu-
tione, quae per ipsum Creditorem aliumve mandantis Creditoris nomine facta probatur ... Ita Domini — Mense Junio Anno 1629:
Ob nun wohl eures Gläubigers Schuld-Verschreibung bei euch vorhanden.
dieweil ihr aber dennoch von ihme nicht quittirt worden, und, wie ihr
solche Schuld=Verschreibung an euch gebracht, nicht erweisen könnet.   So
seyd ihr auch der geschehenen Zahlung wegen hierdurch genugsam nicht
versichert, sondern ihr könnet berührte Schuld noch einsten zu bezahlen
wohl besprochen werden.

Vgl. Lauterbach, Dissert. academ. Vol. I Disput. XX de tacito
pacto remissorio ex redditione chirographi praesumto (Sept. 1667)

Hymmen, Beyträge zur jurist. Literat. Sammlung VI S. 104, 105: Aus der Zurückgabe eines chirographi ist für den Schuldner ein pactum de non petendo zu folgern. Der Gläubiger ist also zu erweisen verbunden, zu welchem Behuf dem Schuldner die Obligation oder der Schuldschein eingehändigt worden.

So vom Kammer=G. per tres conformes entschieden 1764 und 1766.[2])

Revidirtes Land=Recht des Hertzogth. Preußen v. 1685 (verbeff. L.=R. des K. Preußen v. 1721) Buch IV Tit. XXI Art. I § 5. „— Zu dem möchte auch der Gläubiger excipiren oder fürgeben, es wäre die Handschrifft oder Schuldbrieff ohne seinen Willen auß seiner Gewalt kommen, und so er darüber die Schuldt von newen erweisen möchte, würde der Schuldener zur Bezahlung gedrungen, oder doch auffs wenigst, daß er beweisen müsse, daß ihm der Schuldbrieff mit Consens und Bewilligung seines Creditorn und Schuldherrn wiedergegeben wäre".

Baierisches Landrecht (Cod. Max. Bav. civ.) Th. IV Kap. 14 § 13. „Öfters wird die Bezahlung nur durch Muthmaßungen bewiesen, z. B. 1mo durch die Zurückgabe des Schuldscheines, sofern derselbe nicht in duplo vorhanden, und ein Exemplar davon inne behalten worden ist"...[3])

Die neueren Gesetzgebungen stimmen in diesem Punkte im Wesentlichen überein, wenn sie auch die Bedeutung dieser Rechtsvermuthung verschieden auffassen.

Preuß. A. L. R. Th. I Tit. 16 § 98. „Erhellet, daß der Gläubiger selbst dem Schuldner das Instrument zurückgegeben habe, so wird, daß die Schuld getilgt sei, so lange vermuthet, als nicht eine andere Ursache der geschehenen Rückgabe ausgemittelt werden kann".

Österr. b. G. B. § 1428. „— Der zurück erhaltene Schuldschein ohne Quittung gründet für den Schuldner die rechtliche

---

p. 594—624. Mevii Decis. VI. 388. VII. 284. Leyser spec. 42 m. 6. spec. 394 m. 2.

[2]) In Betreff der neueren Praxis ist zu verweisen auf Hartitzsch, Entscheid. pract. Rechtsfragen Nr. 369. Seuffert, Archiv I Nr. 202. V. Nr. 262. XIV. Nr. 18. XIX Nr. 223. Annalen des O. A. G. zu Dresden N. F. I S. 139 f. IV. S. 383 f. Striethorst, Archiv Bd. 72 S. 50 f.

[3]) Durch den letzteren Satz wird für einen Fall, der übrigens in der Praxis zu den Seltenheiten gehört, eine gemeinrechtliche Controverse nach der richtigeren Ansicht entschieden. Vgl. Voet, com. ad P. II. 14 nr. 15. Vinnii sel. jur. quaest. Lib. I cap. VII. Berger, occon. jur. Lib. III tit. XV th. III not. 1. Koch, Recht der Forb. II S. 650.

Vermuthung der geleisteten Zahlung; er schließt aber den Gegenbeweis nicht aus"...

Sächsisches b. G. B. § 982. „Hat der Gläubiger den Schuldschein dem Schuldner zurückgegeben, so wird vermuthet, daß die Schuld getilgt sei. Eine bestimmte Art der Tilgung ist aus der Rückgabe des Schuldscheines nicht zu folgern". Unger in seiner krit. Besprechung des revid. Entwurfs eines b. G. B. für das K. Sachsen (Leipz. 1861) S. 76 bemerkt in Beziehung auf den letzten Satz des aus dem Entwurfe in das G. B. übergegangenen § 982: „Der Entwurf schließt sich hiermit jener Ansicht an, welche zwar auch im gemeinen Recht viele Anhänger hat (vgl. z. B. Arndts § 262), aber doch wohl nicht die richtige oder doch nicht die praktisch empfehlenswerthe ist (System II § 130 Note 23). Wie soll der Gläubiger den Gegenbeweis zu führen im Stande sein, da im heutigen Recht der Eid auf Rechtsverhältnisse unmittelbar nicht gestellt werden kann und ein Nachweis, daß kein einziger der möglichen Tilgungsgründe der Schuld eingetreten sei, unter die Unmöglichkeiten gehört? Freilich, huldigt man der Ansicht, welche Büchner im Archiv für prakt. Rechtswiss. I. 22 vertheidigt, wonach die Rückgabe des Schuldscheines im concreten Fall immer gerade für jenen speziellen Tilgungsgrund eine Rechtsvermuthung begründe, welchen der Schuldner anführt und anführen müsse (S. 128 f.), so entgeht man dieser Schwierigkeit. Allein in diesem Sinne faßt man jene Vermuthung in der Regel und mit Recht nicht auf, und auch nach der Bestimmung des Entwurfs wird sie in die Kategorie jener Rechtsvermuthungen gehören, kraft deren nicht auf eine concrete Thatsache, sondern auf die Zuständigkeit resp. Erlöschung des Rechts selbst geschlossen wird (System II S. 584, 585)."

Gleichwohl halte ich jenen Gesichtspunkt, der im angeführten § 982 des Sächsischen b. G. B. zum Ausdruck gekommen ist, für den richtigen und auch nach preußischem Rechte maßgebenden. Mit Recht wird in den Motiven zu Art. 219 Th. II des Bayerischen Entwurfs eines b. G. B. („Ist ein Schuldschein vom Gläubiger zurückgegeben — — worden, so wird vermuthet, daß die Forderung erloschen sey") gesagt:

„Es gibt Thatsachen, welche nothwendig die Vermuthung begründen, daß eine Verbindlichkeit erloschen sei, ohne daß zugleich der Grund der Erlöschung erkennbar ist. Dazu gehört es, wenn der Gläubiger den Schuldschein zurückgibt, vernichtet oder seiner beweisenden Kraft entkleidet. Da jener Grund ein verschiedener sein kann, und sich aus den erwähnten Thatsachen selbst auch nicht mit irgend einer Wahrscheinlichkeit kund gibt, so kann auch das Gesetz nur die Vermuthung für die Erlöschung überhaupt, nicht aber zugleich für einen speciellen Grund derselben — Zahlung, Verzicht und dgl. — aufstellen.

Für den Schuldner reicht auch diese Vermuthung der Erlöschung im Allgemeinen hin, da der Gläubiger in Folge dessen genöthigt ist, entweder die Vermuthung durch den Beweis einer anderen Absicht zu entkräften, oder darzuthun, daß ein bestimmter Grund der Erlöschung vorgelegen, jedoch Umstände vorhanden seien, aus welchen er diesen Grund anzufechten berechtigt ist".

Die Seitens des Gläubigers freiwillig erfolgte Rückgabe der Schuldurkunde an den bisherigen Schuldner enthält die stillschweigende Erklärung desselben, „daß er vollständig befriedigt sei", „daß er nichts mehr zu fordern habe", und läßt auf ein zwischen Gläubiger und Schuldner zu Stande gekommenes Rechtsgeschäft schließen, wonach Beide darüber einig sind, daß die betreffende Schuld getilgt sei. Die Rückgabe des Schuldscheins vertritt also hier eine solche Quittung, die sich als Befreiungsakt darstellt.[4] Es kommt daher auch in diesem Falle der Rechtssatz zur Anwendung, den der Bayerische Entwurf Th. II Art. 212 dahin ausspricht:

> „Die schriftliche, wenn auch allgemein gehaltene Erklärung des Gläubigers, daß er seine Befriedigung erlangt habe, bewirkt, sobald sie dem Schuldner eingehändigt ist, die Befreiung des Letzteren, ohne daß er einen besonderen Tilgungsgrund der Schuld nachzuweisen braucht. Die Wirkung einer solchen Entlastung kann durch den Nachweis entkräftet werden, daß dieselbe in der irrigen Voraussetzung eines besonderen Tilgungsgrunds ertheilt worden sei, oder daß ein anderer Rückforderungsgrund nach Maßgabe der Art. 925—939 bestehe".[5]

---

[4] Auch J. J. Lang in seiner krit. Beleuchtung des Bayerischen Entw. Heft II S. 128 hält die Bedenken Unger's für unbegründet, indem er bemerkt Das Hauptgewicht ist darauf zu legen, daß der Gläubiger selbst den Schuldschein zurückgegeben haben muß. Diese Handlung des Gläubigers hat natürlich der Schuldner zu beweisen und damit fallen die Bedenken, daß die Vermuthung nicht auf einen bestimmten Aufhebungsgrund geht. Sie geht auf solutio und was ihr gleichsteht, was im Grunde schon dem römischen Recht entspricht (vgl. Keller, Pand. § 270).

[5] Arndts in der krit. Vierteljahrsschrift für Gesetzgeb. und Rechtswiss. V S. 329 bemerkt dazu: Es darf nicht übersehen werden, daß im Leben sehr häufig die Ausstellung einer Quittung nur die Form ist, in welcher eine Schuldbefreiung aus anderem Grunde als durch Zahlung gewährt oder anerkannt wird. Wie nach Art. 21 die sog. cautio indiscreta, so wird nach Art. 212 mit Recht die schriftliche Erklärung, daß die Schuld getilgt sei, mit oder ohne Bezeichnung des Tilgungsgrundes für wirksam erklärt. Wegen jenes so häufigen Gebrauches darf aber auch gegen die Quittung, die als Tilgungsgrund die Zahlung angibt, nicht das allein, daß die Zahlung dennoch nicht geschehen, als Gegenbeweis zugelassen und so dem im

Daß aber das Preuß. Landrecht in den §§ 113, 114 Tit. 16 Th. I trotz ihrer ganz verfehlten Fassung, dasselbe sagen will, habe ich bereits in meiner mehrerwähnten Abhandlung S. 12 f. gezeigt.

Eigenthümliche Vorschriften enthält der Code civil und das Badische Landrecht.

> Art. 1282. „Der Gläubiger, welcher freiwillig die Urschrift einer Rechtsurkunde, die bloß Privat=Unterschrift führt, dem Schuldner zurückgibt, erläßt ihm damit die Schuld".
>
> Art. 1283. „Die freiwillige Zurückgabe der Ausfertigung einer öffentlichen Rechtsurkunde begründet nur die Vermuthung, daß die Schuld erlassen oder gezahlt worden; der Beweis des Gegentheils bleibt vorbehalten". [6]

Da nach der bisherigen Darstellung die Seitens des Gläubigers erfolgte Rückgabe des Schuldscheins an den Schuldner einer Befriedi=gungserklärung desselben gleichsteht, so gehört zu ihrer rechtlichen Wirk=samkeit nothwendig die Dispositionsfähigkeit des Gläubigers so wie die ausreichende Machtvollkommenheit seines Stellvertreters. [7] Dies gilt namentlich auch vom Vormunde. [8]

Wird unter mehreren gemeinschaftlichen Schuldnern nur Einem die Schuldurkunde zurückgegeben, so ist im Zweifel anzunehmen, daß nur dieser aus dem Schuldnexus befreit sei. [9]

Schließlich ist hier noch der Vorschrift des Preuß. A. L. R. Th. I Tit. 16 zu gedenken:

> § 9. „Wenn nicht erhellet, wie der Schuldner zum Besitze des Instrumentes gelangt sei, so entsteht aus diesem Besitze zwar ebenfalls eine Vermuthung für den Schuldner;"

Besitz der Quittung befindlichen Schuldner der Beweis zugewälzt werden, daß ein und welcher andre Tilgungsgrund der Forderung vorliege. Der Gläubiger muß also — von andern Anfechtungsgründen abgesehen — be=haupten und beweisen, daß dem Schuldner die Quittung vor wirklicher Zahlung und in Erwartung derselben zugestellt sei.

[6] Vgl. Zachariä v. Lingenthal, Handb. des Franz. Civilr. (5. Aufl. von Anschütz) § 324.

[7] Cod. Fabrianus Lib. II tit. VIII def. 13. Erk. des O. A. G. zu Dresden vom 9. Jan. 1868 in dessen Annalen N. F. IV S. 383 f.

[8] Brunnemann, com. in P. ad l. 2 de pact. nr. 3: per talem redditionem debitor . . . liberatur, non si a tutore, cujus non est donare. Et ita a Facultate nostra pronunciatum scio a. 1658.

[9] Brunnemann l. c. nr. 10. Voet, com. ad P. II. 14 nr. 15. Cod. Fabrianus Lib. II tit. IV def. 6 und Lib. VIII tit. XXVII def. 4. Berger, Diss. jur. sel. Disp. V c. 21.
Vgl. dagegen Cod. civ. Art. 1284. 1285.

§ 100. „Es hängt aber alsdann, nach Bewandniß der übrigen vorwaltenden Umstände, von richterlichem Ermessen ab: inwiefern diese Vermuthung, bei Ermangelung anderer Beweismittel, durch einen nothwendigen Eid bestärkt, oder gehoben werden solle".

Es hat damit die Ansicht einiger gemeinrechtlichen Praktiker Bestätigung gefunden. [10])

Carpzov, Jurispr. for. P. II const. 29 def. 12: — — Nihilominus pro debitore (ex sola chirographi possessione) haud levis oritur praesumtio, si integrae sit existimationis, quae ipsi prodesse potest hactenus, ut vel in creditorem onus probandi transferatur, vel petenti debitori de solutionis veritate, aut chirographi redditione juramentum in supplementum deferatur. Quod ipsum tamen non semper verum est, sed in causae cognitione totum versatur, et pro personarum causarumque varietate judicantis arbitrio relinquendum .. [11])

2. Der Rückgabe des Schuldscheins Seitens des Gläubigers steht gleich, wenn die im Besitze des Gläubigers befindliche Schuldurkunde vernichtet, oder durch Veränderung in ihrem Aeußeren ihrer beweisenden Kraft entkleidet worden ist. [12])

Modestin. l. 24 D. de probat. (22, 3): Si chirographum cancellatum fuerit, licet praesumtione debitor liberatus esse videtur, in eam tamen quantitatem, quam manifestis probationibus creditor sibi adhuc deberi ostenderit, recte debitor convenitur. [13])

Codex Fabrianus Lib. VIII tit. XXX def. 28: — — Porro chirographo existente penes debitorem quid interest, an sit cancellatum necne, cum sit in potestate debitoris, ut cancellet aut non? Itaque quod dicimus ex chirographi

---

[10]) Vgl. Koch, Recht der Ford. II S. 649.

[11]) v. Kreittmayr, Anmerkungen über den Cod. Max. Bav. civ. Th. IV p. 1728 Nr. 5: — Obige Zurückgabe muß aber a Debitore bewiesen seyn, und weil derselbe den Schuldschein leicht auf andere Art hätte erlangen können, so macht auch die bloße Possession desselben keinen hinlänglichen Beweis; es sei denn Debitor von sonderbar guter Reputation, und wollte mit einem Eide erhärten, daß er solchen andergestalt nicht als Titulo Solutionis vel Remissionis an sich gebracht habe.

[12]) Lauterbach, diss. de cancellatione ejusque in jure effectibus (Tubing. 1669) Cap. V de chirographi cancellatione.

[13]) Vgl. l. 22 C. h. t. (8, 43): Inductum, id est, cancellatum, necne sit chirographum, vestram solutionem semel debiti causa factam ei, qui exigendi potestatem habuit, probantium nihil interest.

14*

cancellatione praesumi solutionem, sic accipiendum videtur, si penes creditorem cancellatum reperiatur. Quis enim tum praesumat, aut ab alio cancellatum, quam a creditore, aut a creditore ipso ob aliam causam quam quia solutum sit? Utique, nisi manifestissimis probationibus creditor contrarium ostendat... Ita Senat. Sabaudiae a 1593. [14])

Brunnemann, com. in P. ad l. 24 de probat.: Cancellatio instrumenti, quod aes alienum continet, praesumitur facta voluntate creditoris, et contrarium creditori probandum. [15]) Sed si chirographum etiam cancellatum reperiatur apud debitorem, tamen non praesumitur debitum esse solutum, si sit persona domestica, aut creditori cohabitans. Aliud si sit extranea.

Leyser, Medit. ad P. spec. 42 m. 6: Creditor, dum chirographum debitori suo reddit, vel illud cancellat, eo ipso pactum de non petendo init. Quaeritur itaque, an, si tacitus id comburat, debitum etiam remittat, adeo ut, si quid deinde, exigat, exceptione pacti de non petendo repellatur? Affirmamus. Eadem enim combustionis, quae cancellationis ratio est, dummodo utramque creditor non casu fortuito sed consulto fecerit...

Ostfriesisches Land-Recht von 1515 (übersetzt von Math. v. Wicht, Aurich 1746) Lib. II Cap. 91: „Item, wenn ein Schuld-Brief zerrissen ist, so ist zu vermuthen, daß die Schuld bezahlet sey, man beweise denn, daß die benannte Schuld unbezahlet, und die Zerreißung aus andern Ursachen geschehen sey".

Baierisches Landrecht (Cod. Max. Bav. civ.) Th. IV Kap. 14 § 13 „Oefters wird die Bezahlung nur durch Muthmaßungen bewiesen, z. E... 2do durch die Cassation des Schuldscheins, wenn anders der cassirte Schein noch in des Creditors Händen sich befunden hat, und keine Anzeigung vorhanden ist, daß es nicht der Cassirung willen, sondern von ungefähr geschehen sey".

Preuß. A. L. R. Th. I Tit. 16 § 102. „Wenn das Instrument bei dem Gläubiger, oder in dessen Nachlasse zerrissen, zerschnitten, oder sonst cassirt vorgefunden wird: so entsteht die rechtliche Vermuthung, daß die Forderung selbst, welche dadurch begründet werden soll, auf eine oder die andere Art aufgehoben worden".

§ 103. „Diese Vermuthung fällt aber weg, sobald nachgewiesen werden kann, daß die Verletzung durch bloßen Zufall entstanden, oder von dem Schuldner selbst, oder einem Dritten,

---

[14]) Vgl. Carpzov, Jurispr. for. P. II const. 29 def. 12.
[15]) Mascard. de probat. concl. 256 nr. 10. Menoch. de praesumt. Lib. I qu. 4 n. 2.

ohne Einwilligung oder Genehmigung des Gläubigers bewirkt worden sei". [16]

Entwurf eines b. G. B. für das K. Bayern Th. II Art. 219. „Ist ein Schuldschein vom Gläubiger — vernichtet oder in der Art in seinem Aeußeren verändert worden, daß er nicht mehr als Beweisurkunde gelten kann, so wird vermuthet, daß die Forderung erloschen sei".

Die übrigen neueren Gesetzbücher gedenken jenes Falles nicht.

In den Motiven des Sächsischen b. G. B. wird zu § 982 ausdrücklich gesagt: man habe eine Vermuthung der Tilgung der Schuld nicht gerechtfertigt gefunden, wenn der Schuldschein sich mutilirt in den Händen des Gläubigers befindet; in diesem Falle könne der Gläubiger bloß den Schuldschein nicht zum Beweise der Forderung benutzen.

Die Präsumtion der l. 24 D. de prob. ist hiernach, wie in Siebenhaar's Com. II S. 169 bemerkt wird, absichtlich nicht aufgenommen worden.

3. Nach römischem Recht wird bei öffentlichen Abgaben eine Rechtsvermuthung für die Zahlung in Betreff der früheren Termine durch die Quittungen über die drei letzten Jahre begründet.

l. 3 C. de apoch. publ. (10, 22): Quicunque de provincialibus et collatoribus, decurso posthac quantolibet annorum numero, cum probatio aliqua ab eo tributariae solutionis exposcitur, si trium cohaerentium sibi annorum apochas securitatesque protulerit: superiorum temporum apochas non cogatur ostendere, neque de praeterito ad illationem functionis tributariae coërceatur... [17]

---

[16]) Vgl. Muelleri addit. ad Struv syntagm. jur. civ. Exerc. 28 th. 33 nota ζ: — — XIII Si chirographi cancellatio facta est a debitore, regulariter debiti solutio inde non praesumitur. Sicuti enim nemo est idoneus testis in propria causa, et debitoris scriptura atque annotatio debiti solutionem non probat; ita nec ejusdem cancellatio chirographi ipsum liberatum esse probare potest. XIV. Neque solutio inde praesumitur, si cancellatio facta est a tertio, licet notario, nisi constet vel probetur, consensu creditoris cancellationem chirographi a debitore vel tertio factam esse.

[17]) „Die Vermuthung wird begründet durch die Quittungen über die drei letzten Jahre, nicht durch die Quittungen über die drei letzten Termine; sie wird begründet durch die Quittungen über die drei letzten Jahre, nicht durch die Thatsache der Erfüllung, so daß die Quittung durch andere Beweismittel ersetzt werden könnte". Windscheid, Lehrb. des Pandektenrechts (2. Aufl.) § 344 Note 6.

Diese Vorschrift ist durch einen fast allgemeinen Gerichtsgebrauch auf alle terminlichen Leistungen überhaupt ausgedehnt worden.[18]

Dieser Gerichtsgebrauch — und zwar zum Theil unter mehrfachen Erweiterungen — hat auch in der Gesetzgebung Bestätigung gefunden.

Baierisches Landrecht (Cod. Max. Bav. civ.) Th. IV Kap. 14 § 13. „Oefters wird die Bezahlung nur durch Muthmaßungen bewiesen. z. E... 3 tio. Wenn der Creditor drey Jahre nach einander die letztern Zinse oder Prästationen, ohne sich des älteren Rückstandes halber zu verwahren, annimmt; denn da wird dieser für bezahlt geachtet".

Sächsisches b. G. B. § 985. „Bei Abgaben, Zehnten, Leibrenten und andern Renten, ingleichen bei Zinsen, Mieth- und Pachtgeldern, Pensionen, Besoldungen und anderen terminliche Leistungen, welche nicht als Theilzahlungen eines Hauptstammen anzusehen sind, ist, wenn drei auf einander folgende Termine bezahlt sind, zu vermuthen, daß auch die früheren Termine bezahlt sind, ausgenommen, wenn bei der Zahlung ein entgegenstehender Vorbehalt gemacht worden ist".[20]

Badisches Landrecht Zusatz-Artikel 1248 a. „Die Zahlung dreier aufeinander folgenden Forderungs-Zieler, oder zielweiser Rechnungen an ebendenselben Gläubiger von eben demselben Schuldner geschehen, wirkt die gesetzliche Vermuthung der Zahlung der früheren, wenn die Empfangsscheine ohne Vorbehalt älterer Forderungen oder Zieler ausgestellt sind".[21]

---

[18] Vgl. Koch, Recht der Forb. II S. 656 f. und die von ihm in der Note 47 angeführten Schriftsteller, denen noch hinzuzusetzen ist: Wernher, sel. obs. for. Tom. I P. V obs. 220. Tom. II P. VIII obs. 287. Tom. III. P. I obs. 17. Heimbach in Ortlof's „Jurist. Abhandl. u. Rechtsfällen" I (Jena, 1847) S. 607 f. Heimbach sen. in Weiske's Rechtslexicon X S. 388 f. Seuffert, Archiv I Nr. 334.

[19] Vgl. Koch a. a. O. S. 659, 660. Abweichend ist die unten angeführte Vorschrift des Zürcherischen G. B. § 1048.

[20] Motive: Der §, welcher im Wesentlichen mit unserem bisherigen Rechte übereinstimmt, beruht darauf, daß, wenn spätere Zahlungen angenommen worden sind, sich unwillkürlich die Meinung aufdrängt, daß den aus dem gleichen Rechtsverhältnisse früher entstandenen Ansprüchen Genüge geleistet sein müße. Die im angegebenen § aufgestellte Vermuthung wird schon durch die Thatsache der Zahlung begründet, einer Quittungsertheilung bedarf es dazu nicht, nur zum Beweise der Zahlung kann die Quittung dienlich sein. Uebrigens brauchen die bezahlten Termine nicht gerade jährliche zu sein.

[21] Vgl. Brauer, Erläut. III S. 187. VI. S. 295—301.

Entwurf eines gemeinsamen deutschen Gesetzes über Schuld=
verhältnisse Art. 369. „Bei Schuldverhältnissen, welche auf
regelmäßig wiederkehrende, nicht als Theilzahlung eines Haupt=
stammes geltende Leistungen, insbesondere auf Renten, Unter=
haltsmittel, Pacht=, Miethgelder, Capitalzinsen gerichtet sind, be=
gründen die über die Zahlung dreier nach einander folgender
terminlicher Leistungen einzeln ausgestellten Quittungen die Ver=
muthung, daß auch die früher verfallenen Leistungen getilgt
sind" . . .

Noch weiter geht das Preuß. A. L. R. Th. I Tit. 16 § 133, in=
dem es die gedachte Rechtsvermuthung schon eintreten läßt,

„wenn bei terminlichen Zahlungen oder Leistungen durch
Quittungen oder sonst nachgewiesen werden kann, daß dieselbe
für zwei auf einander folgende Termine von dem Schuldner
abgeführt, und von dem Gläubiger ohne Vorbehalt angenommen
worden". [22]

Zur Rechtfertigung dieser Neuerung sagt Suarez in seinen amt=
lichen Vorträgen bei der Schlußrevision des A. L. R.: [23]

„Nach Röm. Rechte werden drei Quittungen erfordert. Man
hat dies hier auf zwei eingeschränkt, weil es nur auf eine Prä=
sumtion ankommt, und es zu dieser schon hinreichend schien,
wenn auch nur über zwei hinter einander folgende Termine
quittirt worden".

Unserem Landrecht sind in dieser Hinsicht gefolgt

der Entwurf eines b. G. B. für das Großh. Hessen Buch I
Art. 299. „Kann ein Schuldner von Renten, Unterhaltsmitteln,
Mieth=, Pacht= und Kapitalzinsen, überhaupt von allen solchen
Gefällen, welche aus dem nämlichen Rechtsgrunde entspringen,
und jährlich oder in kürzeren regelmäßig wiederkehrenden Fristen
zahlbar sind, die Zahlung zweier nach einander verfallener Posten
durch eine ohne Vorbehalt ausgestellte Quittung erweisen, so
wird bis zum Beweise des Gegentheils vermuthet, daß auch die
älteren Posten getilgt seien".

der Bayerische Entwurf Th. II Art. 174. „Bei Schuld=
verhältnissen, welche auf terminsweise Leistungen gerichtet sind,
begründet die über die Zahlung zweier nach einander fälliger
Posten ohne Vorbehalt ausgestellte Quittung die Vermuthung,
daß auch die früher verfallenen Posten getilgt seien"... [24]

[22] Außerdem enthält das A. L. R. eine Reihe von Vorschriften behufs der
Entscheidung gemeinrechtlicher Controversen, wobei meistens der Ansicht
Leyser's der Vorzug gegeben ist. Vgl. Koch a. a. O. S. 658 f.

[23] v. Kamptz, Jahrb. Bd. 41 S. 53.

[24] Motive S. 105: Da periodische Leistungen, welche auf dem nemlichen
Rechtstitel beruhen, z. B. Alimente, Annitäten, Gehaltsbezüge u. dgl. für

J. J. Lang in seiner kritischen Beleuchtung des letztgedachten Ent=
wurfs Heft II S. 115 f. macht auf die Verschiedenheit des (jetzt zum
Gesetzbuch erhobenen) Sächsischen Entwurfes im Vergleiche zu dem
Hessischen und dem Bayerischen aufmerksam, die sich einerseits darin
zeigt, daß ersterer bei Abgaben, Zehnten 2c. drei Terminszahlungen
für die Vermuthung, die frühern Termine seien abgeführt, verlangt,
während im Hessischen und im Bayerischen Entwurfe schon zwei ge=
nügen, andererseits aber darin, daß die beiden letzteren die Vermuthung
nur auf Quittungen gründen, während der sächsische (übereinstimmend
mit dem Preußischen Landrecht) jeden Beweis der erfolgten dreimaligen
Erfüllung der Terminsleistungen für hinreichend hält.[25]) Er knüpft
hieran die Bemerkung:

> „In solchen den rein willkürlichen Bestimmungen des positiven
> Rechts unterworfenen Punkten ist jede Polemik überflüssig, wie=
> wohl wir die Nothwendigkeit einer Vorlage von Termins=
> quittungen vorziehen, dann aber die Zahl drei beibehalten
> sehen möchten. Wenigstens ist uns nicht bekannt, daß die viel
> mißhandelte l. 3 C. de apoch. publ. jemals in der Praxis zu
> einer aus zwei Quittungen resultirenden Rechtsvermuthung be=
> nützt worden wäre. Im Uebrigen erklären wir, für die Theorie
> des gemeinen Rechts jede Ausdehnung der singulären l. 3 C. cit.
> verwerfen zu müssen (Sintenis, gem. Civilr. § 103 Note 93),
> wie wir denn auch für die Zweckmäßigkeit einer Vermuthung
> aus drei Terminsquittungen bei Privatschulden uns nicht so
> leicht entscheiden könnten, da es denn doch gar zu häufig vor=
> kommt, daß der Gläubiger, z. B. ein Vermiether, oder Kost=
> geber, es sich gefallen läßt, den Schuldner aufs Laufende zu
> bringen, die alten Rückstände dagegen auf bessere Zeiten und
> Umstände hinaus im Buch offen behält".

Gleichwohl sind einige Gesetzgebungen so weit gegangen, daß sie in
den hier vorausgesetzten Schuldverhältnissen schon durch die Quittung
über den letztverfallenen Termin die Vermuthung für gegründet
erklären, daß die früheren berichtigt sind.

---

spätere Termine in der Regel nicht geleistet werden, bevor die früher
fälligen berichtigt sind, so tritt, wenn über die Leistung für zwei später
fällige Perioden quittirt ist, die Vermuthung der Zahlung der früher
fällig gewesenen Leistungen ein. Der Quittirung der Leistung für nur
Eine spätere Periode kann jedoch diese Wirkung nicht beigelegt werden,
weil hier eine Vergessenheit oder Sorglosigkeit in Mitte liegen kann, was
bei mehrmaliger Quittirung nicht vorauszusetzen ist.

[25]) So auch Leyser spec. 530 m. 11. Deficientibus licet apochis, si
solutio trium cohaerentium annorum alio modo probetur, solutio an=
tecedentium annorum tamen praesumitur.

Oesterreichisches b. G. B. § 1429. „Eine Quittung, die der Gläubiger dem Schuldner für eine abgetragene neuere Schuldpost ausgestellt hat, beweiset zwar nicht, daß auch andere ältere Posten abgetragen worden seien; wenn es aber gewisse Gefälle, Renten, oder solche Zahlungen betrifft, welche, wie Geld=, Grund=, Haus= oder Capitalszinsen, aus eben demselben Titel und zu einer gewissen Zeit geleistet werden sollen, so wird vermuthet, daß derjenige, welcher sich mit der Quittung des letztverfallenen Termins ausweiset, auch die früher verfallenen berichtiget habe".

Privatrechtl. G. B. für den K. Zürich § 1048. „Werden Zinse oder andere periodische Leistungen, z. B. Stückzahlungen, geschuldet, so begründet die ohne Vorbehalt ausgestellte Quittung für eine spätere Leistung im Zweifel die Vermuthung, es seien die früher fällig gewordenen Leistungen der Art erfüllt"...[26])

Schließlich ist in Betreff dieses Punktes noch im Allgemeinen zu bemerken, daß die ganze, für das gemeine Recht so wichtige Ausnahmevorschrift im heutigen Recht an Bedeutung sehr verloren hat, da nach allen neueren Gesetzgebungen zum Schutze gegen Forderungen aus Schuldverhältnissen, die auf terminweise Leistungen gerichtet sind, kurze Verjährungsfristen bestehen.

4. Mit der eben dargestellten Rechtsvermuthung steht eine andere in genauem Zusammenhange, welche solche Schuldverhältnisse betrifft, die aus fortgesetztem, mit periodischen Abrechnungen verbundenem Verkehre entstehen.

Es verordnen in dieser Hinsicht

das Preuß. A. L. R. Th. I Tit. 16 § 147. „Wenn Kaufleute über die Rechnung des letzten Jahres, die am Schlusse desselben gemacht worden, ohne Vorbehalt quittirt haben, so sind auch die Rechnungen der vorhergehenden Jahre für abgethan zu achten".[27])

---

[20]) Bluntschli, Erläut. III S. 101: Eine Auslegungsregel, die sich auf die erfahrungsgemäße Wahrnehmung stützt, daß der früher fällig gewordene Zins vor dem spätern und die ältere gleiche Stückzahlung vor der späteren bezahlt zu werden pflegt. Es kann zwar ausnahmsweise das Gegentheil vorkommen; aber dann hat der Gläubiger in der Ausnahme eine Veranlassung, nur mit Vorbehalt der rückständigen Leistungen zu quittiren. Die Regel gilt übrigens nicht absolut, sondern nur als Vermuthung. Wird aus den Umständen, auch ohne Vorbehalt in der Quittung, klar, daß die Zahlung eines spätern Zinses vorausgeschehen sei, so wird jene Vermuthung zerstört.

[27]) Erk. des Ob. Trib. zu Berlin v. 8. März 1866: Wird bei einem Kontokurrentverhältniß in kürzeren als Jahresperioden ein Saldo gezogen und

§ 148. „Ein Gleiches gilt auch bei Apothekern, Handwerkern und Andern, welche entweder mit ihren Kunden überhaupt, oder mit dem Inhaber der Quittung insonderheit, erweislich in dem Verhältnisse stehen, daß sie sich mit denselben wegen ihrer Lieferungen oder Leistungen alljährlich in einem gewissen Termine zu berechnen und auseinanderzusetzen pflegen".

das Oesterreich. b. G. B. § 1430. „Ebenso wird von Handels= und Gewerbsleuten, welche mit ihren Abnehmern (Kunden) zu gewissen Fristen die Rechnungen abzuschließen pflegen, vermuthet, daß ihnen, wenn sie über die Rechnung aus einer spätern Frist quittirt haben, auch die früheren Rechnungen bezahlt seien". [28]

Es ist damit in den hier vorausgesetzten Fällen der über die letzte Rechnung ertheilten Quittung die Wirkung einer Generalquittung beigelegt. Eben deshalb erscheint es als eine müßige Vorschrift, wenn das Preuß. Landrecht Th. I Tit. 16 § 120 bestimmt:

„Kaufleute, die ordentliche Handlungsbücher zu führen schuldig sind, können sich nicht entbrechen, dem zahlenden Schuldner, an welchen sie zur Zeit der Zahlung keine Forderung mehr zu haben eingestehn, eine allgemeine Quittung, daß bis dahin Alles berichtigt sei, zu ertheilen".

5. Besondere Rechtsvermuthungen werden von den Gesetzen in Betreff der Zinsenzahlung aufgestellt. Es gehören hierher folgende Bestimmungen der neueren Gesetzbücher:

Preuß. A. L. R. Th. I Tit. 11 § 842. „Hat der Gläubiger bei einem zinsbaren Darlehen über den letzten Zinstermin ohne Vorbehalt quittirt, so streitet für den Schuldner die Vermuthung, daß auch die vorhergehenden Termine berichtigt worden".

§ 843. „Ist über das Capital selbst ohne Vorbehalt quittirt worden, so sind die vorbedungenen Zinsen für bezahlt oder erlassen zu achten". [29]

Oesterreich. b. G. B. § 1427. „Eine Quittung über das bezahlte Kapital gründet die Vermuthung, daß auch die Zinsen davon bezahlt seien".

---

ist das in einem solchen Rechnungsabschluß gezogene Saldo anerkannt und berichtigt, so hat dies die im § 147 angegebene Wirkung, daß auf Posten der früheren Rechnung nicht zurückgegangen werden darf. (Strietharst, Archiv Bd. 60 S. 359 f.)

[28] Hiermit stimmen überein die Entwürfe eines b. G. B. das Großh. Hessen Buch I Art. 300, für das K. Bayern Th. II Art. 174 Abs. 2 und der Entw. eines deutsch. Ges. über Schuldverh. Art. 369 Abs. 2.

[29] In Betreff dieser beiden Vorschriften verweise ich auf meine Glossen in den „Beiträgen zur Erläut. des Preuß. Rechts" XIII S. 275 f. S. 277 f.

Sächf. b. G. B. § 986. „Ist der Gläubiger wegen der Hauptforderung befriedigt, so ist zu vermuthen, daß ihm auch die Zinsen davon bezahlt sind, ausgenommen, wenn wegen der Zinsen ein Vorbehalt gemacht worden ist"...

Code civ. und Badisches Landrecht Art. 1908. „Eine Quit= tung, welche über das Kapital ohne Vorbehalt der Zinsen aus= gestellt ist, begründet die Vermuthung, daß auch diese gezahlt seien, und bewirkt die Entledigung von denselben.".

Privatrechtl. G. B. für den K. Zürich § 1048. „— Es ist im Zweifel aus der einfachen Quittung für eine Kapitalschuld zu schließen, daß auch die ausstehenden Zinse dafür bezahlt seien". [30]

6. Es bleibt noch zu erwähnen übrig, daß die ältere gemeinrecht= liche Praxis, abgesehen von dem Ablaufe der Verjährungsfrist, aus dem längeren Stillschweigen des Gläubigers eine Vermuthung für die Be= richtigung der Schuld herleitet.

Menochius, de Praesumt. Lib. III praes. 135 Nr. 7: Et qui longo tempore patitur, consentire dicitur... Et ean- dem conjecturam probavit Bero in consilio 19 Nr. 9 lib. 3, cum dixit solutionem probari ob id, quod diu sustulit petere; et hanc conjecturam probavi in consil. 457 Nr. 1.

Engau, Decis. P. I dec. 217 Nr. 2: Solutio conjectu- rata, in primis, quae ex diuturno creditoris silentio et omissa usurarum exactione desumitur, non confundenda cum ipsi debiti praescriptione. Per praescriptionem omnis actio et obligatio ipso jure tollitur, solutio conjecturata contra- riam probationem actoris semper admittit exque praesum- tionibus fortioribus profligari potest.

Cramer, obs. jur. univ. T. I obs. 94: Quando venditor, cui facile est, contra debitorem experiri eundemque conve- nire, saltem per 10 et 20 annos tacet, tunc eidem satis factum praesumitur. [31]

Namentlich wird dies angenommen, wenn der Gläubiger erst nach dem Tode des Schuldners mit seinen Ansprüchen auftritt.

Mascardus, de Probat. concl. 1325 § 26. 27: Probatur solutio per conjecturas et praesumtiones . . plures autem praesumtiones sunt, quae arguunt solutionem, quarum non- nullas referemus: Prima est illa, quae resultat ex diuturni- tate temporis. — Haec conjectura maxime locum habet,

---

[30] Es stimmen damit überein der Großh. Hessische Entw. Buch I Art. 298 und der Bayerische Entw. Th. II Art. 173.

[31] Mit Recht erklärt sich gegen diese Rechtsvermuthung Fachineus, Con- trov. jur. Lib. XIII cap. 87.

quando cum diuturnitate concurrit silentium et taciturnitas, eoque magis si etiam mortuo debitore creditor tacuit.

Menochius, de Praesumt. Lib. II praes. 91 Nr. 7: Ita quoque praesumitur fovere malam causam, qui diu distulit movere judicium, quod jam antea movere debebat adversus eos, qui ea de re et negotio instructi erant. Exemplum in eo, qui vivo debitore petere poterat, et tamen adeo distulit petere, ut sic ille sit vita defunctus, quod fecisse praesumitur, ut peteret ab haeredibus minime instructis, et quibus cognitae non sunt exceptiones, suo antecessori competentes.[32]

Eine gesetzliche Bestätigung dieser Ansicht findet sich im Baierisch. Landrecht (Cod. Max. Bav. civ.) Th. IV Kap. 14 § 13. „Öfters wird die Bezahlung nur durch Muthmaßungen bewiesen, z. E. — — 6to. Wenn man ohne erheblicher und erweislicher Ursache mit der Forderung nicht nur lange Zeit an sich hält, sondern auch endlich den Debitor gar darüber ab= sterben läßt, womit jedoch der Casus Praescriptionis nicht zu vermischen, und wie in allen obspecificirten Fällen, also auch hierinn billigen Gegen=Präsumptionen Platz zu geben ist".[33]

Einen Anklang dieser veralteten Ansicht enthält das Preußische Landrecht in den Bestimmungen der §§ 753—755 Tit. 11 Th. I, in Betreff deren ich auf meine Glossen in den „Beiträgen zur Erläut. des Preuß. Rechts" XII S. 738 f. verweise.

§. 13. Anrechnung der Zahlung bei dem Zusammentreffen mehrerer Geldforderungen.[*]

Die Zahlung als ein zweiseitiger Rechtsakt (s. oben § 1) setzt die übereinstimmende Willensrichtung der dabei thätigen Personen voraus.

---

[32] Vgl. Brunnemann, com. in C. ad l. 8 de neg. gest. (2, 19) nr. 3. Leyser, Med. ad P. 260 m. 2. Hommel, Rhaps. obs. 776.

[33] Vgl. dazu v. Kreittmayr a. a. O. Nr. 7 und die von ihm benannten Schriftsteller.

[*] Funke, Beiträge zur Erörterung pract. Rechtsmaterien Nr. 4 (1830). v. Buchholtz, jurist. Abhandlungen Nr. 28 (1833). Fritz, Erläuter. II S. 391—394. Unterholzner, Lehre des röm. Rechts von den Schuld= verh. I S. 463, 464. v. Bangerow, Pandekten III § 589 Anm. Sintenis, practisches gem. Civilrecht II S. 395—404. Heimbach sen. in Weiste's Rechtslexicon X S. 369—379. Koch, Recht der Ford. (2. Ausg.) II § 155. Förster, Theorie u. Praxis (2. Aufl.) I § 91 Nr. 6. Steiner, Auf welche von mehreren Forderungen des Gläubigers ist eine von dem

Wenn nun bei dem Vorhandensein mehrerer Geldforderungen dieser beiderseitige Wille in Beziehung auf eine einzelne Schuldpost zusammentrifft, so ist dadurch von selbst das Zahlungsgeschäft ohne Weiteres abgemacht. Es liegt dann ein, für beide Theile bindendes, also der einseitigen Abänderung nicht unterworfenes Abkommen vor. Es steht daher auch dem Gläubiger nicht zu, später in Abweichung davon die Erklärung abzugeben, er wolle das Gezahlte auf eine andere Schuldpost angerechnet wissen. Der Schuldner hat gar nicht nöthig, einer solchen rechtlich unwirksamen Erklärung seinen Widerspruch entgegenzusetzen.

Donell. com. de jur. civ. Lib. XVI cap. XII: — — Et certi juris est, eam obligationem sublatam, in quam ea summa soluta est, et solam l. 1 l. 103 D. h. t. . . Sit ergo hoc primum in hac re, sicut in ceteris, in quibus voluntate contrahentium quid geritur, ut in eo, quod solutum est, cum quaeritur, in quam causam solutum habendum sit, videamus quid actum sit inter dantem et accipientem. Nam quod hic actum esse constabit, id ut alibi servandum est. Quid autem hic actum sit, ex demonstratione debitoris aut creditoris, quae in re gerenda intervenit, intelligetur. . . .

Preuß. A. L. R. Th. I Tit. 16 § 149. „Eine gültig und richtig geleistete Zahlung befreiet den Schuldner von der Verbindlichkeit, welche dadurch hat getilgt werden sollen".

§ 150. „Ist der Zahlende dem Empfänger aus mehreren Forderungen verhaftet, so muß hauptsächlich nach dem Uebereinkommen der Parteien beurtheilt werden, auf welche der schuldigen Posten die geleistete Zahlung anzurechnen sei".

Oesterreich. b. G. B. § 1415. „— — Sind verschiedene Posten zu zahlen, so wird diejenige für abgetragen gehalten, welche der Schuldner mit Einwilligung des Gläubigers tilgen zu wollen sich ausdrücklich erkläret hat".

Zunächst ist es nun Sache des Schuldners, bei der Zahlung seinem Willen Ausdruck zu geben. Von ihm geht der Akt der Zahlung aus. Der Schuldner ist es daher auch, von dem er seine Richtung erhält. [1]

Schuldner geleistete Zahlung anzurechnen, und auf welchem Wege ein hierüber zwischen den Betheiligten obwaltender Streit zum Austrage zu bringen? Darstellung und Vergleichung der Grundsätze des Röm. Rechts und des Preuß. A. L. R. zur Beurtheilung dieser Frage (in Schering's Archiv für rechtswiss. Abhandlungen II. Berlin, 1862 S. 210—314). Eine sehr eingehende, aber viel zu breit gehaltene Erörterung dieses Gegenstandes.

[1] Dernburg, das Pfandrecht Bd. II (Leipz. 1864) S. 213.

Ulp. l. 1 pr. D. h. t. (46, 3): Quotiens quis debitor ex pluribus causis unum debitum solvit, est in arbitrio solventis dicere quod potius debitum voluerit solutum, et quod dixerit id erit solutum; possumus enim certam legem dicere ei quod solvimus...

Paul. l. 101 § 1 eod.: Paulus respondit — — cum debitor solvit pecuniam, in potestate ejus esse, commemorare, in quam causam solveret...

l. 1 C. h. t. (8, 43): In potestate ejus est, qui ex pluribus contractibus pecuniam debet, tempore solutionis exprimere, in quam causam reddat...

Sächsisches b. G. B. § 977. „Ein Schuldner, welcher seinem Gläubiger mehrere Geldschulden zu berichtigen hat, und eine Zahlung leistet, durch welche nicht alle Schulden berichtigt werden, kann bei der Zahlung bestimmen, auf welche Schuld er die Zahlung geleistet haben will"...

Code civ. und Badisches Landrecht Art. 1253. „Wer mehrere Posten schuldet, darf bei der Zahlung erklären, welche Schuld er damit zu tilgen gedenke".

Entwurf eines b. G. B. für das K. Bayern Th. II Art. 169. „Bestehen zwischen dem Gläubiger und dem Schuldner mehrere Schuldverhältnisse mit gleichartigen Gegenständen und reicht die Zahlung nicht für alle, so ist dieselbe auf diejenige Schuld zu beziehen, für welche der Schuldner sie machen zu wollen erklärt"... [2]

Jenes freie Bestimmungsrecht des Schuldners findet jedoch darin seine Beschränkung, daß die von ihm getroffene Wahl den objektiven Erfordernissen der Zahlung entsprechen muß. [3] Der Gläubiger braucht sich die Zahlung einer noch nicht fälligen Schuld, eine Stückzahlung, eine Zahlung des Kapitals vor Berichtigung der rückständigen Zinsen und Kosten nicht gefallen zu lassen.

Sächsisches b. G. B. § 977. „— Der Gläubiger ist nicht verpflichtet, eine Zahlung auf eine Hauptforderung anzunehmen, so lange von dieser noch Zinsen oder Kosten rückständig sind".

Code civ. und Badisches Landrecht Art. 1254. „Der Schuldner kann nicht ohne Bewilligung des Gläubigers seine Zahlung dem Hauptstuhl aufrechnen, so lange noch Renten oder Zinsen rückständig sind"... [4]

---

2) Gleichlautend der Entw. eines gemeinf. deutsch. Ges. über Schuldverh. Art. 363.

3) v. Vangerow III § 589 Anm.

4) Ebenso der Bayerische Entw. Th. II Art. 169 Abs. 2. Desgl. der Entw. eines gemeinf. deutsch. Ges. über Schuldverh. Art. 362.

Liegt aber jene Voraussetzung vor, so steht dem Gläubiger ein Widerspruchsrecht gar nicht zu, noch weniger aber die Befugniß, eine dem erklärten Willen des Schuldners zuwiderlaufende Anrechnung der geleisteten Zahlung vorzunehmen. Er muß sich der Bestimmung des Schuldners fügen, oder auf die Gefahr hin, sich den Rechtsnachtheilen der mora accipiendi auszusetzen, die Zahlung zurückweisen.[5] In diesem Falle ist daher, wenn der Gläubiger, seiner Verpflichtung gemäß, die Zahlung annimmt, die Perfektion des Zahlungsaktes keineswegs auf die Nichterhebung eines Widerspruches Seitens des Gläubigers zurückzuführen. Dieses Nichtwidersprechen des Gläubigers kann immer nur in den Fällen rechtliche Bedeutung haben, in denen der Gläubiger der Zahlungsbestimmung des Schuldners widersprechen konnte und durfte; denn nur dann kann von einer durch die stillschweigende Einwilligung des Gläubigers zu Stande gebrachten und auf diese Weise für den Gläubiger bindend gewordenen Uebereinkunft die Rede sein.

Von einem solchen Falle handelt das Bayerische Landrecht (Cod. Max. Bav. civ.) Th. IV Kap. 14 § 14. Es wird hier darüber Bestimmung getroffen, auf welche der mehrern Schuldforderungen im Zweifel eine Zahlung anzurechnen sei, und am Schlusse gesagt:

„— Es wäre denn 3tio ein anderes bedungen, oder bey der Zahlung von Seite des Debitors erweislichermaßen ausdrücklich erklärt, und solche von dem Creditor nichts desto weniger gutwillig angenommen worden".[6]

Gleichwohl ist der oben angegebene, der Natur der Verhältnisse allein entsprechende Gesichtspunkt in der deutschen Gesetzgebung mehrfach verkannt worden, oder hat doch nicht die gehörige Beachtung gefunden.

---

[5] Dies ist der Sinn der l. 2 D. h. t.: — ut creditori liberum sit non accipere.

Vgl. Brunnemann, com. in C. ad l. 1 de solut. nr. 2 sq.: — et primo quidem, si debitor in continenti et tempore solutionis dixerit, quod debitum velit solutum, hoc ipsius arbitrium merito sequimur... In potestate tamen creditoris est non accipere solutionem in eam causam, in quam offertur, quamvis hoc casu debitor obsignatum deponere possit.

[6] Mit diesem ganz richtigen Satze stimmt auch ein Präjudiz des Ob. Trib. zu Berlin, vom 7. März 1833 überein, worin ausgesprochen ist:

Auch wenn der Schuldner eine Zahlung ausdrücklich auf's Kapital leistet und der Gläubiger sie annimmt, ohne rechtzeitig zu widersprechen, darf Letzterer in der Folge sie nicht auf die verfallenen Zinsen verrechnen (Präj.-Samml. I S. 88).

Schon das revidirte Land=Recht des Hertzogth. Preußen von 1685 (verb. L.=R. des K. Preußen v. 1721) verordnet im Buch IV Tit. XXI Art. I § 6:

> „Wann es sich auch zutrüge (wie offt beschieht) daß ein Schuldener seinem Gläubiger mehr, dann eine Summa, auß unterscheidlichen Contracten schuldig wäre: So sol oder mag er in der Bezahlung Meldung, daß er N. Gülden an der, und N. Gülden an der andern Summa gebe und bezahle. Und so der Creditor und Schuldherr auff das Mahl nichts darwieder redet oder protestiret, so muß er es hinfüran auch darbey bewenden und bleiben lassen"...

Noch weiter aber entfernt sich das Preußische Allgemeine Landrecht von den richtigen Grundsätzen des römischen Rechts, indem es Th. I Tit. 16 § 151 bestimmt:

> „Hat der Schuldner die Zahlung ausdrücklich auf eine gewisse Post geleistet, und der Gläubiger selbige angenommen, ohne seinen Widerspruch innerhalb der Tit. 5 § 91 ff. bestimmten Fristen nach Empfang des Geldes gegen den Zahlenden zu äußern, so kann er diese Zahlung nachher auf eine andere Forderung nicht anrechnen".

Es ist hier sogar einem innerhalb gewisser Frist nach geleisteter Zahlung erklärten Widerspruche des Gläubigers rechtliche Wirkung beigelegt und dabei ganz übersehen, daß eine vom Gläubiger angenommene Zahlung kein bloßes Zahlungsanerbieten ist, mithin die in Bezug genommenen Vorschriften, betreffend die Annahme eines Versprechens, auf den vorausgesetzten Fall gar nicht passen.[7] Es ist damit die Rechtswirksamkeit des thatsächlich abgemachten Zahlungsgeschäfts eine Zeitlang in der Schwebe erhalten und dem Gläubiger anheimgegeben, die Entscheidung darüber durch rechtzeitig eingelegten Widerspruch bis ins Ungewisse hinauszuschieben. Eine solche Bestimmung kann am wenigsten den Bedürfnissen des Rechtsverkehrs entsprechen.

Abgesehen von dem obengedachten Falle, wenn dem Gläubiger ein gegründeter Widerspruch gegen die Zahlungsbestimmung des Schuldners zusteht, befindet sich der Gläubiger erst dann in der Lage, die Schuldpost, auf welche die Zahlung angerechnet werden soll, zu be-

---

[7] Umsomehr ist Förster zuzustimmen, wenn derselbe §91 Note*** am Schlusse bemerkt: Eine nicht glückliche Abweichung vom gemeinen Recht ist es, daß, wenn der Schuldner eine Post ausdrücklich als diejenige bezeichnet, auf welche er die Zahlung leisten will, es in die Willkür des Gläubigers gestellt ist, dies zu genehmigen oder zu widersprechen.

zeichnen, wenn der Schuldner die Zahlung ohne eine solche Bestimmung geleistet hat.

> l. 1 C. h. t. (8, 43): In potestate ejus est, qui ex pluribus contractibus pecuniam debet, tempore solutionis exprimere, in quam causam reddat. Quodsi debitor id non fecit, convertitur electio ad eum, qui accepit. . .

Nach den Grundsätzen des römischen Rechts hat aber der Gläubiger dabei keine freie Hand. Er soll nach dem vermuthlichen Willen des Schuldners, in Berücksichtigung des Interesse desselben, also so handeln, wie er selbst an dessen Stelle gehandelt haben würde.

> Ulp. l. 1 D. h. t. (46, 3): — Possumus certam legem dicere ei quod solvimus. Quotiens vero non dicemus, id quod solutum sit, in arbitrio est accipientis, cui potius debito acceptum ferat, dummodo in id constituat solutum, in quod ipse, si deberet, esset soluturus: quoque debito se exoneraturus esset, si deberet, id est in id debitum, quod non est in controversia, aut in illud, quod pro alio quis fidejusserat, aut cujus dies nondum venerat. Aequissimum enim visum est, creditorem ita agere rem debitoris, ut suam ageret. Permittitur ergo creditori constituere, in quod velit solutum, dummodo sic constituamus, ut in re sua constitueret. Sed constituere in re praesenti, hoc est, statim atque solutum est.
>
> Ulp. l. 3 pr. eod.: Ceterum postea non permittitur. Haec res efficiet, ut in duriorem causam semper videatur sibi debere accepto ferre. Ita enim et in suo constitueret nomine. [8])

Derselbe Gesichtspunkt ist maßgebend, wenn keiner von beiden Theilen eine Bestimmung über die Anrechnung der Zahlung getroffen hat. Es soll alsdann das Gezahlte angerechnet werden „a. auf die Zinsen; b. auf die fällige Forderung; c. auf die dem Schuldner be-

---

[8]) Besser ist der Gläubiger gestellt, wenn er durch Pfandverkauf sich selbst Befriedigung verschafft. Hier kann er das erlangte Kaufgeld anrechnen, auf welche Forderung er will; selbst auf eine natürliche Verbindlichkeit vor der civilen.

Paul. l. 101 § 1 D. h. t. (46, 3): Paulus respondit: aliam causam esse solventis, aliam creditoris pignus distrahentis. Nam — — cum creditor pignus distraheret, licere ei pretium in acceptum referre, etiam in eam quantitatem, quae naturaliter tantum debebatur, et ideo deducto eo debitum peti posse. Windscheid § 343 a. E. Aber auch in diesem Falle ist der Gläubiger nicht ganz unbeschränkt. l. 5 § 2 l. 96 § 3 D. eod. Vgl. Dernburg, Pfandrecht II S. 211 f.

schwerlichere; d. auf das, was der Schuldner im eigenen Namen schuldig ist; e. auf die ältere Forderung. — Entscheidet keiner dieser verschiedenen Gründe, so wird das Geleistete verhältnißmäßig auf die verschiedenen Forderungen vertheilt."[9]) Diese gesetzlichen Bestimmungen haben daher immer nur die Bedeutung, den Willen des Schuldners zu ergänzen. [10])

Diese Grundsätze sind auch im Wesentlichen in mehrere deutsche Landesrechte übergegangen.

Revidirtes Land=Recht des Herzogth. Preußen von 1685 (verbeff. L.=R. des K. Preußen v. 1721) Buch IV Tit. XXI Art. I § 6. „— — Es wird auch gemeiniglich allewegen ver= muthet und praesumiret, der Schuldner bezahle zum forderſten die Schulden, die am richtigſten, oder allbereit mit Urtheil er= kennet ſeyn, oder darauff ihm etwa Glauben und Trawen, oder eine Pön ſtehet".

Baieriſches Landrecht (Cod. Max. Bav. civ.) Th. IV Kap. 14 § 14. „Bey mehreren und unterſchiedlichen Schuldforderungen ergiebt ſich öfters ein Zweifel, nicht ſo viel um die Bezahlung ſelbſt, als was für eine Schuld dadurch entrichtet worden ſey, und da ſind folgende Regeln zu beachten. 1mo Wird allzeit in Dubio gemuthmaßet, daß die Zahlung mehr den liquiden Rückſtand an Zinſen, als die Haupt=Summe ſelbſt betroffen habe, innaßen der Creditor auch das Kapital vor den Zinſen anzunehmen nicht ſchuldig iſt, auch auf den Fall, wenn er ſol= ches gutwillig annimmt, derentwegen die verfallenen Zinſen nicht verliert. 2do Wird weiter gemuthmaßet, daß das Liquidum vor dem Illiquidum, ſodann unter mehreren liquiden Schulden die beſchwerlichere vor der minder beſchwerlichen, z. E., das Ver= zinsliche vor dem Unverzinslichen, ferner unter gleichen beſchwer= lichen die ältere, und wenn endlich alles gleich iſt, jede Poſt pro Rata bezahlt worden ſey".

Die neueren Gesetzbücher weichen insofern von dem gemeinen Rechte ab, als ſie, wenn der Schuldner die Zahlung ohne weitere Beſtimmung leiſtet, dem Gläubiger nicht von vornherein zur Pflicht machen, bei Anrechnung der Zahlung nach dem muthmaßlichen Willen des Schuld= ners, also in deſſen Sinne und Intereſſe zu verfahren, ſondern ihm

---

[9]) Windscheid § 343, woselbst in den Noten die betreffenden Gesetzstellen angeführt sind. Vgl. Unterholzner I S. 463, 464 ſo wie die übrigen oben in der Note * benannten Schriftſteller.

[10]) Endemann, das Deutsche Handelsrecht § 97 Note 29. Vgl. l. 97 D. h. t. (46, 3): — quod veteres ideo definierunt, quod verisimile videretur diligentem debitorem admonitu ita negotium suum gesturum fuisse.

zunächst bei Auswahl der Schuldpost, auf welche die Zahlung ange=
rechnet werden soll, freie Hand lassen und erst dann, wenn der
Schuldner sein Widerspruchsrecht geltend macht, die zur Er=
gänzung seines Willens aufgestellten gesetzlichen Vermuthungen zur
Anwendung gebracht wissen wollen.

Es ist also vor Allem auf den Versuch abgesehen, eine Ueber=
einkunft unter den Parteien herbeizuführen. Erst in Ermangelung
einer solchen soll das Gesetz ergänzend eintreten.

Dieser Gesichtspunkt hat zuerst in dem Preußischen Allgemeinen
Landrechte seinen entschiedenen Ausdruck gefunden.

Dasselbe bestimmt Th. I Tit. 16 § 152.

> „Hat der Gläubiger die ohne weitere Bestimmung gezahlte
> Summe ausdrücklich auf eine gewisse Post angerechnet,[11]) und
> der Schuldner hat solcher nicht binnen obgedachten Fristen[12])
> nach Empfang der Quittung widersprochen, so muß er sich diese
> Anrechnung auch in der Folge gefallen lassen".

Die weiteren Vorschriften §§ 153—159, die übrigens ein leitendes
Prinzip nicht erkennen lassen, betreffen den Fall, wenn ein solches
Uebereinkommen unter den Parteien nicht vorhanden ist.

Der gleichen Auffassung folgen

das Sächsische b. G. B. § 978. „Hat der Schuldner eine
Bestimmung zu treffen unterlassen, so kann der Gläubiger bei
Empfangnahme der Zahlung oder in der darüber ausgestellten
Quittung bestimmen, auf welche Schuld die Zahlung gerechnet
werden soll. Ist der Schuldner damit nicht einverstanden, so
muß er sofort widersprechen".

§ 979. „Im Falle eines solchen Widerspruches oder in Er=
mangelung einer Bestimmung überhaupt wird die Zahlung zu=
erst auf Zinsen und Kosten und sodann auf fällige Haupt=
schulden vor noch nicht fälligen abgerechnet. Unter mehreren
Hauptschulden wird die lästigere vor der weniger lästigen,[13])
und von den in dieser Hinsicht gleichstehenden die ältere vor
der jüngeren als bezahlt angesehen. Bei gleich alten Schulden
wird die Zahlung auf alle verhältnißmäßig gerechnet".

---

[11]) Ueber die Frist, binnen welcher der Gläubiger seine Erklärung über die
Anrechnung abzugeben hat, s. Steiner a. a. O. S. 253.

[12]) S. den oben angeführten § 151.

[13]) § 980. „Insbesondere gilt die rechtskräftig zuerkannte Schuld für lästiger
als die Schuld, welche noch nicht in Rechtskraft beruht, die durch ein
Pfandrecht oder eine Bürgschaft gesicherte für lästiger als die nicht ge=
sicherte, und die eigene für lästiger, als die aus einer Bürgschaft her=
rührende."

der Code civil und das Badische Landrecht Art. 1255.

„Hat ein Schuldner mehrerer Posten eine Quittung angenom=
men, worin der Gläubiger das, was er empfing, bestimmt auf
Einen dieser Posten aufrechnet, so kann der Schuldner sie nicht
mehr auf eine andere Schuld abrechnen, es wäre denn eine Ge=
fährde des Gläubigers oder eine durch ihn veranlaßte Ueber=
eilung daran Schuld". [14]

Art. 1256. „Sagt die Quittung über die Aufrechnung
nichts, es sind aber mehrere verfallene Schulden da, so muß
die Zahlung auf diejenige gerechnet werden, deren Tilgung da=
mals für den Schuldner die wichtigste war. [15] Waren nicht
mehrere Posten fällig, so geschieht die Aufrechnung auf die
wirklich verfallenen, obgleich sie für den Schuldner die weniger
lästigen waren. Sind die Schulden gleicher Art, so geschieht
die Aufrechnung auf die älteren, und wo alle Umstände gleich
sind, verhältnißmäßig auf sämmtliche Schulden".

der Bayerische Entwurf eines b. G. B. Th. II Art. 170.
„Hat sich der Schuldner in dem Falle des Artikels 169 Absatz
1 nicht erklärt, so ist die Zahlung auf diejenige Forderung zu
beziehen, welche der Gläubiger in der Quittung bezeichnet, vor=
ausgesetzt, daß der Schuldner diese ohne Widerspruch oder Vor=
behalt annimmt. — Fehlt es auch an einer solchen Bezeichnung,
so ist die Zahlung zunächst von den Zinsen, dann am Kapitale
und zwar bei mehreren Kapitalforderungen zuerst an der be=
reits fälligen Forderung abzurechnen. — Bei gleichfälligen For=
derungen ist die Zahlung auf die dem Schuldner lästigere, und
bei gleich alten Forderungen auf jede einzelne verhältnißmäßig
zu beziehen". [16]

Auch hier scheint mir das Prinzip des römischen Rechts das allein
richtige und der Natur der Verhältnisse entsprechende zu sein.

Es versteht sich von selbst, daß auch das römische Recht dem über=
einstimmenden Willen des Schuldners und des Gläubigers über die

---

[14] Vgl. Thibaut, Lehrb. des franz. Civilr. S. 224: In Betreff der Zah=
lung mehrerer Schulden ist der Code vom römischen Recht darin ab=
weichend, daß die einseitige Erklärung des Empfängers, wenn sie nicht
vom Zahlenden, z. B. durch Annahme einer Quittung, genehmigt worden,
gar nichts bewirkt.

[15] Badisches Landr. Zusatz-Art. 1256ᵃ. „Wo nicht miteinlaufende Neben=
verhältnisse zwischen dem Gläubiger und Schuldner ein Anderes noth=
wendig machen, sind für die wichtigsten zu halten zuerst jene, welche per=
sönliche Haft nach sich ziehen, sodann jene, welche die schwersten Zinsen
tragen, sofort jene, welche mit Bürgen gedeckt sind, endlich jene, welche
Pfandrecht haben."

[16] Die gleiche Vorschrift enthält der Entw. eines gemeinf. deutsch. Ges. über
Schuldverh. Art. 364.

Anrechnung einer bei dem Vorhandensein mehrerer Schuldposten geleisteten, den Gesammtbetrag derselben nicht deckenden Zahlung, also
einer darüber unter ihnen getroffenen Uebereinkunft, volle Wirkung
beilegt.

Allein demselben ist das Streben der neueren Gesetzbücher, eine
solche Uebereinkunft durch positive Rechtsvorschrift — gleichsam im
Wege eines gesetzlichen Zwanges — zu erzielen, völlig fremd. Hat
der Schuldner in dem vorausgesetzten Falle die Zahlung ohne weitere
Bestimmung geleistet, so läßt sich daraus nicht folgern, er habe die
Anrechnung des Gezahlten der freien Willkür des Gläubigers überlassen. Er durfte vielmehr erwarten, daß dieser die vom Gesetz selbst
in Ergänzung des Parteiwillens gegebenen Regeln sich zur Richtschnur
dienen lassen werde. Wenn nun der Gläubiger nach Inhalt der dem
Schuldner behändigten Quittung, dieser Erwartung entgegen, bei Anrechnung der Zahlung auf eine willkürliche, die Rechte des Schuldners
verletzende Weise verfahren ist, so erscheint es als ein ungerechtfertigter
Zwang, den Schuldner zu nöthigen, sofort oder binnen genau begrenz-
ter Frist sein wohlbegründetes Widerspruchsrecht in vorgeschriebener
Weise geltend zu machen, und zwar bei Strafe der Präclusion
desselben. Verabsäumt der Schuldner diese ihm vielleicht ganz unbekannt gebliebene positive Vorschrift,[17] so ist allerdings aller Streit
geschlichtet, aber nicht etwa in Folge einer zwischen den Parteien getroffenen Uebereinkunft, sondern in Folge einer Rechtsfiktion,
vermöge deren, möglicherweise dem wahren Willen des Schuldners
ganz entgegen, Kraft des Gesetzes ein Einverständniß des Schuldners
angenommen wird.

Es mag hier noch darauf aufmerksam gemacht werden, daß die im
§ 152 Tit. 16 Th I des Preuß. A. L. R.'s enthaltene Heranziehung
der Vorschriften der §§ 91 f. Tit. 5 um so unpassender erscheint, als
aus der Verabsäumung der darin gesetzten Fristen die Nichtannahme
des gemachten Angebotes vom Gesetz gefolgert wird, während hier
gerade umgekehrt mit der Versäumung der Frist das Einverständniß des Schuldners mit der einseitigen Erklärung des Gläubigers als
festgestellt angesehen werden soll.

---

[17] Man denke nur an die auch dem Juristen nicht immer gegenwärtigen, auf
casuistischen Unterscheidungen beruhenden Vorschriften des Preuß. A. L. R.
Th. I Tit. 5 §§ 91 f. über die Zeit der Annahme eines Vertragvechens, die
hier für maßgebend erklärt sind § 152 Tit. 16.

Die Härte des gegen den Schuldner in dieser Art geübten Zwanges tritt recht klar hervor, wenn wir uns folgenden Fall denken.

A ist Schuldner des B, jedoch, wie er behauptet, nur in Betreff eines einzigen Postens, während B noch eine zweite Forderung von gleicher Höhe gegen ihn zu haben glaubt. A zahlt dem B so viel als die unstreitige Schuldpost beträgt, ohne ausdrücklich zu erklären, daß die Zahlung auf diese Schuldpost geschehe. Der Gläubiger rechnet nun das Gezahlte auf die streitige Forderung an, stellt dem Schuldner eine diese Anrechnung ergebende Quittung zu, Letzterer aber, seines guten Rechts sich bewußt, findet keine Veranlassung gegen die Quittung Widerspruch zu erheben. Nunmehr klagt der Gläubiger die unstreitige Forderung ein. Sollte nun vermöge der vorbehaltlosen Annahme der von dem Gläubiger einseitig und willkürlich [18]) über die streitige Schuld= post ausgestellten Quittung die Einwilligung des Schuldners in jene Anrechnung zu folgern sein, so könnte ihm nur überlassen bleiben, noch= mals Zahlung zu leisten und demnächst das früher Gezahlte unter Nachweisung der Erfordernisse der condictio indebiti zurückzufordern.

Sollte ein solcher Schuldner nicht Ursache haben, sich über die durch das Gesetz ihm widerfahrene Unbill zu beklagen?

Anlangend die Frage nach der Beweislast bei der Zahlung im Falle des Vorhandenseins mehrerer durch dieselbe nicht gedeckter For= derungen, so wird sie von Voigtel (in Busch's Archiv für Theorie und Praxis des Allg. deutsch. Handelsrechts III. 1864 S. 220 f.) nach ganz richtigen Grundsätzen dahin beantwortet:

> Wenn der Gläubiger behauptet, daß er zur Zeit der (vom Schuldner ohne weitere Bestimmung geleisteten) Zahlung außer der eingeklagten (nämlich eben derjenigen, auf welche der Schuldner jene unbestrittene Zahlung geleistet haben will) noch eine zweite Forderung an den Schuldner gehabt habe, so regulirt sich die Beweislast verschieden, je nachdem der Schuldner diese zweite Forderung anerkennt, oder bestreitet. — Wenn er sie an= erkennt und damit die Existenz eines zweiten Tilgungs=Objectes zugibt, so hat er mit dem bloßen Nachweise, daß das Geld mit dem allgemeinen animus solvendi gegeben sei, noch nicht genug gethan. Er muß auch weiter diejenigen Umstände nachweisen, welche nach den Imputations=Regeln (d. h. denjenigen Rechts= grundsätzen, nach denen eine nicht zur Tilgung aller Forderungen des Gläubigers hinreichende Zahlung anzurechnen ist) die An=

---

[18]). Vgl. Ulp. l. 1 D. h. t. (46, 3): — Quotiens vero non dicemus, id, quod solutum sit, in arbitrio est accipientis, cui potius debito acceptum ferat, dummodo in id constituat … *quod non est in controversia.*

rechnung gerade auf die eingeklagte Schuld begründen
würden. Behauptet er also eine ausdrückliche oder stillschweigende
Uebereinkunft (legis dictio debitoris, constitutio creditoris),
so hat er solche darzuthun. Stützt er sich, da eine solche Uebereinkunft angeblich nicht stattgefunden habe, auf die gesetzlichen Präsumtionen, so muß er behaupten und beweisen, daß
die eingeklagte Forderung solche Eigenschaften habe, welche sie
in der gesetzlichen Rangfolge der zweiten Forderung voranstellen.
Behauptet in diesem letzteren Falle der Gläubiger, daß eine
Uebereinkunft (legis dictio, constitutio) bei der Zahlung statt-
gehabt habe, welche die gesetzliche Rangfolge ausschließe, so ist
dies wieder vom Gläubiger zu beweisen. Denn die gesetzliche
Rangfolge ist naturale negotii, welches in Ermangelung nach-
gewiesener accidentalia als der Wille der Contrahenten gilt.
Die vom Gläubiger behauptete Uebereinkunft dagegen ist ein
accidentale negotii, welches als solches nicht vermuthet wird,
und daher von demjenigen, der es behauptet, zu beweisen ist. Der
Schuldner braucht also, wenn er sich auf die gesetzliche Rangfolge gründet, nicht zu beweisen, daß keine Uebereinkunft getroffen
ist, sondern nur, daß die eingeklagte Schuld die speciellen Qua-
litäten habe, welche sie gesetzlich der zweiten Schuld voranstellen.

Ganz anders steht aber die Sache, wenn der Schuldner
die zweite Forderung bestreitet. In diesem Falle handelt
es sich nicht darum, wer die Uebereinkunft bei der Zahlung,
oder die Voraussetzungen der Imputations-Regeln, sondern wer
die Existenz einer Forderung zu beweisen habe? — ein Nachweis, welcher überall dem Gläubiger, d. h. demjenigen obliegt, welcher die Forderung zum Gegenstande eines Angriffs,
oder (wie hier) einer Replik macht. Dem Schuldner kann der
Beweis der Nichtexistenz einer Forderung nur dann zugemuthet
werden, wenn er diese Nicht-Existenz zum Gegenstande eines
selbständigen Angriffs macht, z. B. bei der condictio indebiti.
Allerdings muß der Schuldner nachweisen, daß die bestimmte
eingeklagte Forderung durch die Zahlung aufgehoben sei. Existirt
aber nur diese eine Forderung, so genügt der Nachweis, daß
die Zahlung mit dem allgemeinen animus solvendi geleistet
sei. [19] Die Existenz einer zweiten Forderung, wenn sie vom
Gläubiger aufgestellt wird, ist Sache der Replik. Ihr Vor-

---

[19] Vgl. Erk. des Ob. Trib. zu Berlin v. 5. Septbr. 1862: Wenn der Zah-
lende dem Empfänger nur aus einer Forderung verhaftet ist, so versteht
es sich von selbst, daß die zur Tilgung einer Schuldverbindlichkeit geleistete
Zahlung nur auf diese eine Forderung angerechnet werden kann. Bei dem
Mangel einer Feststellung mehrerer Forderungen des Klägers irrt
mithin der Appellationsrichter rechtsgrundsätzlich in der Bedeutung und
Tragweite der von ihm in Bezug genommenen § 87 § 90 A. L. R. Th. I
Tit. 16. (Striethorst, Archiv Bd. 45 S. 321 f.).

handenfein kann nicht vermuthet werden. Denn der Schuldner hatte ja die eingeklagte unstreitige Schuld, auf die sein animus solvendi so lange als gerichtet angesehen werden muß, bis der Gläubiger eine andere Möglichkeit darthut. [20])

Mit diesen Grundsätzen steht auch ein (m. W. bisher ungedrucktes) Erkenntniß des Ob. Trib. zu Berlin vom 5. Juli 1862 (in Sachen Joh. Küpper wider Herm. Daubenspeck D. 327) im Einklange:

> Die eingeklagte Forderung des Klägers an rückständigen Schiffskaufgeldern steht fest. Es handelt sich nur um die Zu= lässigkeit der Abrechnung derjenigen Zahlungen, welche zum Ge= sammtbetrage von 600 Th. der Verklagte an Kläger im Jahre 1857 und 1858 in zwei einzelnen Posten geleistet hat. Die Beweislast in der streitigen Frage: ob diese Zahlungen auf die jetzt eingeklagte Schuld, oder auf die Ansprüche des Klägers aus den Reisen des gemeinschaftlichen Schiffes zu verrechnen? ist von beiden Richtern verschieden beurtheilt worden. Der erste Richter, welcher unbedingt vom Verklagten den Beweis fordert, daß die Zahlung gerade auf die eingeklagte Forderung stattgefunden, hat dabei nicht gehörig erwogen, daß die Zah= lungen als solche, d. h. also geschehen sind zur Tilgung einer Verbindlichkeit. Hierin stimmen die Parteien überein. Da nun eine Zahlung sehr füglich geschehen kann und liberatorisch wirkt, auch wenn sie nicht ausdrücklich auf eine gewisse Forderung geleistet ist — wie dies in der Sache liegt und schon aus den einzelnen Eventualitäten in den Vorschriften der §§ 150—159 I 16 A. L. R. folgt — so ist die Einrede der Zahlung an sich auch für substantiirt zu erachten ohne die Behauptung, es sei gerade auf die eingeklagte Schuld gezahlt worden. — Gibt der Kläger die Zahlung als solche zu, behauptet aber, sie sei auf eine andere Schuld geleistet worden, so liegt ihm, wenn der Verklagte die Existenz solcher andern Schuld in Abrede stellt, allerdings als Behauptendem der Beweis der Existenz derselben ob, wenn er nicht das Faktum, daß gerade auf diese Schuld gezahlt sei, behaupten und beweisen kann. Freilich muß eben= so gut der Verklagte den Beweis für seine Behauptung liefern, daß gerade auf die eingeklagte Schuld gezahlt sei. Wird der Beweis der Zahlung gerade in Betreff einer dieser Schulden geliefert, so ist dadurch die Sache entschieden. Fällt diese Alter= native weg, steht aber die Existenz einer anderen Forderung fest oder wird sie vom Kläger bewiesen, so richtet sich die Beant= wortung der Frage, auf welche Forderung die Zahlung zu ver= rechnen, nach den gesetzlichen Vorschriften.

---

[20]) Vgl. das Erf. des Ob. Trib. v. 9. Oktbr. 1855 (Strickhorst, Archiv Bd. 18 S. 190 f.), das sich jedoch über die Frage nach der Beweislast nicht direkt ausspricht. Voigtel a. a. O. S. 213 f.

Aus der gemeinrechtlichen Praxis sind folgende Urtelssprüche, welche die Beweisfrage im Wesentlichen nach denselben Grundsätzen entscheiden, anzuführen:

Erkenntniß des O. A. G. zu Dresden: Die Ausflucht der Zahlung umfaßt an sich die zweifache factische Behauptung des Bekl., daß nicht allein eine bestimmte Summe Geldes dem Gläubiger ausgehändigt, sondern auch mit dieser Zahlung (im weiteren Sinne des Wortes) die eingeklagte Forderung ganz oder zum Theil getilgt worden sei. Hieraus folgt aber noch nicht, daß der Schuldner in allen Fällen und unbedingt auch den speciellen Nachweis dafür liefern müsse, daß die Zahlung mit der ausdrücklichen Bestimmung, daß damit gerade die eingeklagte Forderung abgetragen werden solle, geleistet worden sei. Vermag der Bekl. darzuthun, daß nach dem Entstehen der libellirten Forderung eine Zahlung zum Zwecke der Schuldtilgung erfolgt ist, so muß derselbe auch für berechtigt angesehen werden, das Gezahlte auf diese Forderung abzurechnen, und wenn der Gläubiger behaupten will, daß die geleistete Zahlung nicht auf die eingeklagte, sondern auf andere Forderungen zu rechnen sei, so muß er zuförderst den Beweis führen, daß ihm zur Zeit der Zahlung noch andere Forderungen an den Bekl. zugestanden haben. Denn die Existenz einer Forderung ist eine Thatsache, die nicht zu präsumiren, sondern eintretenden Falles von demjenigen zu beweisen ist, welcher sich in seinem Interesse darauf bezogen hat. Dazu kommt, daß es zur Beantwortung der Frage, ob der Gläubiger berechtigt sei, die nachgewiesene Zahlung auf eine andere, als die libellirte Forderung abzurechnen, nicht einmal ausreicht, wenn nur im Allgemeinen die Existenz, nicht aber auch der Betrag und die sonstige Beschaffenheit dieser anderen Forderung desselben Gläubigers an denselben Schuldner aktenkundig geworden ist. Zunächst ist der Schuldner berechtigt, zu bestimmen, welche von mehreren seiner Schulden durch die geleistete Zahlung getilgt werden soll; andern Falls hat der Gläubiger, obwohl mit gewissen Beschränkungen, zu bestimmen, worauf er die Zahlung annehmen will, Beide aber müssen sich hierüber bei der Zahlung selbst ausgesprochen haben. Ist dies nicht geschehen, so treten die gesetzlichen Vorschriften ein, nach welchen der Gläubiger sich das Gezahlte auf die Schuld abrechnen lassen muß, auf welche er selbst als Schuldner unter sonst gleichen Verhältnissen die Zahlung gerechnet haben würde. Es bedarf also, um zu beurtheilen, ob die geleistete Zahlung auf die libellirte Forderung zu rechnen sei, oder nicht, auch der Angabe und des Beweises in Bezug auf die faktischen Momente, welche für die Abrechnung des Gezahlten auf die eine oder die andere der mehreren Schulden maßgebend werden können, mögen nun dieselben in ausdrücklich, bei der Zahlung oder nach Befinden auch später abgegebenen Erklärungen der Parteien, oder in der Fälligkeit und der besonderen Beschaffenheit der einzelnen Debita bestehen. Den Beweis dieser Thatumstände hat aber der Gläubiger ebenfalls zu führen. Denn ist einmal eingeräumt oder dargethan, daß derselbe zum Behufe der Schuldentilgung eine Zahlung empfangen hat, welche der Zeit und selbst dem Betrage nach auf die libellirte Forderung erfolgt sein kann und welche daher der Schuldner an sich und ohne Hinzutritt besonderer Umstände auf das Libellat zu rechnen befugt wäre, so ist es auch folgerecht Sache des Klägers, die Thatsachen anzuführen und zu beweisen, auf welchen das von ihm in Anspruch genommene Recht, die Zahlung dessenungeachtet auf andere Forderungen, deren Existenz zwar im Allgemeinen nicht bestritten, deren Betrag, Qualität und Entstehungsgrund aber noch illiquid sind, anzurechnen, beruhen solle. (Zeitschrift für Rechtspfl. und Verwalt. im K. Sachsen. N. F. XVII Nr. 88). [21]

Bescheid der Justizcanzlei zu Schwerin vom 30. Mai 1862, bestätigt durch das Erkenntniß des O. A. G. zu Rostock vom 3. Juli 1862: — — Es fragt sich, ob zur Begründung der Zahlungseinrede wider eine Geldforderung außer der Thatsache der mit dem ausgesprochenen animus solvendi geschehenen Ueberlieferung des geschuldeten Quantums noch als ein weiteres, daher auch im Falle des Bestreitens von dem Excipirenden zu beweisendes Moment die Behauptung gehört: daß die Hingabe des Geldes als Zahlung auf die zur Rede stehende Forderung erfolgt sei? Und hieran würde sich die weitere Frage reihen, ob es nach den einschlagenden Prozeßprinzipien genügt, wenn der Excipirende nur anführt: auf die fr. Forderung gezahlt zu haben, oder ob er vielmehr sofort seine Einrede in dieser Beziehung näher thatsächlich zu substantiiren, mithin anzugeben hat,

entweder, daß er erklärt habe, auf die beregte Schuld zahlen zu wollen, resp. daß der Gegner das Geld, seiner bei der Zahlung abgegebenen Erklärung zufolge, auf jene Forderung angenommen,

oder, daß nur dies eine Schuldverhältniß mit dem Gegner bestanden,

oder endlich, daß zwar mehrere bestanden, das zur Rede stehende aber vermöge rechtlicher Vorschrift von der Zahlung betroffen sei?

— — — Die Ansicht, wonach das „Zahlen auf die Schuld" in dem Sinne ein integrirendes und äußerlich hervortretendes Moment des Zahlungseinwandes bildet, daß es in jedem Falle vom Excipirenden behauptet und folgeweise auch bewiesen werden muß, ist nicht für richtig zu halten. Aus den für den

---

[21] Vgl. Erk. des O. A. G. zu Dresden v. 19. März 1868 in dessen Annalen N. F. V S. 130 f.

Fall gleichzeitiger Existenz einer Mehrheit von Schulden für die Anrechnung einer Zahlung gegebenen gesetzlichen Regeln läßt sich nur so viel herleiten, daß der Beklagte dann, wenn diese thatsächliche Voraussetzung, nämlich eine solche Beschaffenheit der mehreren Schulden, welche der ausschließlichen Beziehung der Zahlung auf die libellirte Forderung an sich entgegenstehen würde, zur Zeit der Vorschützung seiner Zahlungseinrede bereits vorliegt, eines der Momente anzuführen hat, wovon die tilgende Wirkung der geleisteten Zahlung in Bezug auf die eingeklagte Forderung abhängt. Nicht aber folgt daraus, daß die Einrede in jenem Falle ungenügend circumstantiirt ist, wenn er sie nur auf die animo solvendi geschehene Hingabe des geschuldeten Geldes an den Kläger stützt, ohne zugleich die negative Thatsache, daß weitere Schulden nicht existiren, zu behaupten. Es erscheint vielmehr das Anführen der Existenz eines mehrfachen Obligationsnexus als eine wahre Replik dessen, wider den die Einrede vorgeschützt wird. Wenn daher der Kläger im vorliegenden Falle hat zugeben müssen, daß er von dem seiner eigenen Angabe nach mehrfach an die Bezahlung der am 10. Juni 1861 fälligen Wechselschuld gemahnten Beklagten am 22. Novbr. dess. J. eine Zahlung von 100 Thlr. empfangen, so war es Sache des Klägers replicando in einer die Einlassung und Verurtheilung des Beklagten ermöglichenden Weise näher darzulegen, daß und welche fällige Forderung er noch außerdem an den Letzteren gehabt und aus welchen Gründen er berechtigt gewesen, das Gezahlte auf diese Forderungen an= und abzurechnen. (Seuffert, Archiv XV Nr. 193).

Hierher gehört auch folgender, in Goldschmidt's Zeitschrift für das gesammte Handelsrecht I S. 164, 165 mitgetheilte Rechtsfall:

K. war als offener Socius in ein bisher von S. allein betriebenes Fabrikgeschäft eingetreten und wurde später von einem Societätsgläubiger in Anspruch genommen. Der Kläger hatte seiner Klage ein Kontokurrent beigefügt, welches in die Zeit hinaus reichte, wo S. noch alleiniger Inhaber des Fabrikgeschäfts gewesen, und hatte die von diesem geleisteten Zahlungen zunächst auf die aus der zuletzt erwähnten Zeit herrührenden Verpflichtungen des Fabrikgeschäfts gegen ihn abgesetzt, obwohl dieselben theilweise in diejenige Zeit fielen, in welcher bereits die Societät bestand. In dieser Hinsicht beanspruchte nun der beklagte K. zunächst, daß die während des Bestandes der Societät geleisteten Zahlungen ohne Weiteres auf die von dieser eingegangenen Verpflichtungen abgesetzt werden müßten, weil zu vermuthen sei, daß S. in jener Zeit mit den Mitteln der Societät, also auch für dieselbe gezahlt habe. Der Kläger hielt dagegen nicht bloß an sich und bis auf Weiteres seine Berechnungsweise für richtig, sondern bestritt auch die Erheblichkeit der letzteren Behauptung. Das O. G. zu Hameln entschied diese Differenz dahin, daß bis auf Weiteres die Berechnungs= weise des Klägers Beifall verdiene, indem zuvörderst für ihn kein Grund vorgelegen, um annehmen zu müssen, daß S. in der späteren Zeit lediglich als Vertreter der Societät ihm gegen= übergetreten sei, insonderheit in Beziehung auf solche Geschäfte, die, wie die Abführung von Verpflichtungen, sich mindestens ebensogut auf die Privatbeziehungen des S. zu ihm aus der älteren Zeit beziehen gekonnt, hiervon ausgehend aber der Kläger wohl befugt, wo nicht verpflichtet gewesen, die ihm von S. ohne spezielle Zweckbestimmung geleisteten Abträge zunächst auf die älteren, aus der Zeit vor dem Bestande der Societät herrühren= den Verpflichtungen des S. in Absatz zu bringen, daß dagegen die Behauptung des K. allerdings erheblich und daher zum Beweise gestellt werden müsse: wie S. bei Leistung der betreffen= den Abträge ausdrücklich erklärt habe, daß er für die Societät zahlen oder deren specielle Verpflichtungen abführen wolle, in= dem durch eine solche Bevorwortung die obige Befugniß des Klägers, die Zahlungen auf sein älteres, speziell gegen S. be= stehendes Guthaben abzurechnen, aufgehoben werden würde.

Die wider diesen Ausspruch in der Berufungsinstanz erho= benen Beschwerden sind durch das Urtheil des O. A. G. zu Celle vom 12. Novbr. 1857 verworfen, von diesem vielmehr die fraglichen Grundsätze des O. G. vollständig gebilligt wor= den. [22])

Was endlich die im Preußischen Landrecht gegebenen, sehr ins Breite gezogenen Bestimmungen betrifft, nach denen im Zweifel die Anrechnung einer Zahlung sich regelt, so kann in Betreff dieses Punktes, bei dem es sich rein um positives Recht handelt, auf die ausführlichen Erörterungen Steiner's a. a. O. S. 257—290 Bezug genommen werden.

---

[22]) Einen Fall anderer Art behandelt der Code civ. und das Badische Land= recht Art. 1848. „Hat Einer aus der Gesellschaft für seine besondere Rechnung eine verfallene Schuld an Jemand zu fordern, der an die Ge= sellschaft eine ebenmäßig fällige Summe schuldet, so muß eine von diesem Schuldner empfangene Zahlung an der Forderung der Gesellschaft und an der seinigen nach Verhältniß beider Forderungen abgerechnet werden, selbst wenn er in seiner Quittung erklärte, daß er das Ganze auf seine eigene Forderung allein nehme. Hat er dagegen laut seiner Quittung die ganze Zahlung von der Forderung der Gesellschaft abgerechnet, so muß es dabei bleiben." Vgl. Zachariä v. Lingenthal, Handb. des Franz. Civilrechts (5. Ausg. von Anschütz) § 380.

§ 14. Gerichtliche Hinterlegung (Deposition). *)

Die gerichtliche Hinterlegung (Deposition) ist ein schon dem römischen Recht bekanntes Institut, das aber seine weitere Ausbildung der gemeinrechtlichen Praxis und den Partikularrechten verdankt. Das praktische Bedürfniß, welches dieselbe hervorgerufen hat, liegt sehr nahe. Die Zahlung ist, wie oben im § 1 dargelegt worden, ein zweiseitiger Rechtsakt. Sie erfordert daher die zusammentreffende Willensthätigkeit des Schuldners und des Gläubigers. Wenn der Letztere seine Mitwirkung versagt, oder wegen faktischer oder rechtlicher Hindernisse sie nicht gewähren kann, so ist der Schuldner außer Stand gesetzt, auf dem natürlichen Wege durch Zahlung sich von seiner Verbindlichkeit zu befreien. Es mußte deshalb für Fälle dieser Art ein künstliches Auskunftsmittel geschaffen werden, um dem Schuldner auch ohne die mitwirkende Thätigkeit des Gläubigers die Zahlung zu ermöglichen. Ein solches Auskunftsmittel ist in der gerichtlichen Hinterlegung des Geschuldeten geboten. [1]

---

*) Brunnemann, consilia nr. 87 de depositione pecuniae debitae legitime instituendae ejusque effectu. Lauterbach, de deposito juris (Dissert. acad. Vol. II disp. 63). Zimmern im Archiv für die civil. Praxis Bd. 3 S. 121—131. Thibaut, ebendas. Bd. 5 S. 332—337. Mommsen, Beiträge zum Obligationenrecht III § 32. Unterholzner, Lehre des röm. Rechts von den Schuldverhältnissen I S. 470—472. Koch, Recht der Forb. II S. 661—678. Windscheid, Lehrb. des Pandektenrechts II § 347. Dr. Bornemann, Zur Lehre von der Deposition nach Preuß. Recht (in der Preuß. Ger. Ztg. 1859 Nr. 37—39). Assig, das Wesen der Deposition im Preuß. Recht gegenüber dem Röm. Recht (in der Deutschen Ger. Ztg. 1863 S. 39 f. S. 47). Roloff, das Verfahren über die Zulassung einer angebotenen gerichtlichen Deposition und über die rechtlichen Wirkungen der erfolgten Deposition (in der Preuß. Anwalts-Ztg. 1864 S. 297—302. S. 305—309). Förster, Theorie und Praxis I § 92.

[1] Muelleri addit. ad Struv synt. jur. civ. Exerc. 47 th. 79. nota α: Oblatio haec rei debitae inter modos dissolvendi obligationem ultimum non meretur locum, cum ea altera parte etiam invita debitor, ab obligatione sese liberare queat. Sicuti enim grave tormentum est, debere, cui nolis, Seneca lib. 2 de benef. c. 18, ita ingens contra est beneficium habere remedium, quo te ab obligatione invito creditore liberare valeas.

Die gemeinrechtlichen Juristen bezeichnen die gerichtliche Hinterlegung (depositum juris) als solutio civilis oder ficta.

Nur in dieser Bedeutung, wonach sie ein Surrogat der Zah=
lung darstellt, haben wir es hier mit derselben zu thun.

Es scheiden damit von selbst einestheils diejenigen Fälle von unserer
Betrachtung aus, in denen die Zahlung zum gerichtlichen Depositum
der Natur der Obligation entspricht, also als wirkliche Zahlung
(solutio naturalis) erscheint, zu welcher der Schuldner als einer ihm
obliegenden Pflicht genöthigt werden kann, anderntheils aber alle die=
jenigen Fälle, in denen die gerichtliche Hinterlegung einer Geldsumme
nicht zum Zwecke der Zahlung, sondern zum Zwecke der Sicher=
stellung erfolgt.[2]

Zu den Fällen der ersteren Art, in denen die gerichtliche Hinter=
legung der Schuldsumme nur die nothwendige Form der Zahlung ist,
so daß nur auf diesem Wege der Schuldner seiner Verbindlichkeit Ge=
nüge leisten kann, gehören regelmäßig Zahlungen an bevormundete
Personen,[3] sowie überhaupt Zahlungen an Vermögensmassen, die unter
gerichtlicher Verwaltung stehen.

Der zweiten Kategorie gehören alle diejenigen Fälle an, in denen
der Schuldner deponirt, nicht um sich von einer anerkannten Verbind=
lichkeit zu befreien, sondern um sich gegen den wegen einer nicht an=
erkannten Schuld ihn bedrohenden Zahlungszwang zu schützen und die
Geldsumme, deren er sich nicht entäußern will, dem Gläubiger vorzu=
enthalten — mit andern Worten, wenn der Schuldner deponirt nicht
animo solvendi, sondern gerade umgekehrt animo retinendi.[4]

---

[2] Der oben angeführten Abhandlung Bornemann's gebührt das Verdienst,
diese Fälle von der eigentlichen Deposition als einem Surrogate der Zah=
lung gehörig gesondert zu haben.
Vgl. auch Roloff a. a. O. S. 298 f.

[3] Ulp. l. 7 § 2 D. de min. (4, 4). — — si minor conveniat debitorem,
adhibere debet curatores, ut ei solvatur pecunia: ceterum non ei
compelletur solvere. Sed hodie solet pecunia in aedem deponi, ut
Pomponius libro XXVIII scribit, ne vel debitor ultra usuris vel creditor minor perdat pecuniam . . .

[4] Brunnemann, com. in P. ad l. 55 de solut.: Qui solvit, ut statim
recipiat, non videtur solvisse. Idem est, si in judicio deponam, sed ea
conditione, ut arresti impositionem rogem in illa pecunia deposita;
nam ideo depositio fit, ut creditor, qui accipere recusat, ex judicio
auferat pecuniam: si autem una cum depositione arrestum imponatur
pecuniae depositae, ut non tradatur creditori, una manu demittur,
quod altera datur; et hanc depositionem deponenti non prodesse
existimo.

Das Preußische Recht enthält eine Reihe derartiger Vorschriften, die theils dem materiellen Recht, theils den Prozeßgesetzen angehören. Es sind dies

die §§ 222, 223 Tit. 11, § 79 Tit. 14, §§ 226, 360 Tit. 16 Th. I A. L. R.,

§ 7 Tit. 14, § 51 Tit. 27 Th. I A. G. O.,

§ 10 der Verordn. v. 14. Decbr. 1833,

Art. 5 der Declr. v. 6. April 1839.

§ 12 des Ges. v. 20. März 1854.

Ebenso gehören hierher die Art. 25—29 der Allgem. Deutsch. Wechs. Ordng.

Alle diese Vorschriften berühren den Gegenstand unserer Erörterungen nicht. In der Lehre von der Zahlung kann uns nur diejenige Art der gerichtlichen Hinterlegung beschäftigen, welche dahin abzweckt, dem Schuldner, welcher Zahlung leisten will, auch ohne Mitwirkung des Gläubigers, ja selbst gegen den widerstrebenden Willen desselben die rechtliche Möglichkeit dazu und somit zur Befreiung von seiner Verbindlichkeit zu gewähren.

Dies ist der Fall, der schon in den römischen Rechtsquellen erwähnt wird.

Vgl. Erk. des A. G. zu Leipzig: Die Deposition des Geldes ist ein bloßes Sicherungsmittel für den Fall, daß Kläger dasselbe wiederherausgeben muß. Letzterer erlangt nach gewonnenem Prozesse, obschon Beklagter das Geld unmittelbar und ohne Dazwischenkunft des Klägers an das Gericht ausgezahlt, und daher eine wirkliche Uebergabe desselben an den Kläger zuvor nicht stattgefunden hat, dennoch das Eigenthum an dem Gelde. Der Richter nimmt es für den Kläger in Empfang, und daß auch ein Stellvertreter Besitz und Eigenthum erwerben kann, leidet keinen Zweifel (l. 8 C. de acq. et ret. poss. 7, 32). Genau genommen deponirt Kläger für den Fall, daß er in der gegen ihn erhobenen Wiederklage unterliege. Unterliegt er wirklich, so kann man nicht sagen, Beklagter behalte sein Geld, sondern Kläger zahlt solches zurück. (v. Hartitzsch, Entscheid. pract. Rechtsfr. Nr. 111).

Pöschmann, in Siebenhaar's Com. II S. 63: — Es liegt auf der Hand, daß andere (als zum Zwecke der Erfüllung) in den Rechten gestattete Niederlegungen bei Gericht, z. B. um im Falle der Reconvention dem Schuldner, gegen den Willen des Gläubigers, das materielle Erträgniß des formellen Siegs in jener zu sichern, oder in dem Falle des Art. 25 der A. D. W.=O., oder wenn im Executionsstadium die Zahlung ad depositum unter Appellation erfolgt ist, unter die in diesem Abschnitte normirten Grundsätze nicht fallen. Insoweit bleibt der gemeinrechtliche Grundsatz: depositio non est solutio bei Kräften.

Papin. l. 1 § 3 D. de usur. (22, 1): — — Plane si tutelae judicio nolentem experiri tutor ultro convenerit et pecuniam obtulerit eamque obsignatam deposuerit, ex eo tempore non praestabit usuras.

Id. l. 7 eod.: Debitor usurarius creditori pecuniam obtulit et eam, cum accipere noluisset, obsignavit ac deposuit: eo die ratio non habebitur usurarum . . .

Marcell. l. 28 § 1 D. de adm. et peric. tut. (26, 7):
Tutor, qui post pubertatem pupilli negotiorum ejus admini-
stratione abstinuit, usuras praestare non debet, ex quo obtulit pecuniam . . . Ulpianus notat: non sufficit obtulisse,
nisi deposuit obsignatam tuto in loco.

Paulus l. 4 pr. D. de statulib. (40, 7): Cum heres rei-
publicae causa abesset, et pecuniam statuliber haberet: vel
exspectari eum debere, donec redeat is, cui dare debet, vel
deponere in aedem pecuniam consignatam oportet. Qui subsecuto, statim ad libertatem pervenit.

l. 6 C. de usur. (4, 32): Si creditrici, quae ex causa
pignoris obligatam sibi rem tenuit, pecuniam debitam cum
usuris testibus praesentibus obtulisti: eaque non accipiente
obsignatam eam deposuisti: usuras ex eo tempore, quo obtulisti, praestare non cogeris, absente vero creditrice, praesidem super hoc interpellare debueras.

l. 19 C. eod.: Acceptam mutuo sortem cum usuris licitis
creditoribus post contestationem offeras: ac si non suscipiant, consignatam in publico depone, ut cursus legitimarum
usurarum inhibeatur: in hoc autem casu publicum intelligi
oportet vel sacratissimas aedes, vel ubi competens judex
super ea re aditus deponi eas disposuerit: Quo subsecuto,
etiam periculo debitor liberabitur et jus pignorum tolletur,
cum Serviana etiam actio manifeste declaret, pignoris in-
hiberi persecutionem, vel solutis pecuniis, vel si per creditorem steterit, quominus solvantur. Quod etiam in trajecti-
tiis servari oportet. Creditori scilicet actione utili ad ex-
actionem earum non adversus debitorem, nisi forte eas
receperit, sed contra depositarium, vel ipsas competente
pecunias.

l. 9 C. h. t. (8, 43): Obsignatione totius debitae pecuniae
solenniter facta, liberationem contingere manifestum est.
Sed ita demum oblatio debiti liberationem parit, si eo loco,
quo debetur, solutio fuerit celebrata.[5]

Bestimmter ausgebildet in Beziehung auf seine Form erscheint
das Institut in den älteren deutschen Landesrechten, von denen mir

---

[5] Vgl. auch l. 56 § 1 D. mand. (17, 1), l. 64 D. de fidej. (46, 1), l. 10
C. de pign. act. (4, 24), l. 3 C. de luit. pign. (8, 31).

jedoch keine bekannt sind, die über das siebenzehnte Jahrhundert zurück=
reichen.

Es sind hier anzuführen:

Statuten der Stadt Hamburg von 1603 Th. II Tit. 4
Art. 16. „Wann der Schuldner seinem Gläubiger die schul=
digen Gelder, in zweener Zeugen Gegenwart, offeriret, derselbe
aber solche Gelder anzunehmen sich verweigert, und der Debitor
dieselben consigniret, und loco publico deponiret; so soll der
Schuldner damit von fernerer Zinse und zustehender Gefahr
befreyet sein".

Nassau=Catzenelnbogische Landordnung von 1616 Th. I Cap.
XVI § 7. „Würde aber der Schuldherr die anerbottene Be=
zahlung anzunemen sich verweigern, So sollen die Schuldener
zween Mann bey sich nemen, und fürters dem Creditori das
Geldt abermals, zu gebürender zeit und abgeredtem ort, anbieten
und darzehlen, Und so fern er es anzunemen sich verweigern
würde, ein solches in ein sack verpitschiren, und hinder jedes
orts Gericht, darunder die Bezahlung geschehen sol, hinderlegen,
und hierbey bitten, ihnen eine Urkund hiervon zuzustellen, die=
selbe, zu ihrer notturft, jederzeit zu gebrauchen haben."

§ 8. „Hiermit nun erledigt sich der Schuldmann eben so
wol, als wann der Schuldherr die bezahlung angenomen hette,
und kan auch fürters, uff die widerstellung der Pfanden, da er
dem Schuldherrn einige eyngeraumt hette, mit gutem bestand
klagen, und dieselbe wider zu seinen händen eynfordern".

Revidirtes Land=Recht des Hertzogth. Preußen von 1685
(verbess. L.=R. des K. Preußen v. 1721) Buch IV Tit. IV Art. IV
§ 1. „Es ist auch ferner dieses eine species oder Art der Hinter=
legung, wann nemlich ein Schuldener seinem creditori und Gläu=
biger das schuldige Geld oder Gut offeriret und fürlegt; Er
aber dasselbe nicht annehmen wil, und sich dessen weigert: Der
Schuldener aber, zu Verhütung der Zinse und Interesse, so
darauff lauffen, versiegelt es, und legts es hinter einen Rath
oder Gericht, oder auff Befehl der Obrigkeit an einen andern
Ort, oder sonsten in Beyseyn etlicher Zeugen hinter eine privat
Person, zu rechter Stelle und Zeit, in oder außer Gericht: So
wird dardurch der Verzug und mora, so vielleicht auff den
Schuldener ersitzen möchte, purgiret und auffgehoben. Dero=
wegen wann einer schuldig ist, und wil bezahlen: Oder aber
Rente und Zinse, oder andere Güter, oder Brieff und Siegel
wieder an sich lösen: So sol und mag er seinem creditori und
Gläubigern, zu rechter Stelle und Zeit, die Löse thun, und
ihme die volle Bezahlung mit dem Zinse und Interesse, zu
rechter Zeit, und wie das abgeredt, oder in der obligation ent=
halten, wie jetzo gedacht, offeriren und anbieten. Und mag
solche oblatio und Anbietung vor der Obrigkeit, so die Juris-

diction an dem Ort, da die Bezahlung geschehen sol, hat, fort=
gestellet werden".

§ 2. „Und mag oder sol demnach solche oblatio und Hin=
terlegung folgender Gestalt geschehen, also daß es der Schul=
dener dem creditori oder Gläubiger ansagen lasse, weil er
Geldt, die Waaren oder Schuld nicht habe annehmen noch
accoptiren wollen: So sey er bedacht solches bey N. und N.
Tage, N. Stunde, und N. Stäte, wie es sich eignet und ge=
bühret, zu deponiren und zu hinterlegen: daß er, der Gläu=
biger, auch zu solcher Zeit und Stäte comparire und erscheine,
und solche deposition und Hinterlegung zugeschehen anhören
und sehen wolle. Und sol dann zu bestimbter Zeit und Stäte
zugleich auch das Geldt oder Gut der Obrigkeit offeriren, zu=
stellen und sagen, daß er solches zu Bezahlung N. und Wieder=
lösung seines Guts N. ꝛc. hiemit hinterlegt und deponiret haben
wolle".

§ 3. „Wann dann, wie obgesetzet, solche oblatio und Hinter=
legung geschehen: So hat dieselbige Krafft einer Bezahlung, und
ist der Schuldener die verschriebene Renten, Zinsen, usuras, oder
Wucher zugeben nicht mehr schuldig".

Land=Recht der Fürstenthümer und Landen der Markgrafsch.
Baaden ꝛc. von 1710 Th. IV Tit. VII § 2. „Zum andern,
wird manchmal etwas allein mit des einen Theil guten Willen
hinderlegt. Als wann ein Schuldner das entlehnete Gut dem
Gläubiger gern widerum zustellen und bezahlen, derselbe aber
solches nicht annemmen will, so thut alsdann der Schuldner, zu
Entfliehung weiteren Interesse, solches Geld in beysein etlicher
Gezeugen, entweder bey einer Obrigkeit und Gemeind, oder sonst
bey einer ehrlichen Privat-Person hinderlegen".

Baierisches Landrecht (Cod. Max. Bav. civ.) von 1756 Th. IV
Kap. 14 § 15. „Nimmt der Creditor die offerirte Zahlung
nicht an, so kann der Debitor solche bey Gericht thun, und
diese wird alsdann Depositum Juris genannt, wobey Folgendes
in Obacht zu nehmen ist: 1mo. Wer obgedachtermaßen zu be=
zahlen nicht berechtigt ist, der hat auch die Befugniß nicht, die
Zahlung zu offeriren, und wem 2do nicht bezahlt werden mag,
dem mag auch mit Recht die Oblation nicht geschehen. Ein
abwesender Creditor, welcher 3tio keinen genugsam bevollmäch=
tigten Anwalt hinterläßt, oder sonst hierinfalls der Gebühr nach
von andern vertreten ist, kann zu obigem Ende von seiner
Obrigkeit auf Instanz des Debitors citirt werden. 4to. Muß
die Oblation nicht mit bloßen Worten, sondern mittels Prä=
sentirung der wirklichen Erlage, und in der nämlichen Masse,
wie man die Bezahlung selbst zu thun hat, im Beysein zweyer
Gezeugen geschehen. Und da 5to dessen ungeachtet die An=
nahme auf Seite des Creditors ohne recht=erhebliche Ursache
verweigert wird, so soll das Oblatum in Gegenwart ermeldeter

Gezeugschaft obsignirt und entweder vor des Creditors, oder seiner (des Debitors) selbst ordentlichen Obrigkeit deponirt werden. Dafern nun 6to sowohl mit der Oblation, als Obsignation und Deposition auf jetzt verstandene Art und Weise durchgehends verfahren wird, so thut es auf Seite des Debitors den nämlichen Effect, wie die Bezahlung selbst, und wenn 7mo das Depositum sofort verloren gehet oder beschädiget wird, so hat der Debitor nicht mehr hieran zu entgelten, anerwogen der Creditor von Zeit der Deposition für den Eigenthümer des Depositums geachtet wird, folglich auch alle Gefahr hierum auf sich hat. Wohingegen ihm 8vo dasselbe bey Gericht, wo solches hinterlegt worden ist, auf Begehren gegen Schein unweigerlich abgefolgt werden soll. Meldet sich aber 9no der Deponent selbst noch vorher, und Re adhuc integra um die Wiederausfolglassung des Depositums, so soll man ihm auch damit willfahren, welchenfalls jedoch durch die Retradition das Debitum und alles andere ipso Facto wiederum in vorigen Stand kömmt, wie es vor der Deposition gewesen, außer soviel die Pfand= und Bürgschaften betrifft, welche ohne Erneuerung nicht revivisciren".

Die Bestimmungen der neueren Gesetzbücher sollen unten bei Erörterung der einzelnen Punkte angeführt werden.

Nach dieser allgemeinen Darstellung haben wir uns zu dem Einzelnen zu wenden.

1. Die gerichtliche Hinterlegung ist, wie sich schon aus den bisherigen Erörterungen ergibt, im Unterschiede von der Zahlung, nicht als ein zwischen Schuldner und Gläubiger bestehendes Rechtsgeschäft, sondern als ein von dem Schuldner einseitig gegen oder doch ohne den Willen des Gläubigers vorgenommener Akt aufzufassen, dem aber das Gesetz bei dem Vorhandensein der nothwendigen Erfordernisse die volle Wirkung der Zahlung beilegt.

Ueber die Voraussetzungen der Deposition sprechen sich im Allgemeinen aus:

Mevius, decis. P. II dec. 201: Est quidem ita moris juri communi congrui, ut debitores pecuniam quam debent, cum creditor solutionem recipere nolit obsignent et deponant, eaque depositio effectum liberationis habeat, tam a sorte quam ab usuris: attamen ut eo potiatur, necesse est factam fuisse ex praescripto legum seu cum iis requisitis, quae per jus ad illam obsignationem atque depositionem exiguntur. Equidem praecipuum est, ut fiat prius creditori oblatio, et quidem talis, qualem lex pro qualitate negotii requirit, qua sine frustra sit depositio. Deinde necessaria est creditoris seu partis adversae citatio seu advocatio ad videndum deponi. Ad quod porro necessarium est, prius pecuniam numerari, sacculo includi, obsignari. Siquidem apparet justo tempore creditor, eo praesente ista fiunt, et factis talibus realiter fit depositio in judicio, vel ubi alias placet. Eo vero absente coram actis ista prius facienda et ibi consignanda, quo constet cuncta illa sic fideliter atque solemniter, uti par est, fuisse peracta . . .

Luden in Weiske's Rechtslexicon III S. 313: Die Erfordernisse der gerichtlichen Deposition, welche in Folge der vom Gläubiger verweigerten Annahme vorgenommen wird, sind: Zuförderst muß die Zahlung dem Gläubiger in einer Weise angeboten sein, daß er in der That dieselbe anzunehmen verbunden war, nämlich zur rechten Zeit, am rechten Orte und vollständig. Ferner muß die Annahme der Zahlung von dem Gläubiger verweigert worden sein, was der Schuldner nöthigenfalls zu beweisen hat. Endlich muß die Deposition vor dem competenten Gerichte erfolgen. Weitere Förmlichkeiten sind gemeinrechtlich nicht zu beobachten. Mehrere Rechtslehrer stellen zwar das Erforderniß auf, daß der Gläubiger vorgeladen werden müsse, der Deposition beizuwohnen (ad videndum deponi). Lauterbach colleg. 46, 3 § 43. Höpfner Com. § 982. Allein es kann dies gesetzlich nicht nachgewiesen werden.[6] Indessen erscheint diese Vorladung zweckmäßig.

Das Preußische Landrecht, welches im Th. I Titel 16 („Von den Arten, wie Rechte und Verbindlichkeiten aufhören") die Lehre „von der Deposition" in einem besonderen Abschnitt (Abschnitt III) behandelt, bezeichnet darin als Fälle, welche den Schuldner zur Deposition berechtigen:

---

[6] Erk. des O. A. G. zu Darmstadt vom 23. März 1860: — Für die gerichtliche Deposition finden sich in den Gesetzen keine Förmlichkeiten vorgeschrieben, weshalb auch ein genügender Rechtsgrund mangelt, mit manchen Rechtslehrern hierbei die Beiladung des Gläubigers wesentlich nothwendig zu halten. Nach der richtigen Ansicht läßt sich vielmehr in Fällen der hier vorliegenden Art eine solche Beiziehung des Gläubigers nicht als Bedingung der Vollgültigkeit der Vornahme der Deposition ansehen, wenn sie auch von vielen Rechtslehrern, unter der Voraussetzung, daß sie überhaupt nach den concreten Verhältnissen möglich sei, zur Sicherung eines etwa erforderlichen Beweises empfohlen wird. (Seuffert, Archiv XXI Nr. 27).

In den oben angeführten Bestimmungen des revid. Land-Rechts des Herzogthums Preußen, so wie des Baierischen Landrechts ist die Zuziehung des Gläubigers vorgeschrieben.

Von den Vorschriften der neueren Gesetzbücher wird weiter unten die Rede sein.

a) „wenn der Gläubiger die Annahme der Zahlung aus einem un= erheblichen oder doch zweifelhaften Grunde verweigert" (§ 218);[7]

b) „wenn der Gläubiger oder sein Bevollmächtigter zur Zahlungs= zeit am Zahlungsorte nicht zu finden ist" (§ 216);

c) „wenn die Legitimation des zur Zahlungszeit am Zahlungsorte gegenwärtigen Gläubigers, oder seines Bevollmächtigten von dem Schuldner bezweifelt wird" (§ 222).

Außerdem gibt dasselbe dem Schuldner das Recht zur Deposition:

d) bei einer Erbschaftsschuld, wenn nach getheilter Erbschaft keiner der Erben sich im Besitze des über die Forderung sprechenden Instruments (oder einer Ueberweisungsurkunde) befindet, auch von den Erben ein gemeinschaftlicher Bevollmächtigter zur Ein= ziehung der Schuld nicht bestellt ist, oder der Schuldner be= zweifelt, daß die vorgezeigte Vollmacht von sämmtlichen Erben ausgestellt sei (§§ 152—156 Tit. 17 a. a. O.);

e) bei einer unter einer aufschiebenden oder auflösenden Bedingung geleisteten, dem Schuldner gehörig bekannt gemachten Cession, wenn Letzterer während des Schwebens der Bedingung („vor völlig ausgemachter Sache") Zahlung leisten will oder soll (§ 419 Tit. 11 a. a. O.).

Die Preußische Allgemeine Gerichts=Ordnung Th. I Tit. 29 § 86 fügt diesen Fällen noch hinzu:

f) wenn eine ausstehende Forderung mit Arrest belegt ist.

Allgemeiner lauten die Bestimmungen der neueren Gesetzbücher. So verordnet

das Oesterreichische b. G. B. § 1425. „Kann eine Schuld aus dem Grunde, weil der Gläubiger unbekannt, abwesend, oder mit dem Angebotenen unzufrieden ist, oder aus anderen wich= tigen Gründen nicht bezahlet werden, so steht dem Schuldner bevor, die abzutragende Sache bei dem Gericht zu hinterlegen..."

das Sächsische b. G. B. § 759. „Die gerichtliche Nieder= legung eines dazu geeigneten Gegenstandes mit der Wirkung, daß die Forderung sofort als erfüllt gilt, ist dem Verpflichteten gestattet, wenn der Berechtigte verfügungsunfähig, abwesend oder unbekannt und nicht vertreten ist, oder über die Berechtigung

---

[7] Eine bloße Anwendung davon enthält der § 228 Tit. 11 Th. I: „Verab= säumt oder verweigert der Verkäufer die Annahme des Kaufgeldes, so ist der Käufer befugt, dasselbe auf Gefahr und Kosten des Verkäufers gericht= lich niederzulegen". Vgl. meine „Beiträge zur Erläut. des Preuß. Rechts" X S. 290, 291.

des Gläubigers aus gerechten Gründen Zweifel bestehen, oder die Forderung mit Beschlag belegt wird".[8]

das privatrechtl. G. B. für den K. Zürich § 995. „Der zur Erfüllung bereite Schuldner ist berechtigt, wenn der Gläu- biger mit der Annahme widerrechtlich zögert oder an dem Er- füllungsort nicht zu erfragen ist, sich durch gerichtliche Hinter- legung der schuldigen Summe oder Sache zu befreien". § 996. „Die gerichtliche Hinterlegung bedarf der Erlaubniß des Gerichts- präsidenten, welcher dieselbe in den Fällen ertheilt, wo hin- reichende Ursachen dafür bescheinigt sind ..."

der Entwurf eines b. G. B. für das K. Bayern Th. II Art. 177. „Kann die Erfüllung an den Gläubiger wegen seines Verzuges oder aus einem andern in seiner Person liegen- den Hindernisse oder weil die Forderung mit Beschlag belegt ist, überhaupt nicht oder nicht mit Sicherheit bewirkt werden, so ist der Schuldner berechtigt, die zu leistende Sache in der vom Gerichte zu bezeichnenden Stelle zu hinterlegen oder, falls eine Hinterlegung nicht thunlich ist, die gerichtliche Beschlagnahme zu verlangen ..."

Der Code civil und das Badische Landrecht gedenkt als Voraus- setzung der Deposition nur des Falles der vom Gläubiger verweigerten Zahlungsannahme (Art. 1257), enthält jedoch (Art. 1258, 1259) aus- führliche Vorschriften über die Erfordernisse der Darlegung (des offres réelles) und der nachfolgenden Hinterlegung (consignation).[9]

2. Ein besonders wichtiger Fall ist die Ungewißheit in Betreff der Person des Gläubigers oder seines Rechtsnachfolgers.

Ulp. l. 1 § 37 D. depos. (16, 3): Apud Julianum libro XIII. Dig. talis species relata est: ait enim, si depositor decesserit et duo existant, qui inter se contendant unus- quisque solum se heredem dicens, ei tradendam rem, qui paratus est adversus alterum reum defendere, hoc est eum, qui depositum suscepit: quod si neuter hoc onus suscipiat, commodissime dici ait non esse cogendum a praetore judi- cium suscipere: oportere igitur rem deponi in aede aliqua, donec de hereditate judicetur.

Paulus l. 18 § 1 D. de usur. (22, 1): Post traditam possessionem defuncto venditore, cui successor incertus fuit, medii quoque temporis usurae pretii, quod in causa de- positi non fuit, praestabuntur.

Erkenntniß des Cassations- und Revisionshofs zu Berlin vom 8. Februar 1839: Der Schuldner ist gesetzlich berechtigt,

---

[8] Die gleiche Vorschrift enthält der Entwurf eines gemeinsamen deutschen Gesetzes über Schuldverhältnisse, Art. 370.

[9] Vgl. auch Code de procédure, art. 812—818.

seine fällige Schuld ad depositum judiciale zu zahlen, wenn sich zur Verfallzeit in der Person des Gläubigers ein Hinder= niß fand. Als ein solches stellen sich die Streitigkeiten, betref= fend die Frage, auf wen die Forderung übergegangen, zwischen den Erben des Gläubigers und andern Prätendenten dar. (Seuf= fert, Archiv Nr. 158).

Erkenntniß des O. G. zu Wolfenbüttel vom 8. September 1855: Der Schuldner ist alsdann, wenn bei einer ohne sein Verschulden entstandenen Ungewißheit über die Person des Gläu= bigers von mehreren Prätendenten einander widerstreitende An= sprüche auf die Schuldsumme gegen ihn erhoben werden, zu dieser Deposition rechtlich befugt. Dieser Grundsatz ist auch von der Praxis anerkannt. Höpfner, Com. § 983. Kind, Quaest. for. III c. 90. Seuffert, Pandekten=Recht II § 250 Note 3. Arnold, prakt. Erört. Heft 3 Nr. 24. (Seuffert, Archiv X Nr. 35).

Erkenntniß des O. A. G. zu Celle vom 12. Decbr. 1855: Nach ausdrücklicher gesetzlicher Vorschrift (l. 18 § 1 de usur. 22, 1) erscheint der Debitor einer Schuld auch dann berechtigt, sich von derselben durch gerichtliche Deposition zu befreien, wenn nach dem Tode des bisherigen Gläubigers der Erbe desselben ungewiß ist. Nach dem Grunde und Zwecke solchen Gesetzes muß eine derartige Ungewißheit des Erben, dritten Personen, insbesondere den zahlungspflichtigen Schuldnern des Erblassers gegenüber, namentlich auch in dem Falle, wenn über die Erb= schaft ein Rechtsstreit entstanden ist, bis zu dessen rechtskräftiger Entscheidung angenommen werden. (Ebendas. X Nr. 240).

Erkenntniß desselben Gerichtshofes vom 3. Mai 1867: Der in l. 18 § 1 D. de usuris (22, 1) erwähnte Fall, wo die Deposition gestattet sein soll, wenn der eigentliche Nachfolger des Gläubigers ungewiß ist, berechtigt zu der Annahme, daß überhaupt in solchen Fällen, wo eine Ungewißheit über die Person des wirklich zur Empfangnahme berechtigten Gläubigers besteht und der Schuldner sich in gegründetem Zweifel darüber befindet, an welchen von mehreren Prätendenten er mit der Rechtswirkung der Liberation Zahlung leisten könne, dem Schuldner eine Deposition der Schuldsumme mit liberirender Wirkung für ihn verstattet sein müsse. Diese Ansicht ist nicht allein von angesehenen Rechtslehrern ausdrücklich gebilligt, son= dern auch von der Praxis befolgt worden... (Ebendas. XXI Nr. 28).

Mit Beziehung auf den gedachten Fall macht jedoch Bähr in v. Gerbers' und Ihering's Jahrbüchern für die Dogmatik des heu= tigen röm. und deutsch. Privatrechts I S. 483 Note 198 mit Recht darauf aufmerksam:

Der Schuldner kann nicht etwa, um sich außer Streit zu setzen, mit Beziehung auf eine im Allgemeinen behauptete Ungewißheit des Gläubigers deponiren, sondern er muß bestimmte Personen bezeichnen, mit Beziehung auf deren streitige Berechtigung er deponirt. Nur an eine der so bezeichneten Personen darf das Gericht das Depositum auszahlen, entweder auf erklärte Zustimmung der übrigen, oder auf Grund eines zwischen ihnen ergangenen Judicats. Allen nicht bezeichneten Personen wird durch die Deposition nicht präjudicirt; sie können nach wie vor gegen den Schuldner auftreten. — Allerdings hat der Schuldner auch bei völliger Unbekanntschaft des Gläubigers (z. B. unbekannten Erben gegenüber) das Recht zu deponiren, wodurch namentlich seine Pflicht zur Verzinsung sistirt wird (l. 18 § 1 D. de usur. 22, 1). Allein hier hört der Schuldner nicht auf, in Betreff der Frage, wer aus dem Depositum zu befriedigen sei, zu Recht zu stehen, da das Gericht diese Frage nicht für sich entscheiden kann. Die Deposition einer Schuld hat hiernach eine ganz verschiedene Natur, je nachdem sie wegen Unbekanntschaft des Gläubigers im Allgemeinen oder wegen Streitigkeit der Forderung zwischen bestimmten Personen erfolgt.

3. Was nun die Frage betrifft:

in welcher Form eine richterliche Entscheidung über das Vorhandensein der gesetzlichen Erfordernisse der Deposition, also über die Rechtmäßigkeit derselben herbeizuführen ist,

so wird sie von den gemeinrechtlichen Rechtslehrern kaum berührt, oder doch nur insofern behandelt, als sie sich mit der bereits oben gedachten, von der Mehrheit mit Recht verneinten Frage beschäftigen, ob der Gläubiger zu dem Akte der gerichtlichen Hinterlegung zuzuziehen sei.

So sagt

Hellfeld, jurispr. for. § 1935: — Quo magis vero constet, an creditor solutionis acceptationem absque justa causa recuset, an non? Depositionem praecedat citatio ad videndum deponi necesse est.

Von einer weiteren richterlichen Thätigkeit ist aber gar keine Rede. Ebenso bemerkt Stryk (Usus mod. Pand. XLVI, 3 § 17), welcher gleichfalls die Vorladung des Gläubigers für nothwendig hält, nur:

Postquam debitor pecuniam aliamve rem debitam creditori legitimo modo obtulit, creditor vero eandem accipere recusat, debitor judicem . . . adire ab eoque petere debet, ut creditor vel ad recipiendam pecuniam, vel videndum eandem deponi citetur, quae citatio tamen, cum ad monendum solummodo fiat, terminum alias consuetum non praecise requirit. . . Quod si in termino praefixo non comparet creditor, vel comparet quidem, sed rem debitam recipere adhuc sine justa causa recusat. tunc pecunia in praesentia judicis iterum numeratur et numerata crumenae, sacco, aut cistae includitur... Sequitur numerationem obsignatio... et tandem pecunia obsignata in judicio deponitur...

Gleichwohl wird aber auch von gemeinrechtlichen Praktikern mit Bestimmtheit hervorgehoben, daß nur einer durch Richterspruch bestätigten Deposition die Wirkung der Zahlung beizulegen sei.

Simon van Leeuwen, Censur. for. Lib. IV cap. 35 Nr. 1: Solutionis vice etiam fungitur solennis oblatio, obsignatio et depositio, quae tamen quamvis juris potestate pro solutione et liberatione habeatur, vera tamen solutio, aut liberatio non est, antequam debite facta per judicis sententiam confirmetur. neque ipso jure debitorem liberat.

Um zur richtigen Ansicht zu gelangen, ist einfach davon auszugehen, daß die gerichtliche Hinterlegung, wie bereits oben gezeigt, ein von dem Schuldner einseitig vorgenommener Rechtsakt ist, welcher der Mitwirkung des Gläubigers nicht bedarf. Er ist ein Akt der freiwilligen Gerichtsbarkeit. Es wird dabei die richterliche Thätigkeit nicht Behufs der Rechtsprechung, sondern zum Zwecke der Beglaubigung und Sicherung eines vor dem Richter und unter seiner Beihülfe sich vollziehenden Aktes in Anspruch genommen. Dem Gläubiger wird durch denselben an sich noch kein Präjudiz geschaffen. Die Deposition geschieht zunächst immer auf Gefahr des Schuldners, also mit Vorbehalt der Rechte des Gläubigers. Erst in Folge des sich demnächst erhebenden Rechtsstreites kommt die Frage nach der Rechtmäßigkeit der Deposition durch richterliche Entscheidung zum Austrag.

Diese richtige Auffassung findet sich in einem Erkenntniß des O. A. G. zu Cassel vom 21. Januar 1853:

Der beantragten Deposition der Schuld, durch welche der Schuldner seinem abwesenden oder unbekannten Gläubiger gegenüber von seiner Zahlungsverbindlichkeit sich zu befreien und die Wirkungen des Verzuges zu beseitigen beabsichtigt, hat keineswegs eine zweiseitige Verhandlung der Betheiligten, beziehungsweise eine Heranziehung des mittelst der Deposition zu befriedigenden Gläubigers zu dem Depositionsakte voranzugehen. Insbesondere kann dieselbe nicht in dem Sinne und mit dem Erfolge begehrt werden, daß im Falle ihrer Nichtbeachtung seitens des Gläubigers oder eines dieser rechtlich gleichstehenden Ergebnisses jener Verhandlung die Deposition als mit den bezeichneten Wirkungen erfolgt anzusehen wäre. Vielmehr hat die auf einseitigen Anruf des Schuldners zu verfügende Deposition stets nur auf dessen Gefahr, d. h. dergestalt einzutreten, daß die Entscheidung darüber, ob die rechtlichen Voraussetzungen einer dem Gläubiger gegenüber wirksamen Deposition vorgelegen haben, und ob daher der Schuldner durch letztere befreit worden sei, der auf etwaige Klage des Gläubigers einzuleitenden ordentlichen Prozeßverhandlung und dem daraus zu ertheilenden richterlichen Erkenntnisse vorbehalten bleibt. (Seuffert, Archiv VIII Nr, 23).

Dieser Gesichtspunkt liegt auch den Bestimmungen des Preußischen Allgemeinen Landrechtes zu Grunde, wie Roloff in der oben angeführten Abhandlung in eingehender Weise dargelegt hat.

Nach seinen Erörterungen sind streng auseinander zu halten:

a) die dem Richter des Zahlungsortes anheimfallende, der Zulassung der Deposition vorhergehende Prüfung darüber, ob die Benutzung der Staatsanstalt zu gestatten sei, oder nicht, sowie die Formen dieser Prüfung;

b) die demselben Richter anheimfallende weitere Behandlung der Sache nach erfolgter Zulassung und Einzahlung;

c) das bei entstehendem Streite ausschließlich vor den zuständigen Prozeßrichter gehörige Verfahren und die Entscheidung über die materiellen Wirkungen (Rechtmäßigkeit) der zugelassenen und erfolgten Deposition.

In Betreff des ersten Punktes (zu a) kommt zunächst die Zuständigkeit des angegangenen Richters in Betracht.

„Nach gemeinem Recht muß die Deposition vor dem competenten Gericht erfolgen (l. 19 C. de usur. 4, 32). War ein bestimmter Zahlungstag verabredet, so ist das Gericht dieses Ortes als das competente anzusehen, weil die Deposition die Stelle der Zahlung vertritt und daher an dem Orte geschehen muß, wo diese vor sich gehen sollte (Glück, Com. Bd. 4 S. 420 Note 74). In den übrigen Fällen ist dagegen das Gericht des Beklagten das competente Gericht, weil der Gläubiger immer dem Gericht des Beklagten folgen muß".[10]

Luden in Weiske's Rechtslexicon III S. 313.

---

[10] Depositionem judicialem in judicio loci, quo solutio fieri debeat, peragendam et, si de solutione nihil conventum sit, apud judicem rei rem deponendam esse statuit et ex regula: actor forum rei sequi debet, probare studet Franciscus Tidemann, Diss. de depos. debit. judic. (Goetting. 1776). cf. Knorr, Diss. de obsign. jud. cap. V § 3: Depositio judicialis est loco solutionis, itaque in eo loco fieri debet, ubi solutio facienda fuisset. Quomodo intelligenda est L. 19 C. de usur. adeo, ut is hic competens dicatur judex, qui in eo, in quo oblatio facienda est, loco, jurisdictioni praeest, oblatio autem

In Uebereinstimmung hiermit verordnet das A. L. R. Th. I Tit. 16 § 214:

> „Die Zulassung zur Deposition ist bei den Gerichten des Zahlungsortes nachzusuchen".

desgleichen Th. I Tit. 17 § 157:

> „Die Niederlegung muß in demjenigen Gerichtsstande geschehen, unter welchem der im Vertrage, oder durch das Gesetz bestimmte Zahlungsort gelegen ist".

Ebenso bezeichnet das Sächsische b. G. B. § 756 als das zuständige Gericht „das Gericht des Erfüllungsortes", während der Entwurf eines b. G. B. für das K. Bayern Th. II Art. 177 bestimmt:

> „— Die obigen Maßnahmen können sowohl bei dem Gerichte des Erfüllungsortes, als bei dem ordentlichen Gerichte des Schuldners oder des Gläubigers beantragt werden".[11]

---

debitae quantitatis semper in loco contractae obligationis, vel fori domicilii creditoris fieri debet, nulla habita ratione, utrum debitor et creditor ejusdem, an diversi sint fori, quum semper et indistincte ad creditorem accedere debeat, qui aliquid juris sibi adquirere atque in hunc periculum derivare intendit. Saltem eo in casu, quando solutio in loco creditoris promissa est, nullum dubium obvenit, quin ita, demum oblatio et obsignatio pecuniae liberationem pariat, si eo loco, quo debetur solutio, celebrata fuerit, adeo, ut, si vel maxime alias in judicio debitoris depositio fieri possit, tamen tunc, si convenerint, ut solutio fiat in loco creditoris, procul dubio debitor judicem creditoris adire debeat, si is pecuniam, rite oblatam, accipere recuset.

[11] Dies steht im Einklange mit der oben angeführten Vorschrift des Baierischen Landrechts Th. IV Kap. 14 § 15 („— so soll das Oblatum — obsignirt und entweder vor des Creditors, oder seiner (des Debitors) selbst ordentlicher Obrigkeit deponirt werden").

Der Code civil und das Badische Landrecht Art. 1258 spricht nur von dem Orte der Oblation, indem es vorschreibt: „— daß die Darlegung an dem bestimmten Zahlungsort, und wo keiner bestimmt war, dem Gläubiger in Person, oder in seiner Wohnung, oder in dem Wohnsitz, den er zum Vollzuge des Vertrags gewählt hat, geschehe".

Das privatrechtl. G. B. für den K. Zürich enthält im § 995 keine Bestimmung über den Ort der Deposition.

Bluntschli, Erläut. III S. 65 bemerkt in dieser Hinsicht: Darüber, ob die gerichtliche Hinterlegung des Geldes an dem Wohnorte des Schuldners oder an dem des Gläubigers geschehen solle, waren die Ansichten in der Kommission getheilt. Man fand aber für besser, darüber nichts zu bestimmen, so daß möglicher Weise an beiden Orten die Deposition zugelassen werden könne.

Was nun das Verfahren des zuständigen Richters auf das ange=
brachte Depositionsgesuch betrifft, so ordnet das Preuß. Landrecht Th. I
Tit. 16 §§ 221, 222 eine vorgängige Vernehmung des Gläubigers
für die beiden Fälle an:

aa) „wenn der Gläubiger die Annahme der Zahlung aus einem
unerheblichen oder doch zweifelhaften Grunde verweigert"
(§ 218);

bb) „wenn die Legitimation des zur Zahlungszeit am Zahlungs=
orte gegenwärtigen Gläubigers oder seines Bevollmächtigten von
dem Schuldner bezweifelt und um deswillen auf Deposition
angetragen wird" (§ 222).

In den übrigen Fällen, nämlich wenn der Gläubiger oder sein Bevoll=
mächtigter zur Zahlungszeit am Zahlungsorte nicht zu finden ist, oder
wenn eine Ungewißheit in Betreff des Gläubigers obwaltet, wird der
Schuldner auf die bloße Versicherung über das Vorhandensein des von
ihm angegebenen Depositionsgrundes auf seine Gefahr, mit Vorbehalt
der Rechte des Gläubigers, zur Deposition verstattet (§ 217).

Aber auch in den beiden hervorgehobenen Fällen soll der Richter,
wenn durch die Vernehmung des Gläubigers die Gründe für und
wider die Rechtmäßigkeit der Deposition nicht sofort klar gemacht wer=
den können, die Deposition auf Gefahr des unterliegenden Theils ge=
statten (§ 223).

Die neueren Gesetzbücher gedenken mit keinem Worte einer vor=
gängigen Mittheilung des Depositionsgesuches an den Gläubiger oder
gar einer Vernehmung desselben darüber. Nur der Code civil und das
Badische Landrecht enthält die Bestimmung

Art. 1259. „Zur Gültigkeit einer Hinterlegung bedarf es
keiner richterlichen Ermächtigung; es ist genug:
1. daß eine dem Gläubiger behändigte Aufforderung vorher=
gehe, worin Tag, Stunde und Ort der bevorstehenden
Hinterlegung bekannt gemacht wird..."[12]

---

[12] Zu § 996 des privatrechtl. G. B. für den K. Zürich bemerkt Bluntschli,
Erläut. III S. 66: In der Kommission wurde der Antrag gestellt, daß
bevor deponirt werde, dem Gläubiger die Gelegenheit verschafft werden
sollte, sich vorher auszusprechen, und dadurch die richterliche Prüfung, ob
die Hinterlegung gerechtfertigt sei, zu vervollständigen. Es wurde aber
darauf nicht beharrt, da darauf aufmerksam gemacht wurde, wie schwierig
die Durchführung der Vorschrift sei. Dem Gerichtspräsidenten bleibt es
vorbehalten, je nach den Umständen das Nöthige zu thun. Er kann sich
von dem Schuldner in manchen Fällen allerdings eine Bescheinigung brin=
gen lassen, daß der Gläubiger die Annahme verweigere.

Eine besondere Vorschrift gilt für den Wechselverkehr, indem die Allgemeine Deutsche Wechselordnung Art. 40 bestimmt:

„Wird die Zahlung eines Wechsels zur Verfallzeit nicht ge=
fordert, so ist der Acceptant nach Ablauf der für die Protest=
erhebung Mangels Zahlung bestimmten Frist befugt, die Wechsel=
summe auf Gefahr und Kosten des Inhabers bei Gericht oder
bei einer anderen zur Annahme von Depositen ermächtigten Be=
hörde oder Anstalt niederzulegen. Der Vorladung des Inhabers
bedarf es nicht“. [13])

Anlangend die weitere Behandlung der Sache nach der erfolgten Deposition (zu b. und c.), so sind die Bestimmungen der neueren Ge= setzbücher hierüber sehr dürftig.

Das Preuß. Landrecht a. a. O. sagt hierüber nur:

§ 224. „Auch muß in einem solchem Falle (wenn nämlich
der Richter die Deposition auf Gefahr des unterliegenden Theils
zu gestatten hat) das Erkenntniß über die Rechtmäßigkeit oder
Unrechtmäßigkeit der Deposition bis zum Urtel in der Haupt=
sache ausgesetzt werden“.

§ 225. „Ob die Hauptsache vor den Richter, wo die Depo=
sition geschehen ist, gehöre oder nicht, bestimmt die Prozeß=
ordnung“. [14])

Das Oesterreichische b. G. B. enthält im letzten Satze des bereits oben angeführten § 1425 nur die Vorschrift:

„— Jede dieser Handlungen, wenn sie rechtmäßig ge=
schehen und dem Gläubiger bekannt gemacht worden
ist, befreit den Schuldner von seiner Verbindlichkeit, und wälzt
die Gefahr der geleisteten Sache auf den Gläubiger“.

Ebenso bestimmt der § 756 des Sächsischen b. G. B. am Schlusse nur:

„— Als Erfüllung gilt jedoch die Niederlegung erst von der
Zeit an, wo dem Berechtigten durch das Gericht bekannt ge=
macht worden ist, daß sie erfolgt ist“.

---

[13]) Kuntze, Deutsches Wechselrecht § 39 S. 99: An der Bestimmung des
Art. 40 ist nicht die Depositionsbefugniß an sich, sondern die Erlassung
der oblatio et citatio ad videndum deponi die wechselrechtliche Besonder=
heit; dieselbe ist dadurch veranlaßt, daß insgemein der Bezogene die Person
des Inhabers der circulirenden Tratte gar nicht weiß.

Vgl. Erk. des obersten Gerichtshofes zu Wien v. 10. Decbr. 1861 (im
Archiv für deutsches Wechselrecht und Handelsrecht XII S. 209 f.).

[14]) Merkel, Comment. zum A. L. R. I S. 507 bemerkt mit Recht, daß in
der Gerichtsordnung keine spezielle Bestimmung in Hinsicht der Deposition
zu finden sei.

In gleicher Weise erfordert der Code civil und das Badische Land=
recht Art. 1259 zur Gültigkeit einer Hinterlegung:

   3. „...daß von dem Staatsbeamten über die Gattung der
     angebotenen Stücke, über die Weigerung des Gläubigers sie
     in Empfang zu nehmen, oder über sein Nicht=Erscheinen
     und endlich über die erfolgte Hinterlegung ein Protokoll
     gefertigt sei;
   4. daß dem Gläubiger, der nicht erschien, das Protokoll über
     die geschehene Hinterlegung behändigt werde, mit der Auf=
     forderung, die hinterlegte Sache in Empfang zu nehmen".

Noch kürzer wird die Sache im privatrechtl. G. B. für den K.
Zürich abgefertigt, woselbst im Schlußsatze des § 996 nur gesagt ist:

    „— Ist der Aufenthaltsort des Gläubigers bekannt, so soll
    demselben davon (nämlich von der erfolgten Hinterlegung) amt=
    lich Kenntniß gegeben werden".

Der Bayerische Entwurf eines b. G. B. sowie der Entwurf eines
gemeinsamen deutschen Gesetzes über Schuldverhältnisse enthält auch
nicht einmal eine Hindeutung auf ein weiteres Verfahren nach erfolg=
ter Deposition.

Dagegen findet sich in dem Entwurfe eines b. G. B. für das
Großh. Hessen Buch I Art. 303 am Schlusse die Bestimmung:

    „— Wird die Hinterlegung oder Beschlagnahme vom Gläu=
    biger angefochten, jedoch durch rechtskräftiges richterliches Urtheil
    als rechtmäßig anerkannt, so wirkt sie von dem Tage an, an
    welchem sie vollzogen worden ist".

Hierin ist offenbar derselbe Gesichtspunkt angedeutet, den das oben
mitgetheilte Erkenntniß des O. A. G. zu Cassel vom 21. Januar
1853 aufstellt. Es muß also im Falle eines Streites über die Recht=
mäßigkeit der erfolgten Deposition die Sache im Wege einer besonderen
Prozeßverhandlung unter den betheiligten Personen ausgemacht werden.

Dies gilt auch nach unserem Recht.

In welcher Weise die Sache zur Erledigung zu bringen sei, be=
stimmt sich nach der Verschiedenheit der Fälle.

Steht die Person fest, welcher die hinterlegte Schuldsumme gebührt,
und erklärt sie sich zu deren Empfangnahme bereit, so ist mit der an
sie erfolgten Auszahlung der Depositalsumme die Sache beendet.

Ist zwar die Person des Gläubigers gewiß, dagegen streitig, ob
die deponirten Gelder die Schuld vollständig decken, so ist es Sache
des Gläubigers, die von ihm geltend gemachten Ansprüche im Wege
der Klage zu verfolgen. Es kann aber auch der Schuldner die Initia=
tive ergreifen und einen Klagantrag dahin richten:

zu erkennen, daß der Gläubiger durch das auf seine Ge=
fahr liegende und ihm statt der Zahlung zu überweisende
Depositum als Aequivalent seiner Forderung wegen der
letzteren befriedigt sei.[15])

Handelt es sich endlich um die Streitfrage, wer der Forderungs=
berechtigte sei, so muß dieselbe zwischen den als solchen auftretenden
Personen und dem Schuldner im Wege des Prozesses zum Austrage
gebracht werden.

4. Steht nun die Rechtmäßigkeit der gerichtlichen Hinterlegung fest,
so haben wir es mit den rechtlichen Wirkungen derselben zu thun.

In wesentlicher Uebereinstimmung mit den Grundsätzen des ge=
meinen Rechts bestimmt unser Preußisches Landrecht a. a. O.

§ 213. „Durch eine rechtmäßige gerichtliche Deposition der
schuldigen Summe oder Sache wird der Schuldner und dessen
Bürge, so wie durch wirkliche Zahlung oder Uebergabe, von der
Verbindlichkeit frei".

§ 228. „Durch eine rechtmäßige wirklich geleistete Deposition
geht die Gefahr der gerichtlich niedergelegten Sache auf den
Gläubiger über".

§ 229. „Von Verzögerungszinsen, Conventionalstrafen und
anderen nachtheiligen Folgen des Verzuges wird der Schuldner
seit dem Tage der Präsentation seines Gesuches frei, insofern
darauf die wirkliche Niederlegung geschieht, und dieselbe in der
Folge für rechtmäßig erkannt wird".

Es steht dies im Einklange sowohl mit den oben angeführten
älteren deutschen Landesrechten, als auch mit den neueren Gesetz=
büchern.

Auf einzelne Punkte ist noch näher einzugehen.

a. Daß die Gefahr der hinterlegten Geldsumme auf den Gläu=
biger übergeht, ist einfach eine Folge davon, daß das Geld als
eine generische Sache (Quantität) durch die gerichtliche Nieder=
legung, gleichwie durch die Zahlung, aus dem Vermögen des
Schuldners ausgeschieden wird und die Eigenschaft einer indivi=
duellen Sache (species) annimmt, so daß nun erst überhaupt
von der Tragung der Gefahr die Rede sein kann. Der Schuld=
ner hat sich des Geldes durch die Deposition entäußert. Es
wird so angesehen, als ob er dem Gläubiger gezahlt hätte.
Folglich muß auch den Letzteren die Gefahr treffen

---

[15]) Roloff a. a. O. S. 308.

Mevius, Decis. P. III dec. 15: Cum pecunia sub lite inter debitorem et creditorem in judicio deposita a Principe ablata et in usus ipsius conversa esset, in disceptationem venit, utrum a debitore iterum solvenda ideo ejus periculo sit, an creditoris? ... Existimatum fuit — prius discutiendum esse, penes quem steterit, ut non solveretur, ejusque ex mora quadam sua esse periculum. Si apparebit, ut allegabatur, creditoris causa id factum ... non poterit non casus, pro quo factum Principis reputandum, ipsius periculo esse, tum ob moram, tum ob praestitam depositioni causam, tum depositionis effectum, quia illa solutionis instar habet et liberat.

Idem P. V dec. 243: Depositionis in loco publico effectus est, quod liberat deponentem a periculo pecuniae depositae, quae exinde corporis seu certae speciei instar habens incipit, ideo creditori seu ei, cujus de illa actio est, si debitoris nulla culpa sit, perit. Saltem ut justa sit depositio requiritur... Est illud judicium, in quo fit depositio, sequestri loco, qui tamdiu lis durat utrique, cum desinit, vincenti tantum tenetur. Ut ergo apud istum res sequestrata perempta ei decedit, cui deinde praestari debuit, ita et cum in judicio deponitur ejusdem perriculum esse decet. Eo magis si non tam deponens quam creditor causa fuit depositionis. . .

b. Wichtiger als die Abwendung der Last, die Gefahr der Sache zu tragen, von der ja, wie oben erwähnt, bei Geldschulden immer erst nach Aussonderung (Individualisirung) der einzelnen Geldstücke die Rede sein kann, ist für den Schuldner die mit der Deposition eintretende Unterbrechung des Laufes der Conventionalzinsen so wie die Befreiung von der Pflicht, Verzugszinsen zu zahlen.

Gerade dieser durch die gerichtliche Hinterlegung zu erreichende Vortheil ist es, der in den oben S. 240 mitgetheilten römischen Rechtsquellen in einer Weise hervorgehoben wird, der uns annehmen läßt, daß das ganze Institut hauptsächlich darauf abzweckt, dem Schuldner in dieser Hinsicht zu Hülfe zu kommen.

Zinsen sind die Vergütung, welche der Schuldner eines Kapitals für dessen Benutzung zu zahlen hat.[16]) Die Verbindlichkeit zu deren Entrichtung dauert daher so lange, als der Schuldner sich im Genusse des Kapitals befindet. Sie endet daher der Regel nach erst mit der Abtragung des Kapitals. Wenn nun der Schuldner durch eigenes Verschulden des Gläubigers gehindert ist, sich seiner Zahlungspflicht zu

---

[16]) Vgl. meine „Beiträge zur Erläut. des Preuß. Rechts" XIII S. 220 f.

entledigen, so würde er sich von seiner Verbindlichkeit zur ferneren Verzinsung nur durch den höchst schwierigen Beweis befreien können, daß er das Geld bei sich unbenutzt zu des Gläubigers Disposition habe liegen lassen. Es ist daher nichts billiger, als daß die Gesetze dem Schuldner, welcher das fremde Geld wirklich nicht mehr gebrauchen und folglich auch nicht verzinsen will, durch die gerichtliche Nieder= legung einen leichten Weg eröffnen, sich von dem Vorwurfe eines auf fremde Kosten heimlich gemachten Gewinnes zu befreien.[17])

Donell, com. de jure civ. Lib. XVI cap. XIII: — — Et ut debitor oblatione sola non liberatur in sorte, sic nec nulla in parte retardantur sortis accessiones, ut usurae et pignora. Itaque qui sortem obtulit creditori, si creditore non accipiente hic substitit, nec pecuniam obsignavit ac deposuit tuto in loco, usuras non eo magis in posterum debere desinet.

Brunnemann, com. in C. ad l. 6 de usur. (4, 32) Nr. 2: — — Ex h. l. etiam communiter DD. probant, ad id, ut per oblationem cursus usurarum sistatur, non sufficere oblationem, sed requiri etiam obsignationem.

Id. ad l. 19 eod Nr. 3: Effectus autem hujus oblationis et consignationis describitur, quod sit inhibitio cursus legitimarum usurarum, adeo ut debitor usuras sive per stipulationem promissas, sive per moram officio judicis debitas amplius praestare non compellatur.[18])

Mommsen, Beiträge zum Obligationenrecht III S. 307: Der Schuldner ist im Falle einer Mora des Gläubigers berech=

---

[17]) Zimmern im Archiv für die civ. Praxis Bd. 3 S. 121 f.

[18]) Vgl. Berger, Responsa P. II resp. 90 nr. 3. Cursus usurarum non sistitur, quamvis creditor morosus demonstretur in accipiendo, sed requiritur depositio judicialis.

Pufendorf, Observ. jur. univ. T. III obs. 169 § 4: Neque vero ad sistendum usurarum cursum ex conventione debitarum oblatio sufficit, sed deinde creditore accipere nolente consignanda quoque et deponenda pecunia cum usuris est. . . § 5. Consignanda quidem praesentibus testibus ideo pecunia est, ut nummi certi intelligantur, a ceteris facultatibus debitoris hoc facto penitus separati et distincti et creditori quasi proprii seposti. Neque enim qui creditoris antea nummos accipiendo suos fecit, invito creditore dissolvere obligationem aliter potest, quam si ejusdem generis et quantitatis nummos a suo patrimonio separet eosque proprietate abdicata omni veluti creditori proprios seponat. Nulla autem separatione facta neque consignatione neque depositione abdicandae proprietatis gratia, utique nummi in proprietate et dominio debitoris videntur perdurasse, certe creditoris facti intelligi nullo modo possunt.

tigt, die geschuldete Geldsumme gerichtlich zu deponiren. Hat er dies gethan, so ist er völlig von seiner Schuld befreit; es wird also durch die Deposition auch der Lauf derjenigen Zinsen, welche ungeachtet der Mora des Gläubigers fortlaufen, unter=brochen.

Von diesen gemeinrechtlichen Grundsätzen weicht das bürgerliche Gesetzbuch für das K. Sachsen ab, indem dasselbe im § 750 bestimmt:

> „Von der Zeit des Verzuges des Berechtigten an trägt dieser die Gefahr des Unterganges und der Verschlechterung der ur=sprünglich dem Stücke nach bestimmten oder Behufs der Er=füllung ausgeschiedenen Sache ... Bei Forderungen, welche auf Geld gehen, wird der Verpflichtete von jeder weiteren Zins=zahlung frei ..."[19]

In gleicher Weise verordnet das privatrechtl. Gesetzbuch für den K. Zürich § 960:

> „Ist der Gläubiger im Verzug, indem er die angebotene Leistung ohne zureichenden Grund anzunehmen sich weigert, so hört umgekehrt die bisherige Zinsverpflichtung des Schuldners zu laufen auf".

c. Von besonderer Wichtigkeit ist die Frage: ob und wie lange dem Schuldner das Eigenthum und somit das Verfügungsrecht in Betreff der gerichtlich hinterlegten Gelder verbleibt und mit welchem Momente dasselbe auf den Gläubiger übergeht.[20]

Unter den gemeinrechtlichen Juristen ist es vorzugsweise Donell, der sich mit gewohntem Scharfsinn über diese Frage ausgesprochen hat. Er sagt in seinem comment. de jure civ. Lib. XVI cap. XIV:

> — — — Primum solutio id exigit, ut pecunia soluta non maneat penes debitorem, sed ab illo discedens transeat ad creditorem. Consentaneum igitur fuit, ut si oblationem pecuniae pro solutione habere volumus, detur opera, ne de-bitor pecuniam oblatam apud se retineat, sed a se dimittat perventuram ad creditorem, si ille voluerit postea ad se re-cipere. Hoc autem praestat debitori pecuniae oblatae de-positio. Hoc enim fit, ut debitor pecuniam apud se habere

---

[19] In den Motiven wird nur gesagt: „In diesem § ist von unserm bis=herigen Rechte insofern abgegangen worden, als der Schuldner von der Zeit an, wo der Gläubiger in mora accipiendi geräth, auch von den vertragsmäßigen Zinsen befreit wird." Mit Recht vermißt Unger in seiner krit. Besprechung des revidirten Entwurfes eines b. G. B. für das K. Sachsen S. 58, 59 hierin jede Rechtfertigung dieser Abweichung.

[20] Es ist in dieser Hinsicht besonders auf die Erörterungen Bornemann's a. a. O. zu verweisen.

desinat: pecunia autem recte deposita, sit apud eum, unde recipere possit creditor depositam, si velit. Hinc ergo primum exacta praeter oblationem depositio, ut imitaretur haec res propius solutionem. Sed quoniam aequum est hac depositione pecuniae ita liberari debitorem, ut quam maxime fieri potest, in eo consulatur creditori, ne eo facto pecunia illi pereat, ideo quaesita est amplius obsignatio praecedens et depositio hujusmodi, qua res deponeretur tuto in loco. Haec enim duo depositionem creditori tutam praestant, quibus fit, ut, si velit, possit certo pecunia ad eum pervenire; quod et ipsum proprium est solutionis . . .

Hoc jure posito, obsignatione pecuniae debitae debitorem liberari, quamdiu pecuniam depositam ad se non receperit, quaeri coepit de pecunia, quo jure esse incipiat: id est abeatne ea a debitore, qui hanc a se removit, et eo facto liberatus est; an vero, quia non transtulit, ejus maneat, et eodem jure, ut si non esset ab eo obsignata, et sive hujus manet, sive non manet, pereatne ea creditori, qui hanc non admisit; an vero quia illius causa obsignatur et deponitur, aliquo modo ei consulatur in ea re: et quae sint in eo utrique ejus pecuniae persequendae causa actiones . . .

Et si de debitore primum quaeritur, pecunia obsignata manet ejus, ut ante fuit; et quia eandem deponit, necesse est et' eum in ea pecunia eodem loco, quo ceteri qui deponunt, haberi. Ex quo illi ejus pecuniae recipiendae causa duae actiones, in rem ut domino adversus quosvis pecuniae possessores: et in personam depositi adversus depositarium. Ac debitorem manere dominum pecuniae obsignatae hinc intelligimus, quod necesse est id ita fieri, si dominium obsignatione ab eo non recessit. Juris autem certi ratio ostendit non recessisse. Primum nemo facto suo invitus dominium rei suae amittit; nemo nisi qui vult amittere. Non vult autem amittere, qui pecuniam pro derelicto non habet, sed ideo obsignat, ut servet, quam eandem et deponit, ut obsignatam in deposito habeat . . . Tum autem maxime qui obsignat pecuniam et deponit, nollet amplius esse pecuniae dominus, tamen sic jus est, ut possessio quidem recedat, ut quisque constituit nolle possidere; dominium autem nihilominus ejus maneat, qui dominus esse non vult, nisi aut transferat, aut rem abjectam pro derelicta habuerit. Manet ergo debitor pecuniae obsignatae dominus, qui obsignatione dominus esse non desiit. Scimus autem domino in rem actionem competere. In deposito hic non dubitatur, postquam pecuniam hîc obsignatam et depositam fingimus. Est autem depositi actio ei, qui rem deponit, adversus eum, qui accepit. Nihil detrahit in proposito huic obligationi, quod debitor pecuniam obsignatam deposuit hoc animo, ut

restituatur quandoque reposcenti creditori. Nam qui id agit,
ut restituatur alteri, idem id agit aperte, ut quamdiu illi
recte restituta non erit, restituatur sibi. Unde et in hac
ipsa conventione directam depositi actionem deponenti competere re nondum restituta, scriptum est in l. penult. C. ad
exhib. Quae cum sint duae debitori actiones ad pecuniam
obsignatam recipiendam, non mirum, si dicitur actio competere creditori adversus debitorem, si hic pecuniam depositam ad se receperit. Recte, si receperit, potest enim recipere, non tantum volente, et ultro restituente depositario,
aut ejus pecuniae possessore, sed etiam eo invito, ut adversus quem sint eo nomine eae actiones, quas dixi. Quibus ad liberationem accedentibus, apparet debitorem obsignatione et depositione pecuniae tria consequi, in obligatione liberationem, in jure pecuniae retentionem veteris
actionis in rem, et novam depositionem, eamque in debitore
obsignationis vim esse. — Neque ideo tamen res creditori
perierit: sed et huic hoc modo consulitur. Nam si debitor
jure suo usus pecuniam ad se receperit, incipit vetere actione
utili teneri creditori. Si patitur pecuniam in deposito esse,
contingit quidem plena liberatio, sed creditori pecuniae depositae persequendae causa placet easdem illas esse actiones, quas modo debitori eo nomine dedimus, in rem scilicet
adversus quosvis possessores et depositi adversus depositarium. Tantum hoc interesse, quod debitori superiores actiones sunt directae, ut vero domino, et ei, qui vere deposuerit:
creditori utiles . . . Neque ea re impediemur, quod creditor pecunia sibi non tradita dominus non est. Vere enim
et subtili jure non est dominus. Rem autem ex aequo
aestimanti tantum videri potest intervenisse, quantum satis
sit ad possessionem creditori acquirendam, et per possessionem dominium. Etenim deposita est pecunia apud depositarium, ut restitueretur creditori. Proinde deposita hoc
animo, ut depositarius esset in ejus pecuniae possessione
nomine creditoris. Porro is possidet, non qui in possessione
est, sed cujus nomine possidetur. Nondum tamen satis
ad possessionem acquirendam creditori. Nunquam enim acquiritur possessio per extraneam personam, nisi volenti.
Proinde nec in hac specie possessio pecuniae depositae
prius acquiri potest creditori, quam is re cognita constitu-
erit velle eam pecuniam per depositarium possidere. Quod
ubi fecit non repugnante depositario, exinde illi acquiritur possessio secundum regulas juris, et per possessionem dominium.
Qua ratione et tum recte dixerimus actionem directam in rem
incipere competere creditori, non utilem . . .

Der hier dargelegten Ansicht schließt sich auch Brunnemann an,
indem er (com. in C. ad l. 19 de usuris nr. 5) bemerkt:

Colligitur etiam ex textu: Si debitor receperit oblatam et depositam pecuniam, nunquam factam fingi depositionem. Sed si duret depositio, habet creditor utilem actionem depositi contra depositarium vel rei vindicationem ad res depositas tradendas. Ratio autem cur utilis actio detur, est, quia non ipse deposuit creditor, sed ipsius nomine et in utilitatem ejus fecit debitor, quo casu in nonnullis casibus solet utilis actio dari tertio. Sed cur reivindicatio datur, cum tamen recipere possit debitor pecuniam depositam? Resp. tunc adquiritur dominium, si creditor accipere velit, quod si nolit, debitor retinet dominium sub conditione tantum creditori quaesitum.

Ebenso wird in den Consil. Tubing. Vol. V consil. 70 nr. 221 sq. ausgeführt:

Certissimum est, quod, sicuti deponens, eo animo, hoc ipsum facere intelligitur, ut creditor, depositum recipiendo, dominium pecuniae depositae adquirat, ita etiam creditori illius dominium (cujus acquisitionem hactenus sola ipsius repugnantia impedivit) illico acquiratur, quamprimum ipsius expressa, vel tacita ratihabitio seu acceptatio accedit. Nam quod etiam hîc, non minus quam etiam in aliis negotiis, rebus ipsis et factis, quae nimirum citra animum et jus ratificandi fieri non possunt, declarata acceptatio et voluntas sufficiat, dubitare nos non sinunt, quae in simili de casu, ubi creditor depositum, ad hunc effectum, ut illud venderetur, et, quanto major confici possit, pecunia exinde conficeretur, acceptavit, notabiliter deducit Franciscus Niger Cyriacus, controv. for. 226 num. 30 et 31 . . . Et quemadmodum ex pecuniae legaliter depositae repetitione vel receptione, si nimirum deponens ad suas manus eandem recipiat, ex multorum sententia ipsum depositum in omnibus suis effectibus resolvitur . . . ita pariter ex pecuniae legaliter depositae tractatione, sive tali de illa, qualem proxime expendimus dispositione, ex parte creditoris, depositi acceptatio eidemque adhaerens dominii translatio colligitur justissime.[21]

---

[21] cf. Voet, com. ad P. 46, 3 nr. 29: — — ei, qui deposuit, adhuc repetendae rei depositae facultas competit, quamdiu per creditorem ablata non est; quo tamen casu perinde omnia habenda forent, ac si neque oblatio ulla facta, neque depositio secuta esset.
Berger, oecon. jur. Lib. III tit. XV th. V nota 2: Oblatione solenni — — dominium pecuniae depositae in creditorem non transire, quamvis eidem utilis rei vindicatio concedatur (l. 19 C. de usur.), quae tamen cessat, pecunia a debitore repetita.
Muelleri addit. ad Struv synt. jur. civ. Exerc. 47 th. 79 nota τ.

Hiermit stimmt auch eine von Mevius (Decis. P. II dec. 315) mitgetheilte Entscheidung überein:

> Depositione ideo facta, quod creditor tanquam non justo tempore modoque oblatam pecuniam recipere recusaverat, inde lite super eo, quod istius intererat, suborta, an, petitioni pecuniae ex deposito locus esset invito debitore? in quaestionem veniebat. Existimatum est, cum de debito constabat, nec controversum erat tantum atque depositum erat, praestandum esse, restitutionem decerni debere. Oritur quippe ex deposito creditori actio ad repetendum tanquam suum. Cui consequens restituendi necessitas, eo magis, quando depositio creditoris causa facta est, nec debitoris interest eam non solvi. Nec impedit lis adhuc durans et imposterum continuanda, quod illa non super eo agitatur, an debeatur (nam deberi liquidum erat, nec sub lite versabatur, quod solutionem juste remoretur), sed tantum an ultra id, quod depositum fuit, alicujus rei actori petitio sit. De quo ambigua disceptatio non debet liquidi solutionem remorari aut depositionem ulteriorem necessariam facere; quam malitiose exigit qui solvere debet, et a cujus partibus orta est depositionis occasio. Iniquum porro foret sub obtentu litis alterius alicui impingere, ut suo tamdiu careat, aut litem remittat. Imo et contra fidem deponentis. Audiendus itaque fuit non attenta contradictione creditor, qui depositam pecuniam exhiberi et tradi petit.

Von den neueren Schriftstellern, welche die gerichtliche Hinterlegung von dem gleichen Gesichtspunkte auffassen, sei nur Unger angeführt.

Derselbe sagt in seiner Schrift: „Die Verträge zu Gunsten Dritter" (Jena, 1869. Separatabdruck aus den Jahrbüchern für die Dogmatik des heutigen römischen und deutschen Privatrechts Bd. X) S. 48 f. mit Beziehung auf die l. 8 C. de exhib. (3, 42):[22]

> — — Obwohl ich in der utilis actio der L. 8 eine selbständige Klage des Eigenthümers sehe, so haben wir es hier doch nicht mit einem Vertrag in favorem tertii zu thun. Denn

---

[22] (Dioclet. et Max.) Si res tuas commodavit aut deposuit is, cujus in precibus meministi, adversus tenentem ad exhibendum vel vindicatione uti potes. Quod si pactus sit, ut tibi restituantur, si quidem ei qui deposuit successisti, jure hereditario depositi actione uti non prohiberis. Si vero nec civili nec honorario jure ad te hereditas pertinet: intelligis, nullum te ex ejus pacto, contra quem supplicas, actionem stricto jure habere: utilis autem tibi propter aequitatis rationem dabitur depositi actio.

der Deponent (einer fremden Sache), der die Rückgabe an den
Eigenthümer ausbedingt, handelt in seinem eigenen Interesse:
er schließt den Nebenvertrag zu seinen Gunsten, um der eige-
nen Verantwortung ledig zu werden: die Vorsorge für den
Eigenthümer ist die Gestalt, in der er für sich selbst sorgt. Das
selbständige Klagerecht des Eigenthümers ist sonach nur eine
Reflexwirkung des eigenen Interesses des Deponenten oder
Commodanten: der Dritte hat den eigenen Restitutionsanspruch
in erster Linie nicht um seinet-, sondern um jenes willen.
Auch hat der Eigenthümer in der That nur ein beschränktes
Interesse an dieser selbständigen Klagberechtigung: nur wenn
und so lange der Empfänger die Sache hat, ist es für ihn
von Interesse, einen direkten Anspruch auf Restitution gegen
jenen zu haben; er hat aber durchaus kein Interesse daran,
seine Sache gerade von diesem Besitzer zurückzuerhalten. Daher
kann der Deponent oder Commodant immer wieder die weiter-
gegebene Sache vom Empfänger zurücknehmen: es liegt darin
durchaus keine materielle Verletzung des Interesses des Eigenthümers, der sich wegen der Restitution nunmehr wieder wie
vordem an den Deponenten oder Commodanten hält.

Von diesem Standpunkt ist auch die gerichtliche Hinterlegung
einer geschuldeten Geldsumme zu beurtheilen (L. 19 C. de usur.
4, 32. L. 9 C. de solut. 8, 43). Es ist mir unbegreiflich,
wie man behaupten kann,[23] daß der deponirende Schuldner
hierbei als Vertreter, als Geschäftsführer des Gläubigers handle.
Ist es denn etwa Sache des Gläubigers, das angebotene Geld
gerichtlich zu hinterlegen? Seine Sache wäre es gewesen, die
angebotene Geldsumme anzunehmen. Da er dies nicht thut,
deponirt der Schuldner, um sich zu befreien. Daß der Schuldner nicht nur in seinem eigensten Interesse, sondern sogar gegen
das Interesse des Gläubigers handelt, indem er deponirt (depone, ut cursus legitimarum usurarum inhibeatur L. 19 cit.
L. 6 eod. L. 1 § 3 D. de usur. 22, 1. L. 28 § 1 D. de adm.
et peric. 26, 7) ergibt sich unter Anderem auch daraus, daß
in früherer Zeit der Schuldner schon durch Versiegelung und
Niederlegung der geschuldeten Summe bei sich selbst (cf. L. 7
D. de usur. 22, 1) sich befreien konnte. Der Schuldner deponirt also zwar für den Gläubiger, aber nicht statt des Gläubigers: er deponirt zu seinen eigenen Gunsten, aber zu Handen
des Gläubigers. Dieser erlangt dadurch eine selbständige wirk-
same Klage (actio utilis L. 19 cit) gegen den Depositar, so
daß er sich praktisch in der Lage befindet, als hätte er selbst
deponirt.[24] Da er aber an der Deposition durchaus kein

---

[23] Koch, Recht der Forderungen (2. Aufl. 1859) II S. 672. Schmid,
Cession I S. 442 f.

[24] Savigny, Obl.-R. I S. 163.

eigenes Interesse hat, so kann der Schuldner die deponirte Summe immer wieder zurücknehmen (nisi eas receperit L. 19 cit.): [25] dadurch wird die Lage des Gläubigers nur verbessert, indem die Schuld sammt dem Pfand (L. 8 C. de distr. pign. 8, 28) [26] wieder auflebt und der Zinsenlauf von Neuem beginnt (L. 7 D. cit.). [27]

Was nun die deutsche Gesetzgebung über diesen Punkt betrifft, so hat die fast allgemein verworfene Ansicht einiger älteren Praktiker, daß schon mit der Deposition selbst das Eigenthum der niedergelegten Gelder auf den Gläubiger übergeht, durch die bereits oben S. 243 angeführte Vorschrift des § 15 Kap. 14 Th. IV des Baierischen Landrechts gesetzliche Bestätigung gefunden, indem hier ausgesprochen wird:

daß „der Creditor von Zeit der Deposition für den Eigenthümer des Depositums geachtet wird, folglich auch alle Gefahr hierum auf sich hat", [28]

---

[25] Schmid will dies daraus erklären, daß „der Schuldner bei der Deposition nicht als Beauftragter, sondern nur (?!) als neg. gestor des Gläubigers handle" und meint, daß der Schuldner das deponirte Geld nicht wieder zurücknehmen könne, sobald „der Gläubiger durch Genehmigung der Geschäftsführung die zu Gebote gestellte actio utilis rückwärts sich angeeignet und diese Aneignung dem Depositar auf irgend eine Weise zu erkennen gegeben habe": von diesem Augenblick an sei der Depositar bei Vermeidung doppelter Zahlung verpflichtet, den utiliter berechtigten Quasicessionar als seinen ausschließlichen Gläubiger zu betrachten und der direkten Klage des Quasicedenten eine doli exceptio entgegenzusetzen" (!). Also eine doli exceptio gegen den Deponenten, der durch Rücknahme die Lage des Gläubigers wesentlich verbessert! Noch ärger Koch II S. 673 f.; gegen ihn schon Holzschuher, Theorie und Casuistik 3. Aufl. (1864) S. 407. Vgl. auch Arndts § 261 Anm. 2.

[26] Die Worte der L. 8: et hodie in eadem causa permanet können nur den Sinn haben: „wenn der Schuldner das Depositum nicht mittlerweile zurückgenommen hat", nicht, wie Koch, Recht der Ford. II S. 674 Note 7 will: „wenn der Gläubiger das deponirte Geld nicht mittlerweile genommen hat"; denn hat er es genommen, so ist der Verkauf des für die Schuld bestellten Pfandes erst recht unstatthaft, während, wenn der Schuldner es zurückgenommen, der Verkauf allerdings wieder gestattet ist.

[27] Ueber diese Stelle vgl. Mommsen, Lehre von der Mora (1855) S. 307 Note 3.

[28] v. Kreittmayr sagt hierüber in seinen Anmerkungen a. a. O. Nr. 5 nichts weiter als: Ob das Dominium rei depositae mittels der gerichtlichen Hinterlegung gleich ipso Facto auf Creditorem hinübergeht, wird zwar de Jure communi controvertirt per alleg. apud Lauterbach § 29, in unserem Codice aber Nr. 7 affirmative decidirt.

und daran der Satz geknüpft ist:

> „daß ihm dasselbe bei Gericht, wo solches hinterlegt worden
> ist, auf Begehren gegen Schein unweigerlich abgefolgt werden
> soll".

Unmittelbar hieran reiht sich indeß die weitere Bestimmung:

> „Meldet sich aber der Deponent selbst noch vorher, und re
> adhuc integra um die Wiederausfolglassung des Depositums,
> so soll man ihm auch damit willfahren, welchenfalls jedoch durch
> die Retradition das Debitum und alles andere ipso Facto
> wiederum in vorigen Stand kömmt, wie es vor der Deposition
> gewesen, außer soviel die Pfand= und Bürgschaften betrifft,
> welche ohne Erneuerung nicht revivisciren".

In dem Preußischen Allgemeinen Landrechte, ebenso in dem Oester=
reichischen bürg. Gesetzbuche ist die oben aufgestellte Frage ganz un=
entschieden geblieben.

Dagegen verordnet das bürg. Gesetzbuch für das K. Sachsen

> § 758. „So lange dem Berechtigten noch nicht durch das
> Gericht bekannt gemacht worden ist, daß die gerichtliche Nieder=
> legung erfolgt sei, steht dem Verpflichteten das Recht zu, die
> Niederlegung rückgängig zu machen, und es lebt durch die Rück=
> gabe des Niedergelegten an ihn die frühere Verbindlichkeit des=
> selben nebst den Nebenverpflichtungen wieder auf. Hat der
> Berechtigte von der Niederlegung bereits Nachricht erhalten, so
> kann das Niedergelegte nur mit dessen Einwilligung an den
> Verpflichteten zurückgegeben werden und es entsteht durch die
> Rückgabe in diesem Falle ein neues Rechtsverhältniß zwischen
> den Betheiligten".

Zur Rechtfertigung dieser Vorschrift bemerkt Pöschmann in Sieben=
haar's Comment. II S. 64, 65:

> Aus dem ersten Satze des § folgt zunächst, daß das Gericht,
> bei welchem ein Schuldner in Gemäßheit des § 756 deponirt
> hat, so lange die Notification nicht erfolgt ist, demselben auf
> dessen Verlangen ohne Weiteres, gegen Bezahlung der Kosten,
> das Depositum zurückzugeben hat. Wegen des solchenfalls be=
> merkten Wiederauflebens der früheren Verbindlichkeit und der
> Nebenverpflichtungen ist zu berücksichtigen, daß etwas wirklich
> Todtes nicht wieder aufleben kann, somit die gebrauchte Rede=
> wendung schon an sich darauf hinweist, daß jene und diese bis
> zur Notification nur als scheintodt oder schlafend zu gelten
> haben. Ganz anders verhält es sich, wie theils aus dem Gegen=
> satze, theils aus dem zweiten Theile des § folgt, von dem Mo=
> ment der Notification an. Mit diesem ist die Obligation durch
> Zahlung erloschen, und es ist gewiß nur consequent, wenn das
> B. G. B. dabei die Idee festhält, daß eine wirklich erloschene

Obligation nicht wieder als dieselbe aufleben kann, sondern, wenn auch die Interessenten ihr Wiederaufleben beschließen, dieß doch nur so verstanden werden darf, daß eine neue Obligation nach dem Muster der alten entstehen soll; was freilich nur in= nerhalb der Rechtssphären der Vertragschließenden von Gewicht sein, also die im Moment der Notification mit der Haupt= obligation definitiv erloschenen Nebenverpflichtungen nicht wieder aufleben machen kann, ohne daß dabei interessirte Dritte in die neue Obligation freiwillig und ausdrücklich eintreten. (Es wird dies durch ein Beispiel erläutert). [29]

Gleichwohl kann es nicht für gerechtfertigt erachtet werden, wenn das Sächsische b. G. B. im § 758 als den Zeitpunkt, mit dem das Verfügungsrecht des Schuldners über das gerichtlich Hinterlegte auf= hört, den Moment bezeichnet, an welchem der Gläubiger durch das Gericht von der Niederlegung Nachricht erhalten hat. Es steht dies im Zusammenhange mit der oben erwähnten Vorschrift des § 756:

> „— Als Erfüllung gilt die Niederlegung erst von der Zeit an, wo dem Berechtigten durch das Gericht bekannt gemacht worden, daß sie erfolgt ist".

Damit ist jedoch dieser Benachrichtigung eine Bedeutung beigelegt worden, die ihr der Natur der Sache nach nicht zukommen kann. An sich hat dieselbe keinen anderen Zweck, als dem Gläubiger von der auf Anrufen des Schuldners erfolgten Deposition, als einem von diesem einseitig vorgenommenen Rechtsakte, Kenntniß und zur Wahr= nehmung seines Interesses Gelegenheit zu geben. Es ist ihm dadurch die Möglichkeit geboten, das für ihn Hinterlegte, unter Aufgabe seiner bisherigen Weigerung oder unter Nachbringung des bisher fehlenden Beweises seiner Legitimation, in Empfang zu nehmen, oder im Wege des Prozesses die Deposition als eine unrechtmäßige anzufechten. Die rechtliche Lage des Schuldners und des Gläubigers in Beziehung auf die erfolgte Hinterlegung erleidet aber durch die vom Gericht aus= gegangene Benachrichtigung des Gläubigers durchaus keine Aenderung. Wenn also der Letztere, dieser Benachrichtigung gegenüber, sich nach wie vor unthätig verhält, sollte nunmehr dem Schuldner das bisher an der deponirten Sache ihm unbestritten zustehende Eigenthum und Ver= fügungsrecht entzogen sein — und zwar deshalb, weil das Gericht

---

[29] Diese Erörterungen sind aller Wahrscheinlichkeit nach durch die tadelnden Bemerkungen Unger's in seiner kritischen Besprechung des revidirten Entwurfes eines b. G. B. für das K. Sachsen (Leipz. 1861) S. 44 f. veranlaßt und sollen zu deren Abwehr dienen.

dem Gläubiger von der erfolgten Hinterlegung Kenntniß gegeben hat? Worin soll der Rechtsgrund für eine solche Umwandelung des bisherigen Rechtsverhältnisses liegen?

Es kommt dazu, was Unger in seiner in Note 29 angeführten Schrift S. 43 hervorhebt:

> Wie soll man sich den Zustand zwischen der Niederlegung bis zur Benachrichtigung des Gläubigers denken? Der Schuldner ist befreit, die Verbindlichkeit sammt allen Nebenverpflichtungen ist aufgehoben, dennoch aber ist der Gläubiger immer noch berechtigt, da erst mit seiner Bekanntmachung die Niederlegung als Erfüllung gilt. Also ein Forderungsrecht ohne correspondirende Schuldverbindlichkeit, und ein Eintritt der Wirkungen der Erfüllung vor der Erfüllung! Diese Verrenkung und Verdrehung eines einfachen Verhältnisses scheint wohl aus dem Bestreben hervorgegangen zu sein, für die unrichtige und unklare Bestimmung des § 777 des Entwurfs § 755 des bürg. Gesetzb. eine Art Grundlage zu gewinnen.

Der richtige Gesichtspunkt ist allein der von den oben angeführten gemeinrechtlichen Juristen dargelegte, wonach der Schuldner das Niedergelegte so lange zurückzuziehen befugt ist, bis der Gläubiger dasselbe in Empfang genommen oder doch zu dieser Empfangnahme sich bereit erklärt hat — ein Fall, welchem auch der gleichsteht, wenn der Schuldner dem Gläubiger gegenüber ein die Rechtmäßigkeit der Deposition anerkennendes rechtskräftiges Urtheil erstritten hat.

Dieser Ansicht folgen der Code civil und die neueren deutschen Gesetzentwürfe.

> Code civil und Badisches Landrecht Art. 1261. „Der Schuldner kann die Hinterlegung, so lange sie von dem Gläubiger nicht angenommen ist, zurücknehmen; alsdann sind seine Mitschuldner oder Bürgen ihrer Verbindlichkeit nicht entledigt".
>
> § 1262. „Sobald ein rechtskräftiges Urtheil die Darlegung zur Hinterlegung für gesetzlich und gültig erklärt, so kann der Schuldner zum Nachtheil seiner Mitschuldner oder Bürgen, selbst mit Einwilligung des Gläubigers, die Hinterlegung nicht mehr zurücknehmen".[3]

---

[30] Zachariä v. Lingenthal, Handb. des Franz. Civilrechts 5. Aufl. von Anschütz § 322. So lange der Gläubiger die geschehene Hinterlegung der Zahlung noch nicht angenommen hat, oder so lange die Hinterlegung noch nicht durch ein rechtskräftiges Urtheil für gültig erklärt worden, kann der Schuldner das Gezahlte einziehen und mit der Wirkung zurücknehmen, daß die Verbindlichkeit schlechthin und mit allen ihren Folgen wieder erlischt. Unter der entgegengesetzten Voraussetzung kann die Zurücknahme des Gezahlten nur mit Zustimmung des Gläubigers geschehen;

Entwurf eines b. G. B. für das Großh. Hessen Buch I Art. 304. „So lange der Gläubiger die gerichtlich hinterlegte oder in Beschlag genommene Sache nicht angenommen hat, oder so lange die vom Gläubiger bestrittene Rechtmäßigkeit und Forderungs=Gemäßheit der Hinterlegung beziehungsweise der Beschlag=nahme durch rechtskräftiges richterliches Urtheil noch nicht an=erkannt ist, kann der Schuldner die Sache wieder zurücknehmen.

Dieses Recht zur Zurücknahme fällt jedoch hinweg, wenn der Schuldner auf den Grund der gerichtlichen Hinterlegung bereits die Löschung der zur Sicherheit seiner Verbindlichkeit bestellten Hypothek erwirkt hat".

Art. 305. „Macht der Schuldner von dem ihm nach Art. 304 zustehenden Rechte der Zurücknahme Gebrauch, so lebt seine Verbindlichkeit vollständig sammt der Bürgschaft oder dem Pfandrechte wieder auf, welche zur Sicherheit derselben geleistet, beziehungsweise bestellt worden waren". [31]

Entwurf eines b. G. B. für das K. Bayern Th. II Art. 179. „Der Schuldner kann die hinterlegte oder in Beschlag genommene Sache zurückziehen, so lange sie noch nicht an den Gläubiger gelangt und nicht bereits die für die Schuld bestellte Hypothek gelöscht oder die für dieselbe hinterlegte Kaution zurück=gegeben ist.

Im Falle der Zurücknahme lebt die Verbindlichkeit vollständig sammt den Bürgschaften und Pfandrechten wieder auf". [32]

---

auch ist alsdann die Verbindlichkeit, welche der Schuldner zu Folge dieser Uebereinkunft etwa übernimmt, schlechthin als eine neue Verbindlichkeit zu betrachten.

[31] Motive S. 156, 157: Die Zurücknahme des Hinterlegten ist dem Schuldner von selbst nicht mehr möglich, wenn der Gläubiger die hinterlegte Sache acceptirt, oder wenn der Schuldner den Gläubiger zur Anerkennung der Rechtmäßigkeit der Deposition gerichtlich gezwungen hat. Denn im ersten Falle hört die Deposition auf, ein einseitiger, widerruflicher Act zu sein. Im zweiten Falle aber, d. h. wenn von dem Gläubiger die Rechtmäßigkeit der Deposition bestritten und vom Schuldner ein rechtskräftiges richter=liches Urtheil erwirkt worden ist, das die Rechtmäßigkeit der Deposition anerkennt und ihn auf diesen Grund hin von seiner Verbindlichkeit libe=rirt, fällt jede weitere Disposition des Schuldners über das Hinterlegte von selbst hinweg. Doch muß dem Schuldner auch außer diesen beiden Fällen die Zurücknahme des Hinterlegten untersagt werden, wenn durch diese die Rechte des Gläubigers beeinträchtigt werden würden, insofern die Forderung nicht mehr mit der zu ihrer Sicherheit bestellten Hypothek aufleben könnte, weil solche bereits gelöscht worden.

[32] Den letzteren Satz vertheidigt gegen die Einwendungen J. J. Lang's in seiner krit. Beleuchtung des Bayerischen Gesetzentwurfs Heft II (München, 1862) S. 117 f. Arndts in der kritisch. Vierteljahrsschrift für Gesetz=gebung und Rechtswiss. V S. 330.

Entwurf eines gemeinsamen deutschen Gesetzes über Schuld=
verhältnisse Art. 372. „Der Schuldner kann — den hinter=
legten Gegenstand wieder zurücknehmen, so lange nicht der
Gläubiger denselben annehmen zu wollen erklärt, oder die für
die Schuld bestellte Hypothek gelöscht oder die für dieselbe be=
stellte Caution zurückgegeben worden ist.

Von der Zeit der Zurücknahme an tritt die Verbindlichkeit
nebst allen Nebenverbindlichkeiten, insbesondere nebst den etwa=
nigen Pfandrechten und Bürgschaften wieder in Kraft".

5. Bei der gerichtlichen Hinterlegung kommt zugleich das dadurch
zwischen den Interessenten (dem Schuldner und Gläubiger) und dem
Gericht als Depositar entstehende Rechtsverhältniß in Betracht.

Ueber dieses Rechtsverhältniß spricht sich aus:

Luden in Weiske's Rechtslexicon III S. 307 f. Dem Rö=
mischen Recht ist zwar die Einrichtung bekannt, daß ein Schuld=
ner, um sich von der Verbindlichkeit zu befreien, die schuldige
Summe, welche der Gläubiger nicht annehmen will, entweder
im Tempel oder an einem andern sicheren Ort, welchen der
Richter anweist, deponiren kann; aber die Deposition im Ge=
richte selbst, durch welche die moralische Person des Gerichts
zum Depositar wird, ist ein eigenthümliches Institut des germa=
nischen Rechts, welches durch die vorgeschriebenen Depositenord=
nungen der einzelnen Staaten regulirt zu sein pflegt. — Das
Depositenamt an und für sich gehört seinem Begriffe nach zu
der freiwilligen Gerichtsbarkeit, obgleich es vorkommen kann,
daß die Anordnung einer gerichtlichen Deposition von dem
Richter bei Ausübung der streitigen Gerichtsbarkeit verfügt wor=
den ist....

Im Allgemeinen steht das gerichtliche Depositum unter den
Grundsätzen des römisch=rechtlichen Depositums, soweit nicht
durch den Umstand, daß der Depositar eine öffentliche Behörde
ist, zu deren Amtspflicht die ordnungsmäßige Bewahrung der
deponirten Sache gehört, nothwendige Modificationen eintreten.
Das Gericht hat daher vor Allem die Pflicht, die Sache ordent=
lich aufzubewahren und dem Deponenten seiner Zeit zurück=
zugeben. In Ansehung der Art der Aufbewahrung darf sich
aber das Gericht nicht auf die Sorgfalt beschränken, welche dem
Depositar bei dem gewöhnlichen, rein privatrechtlichen Depositum
obliegt. — Die Obliegenheit des Gerichts in Beziehung auf
die bei ihm deponirten Sachen pflegt aber in vielen Fällen nicht
auf die ordnungsmäßige Aufbewahrung und gehörige Wieder=
ablieferung beschränkt zu sein, sondern sich auch auf eine vor=
theilhafte Verwaltung derselben zu erstrecken: Hinsichtlich der
Gelder erfordert es die Gerechtigkeit, daß von Amtswegen für
die verzinsliche Ausleihung gesorgt werde, damit die Eigenthümer
nicht durch das Gesetz selbst in Schaden gerathen. Auch ist es

ein Vortheil für das Allgemeine, daß die Gelder dem Verkehr nicht entzogen werden.

So wird auch in einem Erkenntnisse des O. A. G. zu Dresden vom 27. März 1863 gesagt:

— Soweit die Klage auf die Einzahlung der Gelder zum gerichtlichen Depositum gestützt worden ist, stellt sich dieselbe als actio depositi dar, da der Gerichtsherr verpflichtet ist, für die sichere Aufbewahrung der bei seinen Gerichten niedergelegten Deposita Sorge zu tragen, die von seinen Beamten bei der Aufbewahrung begangenen Nachlässigkeiten, Veruntreuungen und andere widerrechtliche Handlungen zu vertreten und die niedergelegten Sachen dem Deponenten oder Demjenigen, welcher sich sonst zur Erhebung legitimirt, auszuantworten, indem diese Verpflichtung des Staatsfiskus in Betreff der bei königlichen Gerichten niedergelegten Sachen als eine civilrechtliche Verbindlichkeit anzusehen ist, auf welche die Grundsätze der actio depositi Anwendung leiden... (Seuffert, Archiv XVII Nr. 123).[33]

Das Preußische A. L. R. Th. I Tit. 16 enthält die allgemeine Vorschrift

§ 233. „Was bei der Deposition sonst Rechtens sei, ist theils in der Depositalordnung, theils im Titel vom Verwahrungsvertrage vorgeschrieben. (Tit. 14 Abschn. 1.)"

Das durch die gerichtliche Hinterlegung zwischen den Depositions-Interessenten und dem Gericht entstehende Verhältniß läßt sich nach den Grundsätzen unseres Rechts gar nicht als ein privatrechtliches auffassen.

„Unser Depositorium — wie Roloff in der oben angeführten Abhandlung ganz richtig ausführt — ist eine unter richterlicher Administration stehende Staatsanstalt, welche sich übrigens keineswegs auf die bloße Aufbewahrung der ihr anvertrauten Gegenstände beschränkt, sondern namentlich die eingezahlten baaren Gelder durch zinsbare Belegung verwaltet. Diese Anstalt ist in ihrer jetzigen Organisation erst im Laufe des vorigen Jahrhunderts auf einheimischem Boden erwachsen und hat sich ganz selbständig entwickelt.[34] Daß von einem Kontraktsverhältnisse in allen den häufigen Fällen nicht die Rede sein könne, wo eine gesetzliche Verpflichtung, also ein Zwang zur gerichtlichen Niederlegung eintritt, leuchtet von selbst ein; aber auch da, wo die Niederlegung aus freien Stücken offerirt wird, hängt es nicht vom

---

[33] Vgl. das Erk. des O. A. G. zu München v. 28. Juli 1846. (Ebendas. II Nr. 159).

[34] Odebrecht in der Juristischen Wochenschrift. Jahrg. 1840. S. 829 ff.

freien Entschlusse des Richters ab, das Anerbieten zu acceptiren oder
abzulehnen; vielmehr unterliegt die solchergestalt begehrte Benutzung der
Staatsanstalt bestimmten, dem öffentlichen Recht angehörigen Regeln,
welche sich als solche jeder Einwirkung durch Privatwillkür und Vereinbarung völlig entziehen. Der Richter, indem er das angebotene
Depositum annimmt, kontrahirt daher nicht mit dem Deponenten oder
einem durch diesen vertretenen Dritten, wie Koch (A. L. R. Th. I
Tit. 16 § 233 Note 22 und Recht der Ford. 2. Aug. Bd. 2 S. 668,
672) annimmt, sondern er administrirt sein Amt ganz in derselben
Weise, als wenn er im Prozesse eine von der Partei produzirte Beweisurkunde in Empfang nimmt und zu den Akten bringt".

Hiernach kann gegen die Staatsanstalt selbst ein Prozeßverfahren
weder über die Zulassung einer angebotenen Deposition, noch über die
Rückgabe oder Erstattung des gerichtlich Hinterlegten stattfinden. Es
ist daher von dem Schlußsatze der l. 19 C. de usuris (4, 32):

> Creditori scilicet actione utili ad exactionem earum non
> adversus debitorem, nisi forte eas receperit, sed contra de-
> positarium, vel ipsas competente pecunias.

nach unserem Rechte nicht in dem Sinne Anwendung zu machen, daß
dem Gläubiger oder dem Schuldner ein im gewöhnlichen Rechtswege
zu verfolgendes, persönliches oder dingliches Klagerecht gegen das Gericht, bei welchem die Hinterlegung erfolgt ist, zustände. Es ist vielmehr die durch Annahme des Depositums überkommende Verbindlichkeit des Gerichts, zur gehörigen Verwahrung, Verwaltung und Rückgabe, als ein Theil seiner Amtspflicht, lediglich nach den Grundsätzen
des öffentlichen Rechts zu behandeln und auf diesem Wege den Ansprüchen der Deposital-Interessenten, dem Gericht gegenüber, Geltung
zu verschaffen.

6. Endlich ist noch die Frage zu berühren:

> wen die Kosten der gerichtlichen Hinterlegung treffen.

Die gemeinrechtlichen Praktiker stellen den richtigen Grundsatz auf:

> Sumtus, propter depositionem pecuniae solvendos, fert
> ille, qui depositioni causam dedit.[35]
> Qui propter moram depositionem judicialem causavit, ad
> expensas quascunque tenetur.[36]

Koch, Recht der Ford. (2. Ausg.) II S. 678 bemerkt:

> Die Kosten einer rechtmäßigen Deposition trägt allemal der
> Gläubiger; doch wird der Schuldner diejenigen Kosten, welche

---

[35] Brokes in obs. for. obs. 62.
[36] JCti Hal. T. I. Lib. I cons. 340 n. 2.

ihm die ordentliche Zahlung gemacht haben würde, zu Hülfe geben müssen, weil er erst dadurch seiner Verbindlichkeit vollständig genügt, und durch die Deposition nichts gewinnen soll.

Die Bestimmungen der neueren Gesetzbücher hierüber sind folgende:

Preuß. A. L. R. Th. I Tit. 16 § 230. „Hat der Gläubiger die Annahme der Zahlung aus rechtmäßigen Ursachen verweigert, oder werden die von dem Schuldner seiner oder seines Bevollmächtigten Legitimation entgegengesetzten Zweifel als unerheblich verworfen: so kann die auch wirklich erfolgte Deposition die Stelle der Zahlung oder Uebergabe nicht vertreten, sondern sie ist auf Gefahr und Kosten des Schuldners geschehen".

Tit. 17 § 158. „Die Kosten der Niederlegung müssen die Erben (des Gläubigers) tragen, sobald das Bedenken des Schuldners, welches dieselbe veranlaßt hat, nicht offenbar unerheblich gewesen ist".

Sächsisches b. G. B. § 760. „Die Kosten einer gehörig erfolgten gerichtlichen Niederlegung fallen dem Berechtigten zur Last".

Code civil und Badisches Landrecht Art. 1260. „Die mit der Darlegung und Hinterlegung verbundenen Kosten fallen dem Gläubiger zur Last, wenn jene auf gültige Weise geschehen sind". [37]

Gleiche Vorschriften enthalten die neueren Entwürfe deutscher Gesetzbücher.

Großh. Hessischer Entwurf eines b. G. B. Buch I Art. 306. „Die Kosten der gerichtlichen Hinterlegung und Beschlagnahme hat der Gläubiger in allen Fällen zu tragen, in welchen sie mit Recht und der Forderung gemäß geschehen und vom Schuldner nicht wieder zurückgenommen worden ist." [38]

---

[37] In Maleville's Comment. über das Gesetzbuch Napoleons, übersetzt und mit practischen Erläuterungen versehen von Wilhelm Blanchard wird dazu bemerkt: Es ist zwar allzeit gerecht, daß die Kosten der Hinterlegung dem Gläubiger zur Last fallen, der die Annahme der Zahlung schon verweigert hat; indessen müßte, meines Erachtens, der Schuldner die Kosten des wirklichen Anerbietens tragen, es sei denn, daß es schon gewiß sei, daß der Gläubiger die Zahlung nicht annehmen wolle.

Meiner Meinung nach muß man folgenden Unterschied machen: entweder nimmt der Gläubiger das Anerbieten an, ohne daß es nöthig ist, zur Hinterlegung zu schreiten, und in diesem Falle müssen die Kosten des Anerbietens dem Schuldner zur Last bleiben, wenn nicht eine vorherige Weigerung des Gläubigers schon erwiesen ist; oder er nimmt das Anerbieten nicht an, und macht dadurch die Hinterlegung nothwendig, und nun ist der Fall des Artikels vorhanden, und der Gläubiger muß die Kosten von allem tragen.

[38] Motive S. 157: Es versteht sich schon nach allgemeinen Rechtsgrund-

Bayerischer Entwurf eines b. G. G. Th. II Art. 180. „Die Kosten einer in rechtmäßiger Weise bewirkten und vom Schuldner nicht widerrufenen gerichtlichen Hinterlegung oder Beschlagnahme hat der Gläubiger zu tragen". [39]

sätzen von selbst, daß der Gläubiger in allen Fällen, wo die Hinterlegung mit Recht und nach Inhalt der Verbindlichkeit geschehen ist, die Kosten derselben zu tragen hat. Denn er war es ja, welcher die Veranlassung zur Deposition, sei es mit oder ohne bösem Willen gegeben hat. Und mit der Ursache muß er auch deren Folgen übernehmen. Nur dann freilich, wenn der Schuldner das Hinterlegte wieder zurückgenommen hat, muß Letzterer auch die Kosten dieses Actes, eben weil er vergeblich war, selbst tragen.

[39] Hiermit stimmt wörtlich überein der Entwurf eines gemeinsamen deutschen Gesetzes über Schuldverhältnisse Art. 373.

Druck von Bär & Hermann in Leipzig.

Verlag von **Franz Vahlen** in Berlin.

Geschichte des Deutschen Volkes
in
kurzgefaßter übersichtlicher Darstellung,
zum Gebrauch
an
höheren Unterrichtsanstalten und zur Selbstbelehrung
von
Professor Dr. David Müller.

Zweite verbesserte und bis 1867 vervollständigte Auflage.

XXIV und 436 Seiten gr. 8. Geh. 1¹/₆ Thlr., geb. 1¹/₃ Thlr.

(Tabellen apart à 2¹/₂ Sgr.)

Das Büchlein, von welchem der Verfasser bescheiden sagt, es gebe keine auf Quellenstudien beruhenden Ergebnisse, sondern folge unseren großen Meistern nur „wie der Aehrenleser folgt dem Schnitter", stellt sich mit glücklichem Griff in die Mitte mehrerer vorhandener und füllt eine wirklich vorhandene Lücke aus. — Seit neuerer Zeit hat man angefangen, die Geschichtsbücher auch für die Schulen lesbar, nicht blos in dürrer Leitfaden= und Tabellenform zu schreiben. Von solchem Be= streben gingen Weber, Dittmar, Hahn u. A. aus. Aber das vorliegende, abgesehen davon, daß in anziehender Darstellung unter den oben genannten etwa nur der kleine Weber sich mit ihm messen kann, ist auch seinem Inhalte nach geeignet, eine Geschichte des Deutschen Volkes für unsere Deutsche Jugend zu werden, an der es bekanntlich immer noch fehlt. — Weber ist mehr universalhistorisch gehalten; wir theilen aber in dieser Hinsicht ganz die Ansicht unseres Verfassers, wenn er im Vorworte sagt: „Wenn hie und da schon auf der mittleren Lehrstufe die kosmo= politische Neigung zur Universalgeschichte vorwiegt, so kann derselben nur auf Kosten unserer vaterländischen Erziehung genügt werden. Gerade in dem frischen Alter von 12 bis 15 Jahren, wo im Knaben der Jüngling reift, soll mit der Deutschen Geschichte auch Deutscher Sinn geweckt werden. Und eben nur die Deutsche Geschichte kann die „Vaterländische" sein in allen Deutschen Staaten, zumal in Preußen." — Spezielle Brandenburgische Geschichte dagegen ist im Buche so weit enthalten, als überhaupt die Provinzialgeschichte des ganzen Deutschland in dem dritten Zeitraume (1254—1517) behandelt ist, den der Verfasser, Droysen's Ausdruck „Territoriale Zeit" glücklich übersetzend, „Deutsche Fürsten= und Ländergeschichte" genannt hat. — Der Verfasser wollte, nach seinem Vorworte, in diesem Abschnitte überall für den Lehrer die Möglichkeit geben, auf Grund einer kurzgefaßten Skizze, die zugleich mit gedrängten, aber plastischen, fast poetischen Zügen den Volkscharakter und das landschaftliche Eigenthümliche andeutet, je nach Bedürfniß die engere Landes= geschichte zu entwickeln: denn nur bis zu diesem Umfange möchte wohl die ehedem so gehätschelte „Vaterländische Geschichte", d. i. Territorialgeschichte, noch berechtigt sein. — Was dem Buche einen besonderen Werth und eine besondere Frische ver= leiht, das sind die kulturhistorischen Partien, die etwa nach dem Vorbilde von Freitag's „Bildern aus der Deutschen Vergangenheit", nur in gedrängteren Zügen, eine Reihe schön, aber einfach geschriebener Schilderungen geben, z. B. in der zweiten Periode, 800—1251, der „Kaisergeschichte", die Kirche, Ritterthum und ritter= liche Dichtung, die Deutschen Städte, Deutsche Kolonisation ꝛc., und in der 3. Periode: Ritter und Bauern, Raubritterthum, Städtebünde, die Deutsche Hansa, Volks= charakter des späteren Mittelalters, Friesen und Dithmarsen ꝛc. Hierzu kommen geschickt eingewobene Sprachproben, die sich durch das ganze Buch hindurchziehen, von Muspilli und Heliand an bis zu den Freiheitsliedern von Körner und Schenken= dorf. — Diese ganze vortreffliche Anlage des Buches, dieses Hineinleiten in das innere Entwickelungsleben unseres Volkes verbindet sich, wie gesagt, mit einer leb= haften Darstellung, die in der warmen Behandlung der Freiheitskriege sich zu ihrem Gipfel erhebt. — Eine Tabelle zur Uebersicht und Einprägung der Daten ist bei= gefügt." Zarncke's Literarisches Centralblatt, 1865, Nr. 7.